現代中国政治

グローバル・パワーの肖像

第3版

Kazuko Mouri
毛里和子［著］

名古屋大学出版会

現代中国政治〔第三版〕——グローバル・パワーの肖像

目　次

序章　現代中国への新たなアプローチ

本書は、一九九三年、二〇〇四年に刊行した『現代中国政治』初版、第二版の大幅改訂版である。とくに二一世紀に入ってから中国の変貌はすさまじく、本書の内容も三分の一以上書き換えることになった。「中国は手に余るものになった」というのは、一九四七年に『中国——民族と土地と歴史』を書いたときのオーエン・ラティモアの言葉だが、昨今の中国を見ていて筆者もラティモアに強く共感する。しかし、少しでも実体の中国に近づくために、いろいろな挑戦をしなければならない。そこで本書では、まずは序章から新しいものに書き換えることになった。

1　現代中国の研究——八つのアプローチ

中国は研究対象としてとても厄介である。旧著『現代中国政治』で述べたように、社会主義、発展途上国、伝統という「三つの内実」をもっており、おまけにその三つが複雑に絡みながら共棲しているからである。しかも、一九七八年以来のすさまじい変化に追いついていけないという事情もある。

三〇年間でＧＤＰは一五倍に、一人当たり国民所得は一二倍になった。とくに、鄧小平の遺言——「経済の市場化を加速せよ」（一九九二年、南巡談話）以来、中国の変動はあまりに激しく、それ自身が「乱反射」して観察者は眩惑されてしまう。

旧版では、現代中国解明のために、主に米国の中国研究を意識して、次の八つのアプローチを示しておいた。

第一が歴史的アプローチ。「中国は中国であって中国以外のなにものでもない」というのがこのアプローチの出発点である。伝統的官僚機構、皇帝権力、郷紳などの伝統的知識人の支配と現代中国の官僚制、毛沢東の統治、「幹部」の役割の間に多くの共通点が見出せるとし、現代中国を伝統中国の継承、もしくは断絶という座標軸で分析する。

第二が近代化アプローチ。現代中国の基本的特性が近代化、工業化を進めている発展途上国であるという点から出発（「中国はインドであり、ナイジェリアである」）、他の途上国との比較研究の方法を採用する。軍部の台頭、政治的軍隊、人口の都市集中、国家もしくは国民統合のためのリーダーの神格化など、多くの発展途上国で起こったことが中国でもしばしば見られた。

第三は官僚機構モデル。「中国統治機構の核心は巨大な官僚（制）である」という確信から出発し、中国での権力闘争や政府が直面する問題の多く、それを解決する方法は、どこにでも見られる官僚制に共通している、と判断する。多くの場合、情報の流れ、予算や人事をめぐる権力の所在や抗争、機構内部の上下の関係、資源の配分・再配分をめぐる組織間の抗争など、官僚機構モデルを使って組織に注目して分析する。

第四が全体主義モデル。中国でもっとも顕著な特徴は政治体系がほとんど全社会に浸透しており、スターリンのソ連、ヒトラーのナチス・ドイツと多くの点を共有していると見る。独裁者の役割、権力を独占している政党の役割、思想統制、警察組織、最高レベルでの権力闘争にとくに関心をもつ。もとよりカール・フリードリヒの全体主義モデルがその枠組みとなるが、唯一のイデオロギー、排他的政党によって政治体系を独占し、国家が社会をコントロールしてきたスターリン時代のソ連、毛沢東時代の中国を分析するにはかなりの有効性をもってきた。

第五が比較共産主義アプローチ。中国政治の本質的特徴は社会主義（共産主義）であると想定し、「中国はソ連である」と考える。すべての社会主義国家は一連の共通の問題、同じような発展のパターンを生み出すという仮説から出発する。

第六は革命社会アプローチ。この見方は、現代中国をまだ革命のさなかにある社会の一例と考える。暴力、旧制度の破壊的変更、新しいエリートの進出など、革命期にある社会の特徴を一九五〇年代以降の中国にも見てとる。「中国は一七八九年後のフランスであり、一九五九年後のキューバである」と考えるのである（以上六つのアプローチについては、［マイケル・オクセンバーグ『現代中国政治に関する英語文献について』一九七〇年］参照）。

以上は、毛沢東時代の中国を分析する際に用いられ、有効だったアプローチであるが、一九八〇年代以降、中国自身が、経済発展、近代化を目標として以来、新しいアプローチが必要になった。

第七が政治社会学および政治経済学のアプローチ。国家と社会の関係、国家と経済の関係、市民社会論、あるいはコーポラティズム、「草の根民主主義」論などが代表的である。市場経済化と激動のさなかにあるいまの中国には移行期の政治社会を分析するこのアプローチが有用である。

第八が比較体制論、あるいは民主政への体制移行論のアプローチである。世界体制としての社会主義が崩壊した一九九〇年代の後半から始まった新しい研究であり、中国自身の変容も強く影響している。サミュエル・ハンチントンのいう「民主化の第三の波」がはじまり、続くソ連・東欧での脱社会主義がその後を追った。そこで権威主義体制の比較研究、民主化および民主主義の定着の比較研究のなかで中国の政治体制を分析したり、政治変容を考えるようになっている（以上二つの新アプローチについては、［Harry Harding “The Evolution of American Scholarship on Contemporary China,” 1993；Andrew G. Walder, “The Transformation of Contemporary China Studies, 1997–2002,” 2002］参照）。

本書は、以上の諸アプローチのうち、近代化アプローチ、比較共産主義、比較体制論から現代中国に迫ろうとしている。だが、二〇世紀末、とくに一九九二年の「市場化を加速せよ」という鄧小平の「南巡談話」以降の中国の変化があまりに大きく、また複雑な内容を孕んでいるので、通常の分析手法では追いついていけなくなっている。

2　パラダイムの転換は可能か

そこで九〇年代半ばから筆者は、中国の激動に少しでも追いつきたいと考え、中国分析のための新たな手法の開発に挑戦してきた。以下、まず、中国認識のためのパラダイム転換の必要性を論じ、次に筆者のパラダイム転換の試みを「三つの挑戦」として整理しておきたい。

率直なところ、いま現代中国研究に厚い「壁」が立ちふさがっているように思える。というのは、さまざまな中国があって、さまざまな方向に蠢いており、一括りに「中国とは」を語ることなど論外になっているからである。しかも、中国の現実の動きは歴史的径路や経験則、経験科学で積み上げられてきた「暗黙の前提」をたえず裏切る。「パラダイムの危機」がいわれるゆえんである。

明清史を研究する黄宗智（Philip Huang, カリフォルニア大学バークレー校）は、九〇年代半ばに「中国研究のパラダイム危機」を論じた。彼は、明清期中国についての「停滞した封建制論」も「資本主義萌芽論」も理論的に行き詰まり、パラダイムの転換が必要だと強調した。「相互に異なりかつ反対の意味を示す諸分析概念の間に共有された、語られることのない、暗黙の前提」を疑う必要があるというのである。中国史および中国は、＊階層化された自然経済と統合された市場、＊市民勢力の発展をともなわない公共領域の拡大と国家によるその独占、＊リベラリズムをともなわない実定法主義、＊市民社会をともなわない市場化などの「パラドクス」に満ちあふれており、それが観察者・分析者にパラダイム転換を求めている、という彼の指摘は、現代中国にもぴったり当てはまる［フィリップ・ホアン「中国研究におけるパラダイムの危機――社会経済史におけるパラドクス」一九九四年］。

筆者は一九九〇年代から二〇〇〇年代にかけて、現代中国および現代アジアについて大規模な共同研究を進めてきたが（「現代中国の構造変動」、「現代アジア学の創生」）、昨今では中国について次のような「四つのモデル」論を提起している。それぞれが、仮説設定に導く「理論モデル」でもあり、中国自身の今後の「発展モデル」でもある。

①普通の近代化モデル

たとえいろいろ「中国的」だとしても、方向は民主化と市場化である、とする。

②伝統への回帰モデル

「民主化が中国の問題を解決できるわけではない」と、伝統、しかも儒学的価値への復帰を将来モデルとして描く。

③東アジア・モデル

独裁体制下の経済発展とその後の民主化という、東アジアが経験した方式が中国に当てはまらないわけがない、と考える。

④中国は中国モデル

現代中国の諸現象、構造、近い将来は、近代西欧も、伝統中国も、東アジアの経験も引証基準とするわけにはいかない固有性をもつ、と考える。

どのモデルが理論モデルとして有効か、あるいは中国の発展モデルとして現実的か、それは分からない。不合理だらけなのになくならない都市・農村二元戸籍制度や陳情制度（信訪・上訪と呼ばれる。本書第9章参照）など、「変わらない中国」に注目すると、④の「中国は中国モデル」が魅力的に思える。また、民主化と市場化が予定される道だと設定する「普通の近代化モデル」は明解だし、共感を得やすい。だが、ことはそれほど単純ではないようである。本章の4以下で述べるように、比較と「アジア化」に挑戦している筆者としては、とりあえず③の「東アジア・モデル」で中国の今および今後を見つめていきたい。その結末は、本書終章をご覧いただきたい。

3　挑戦その一：三元構造論

改革開放が進み、一九九〇年代後半にもなると、中国は本格的な構造変動の段階に入る。その頃、七〇名以上の中国研究者が加わった大型研究プロジェクト「現代中国の構造変動」が始まった。参加者の間に、記述型研究から分析的、理論的な研究に入らなければ中国の変動に追いついていけなくなる、という気持が充満していたように思う。共同研究を進め、専門外の研究者との議論を何回か続けるなかで、筆者は、中国の構造変動を「三元構造」論を軸に次のように考えるようになった。

中国の改革開放は三段階の変動を内容としている。第一段階は第一次構造変動、別のいい方をすれば「脱社会主義」の時期である。その頃から中国では社会構造が二元構造から三元構造に移行しはじめているのが観察できた。たとえば、八〇年代半ばに始まる村民自治運動は、中国の中央権力が末端までの支配を断念した、いわば末端を放任したことを意味し、中央・地方・末端の三元構造への移行が始まった。また、小城鎮（スモール・タウン）に小さな企業を起こし、そこに農民を吸収する離土不離郷方式（農民は農業を離れても農村は離れない）で生まれたのは、都市でも農村でもない中間物であり、農民でも労働者でもないひとびとだった。他方、市場化で大きくなっているのは、とくに二〇〇〇年代に入ってからは、民間企業というより、営利化した国有の独占企業（呉軍華はそれを「官製資本主義」という。本書終章を参照）であり、国家と社会の間に双方が浸透する国家・社会共棲の領域が勢いづいている。ようするに、さまざまな領域で、三元的状況が生まれてきているのである（［表序-1］参照）。

九〇年代後半から改革開放は「資本主義」化の段階に入り、次のような第二次構造変動が兆してきた。①ある領域における「突破的」な変動、たとえば国有企業の民営化、自発的な利益集団の登場など、②ある領域の変動の最低限の制度化、たとえば中央・地方関係で、人事権・財政権・資源利用権などを制度・法によって確定する

（分税制など）、③ある領域の変容が他領域に波及する、たとえば、経済的分権が政治的分権へ、末端レベルの自治（民主的選挙）が県レベルの自治（民主的選挙）へつながる、などである。

次の第三段階、改革開放の終着段階は体制変容である。もちろんその段階はまだきていない。ナショナルな市場の形成、土地の公有制から私有制への転換、権威主義体制から民主主義体制への変容を含む、体制変容の段階である。筆者は、二〇〇八年の世界経済危機の影響で中国が第三段階の構造変動に向かうのではないかと考えたが、まだそれは起こっていない。ハンチントンによれば、体制変容には、権力エリート自身による体制改革（transformation）、権力と反体制の妥協や協同によって生まれる体制移行（transplacement）、反体制グループの転覆などによる体制転換（replacement）など三つのタイプが想定できる「サミュエル・ハンチントン『第三の波——二〇世紀後半の民主化』一九九五年」。

表序-1　中国の構造変動概念図

旧二元構造	新三元構造
国家／社会	国家／半国家・半社会／社会
中央／地方	中央／地方／末端
計画／市場	計画／半計画・半市場／市場
都市／農村	都市／半都市・半農村／農村
労働者／農民	労働者／農民工／農民

改革開放三〇年余り。中国はいまどこにいるのだろうか。筆者は、第二次構造変動のさなかにあり、かなりの領域で二元構造から三元構造への変化が観察できる、と見ている。問題は、体制変容につながるかどうか、どういう条件が備わると第三段階、つまり体制変容に向かうのか、である。

しかし、中央／地方／末端、国家／半国家／社会、都市／半都市／農村という三元構造はかなり長く続きそうである。というのは、三元構造の根源には土地をめぐる現行制度（公有制）があるが、中共が公有制を変えるとは思えず、そうなると三元構造が変わるには長い時間がかかる。この段階が長く続くとすれば、移行期というよりも、一つの構造である。当代中国について、三元構造という観点での本格的分析が必要だと考える所以である「毛里和子「中国の構造変動と体制変容をめぐって」、同「中国はどこへ行く」二〇〇〇年」。

ところで、パラダイム転換を主張する黄宗智が興味深い三元構造論を提示している。彼は、中国を西方の思考法である二項対立、たとえば国家と社会、計画と市場で認識するのは間違っており、中国では、前近代も、近代も、現代も、対立的な二項の間に「第三領域」があって固有の構造を作り出している、という。「国家と社会の二元対立という仮説は、西側の経験を抽象化し理想化したもので、中国の近現代に適用できない」、「国家と社会の間に第三の空間、国家と社会の双方が参与する空間がある」というのである［黄宗智「中国的〝公共領域〟与〝市民社会〟——国家与社会間的第三領域」二〇〇三年］。なお、黄の第三領域論にハーバーマスの「公共領域」論の影響が見てとれるが、二項対立から脱却せよという主張は、昨今、「中国模式」論を声高に提唱している潘維（北京大学）にも共通している。この点は本書の終章で論述する。

黄は具体的実例として、三つの領域からなる中国の司法体系（①成文法典・公式法廷の正式司法体系、②宗族・コミュニティが紛争解決や調停を行う慣習的な法によって構成される非正式司法体系、③両者の間の第三領域）、および郷鎮の郷保、村の正長、牌長など、伝統中国から続く県レベル以下の准官僚（セミ・オフィシャル）の制度、を挙げている［黄宗智、前掲「中国的〝公共領域〟与〝市民社会〟」二〇〇三年］。

黄はこの種の三元構造は前近代から続いているが、毛沢東時期に第三領域の国家化が極端に進んだ、という。改革開放後に二元構造から三元構造への移行が新たに見られるとする毛里の認識とはいささか違うが、黄の議論を敷衍すれば、改革開放によって、毛沢東時代に消えていこうとした「第三領域」が復活してきた、という議論もできる。黄は、九〇年代以後出てきた私営企業のほとんどは党・国家と絡み合っており、国家から独立したもの、ましてや国家と対抗するものなどと見なすことはできない、とする。

4　挑戦その二：比較のなかの中国、中国の「アジア化」

筆者は、五〇年代から今日に到る中国は、ソ連・ロシアとの比較を通じてよりクリアに分析できると考えてきた。

旧稿「社会主義の変容——中国とロシア」（一九九四年）では、社会主義および脱社会主義の「移行」のプロセスを、党＝国家体制、官僚制、農村共同体と農業集団化という三つの点から比較した。その結果、ソ連で社会主義が崩壊し市場移行もうまくいかないのに、これまでのところ、中国では体制が維持され、しかも市場移行もそれなりに進んでいるわけを次のように説明した。

①ソ連では一九七〇年代から党と国家が分離していたのに、中国では党がすべての領域をコントロールし続けてきたこと、②ソ連では強固な経済官僚制、軍産複合体が体制内改革を阻んだが、中国では強固な経済官僚制が育たなかったこと、③ソ連では農業集団化が暴力的に進み、農民と伝統的農村社会が破壊されたが、中国では農民と伝統農村の枠組みが残り、それが八〇年代以降の農村改革の原動力になった、などである。新ロシアでは農村の資本主義を担う「農民」が蘇らず、中国農村では、人民公社という枠が壊れると、「農民」が蘇り、伝統経済から市場経済への移行がスムースに進んだのである［毛里和子「社会主義の変容——中国とロシア」一九九四年］。

実験ができない社会科学では「比較」が自然科学での「実験」に相当する。比較には三つの効用があると思う。一つは主要対象をより鮮明に浮かび上がらせることである。中国とロシアの比較を通じて、アレク・ノーヴがいうように、「どこまでがロシアという事実に由来するものなのか、どこまでが共産主義支配のせいなのだろうか、ロシアにおける共産党の支配はどの程度ロシア的であるのか」を解き明かすことができる［アレク・ノーヴ『スターリンからブレジネフまで——ソヴェト現代史』一九八三年］。同じことが中国についてもいえよう。

もう一つは、政治学者サルトーリが、「比較政治学の斬新さ、特異性、重要性は、できるだけ多くの事例に照らして仮説、一般命題、仮説・帰結法則の有効性を体系的に分析することにある」というように［ジョヴァンニ・サルトーリ「政治学における概念形成上の誤謬」一九六九年］、比較を通じて普遍性や概念化に近づくことができるからである。

第三の効用は、先行事例との比較を通じて対象事例の将来を考えることができる。経済発展から政治民主化にソフト・ランディングした韓国・台湾などの事例を参照し、どのような条件が整えば中国が民主化に進めるのかを想定することができる。

だが、残念ながら、一般的に現代中国研究で本格的な比較研究は少ない。中国が巨大、悠久すぎて、対象に取り込まれてしまうからである。その中で経済の分野では、ロシアやインドと比較した加藤弘之（神戸大学）や中兼和津次（青山学院大学）などの成果が出てきている［加藤弘之（久保亨との共著）『進化する中国の資本主義』二〇〇九年、中兼和津次『体制移行の政治経済学――なぜ社会主義国は資本主義に向かって脱走するのか』二〇一〇年］。中国研究でもう一つ有用な比較が、アジア諸国との比較、中国の「アジア化」である。早稲田大学二一世紀COE「現代アジア学の創生」（二〇〇二～〇六年）は、対象が広く、学際的で、研究上の突破、創造を求められたため大変な作業となったが、著者自身の中国研究にはとてもプラスになった。中国と現代アジアとの比較研究、中国研究の相対化を可能にさせたからである。

この共同研究を通じて、東アジアに共通する「アジア性」（Asianness）について、次のような初歩的観察が得られたと考えている。

①欧米との対比で東アジア政治／社会が共有する「公領域と私領域の相互浸透」、政府および政府党体制と政経不可分性。

②欧米社会関係の「契約」に対比できる「関係性」ネットワーク。市民革命を経験しなかった東アジア諸国が近代に共有してきた歴史的径路と現代の課題によって規定されている。

③東アジアのひとびとが共有する政治文化や権力観。つまり集団主義と温情／依存、パトロン／クライアント関係の存在。

④生成してきた歴史的径路によってアジアの社会・地域関係は濃厚なハイブリッド性をもつ。そのため、異なる文化、価値や宗教に対する寛容性、包容力が強い。

> ⑤主権国家を形成しながら同時に地域形成をしてきたアジア諸国の国際関係は、ASEAN Way（普遍的規範、意思決定の方式、外交アプローチ、「アジア的価値観」）に示されるように、アジア的特性をもたざるを得ない。
>
> ［毛里和子「〝東アジア共同体〟を設計する——現代アジア学へのチャレンジ」二〇〇七年］

筆者は、中国という素材をアジアという世界に投げ込んだとき、とりわけ開発独裁期の東南アジア諸国の政党体制と現代中国の政党体制の類似性に驚かされるのである。

表序-2　東南アジアの権威主義体制と執権政党

国　名 トップリーダー	時　期	執権政党
インドネシア・ スハルト体制	1966～98 年	ゴルカル （職能集団）
シンガポール・ リー体制	1968 年～	人民行動党 PAP
マレーシア・ マハティール体制	1981～2002 年	統一マレー人国民組織 UMNO
フィリピン・ マルコス体制	1965～86 年	新社会運動 KBL

［表序-2］から明らかなように、主に七〇年代～八〇年代を中心に東南アジアでは一党優位の権威主義体制のもとで経済成長を実現した。政治学者の藤原帰一（東京大学）は、「組織・人員・財政支出において、行政機構のリソースを排他的に利用し、行政機構との区別がなくなった政党である政府党」が「政権を掌握した結果、政党間の競合から政治権力の掌握が事実上脱落した政治体制」が生まれたと考え、それを「政府党体制」と概念化した［藤原帰一「政府党と在野党——東南アジアにおける政府党体制」一九九四年］。

共産党が長らく一党独裁を行い、経済開発を第一課題にしている中国はまさしく典型的な「政府党体制」国家である。東南アジアの一部の「政府党」、とくにインドネシアのゴルカル（職能集団）と中国共産党には強い類似性が見られる。［図序-1］は、国家機関、軍隊だけでなく、あらゆる社会団体を体制内に糾合した翼賛体制として、中国共産党とインドネシアのゴルカルを対照したものである。

三〇年間スハルト体制を支えたゴルカルは、普通の政党ではない。「政府が国内全領域を管轄するその行政機構と国軍機構を直接または間接的に活用しながら、政党がそれぞれの傘下に擁した労組、農民組織、婦人組織、青年組織などの大衆組織を〝職能団体〟という名前で包括したのがゴルカルである」［首藤もと子「イ

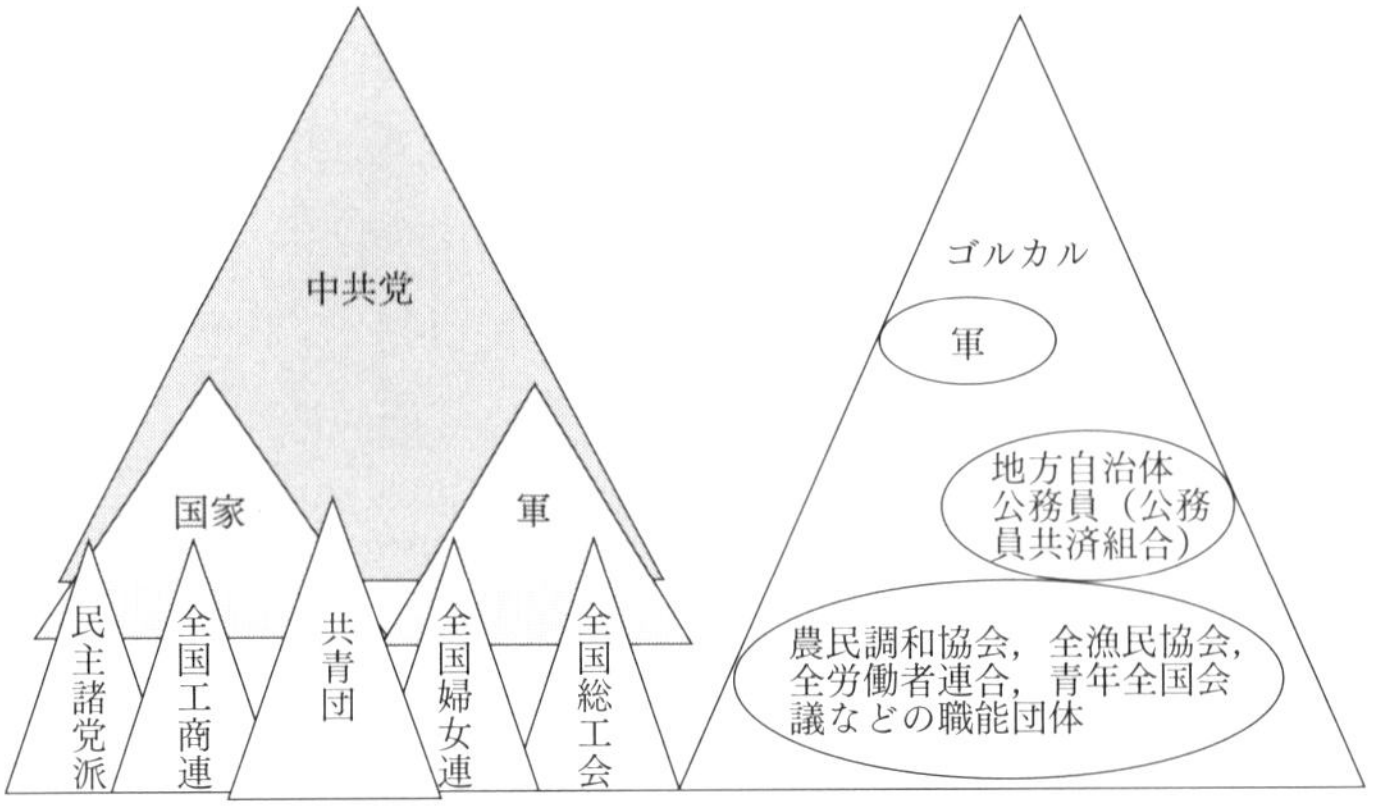

図序-1　中共党とゴルカル――翼賛体制比較

表序-3　中共党とゴルカル――全国議席占有率

（単位：%）

年	1971	1977	1982	1987	1992	1997	1999	2004	2009	
ゴルカルの議席占有率	65.6	64.6	67.6	74.8	70.5	76.5	26.0[1)]	27.7	19.11	
年	1954	1959	1963	1975	1978	1983	1988	1993	1998	2003
中共の議席占有率	54.5	57.8	54.8	76.3	72.8	62.5	66.8	68.4	71.5	72.98

注1）1999年から普通選挙に移行。
出典）インドネシアではゴルカルのデータは，大形利之「ゴルカル――スハルトと国軍のはざまで」（安中章夫・三平則夫編『現代インドネシアの政治と経済――スハルト政権の30年』アジア経済研究所，1995年）149頁，増原綾子『スハルト体制のインドネシア――個人支配の変容と1998年政変』東京大学出版会，2010年など。

ンドネシアの政党政治」一九九三年」。

ゴルカルは七〇年代には、政党というより、スハルト派・国軍系の集票マシーン的性格が強かった。それが、政府党として翼賛体制の主体になったのは八〇年代以降である。まず、高学歴者、学生運動リーダー、イスラーム・リーダーを広範に取り込むことで、ゴルカル自身が変容、スハルト体制の基盤を広くし、それを支えた。「ゴルカルはパトロネジを分配し、支持を調達するためのメカニズム」となった［増原綾子『スハルト体制のインドネシア――個人支配の変容と一九九八年政変』二〇一〇年］。

決定的だったのは八五年の「政党ゴルカル法」、「大衆団体法」、「総選挙法」など政治関連五法の一括採択だった。この一括法律で、スハルト体制下で定められてきた国民の政治参加を制約する諸制度（議員の任命制、政党数の制限、農村部での政党活動の制限など）がまとめられた。競争者のない翼賛政党としてゴルカルの地位は不動になった。なお最盛期一九八八年のゴルカルの登録会員数は三、二〇〇万人強だとされる［増原綾子、前掲『スハルト体制のインドネシア』二〇一〇年］。

ゴルカルは九八年の民主化で「普通の政党」化した。だが、注意すべきなのは、中国共産党もゴルカルも、軍と地方政府の公務員、そして大衆団体をすべて体制内に取り込み、磐石の権力基盤を作り出している点である（ゴルカルの場合は一九八〇年代〜九〇年代）。中央議会の議席も独占した（三分の二から四分の三。［表序-3］参照）。党は国家だけでなく、社会に浸潤し、翼賛体制を構築し、社会をコントロールしてきた、というのが中国の共産党体制であり、三〇年続いたスハルト時代のゴルカル体制だったのである（［図序-1］参照）。

一九五五年からほぼ五〇年続いた日本の自民党一党優位体制と中共党の統治を比較するのも面白いだろう。「アジア型政党体制」を思い描き、その中に中国を位置づけることができる。中国の「アジア化」は、中国分析に新しい道具や武器を提供するだけでなく、社会科学に新鮮な問題提起をしてくれるに違いない。

5 挑戦その三：制度化の視点

対象の変化が激しすぎる場合、かえって「変わらない部分」に着目した方が本質に迫れるようである。三〇年間の改革開放とその結果を見てみると、政策が変わるわりには、制度がほとんど変わっていないことに気づく。「変わる政策・変わらない制度」だ。

変わった制度を見てみよう。憲法には、一九八二年以来大きな変更が二つあった。「国家は基本的人権を保障し、尊重する」と初めて人権条項が入ったこと（二〇〇四年）、「公民の合法的私有財産は不可侵」だとしたこと（同）である。中国の一部の法学者は、この二つの大きな変化ゆえに、〇四年を「立法元年」と呼ぶ。その後、物権法、反独占法、労働契約法などが立法化され、企業破産法、公司法が改正された〔揚子雲「人大立法這五年――変与不変」『南方周末』〇八年三月一九日〕。

次いで大きな変更は、農民の請負経営権の承認〔農村土地請負法、〇三年採択、三〇年間〕、および「市場におけるあらゆる法主体〔国有、公有、私人有〕の平等な法的地位、発展の権利」の保障である〔物権法、〇七年三月採択〕。物権法は私有財産を保護する画期的な法だが、翌年、企業国有資産法が採択され〔〇八年一〇月〕、国有経済の主導的役割と国有資産に対する国家の強い保護を再確認しており、私的所有の保護は必ずしも安定的ではない。

選挙制度にかかわる制度変更は始まったばかりである。五〇年代から都市と農村の代表権格差が大きかったが〔最大で八：一〕、二〇一〇年にようやく選挙法が、「全国人民代表大会の代表定数は、常務委員会が各省・直轄市・自治区の人口数にもとづき、一代表が代表する人口数が都市・農村で等しいという原則で配分を行う」と改正された。だが、全面的実施にはまだ時間がかかろう〔二〇一〇年三月、全国人民代表大会第一一期第三回会議「選挙法改正についての決定」〕。

以上のように、改革開放の措置、政策、成果が法に確定されたケースはわずかである。中国の政治・社会にかかわる諸制度は一九五〇年代半ばにできたものが多く、五四年憲法と五〇年代半ばの公有制への移行が今日までの体制の屋台骨である。党・国家〔立法・行政・司法機関〕・軍隊の三位一体の政治体制は五〇年代半ばに制度化された。三位一体を担保するのは三者を結ぶ三つのチャネル――国家機関・社会団体・大企業その他の指導部に作られている党グループ、党機関内に設置されている、行政・司法・立法に対応した対口部、党中央組織部が掌握しているトップエリート人事――であり、これらは今日まで揺るがない〔第5章参照〕。

とくに土地の公有制はレジームの核心である。土地は都市部では一九五〇年代初めから国有、農村部は農業集団化を通じて五〇年代後半から集団所有である。だが農村における集団所有の主役は誰なのだろうか。じつは曖昧である。〇三年に施行された「農村土地請負法」は次のようにいう。「農民の集団所有の土地で法によって村民の集団所有に属するものは、農村集団経済組織もしくは村民委員会が請負を発注する。すでに二つ以上の農村集団経済組織に分かれている農民集団所有のものは、村内の農村集団経済組織もしくは村民小組が請負を発注する……」(第一二条)。つまり、農村で土地を所有する主体は、郷、鎮企業集団などの農村経済組織か村民委員会ということになる。都市部の場合は、企業国有資産法(〇八年公布)で、国有資産所有権を行使するのは国務院と地方政府だと明記された。

土地の国有ないし公有は中国共産党の支配を支える礎石であり、最大の資産でもある。建国以来六〇年、共産党は決して土地を手放そうとはしなかった。今後も手放すまい。市場化(資本主義化)は土地には決して及ばないのである。

また都市・農村の二元戸籍制度も五〇年代以来の遺物である。戸籍制度の変更が試みられなかったわけではない(戸籍制度については、[陸益龍『戸籍制度――控制与社会差別』二〇〇四年、張英紅「戸籍制度的歴史回遡与改革前瞻」『寧夏社会科学』二〇〇二年第五期]など参照)。〇五年からは、一部の地域で「都市農村統一戸籍制度」などが試験的に行われている。だが、それでも、農業戸籍と非農業戸籍、本地人と外来人という二重の区別は厳然としてあり、二元的制度そのものには手が着いていない。

農民を土地に縛りつけていた物資配給制度や職業の分配がなくなり、物も人も都市・農村の境界を越えて動いているのに、戸籍制度だけ二元的であり続け、身分としての農民が存在し続ける理由は何か。一つは、戸籍制度をめぐって既得権益が残っているからである。企業にとっても軍隊にとっても農村労働力は安ければ安いほどよい。もう一つは、数億の農民を都市住民にするには膨大なコストがかかるからである[毛里和子「〝動く中国〟と〝変わらない中国〟――現代中国研究のパラダイム・シフトを考える」『アジア研究』第五五巻第二号、二〇〇九年]。

このほか、公民の異議申し立て、政治参与、権力の監督などさまざまな機能をもって半世紀以上も続いている陳情(信訪、上訪)も、「変わらない制度」の一つであり、現代中国政治社会の本質をかいま見ることができる。これについては第9章で扱いたい。

第Ⅰ部

現代中国六〇年の政治プロセス

第1章　毛沢東時代の政治プロセスと毛型リーダーシップ

1　社会主義の選択——過渡期の総路線

劉少奇の「新民主主義」

一九四九年九月、各党派の代表、団体代表、地域代表、そして各系列の軍隊代表を集めて人民政治協商会議が開かれた。中共党員は半分強に止まったが、もちろん共産党の強いリーダーシップのもとである。この協商会議は、共同綱領（五四年までの暫定憲法）、中央政府組織法などを採択、毛沢東を主席とする人民共和国の成立を決めた。

新中国は「新民主主義、すなわち人民民主独裁の国家」だが、共同綱領がいうように「帝国主義・封建主義・官僚資本主義に反対し、独立、民主、平和、統一および富強の中国」をめざすもので、社会主義をすぐ実現しようとしたわけではない。労働者・農民・プチブルジョアジー・民族ブルジョアジーの四つの階級の連合独裁、新民主主義の国民経済、農民的土地所有、国営・合作社・公私合営・私的経営の四種の経済を認めるなど、あくまで「新民主主義」だった。毛沢東自身、四八年九月の中央政治局会議、翌年二月の党七期二中全会でも、当面は新民主主義をやる、将来社会主義へ、というに止めていた。

建国前後、新民主主義段階は長いという考えを示したのは党副主席の劉少奇である。四九年四月天津の資本家を前に劉は、「私的資本主義には積極性がある。将来中国の工業生産が過剰になったら、つまり社会主義をやろうというときには、私的資本の積極性は終わるだろうがそれは数十年も先のことだ。あなた方資本家はいま青年期だ」と述べた（いわゆる天津講話。文化大革命期に劉最大の罪状となった）。

五一年三月には、「党の最終目標は中国に共産主義を実現することである。だが今は、新民主主義制度の強化のために戦う」と述べたが（「共産党員たる八つの条件」）、最近明らかになった文献によると、この頃劉少奇は次のように考えていたようである。＊反帝国主義、反封建主義など新民主主義の課題はまだ完成していない、＊新民主主義の段階は少なくても一〇年、長ければ一五年から二〇年かかる、＊その間農村の合作社は農民に生産財や消費財を安く提供するだけでよい、＊新民主主義の課題を完成してから、社会主義の措置、工業の国有化を始める、＊社会主義工業が固まってから、農業の集団化を地域ごとに段階的に進める、＊そのとき、きびしい反富農闘争が必要となろうが、どう進めるかはまだ分からない（五一年七月、マルクス・レーニン主義学院での演説）。

国務を主宰していた周恩来総理も劉と近い考え方をもっていた。五二年六月に彼は、中国の資本家は進歩的な面と遅れた面をもっているがこの二面性は長く続くこと、東欧では資本家を一掃したが中国では彼らの積極性を最大限利用すべきだとし、「ブルジョアジーとの連合は政治的に可能なだけでなく、経済的に必要なのだ」と述べている（全国統一戦線部長会議での演説）。

いずれにしろ五三年半ばに毛沢東が「過渡期の総路線」、つまり社会主義への即時移行を提起したことは、それまでの基本方針の重大な変更だった。二段階革命から一段階革命へ戦略を大転換したわけである。薄一波財政部長は当時の驚きをのちにこう洩らしている。「その頃自分も含めて多くの者は、新中国建国後、新民主主義の建設を進めてきた。これが過渡的なもの、つまり自分たちは社会主義に向かう船に乗っているのだとは考えなかったか、深くは考えなかった」［薄一波『若干重大決策与事件的回顧』上、一九九一年、二二八頁］。

社会主義を急ぐ毛沢東

じつは、毛沢東はかなりはやくから社会主義への移行を模索していたようである。五一年七月に農業集団化を進めようとする山西省党委員会を劉少奇がはげしく非難したとき、毛沢東は、自分は山西省委を支持すると劉少奇や薄一波に不満をぶつけているし、党東北局の高崗を支持して農業集団化を進めようとした。

土地改革、資本家の不正などを一掃する五反運動が終わった五二年九月に、毛沢東ははじめて社会主義への移行の決意を他のリーダーたちに洩らし、劉少奇らも異議をはさまなかった。以後、書記処レベルでしばしばこの問題を議論したという［薄一波、前掲『若干重大決策与事件的回顧』上、一九九一年、二一三―二一四頁］。

五三年六月の政治局会議で毛沢東は、「党の過渡期における総路線と総任務は、一〇年から一五年、あるいはもっと長い時間をかけて、国の工業化、農業・手工業・資本主義工商業の社会主義改造を基本的に完成することである」と述べ、劉少奇らの「新民主主義を固める」とか「私有財産を保護する」の考えを一蹴した。毛の考えが中央のリーダーたちの暗黙のコンセンサスになるのは六～八月にかけて開かれた全国財政経済工作会議である。

社会主義への移行の決断で注目されるのは、この重大な決定がほとんど毛沢東の専断で行われ、十分議論されておらず、はっきりした政策文書も決まらなかったこと、毛沢東は土地改革と三反五反の勝利、そして朝鮮戦争の休戦（これは中国にとっては不敗のアメリカ帝国主義に対する勝利を意味した）という国内外の状況を中国にとってきわめて有利だと見極めた上で決断したこと、さらに五二年夏から秋、周恩来や劉少奇をソ連に送って社会主義移行についてスターリンなどの見解をただし、同意を得ているように、決断に際してソ連の影響が非常に強いこと、などである。いわば、毛沢東個人の、しかももっぱら政治的な判断で中国は社会主義に突入していったことになる（この点については、［毛里和子「中国の社会主義選択と国際環境――一九五三年の「過渡期の総路線」について」一九九三年］参照）。

社会主義移行の功罪

その後、社会主義工業化（第一次五カ年計画）が進み、息つく間もなく五五年から農業の集団化、工商業の社会主義改造（公有化）が行われた。一〇～一五年かかると想定された改造はたった三年間で終わった。沸き立つような社会的激動だったに違いない。

参考までに、工業・農業での社会主義化の状況を示しておこう［表1-1、表1-2］。五三年の決断は中国のその後を決定づけた。社会主義改造がおそろしくラディカルに進んだこと、大躍進でいっそう急進主義がつのったことなどの別の要因はあるにしても、現代中国の道は五三年に決まったといってもよい。だが、その後三〇年低い経済レベルに喘ぎ、また八七年からは、「社会主義の初級段階」は百年以上続く、その間は生産力の発展がすべてに優先するといい始め、しかも市場化によって五〇年代以前にすべてが戻っているような今日の状況を見れば、五三年の社会主義選択は早すぎた、あるいは間違っていたのではないかという根本的疑問が当然湧いてくる。

中国のある研究者は五三年の決断が誤りだったとはっきり指摘している。「過渡期の総路線は、主要矛盾についての不正確な判断にもとづく戦略転換だった。……新民主主義を誤って否定し、資本主義とすべての私有経済をあわてて一掃してしまった。……わが国の社会主義が長いこと貧窮レベルに止まっているのは、五七年以後の〝極左〟の誤りにより多く因っているにせよ、その根源は五三年の過渡期の総路線にある」というのである。ではなぜ誤った判断をしてしまったのだろうか。公有制は無条件に私有制に勝っているという誤った論断、毛沢東の絶対的権威、国際情勢についてのあまりに楽観的な見方、スターリン・モデルの無批判な導入などが五三年の決断につながったのである［林蘊暉他『凱歌行進的時期——一九四九—一九八九年

表1-1　工業部門の社会主義改造

（単位：％）

年	社会主義工業	国家資本主義工業（おもに公私合営）	資本主義工業
1949	34.7	9.5	55.8
1952	56.0	26.9	17.1
1956	67.5	32.5	0

出典）孫健『中華人民共和国経済史稿 1949-1957年』吉林人民出版社，1980年。

表1-2　全国農業生産合作社の増加

年	合作社総数（万）	うち高級合作社（万）	参加農家（万戸）
1950	0.001	——	0.16
1952	0.4	0.0001	27.4
1956	75.6	54.4	11,727.2
1957	78.9	75.3	12,105.2

出典）宇平他『中国——昨天与今天 1840～1987 国情手冊』解放軍出版社，1989年。

的中国(1)』一九八九年」。

2　社会主義の国家機構――全国人民代表大会と憲法

一九五四年九月、第一回の全国人民代表大会が開かれ、新しい国家機構と憲法を決めて政治制度でも社会主義中国が出発した。

初めての社会主義憲法

新選挙法（五三年三月公布）で一年をかけて中国初の「普通」選挙が行われた。地方の人民代表大会代表（人民代表。議員である）と全国人民代表大会の代表（国会議員）を選ぶためである。末端での直接選挙、中間および全国レベルでの間接選挙によって結局一、二二六名の全国代表が選ばれた。当時の人口は六億一九三万人（この選挙は新中国ではじめての人口センサスをかねていた）、一八歳以上の有権者は三億二千万、投票した者は二億七、八〇〇万、投票率八六％だったという。もちろんこのときは競争選挙ではなく、あらかじめ用意されたリストへの信任投票だった。一、二二六人中党員は五四％、今日まで全国人民代表大会は一一期開かれているが、第一期がもっとも党員の比率が低い（第3章2、5参照）。

もう一つの準備が憲法草案の作成と審議である。五四年四月に党中央の憲法起草委員会（主席・毛沢東）の下で草案ができ、三カ月間専門家による審議と大衆的討議が行われ、結局全国人民代表大会で採択された。もちろん党が用意した基本は変わっていない。

前文、四章一〇六条からなる憲法は、過渡期の総路線、第一次五カ年計画を法制化したかなりガッシリした社会主義憲法である。「四人組」時代の七五年に大幅に修正されるまで国家の基本法だったが、文化大革命のため六六年からはまったく効力を失った。

憲法は「労働者階級が指導し、労農同盟を基礎とする人民民主主義国家」と国家の性格を規定し、五〇数種の諸民族を「民族の区域自治」で統合する「統一した多民族国家」であるとして、諸民族の分離、自決の権利を否定した。このときにできた国家機構はほとんどソ連にならっているが、区域自治はきわめて中国的である。

次に「国家機関と社会の力にたより、社会主義工業化および社会主義改造をつうじて一歩一歩搾取制度をなくし、社会主義をうちたてる」が国家目標となった。四九年の共同綱領とは大きな違いである。

さらに、国家所有（社会主義所有）、合作社所有（半社会主義所有）、個人経営の勤労者による所有、資本家的所有の四つの所有制が許されている。もちろん国家所有が「国民経済の指導的力であり、社会主義へ移行するための物質的基礎である」とされ、社会主義改造で五七年には資本家的所有はほとんどなくなった。

では公民の基本的権利、義務はどうだろうか。一八歳以上の公民の選挙権・被選挙権（地主および反革命分子とされた者は選挙権を含む政治的権利を奪われた）、言論・出版・集会・デモ・信教の自由（ストライキの自由はない。これを認めたのは七五年および七八年憲法）、労働および教育を受ける権利、国家機関職員（公務員）の違法行為摘発の権利などが規定された。法の遵守のほか公民の義務は納税および兵役である。五五年七月に兵役法が公布されてから一八歳以上の男子はすべて三～五年の兵役義務を負うようになった。

五四年の国家機構

〔**全国人民代表大会**〕　唯一最高の国家権力機関。一院制で、任期は四年（七五年から五年）、年一回開催（六六～七四年は一回も開かれていない）、常務委員会が休会中の代行機関（五六年から常務委員会にも立法権が分与された）。人民代表（議員）は、七九年の新選挙法までは、郷鎮レベルでは直接選挙、県以上は間接選挙で選出されるが、競争選挙ではなかった（これを等額選挙と呼ぶ）。選挙は地域からの選出が原則で、解放軍と帰国華僑だけ一定の代表枠をもつ。軍の代表枠は初めは六〇名、文化大革命時に五〇三名に急増した。八三年（第六期）からは二六七名（代表総数三、〇〇〇名）である。代表は専従職ではなく、一年二週間ほどの会議に出席する以外は他に職業をもつ。

憲法の改正、法律の制定、国家主席の選出、国務院（行政府）人事の決定、国民経済計画の決定、戦争と平和の問題の決定などが固有の職権である。たてまえでは行政府と司法機関を指導下におき、なにものにも制約されない最高機関だが、第4章2で分析するように、実際には党の決定を追認するだけになっている。

〔**国家主席**〕国家元首として外国に当たる。国務院総理の指名権、軍隊の統率権をもち国防委員会主席をかねる。毛沢東時期は最高国務会議を招集でき、戒厳令・動員令・戦争状態の宣言は主席の固有の職権である。当初国家主席の職権は名実ともに元首にふさわしいものだったが、五九年から第二代主席になった劉少奇が六八年に「ブルジョア司令部の頭目」としてすべての職を追われてからは国家主席は空席となった。七五年と七八年憲法では主席制は廃止され、八二年になって復活した。だが軍隊の統帥権をもたないなど、かつての権力は大幅に削られている（第4章4参照）。

〔**国務院**〕最高の行政機関であり、全国人民代表大会の執行機関である。全国人民代表大会とその常務委員会から監督と指導を受ける。発足当初は二九部五委員会（日本の省庁に当たる）。六〇年代に機構も人員も肥大したが、文化大革命では機構もその責任者も破壊され三年間ほどほとんど機能を停止した。七八年からはまた肥大傾向にある。一二年時点で二三部四委員会である。周恩来が五四年から死去するまで（七六年一月）総理をつとめた。なお一定ランク以上の行政機構職員（国家幹部）は、五五年以降ずっと、党中央（もしくは中央組織部）が作っている「中共中央が管理する幹部の職務名称表」によって、党中央の関係部門ないし組織部、上級の党委員会から任命される（第5章5参照）。

〔**最高国務会議**〕毛沢東時期にあったこの会議の性格、構成、職権は非常に曖昧である。五四年憲法には、「中華人民共和国の主席は、必要なときに最高国務会議を招集し、国家の重大問題を協議・研究する。国家主席が議長をつとめ、全国人民代表大会常務委員長、国務院総理その他関係者が参加する。国家の重大事について会議の意見は、議長が全国人民代表大会、同常務委員会、国務院もしくはその他関係部門の討論にまわして決定する」とだけある。ようするに国家主席の諮問機関である。七五年憲法から廃止された。

六四年末までに分かっているかぎりで二〇回の最高国務会議が開かれている。毛沢東は国家主席時代に一五回開いて活用したが（「人民内部の矛盾を正しく処理する問題について」は五七年二月の最高国務会議での講話である）、劉少奇の国家主席時代はもっぱら全国人民代表大会の準備など実務的色彩が強い（第4章4参照）。

〔国防委員会〕　この委員会の性格、職権も分からない。五四年憲法には国家主席が国防委員会主席を兼ねるとあるだけで、一般に「諮問性の機関」だとされる。これも七五年憲法以降廃止された。六五年まで三期選出されているが、非党員の軍人（旧国民党軍の将校など）もかなり入っており（第一期の副主席に、程潜、張治中、傅作義、龍雲がいた）、軍の統一戦線組織ともいえる。

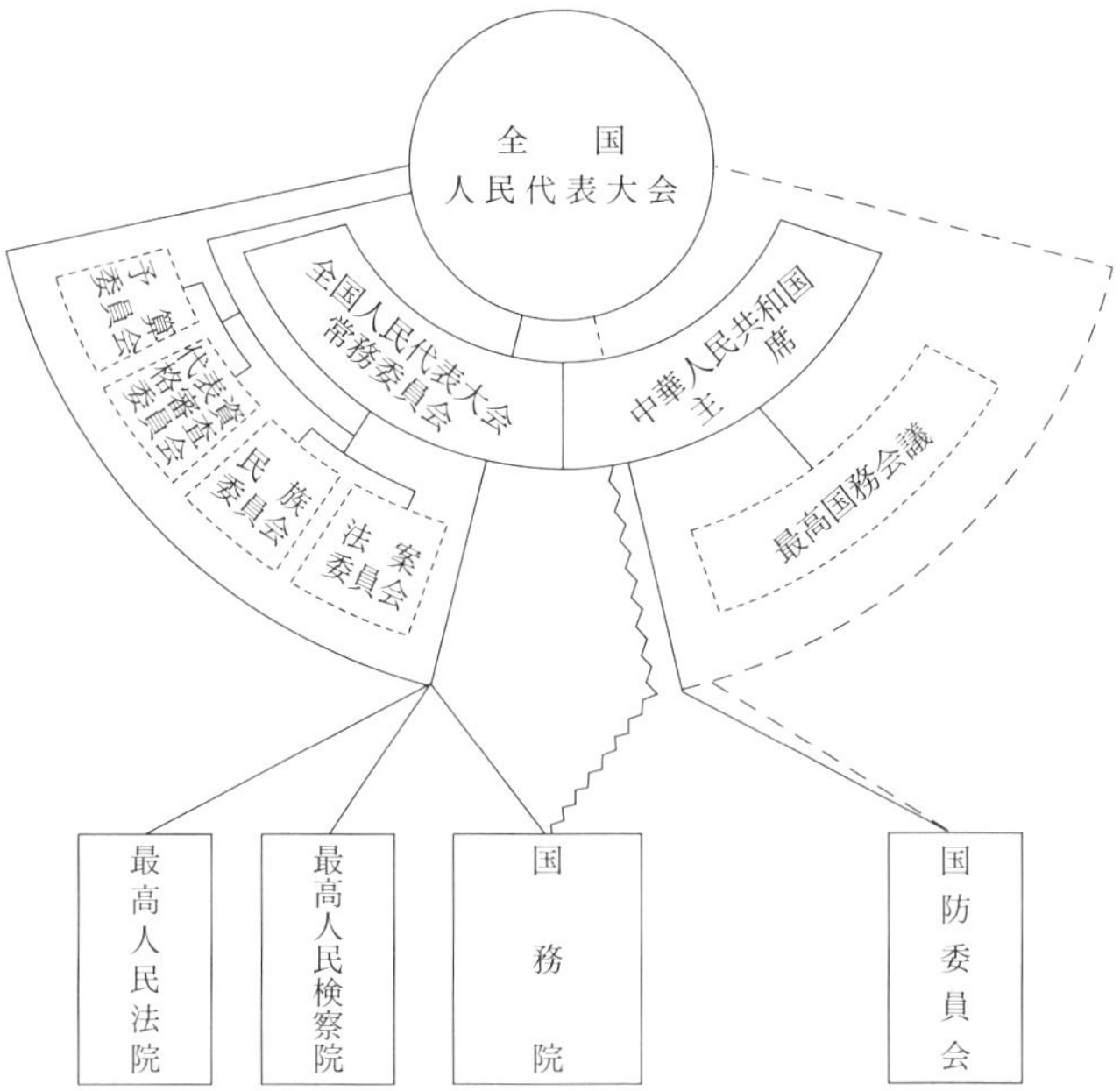

図 1-1　中華人民共和国の最高国家機関（1954 年）

注）――は指導と被指導の関係，-----は選挙と被選挙の関係，〰〰は指令および任免の関係を示す。

出典）愛知大学編『中日大辞典』大修館，1976 年。

なお軍事にかかわる政策決定を行うのは、第6章3で分析するように、党の中央軍事委員会である。この委員会は、新国家機構発足のとき、五四年九月の党中央政治局会議で成立が決まった。政治局と書記処のもとにあり、解放軍その他を「統帥する」組織である。毛が主席、彭徳懐（国防相）が実務を担当することになった。八二年に国家中央軍事委員会ができたが、党のそれと

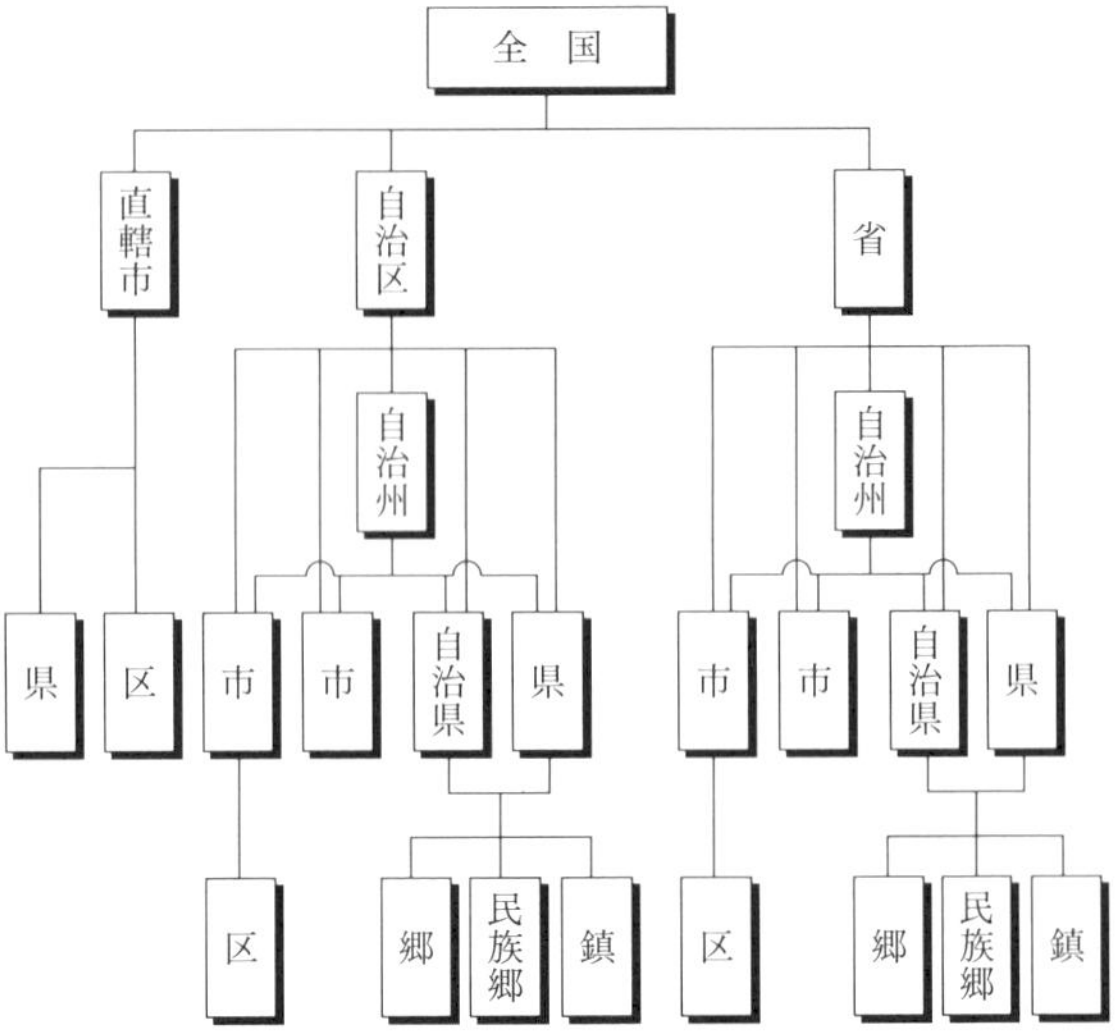

図1-2　中華人民共和国行政区域系統図（1954年）

注）1954年9月20日に採択された中華人民共和国憲法第53条による。

まったく同じである（第6章3参照）。

〔**中央司法機関**〕最高人民法院（裁判所）と最高人民検察院が中央の司法機関である。その長は全国人民代表大会で選出され、全人代の監督と指導下にある。法制機関として、国務院内に司法部、公安部、国家安全部がある。

当時の国家機構を図で示してみよう〔図1-1〕。

中央集権の体制

建国直後は軍事情勢が安定せず、東北・華北・西北・華東・中南・西南の六つの大行政区制をとっていた。軍政委員会が軍と政を一体化させた臨時権力機構を作り、当然地方分権的だった。五三年から集権化が始まり、五四年六月に中央に直属する省・自治区・直轄市の制度をとることで、中央―地方の関係は確定された。その集権化のきっかけになったのは、東北地区を地盤に国家計画委員会主任としてナンバー三の権力を誇る高崗が、華東地区の実力者饒漱石（党の中央組織部長）と組んで劉少奇・薄一波などを追い落とそうとしたとされる事件（いわゆる高崗・饒漱石事件）である。もう一つ、社会主義五カ年計画が始まり、集権体制を必要としたためもあった。なお、高崗・饒漱石間で陰謀はなかった、というのが最近の定説である。

省・自治区・直轄市、その下に地区・自治州・県、末端に区・郷・鎮という、三つのレベルの地方があり、中央との関係はきわめて階層的である。各レベルの地方は権力機関としての人民代表大会、行政機関としての人民委員会（政府）をもつが、地方政府は「国務院の統一指導下の国家行政機関」であり、国務院に直属しており、地方自治はまったく問題にならない。地方人民代表大会自体、国民によって選ばれたもっとも民主的な、しかもそれ自体が権力機関なのだから、中央から権力を再分与する必要はないと考えるからである（中央－地方関係は第4章7参照）。以上の関係を［図1-2］に示した。

3　中国共産党八回党大会

八回党大会の決定

中国政治での核心の問題は、執権党である共産党が国家機構のなかでどのような位置を占め、どのような役割を果たすか、またそれがどのように制度化されているかである。一九五六年九月、共産党が建国後はじめての党大会を開き、組織を固め、国家の中の党の地位を確定したことで、社会主義中国の体制づくりは基本的に完了した。「五四～五六年体制」である。

八回党大会は、建国後七年、七回党大会から一一年ぶりに開かれた。七年前に二八〇万だった党員は一、〇七三万に増えた。大会では、副主席の劉少奇が政治報告、鄧小平（五四年から党秘書長）が党規約改正の報告、周恩来が第二次五カ年計画案の提案を行った。この大会で毛沢東の影はなぜか薄く、開幕の挨拶だけである。

大会は次の三つを決めた。

①階級闘争や革命から経済建設に重点をシフトする穏健な政策方針。「わが国の農業・手工業・資本主義工商業の社会主義改造はすでに決定的勝利を収め」（周恩来報告）、「わが国のプロレタリア階級とブルジョア階級の矛盾は基本的に解決し、数千年来の階級搾取制度の歴史は基本的に終わり、社会主義の社会制度が基本的にうち立てられた」いま、「進んだ制度に対して生産力のレベルが依然後れていること、これが現在の主要矛盾である」と判断した（劉少奇報告についての決議）。

②政治体制での党の指導性、党の代行主義を確定した。方針はソフトでも党と国家の関係について八回党大会はハードである。劉少奇報告は、「人民民主主義独裁はすなわちプロレタリア独裁である」とし、「プロレタリア独裁は不可欠で、それはプロレタリア政党である中国共産党の指導を通じて実現される」という。また「プロレタリアートはその前衛である共産党を通じて、何の妨害も受けずに権力という武器を行使し社会主義を実現する」とはっきり断言する。つまり国民には共産党以外の権力行使のチャネルはないのである。

③個人崇拝の除去、組織の整備など、近代的な執権の党としての共産党の組織づくりに入った。四五年の七回党大会のとき、党規約に「党はマルクス・レーニン主義の理論と中国革命の実践を統一した思想である毛沢東思想をもって党のすべての活動の指針とする」が入り、毛沢東の専断、独裁へのレールが敷かれたが、八回大会では「毛沢東思想」を削除し、「マルクス・レーニン主義をその行動の指針とする」とした。もちろん、半年前のソ連共産党二〇回党大会でフルシチョフが痛烈なスターリン批判、個人崇拝批判を行ったことと無関係ではない。さらに党規約では、党会議の定例化、党組織の整備、組織原則としての民主集中制を確認するとともに、日常活動を処理する中央書記処を新設し、「中共中央は必要と認めた場合、名誉主席一名をおくことができる」と毛沢東引退の道を用意した。集団指導制をもつ近代政党を狙ったのである。

大会はまた主席＝毛沢東、副主席＝劉少奇・周恩来・朱徳・陳雲、総書記＝鄧小平（以上が中央政治局常務委員）の新指導部を選んだ。こうしてすべてがうまくいくように見えた。

五六年当時の党＝国家関係

ところで、当時党と国家機関の関係（党政関係）はどうなっていただろうか。この点については、第5章でくわしく述べるが、建国当初から、国家機関、行政機関に対する党の指導をどういうチャネルと方式で行うかに腐心している。国家機関その他の指導部に設けた党グループ（党組）、逆に各レベルの党委員会に行政部門ごとに対応して設けた行政担当機構（対口部）、そしてあるランク以上の幹部の党による任命と管理、この三つのチャネルが五〇年代半ばまでにでき上がった。

「五四～五六年体制」は、＊共産党が排他的に権力を独占し、党の指導は国家機構や行政機関でも間接的に貫徹している（とくに政策立案と決定を独占した）、＊制度的には三権分立とはまったく違い、立法機関である全国人民代表大会に全権を集中している、＊中央＝地方の関係がピラミッド型で中央にすべてが集中している、などの基本的特徴をもつ。これらはソ連の体制とほぼ共通していた。だが完全にそうとはいえない面もあった。五〇年代前半には統一戦線、連合政権的な考え方が残っており、民主同盟や国民党革命委員会などの民主諸党派を独立の政党として制度化し、新しい多党協力のシステムを模索していた形跡があるのである。

次節で述べるように、五六年の「上からの自由化」（百花斉放・百家争鳴）の中で、一〇月の党中央の統一戦線部長会議は、「民主党派工作のいくつかの問題についての指示」（草案）を決め、民主党派の組織的独立、政治的平等を認め、人民代表大会などでの「自由な拘束されない批判」を彼らに許すこと、などを指示した〔李維漢『回憶与研究』下、一九八六年、八二二―八二四頁、毛里和子「毛沢東政治の起点――百花斉放・百家争鳴から反右派へ」一九九二年〕。

だがこの興味深い模索は、五七年六月、突如襲った反右派闘争の嵐のためにもろくも潰えた。こうして毛沢東型社会主義の時代に突入していく。

4　百花斉放・百家争鳴から反右派闘争へ――毛沢東型社会主義その1

毛沢東政治の起点

毛沢東特有の社会主義戦略、政治運営がはっきり現れるのは、いうまでもなく一九五八年からの大躍進運動、六六年からの文化大革命である。この二つは、カリスマ的リーダー毛沢東なしには起こらなかったといってもいい過ぎではない。

ところがその前史がある。五七年六月八日の『人民日報』社説「これはどうしたことか」で突如起こった反右派闘争である。「上からの自由化」（百花斉放・百家争鳴）でいったん溶けた雪はふたたびあっという間に凍りつき、政治的雰囲気は暗転した。その年秋から独裁と党の一元的支配が強まり、階級闘争論が蔓延し、大躍進、そして文化大革命への道が踏み固められていく。この反右派闘争こそ現代中国政治の決定的な転換点であり、毛沢東政治の起点ともなった。

中国の公式党史は反右派闘争について、「当時ごく少数のブルジョア右派分子が〝大鳴〟、〝大放〟なるものを鼓吹し、党と新生の社会主義制度をほしいままに攻撃し、共産党の指導にとって代わろうとした。この攻撃に反撃したことはまったく正しかったし必要だった。だが、反右派闘争はひどく拡大され、多数の知識人、愛国人士や党内の幹部をまちがって〝右派分子〟ときめつけ、悲しむべき結果をもたらした」と評価している（八一年六月一一日「建国以来の党の若干の歴史問題についての決議」）。だが、〝放〟（自由化）から〝収〟（ひきしめ）へのあまりにもドラスティックな転換、恣意的な「右派」攻撃の熾烈さ、そしてこれ以後党内でも自由な議論や研究がまったくできなくなり、知的荒廃を招いたこと、やり方や論理が八九年天安門事件に酷似していることなどを考えると、反右派闘争こそ毛沢東政治、中国政治そのものだといってよい。以下、百花斉放・百家争鳴から反右派闘争への転換の論理、反右派闘争がもたらしたものなどを分析する（詳細は［毛里和子、前掲「毛沢東政治の起点」一九九二年］参照）。

百花斉放・百家争鳴
——上からの自由化

毛沢東は五六年四月二八日の党中央政治局会議で「芸術分野では百花斉放、学術分野では百家争鳴を行う」と述べ、ついで最高国務会議で千人の聴衆を前に「憲法の枠内なら、さまざまな学術思想は、正しくとも、間違っていても、彼らにいわせ、干渉しない」と明言した。こうして上からの自由化が始まった。

毛沢東の提起には少なくとも二つの契機があった。一つは、二カ月前のソ連共産党二〇回党大会でのスターリン批判である。スターリン批判は社会主義にも重大な誤りや矛盾があることを意味し、ある程度言論を開放すればその誤りや矛盾の爆発を防げると毛は判断したに違いない。もう一つは、社会主義建設に知識人や専門家の手を借りなければならないという事情である。すでに五六年一月には初めての知識人問題会議が開かれ、科学技術で先進国に追いつくために専門家の吸収などが決まっている。

それればかりではない。党は当時統一戦線工作を強め、非党勢力の政治参与を制度化することを考えていた。五六年一〇月、民主諸党派との三カ月におよぶ非公開座談会（この座談会で反右派闘争でやり玉に上がる論点がほとんど出ている）を終えた党中央統一戦線部は、「民主党派との長期協力の戦略構想」なるものを決めた。「民主党派に対する共産党の政治指導は、党が彼らを超越した権力をもっていることを意味しないし、彼らを党に従属する団体だと見なして命令したり、干渉したり、コントロールしていいということを意味しない」と、民主諸党派を組織的に独立させ、共産党と平等な地位を与え、それによって共産党への監督作用を強めるべきだ、というのである（「民主党派工作のいくつかの問題についての指示（草案）」）。当時の統一戦線部長・李維漢は八〇年代になって、「この草案の基本的な観点や措置は正しかったし積極的な意味があった。だが反右派闘争のために正式文書とならず、捨て去られた」と述懐している［李維漢、前掲『回憶与研究』下、一九八六年、八二四頁］。

ためらう知識人などに自由な発言、自由な批判を決断させたのは、五七年二月の毛沢東の有名な講話「人民内部の矛盾を正しく処理する問題について」、および「知っていることは何でもいい、洗いざらいいう。いうものにとがはなく、聞くものはそれを戒めとする」という四月二七日の党のアピールである。

「敵とはなにか、人民とはなにか。……人民内部の問題とは是非の問題であり、敵味方の問題ではない。……およそ思想の領域に属する問題は、討論の方法、議論の方法、批判の方法、教育の方法、説得の方法を用いて、みながわれわれを信じるようにさせるべきである」（毛沢東講話のオリジナル版邦訳［ロデリック・マックファーカー他編『毛沢東の秘められた講話』上、一九九二年］）などの毛沢東の言葉を録音テープで聞いた『中国青年報』記者の劉賓雁は、そのときの感動を後にこう語っている。「毛沢東の二月講話で私の中で彼の威信は最高に高まった。……中国の歴史で新しい時代が始まったのだ。……彼がいったことこそずっと私の胸にわだかまり口に出せなかったことられた。

だった」〔『劉賓雁自伝』一九九〇年、八九―九〇頁〕。だが党員の彼は、七月に極右分子として免職、農村に下放させ

五月から六月初めの党中央統一戦線部と民主党派・無党派リーダーとの座談会は、後者からの率直な批判（あるときは幹部個人の問題、あるときは政治体制や党の独裁そのもの）をもっぱら聞く会となった。彼らは、民主党派を政党化してほしい、いくつかの民主党派を連合して一つの政党にしたい、国家の重大問題の決定には党外人士と協議してほしい、五一～五二年の三反運動や反革命粛清で無実の罪を着せられた者の名誉回復を審議する委員会をつくってほしいと主張した。また大学や機関の党委員会は不必要だから廃止すべきだと述べ、党外人士は政府内でもポストはあっても実権がない、前は非党員の副総理が三人いたのにいまはゼロだ、どこでも無能な党員が高いポストでのさばっている、などの不満をぶつけた。

右派攻撃の決断

とくに毛沢東を怒らせたのが、「党の天下」という状況がすべての問題の元凶だという儲安平『光明日報』編集長の批判、「いま工業分野では設計院がたくさんあるのに、政治分野ではない。政治協商会議、人民代表大会、民主党派、人民団体は政治分野での四つの設計院たるべきだ」という章伯鈞民主同盟副主席の主張、さらに「マルクス・レーニン主義の小知識人が小ブルジョアジーの大知識人を指導している」という羅隆基（民主同盟副主席）の皮肉などである。

興味深いことに、毛沢東は五月中旬に右派攻撃を決意してからも党への批判を煽った形跡がある。「蛇を穴からおびき出す」戦術である。党外人士の批判はますますエスカレートしていった。そもそも自由化を提起した頃の毛には、〝放〟しても大丈夫という自信があったと思われる。毛が警戒心をもつようになるのは五六年末頃からで、一〇月にハンガリーで動乱が起こり、中国でも沿海農村などで合作社からの脱退騒ぎ、都市の学生デモなどが出てきたためである。強引な農業集団化が収穫減を招き、五六年秋には農民の不満が爆発した。中共農村工作部などの報告によれば、騒ぎは浙江、広東、河南、江蘇、安徽などに広がり、江蘇では全省で合作社からの脱退騒ぎ、食糧

暴動が見られた。

五月座談会は毛の危機意識の火をいっそう煽りたてることになり、毛の反撃が始まった。党外人士は党の支配や体制を転覆しようとしたわけではなく、いくばくかの政治参加や権力の分与、風通しのよさを求めただけだが、毛沢東には彼らが〝毒草〟だと映った。五月一五日の党内指示で毛は「彼らが社会主義や共産党を擁護するというのはインチキで信じてはならない」と述べ、他方でこうもいう。「右派の攻撃はまだピークにきていない。彼らは有頂天だ。党内外の右派には弁証法が分からない。ものが極まればかならず反動がくる。もうしばらく彼らに騒がせておこう」。なおこの毛指示は、六月一一日になってまず劉少奇、周恩来など数人にわたり、一二日に中央レベル・省市レベル書記に回った。そのとき毛は秘密保持に細心の注意を払うよう指示したという〔『建国以来毛沢東文稿』六、四七六頁〕。

六月八日の『人民日報』社説が「少数の右派分子が共産党と労働者階級の指導権に挑戦し、共産党は〝下野〟せよと公然とわめいている」と述べてから右派狩りが始まった。右派のレッテルを張られた党員も非党員も次々に屈伏していった。自由化の論陣を張った民主党派系の『光明日報』も儲安平が罷免され、編集陣を一新して、党の指導と監督を全面的に受け入れることになった。職を追われ、農村で労働改造され、あるいは長い沈黙を余儀なくされた「右派」とその家族は一〇〇万人にのぼる。

五〇万人の冤罪事件

反右派の嵐で批判勢力が全面的に屈伏し民主主義が死んでしまっただけではない。右派攻撃は恣意的だったためにエスカレートし、イデオロギーも急進化して大躍進と文化大革命へのレールが敷かれた。

そもそも「右派」とは何か、定義がまったく曖昧なままスタートし、しかも大衆運動だったために反右派闘争は無制限に拡大してしまった。「修正主義者」や「走資派」をたたいた文化大革命も同じである。一〇月になってはじめて「右派の基準」なる文書が出たが、その定義も曖昧である。社会主義制度、プロレタリア独裁、党の指導に

表1-3　反右派闘争の状況（1979年末）

	57〜58年に右派と画定された者	再審査で誤認とされた者	誤認率
全　国	552,877人	533,222人	97　%
中央国家機関	6,284	6,203	97.4
民主党派	27	22	81

出典）宇平他『中国——昨天与今天1840〜1987年国情手冊』解放軍出版社，1989年，751頁。

反対する者だけでなく、それら右派と一定の関係をもつ者も右派としたのである。極右、一般右派、中間派など一見厳密に分けているようでも、その基準はなんとも恣意的で、これではどんどん右派は増えてしまう（一〇月一五日、中共中央「右派分子を画定する基準についての通達」）。

［表1-3］を見てほしい。このとき右派と画定され、追放された者が公称五五万、うち党員は三・八万人、省レベル以上の幹部が九九人だったという［黄大熹『中国共産党組織結構発展路径的歴史考察』二〇〇四年、一〇五頁］。それに対して七九年に「右派ではないのにまちがって右派にされた」として名誉回復されたのが五三万人、驚くべき「五〇万人の冤罪事件」である。

被害甚大だったのは国務院司法部を中心にした司法部門である。司法独立、無罪推定などがブルジョア的だと五七年秋から徹底的にたたかれ、司法部の党グループのメンバー六名全員（組長は鄭紹文）が「反党集団」とされ、司法部自身が廃止された。翌年六月には、中共中央の「財経、政法、外事、科学、文教党グループ（小組）設置についての通達」が出され、政法小組（組長・彭真、副組長・羅瑞卿）が政治・法律・イデオロギーのすべてを仕切る体制が確立した。この体制は今日まで続いている［崔敏「一九五八年司法部党組被打成〝反党集団〟之原委」『炎黄春秋』二〇一一年第八期］。

また、反右派闘争は階級闘争、社会主義革命にレベルアップしていった。五七年七月の青島会議（省市党書記会議）で毛沢東は、「ブルジョア右派批判闘争を過小評価してはだめだ。これは政治戦線、思想戦線での偉大な社会主義革命なのだ」、あるいは「ブルジョア右派と人民の矛盾は敵対矛盾、対抗的で、調和できない、生きるか死ぬかの矛盾だ」と述べた。毛はまた、反右派闘争で使った大衆動員方式を、「壁新聞、座談会、弁論会は矛盾を暴露し克服し、人々を進ませるいいやり方」、「われわれの革命にふさわしい形式だ」と自賛している。

このように社会主義段階での階級闘争という考え方、〝放〟から〝収〟への操作、大鳴・大放・大弁論・大字報による大衆動員など、文化大革命期のイデオロギー、政治手法が残らず反右派闘争を契機に現れた。百花斉放・百家争鳴と反右派闘争は毛に決定的な〝教訓〟を与えたのである。

5　大躍進運動——毛沢東型社会主義その2

大躍進政策の出発

大躍進運動が公式にスタートしたのは一九五八年五月、八回党大会やり直し会議で「多く、速く、立派に、むだなく」をスローガンに「社会主義の総路線」が定められたときである。だがじつは反右派闘争のときにすでに始まっていた。七月の青島会議で毛沢東は、一〇年から一五年で共産主義に移る条件をつくり、五カ年計画を八〜一〇回やればアメリカの経済を追い越せる、と激しい意気込みを見せたし、モスクワでは、「一五年でアメリカに追いつく」というフルシチョフに負けじとばかり、「わが中国は一五年でイギリスに追いつける」と気を吐いた。

折しも、河南や河北では政府に期待できない農民が大規模な水利建設を自発的に進めており（六千万人にのぼったという）、毛沢東は農業の集団化にいっそう自信を深めた。五八年一月に彼は「工作方法六〇条」をまとめ、鉄鋼業などでイギリスに追いつくという高い目標を掲げ、「苦闘三年」、政治と思想こそが統帥者であり魂だと訴えた。

この「六〇条」には、大躍進、文化大革命につながる毛の戦略、イデオロギーがほぼ全面的に出ている。五七年の反右派闘争を「思想戦線および政治戦線での基本的勝利」と見なし、人民の積極性はますます盛んだと認識する毛は、「不断革命」を提唱する。生産関係の社会主義改造（五六年終了）、政治戦線と思想戦線での革命（反右派闘争、五八年七月までに終了）、さて今度は技術革命をやってイギリスを追い越すのだ、というのが毛の考えである。

この「不断革命」論は、「不均衡は客観的普遍法則だ。不均衡から均衡へ、均衡から不均衡へ、循環はやまず、永遠にそうだ」という彼の〝哲学〟からきている。まさに、スターリン、ソ連の理論と戦略とは異質な、毛沢東の戦略、イデオロギーである。

「工作方法六〇条」は二月一九日に中央八四号文書として全党に配付された〔『建国以来毛沢東文稿』七、六五頁〕。ついで三月の中央工作会議（成都会議）では、合作社の大型化を中心とする構想、「大躍進、苦闘三年」の精神が確認された。いよいよスタートである。

大躍進運動には二つの目標があった。一つは経済の高度成長（とくに鉄と穀物）で先進国――もちろん社会主義の先進国であるソ連も含まれる――に追いつくこと、もう一つが集団化と協同化によって共産主義に一日も早くたどりつくことである。

八回党大会二回会議で五六年党大会の決定は反故になった。労働者と農民の大衆運動、工業・農業の並進、洋法（外国の技術）と土法（土着の技術）の結合によってともかく生産力を増やすこと、そうすれば三年もすれば共産主義の社会へ近づけると考えた。二年前に「嵐のような階級闘争は終わった。主要矛盾は進んだ生産関係とおくれた生産力の間の矛盾である」と穏健路線を主張した劉少奇が、この大会では手のひらを返したように、「プロレタリアートとブルジョアジー、資本主義と社会主義の道の闘争が終始わが国の主要な矛盾である」と報告した。このときの劉少奇の胸の内は誰にも分かるまい。

鉄と穀物の大増産をめざして

八月の政治局会議（北戴河会議）は、一億人の労働者・農民を動員した鉄鋼大生産運動と人民公社の設置を決めた。穀物生産が前年比一・九倍の三億五、〇〇〇万トン（国民一人当たり五〇〇キロ）、鉄鋼が前年比二倍の一、〇七〇万トンという驚くべき目標がたてられた。「農業・林業・牧畜・副業・漁業を全面的に発展させ、工業・農業・商業・文化教育・軍事をたがいに結びつけた人民公社を作る」こと、「人民公社は、社会主義を完成し、次第に共産主義に移行する上での最適の組織であり、未来の共産主義社会の基礎組織

表 1-4　大躍進期・調整期の経済実績

年	穀物生産（万トン）	農業総生産指数（1952 年＝ 100）	製品鋼材（万トン）	粗　鋼（万トン）	工業総生産指数（1952 年＝ 100）
1957	19,505	124.8	415	535	228.6
1958	20,000	127.8	591	800	353.8
1959	17,000	110.4	897	387	481.8
1960	14,350	96.4	1,111	1,866	535.7
1961	14,750	94.1	613	870	333.7
1962	16,000	99.9	455	667	275.9
1963	17,000	111.6	533	762	299.4
1964	18,750	126.7	688	964	358.2
1965	19,453	137.1	888	1,223	452.6

出典）国家統計局『中国統計年鑑』1983 年版，中国統計出版社。

に発展するだろう」とこの会議の決議は述べている。

鉄鋼を増産するため、農家のなべ、かま、鋤や鍬までが鋳つぶされた。小さな高炉が雨後の筍のようにできた。どんな鉄ができようとおかまいなしだった。人民公社もあっという間に広まり、五八年末にはチベットを除く全国の農村で九九％の農家が人民公社に加入、二万六千の公社ができた。

もとよりこれほど主観的で強引な経済運動が長続きするはずがない。すぐに壁にぶつかり、年末から調整政策が行われ、翌年夏には目標の下方修正を余儀なくされた（穀物は半分、粗鋼は三分の二へ）。それればかりではなく、経済の均衡が失われ、重大な党内抗争が生まれた。国防相彭徳懐らの「反党」活動である。

飢餓と人災　大躍進の無残な結果を経済面で見てみよう［表 1－4］。五九年から三年続いた自然災害もあって六〇年代初めの中国経済は最悪となった。

とくに五九～六一年の三年間は、空前の飢饉が中国農村を襲った。経済全体が回復に向かうのは六五年である。タブーではなくなったのだろうか、最近では中国の研究者が大躍進による「不正常な死」についていろいろ試算している。リベラルな経済学者である茅于軾（北京天則経済研究所）は毛沢東の誤りを徹底的に批判するが、その中で、五九～六〇年の飢饉による人口損耗は五、二五九万人、うち出生減が一、六二四万人、餓死者が三、六三五万人という驚くべき数字を公表している［茅于軾「把毛沢東還原成人」〈http://www.maoyushi.qzone.qq.

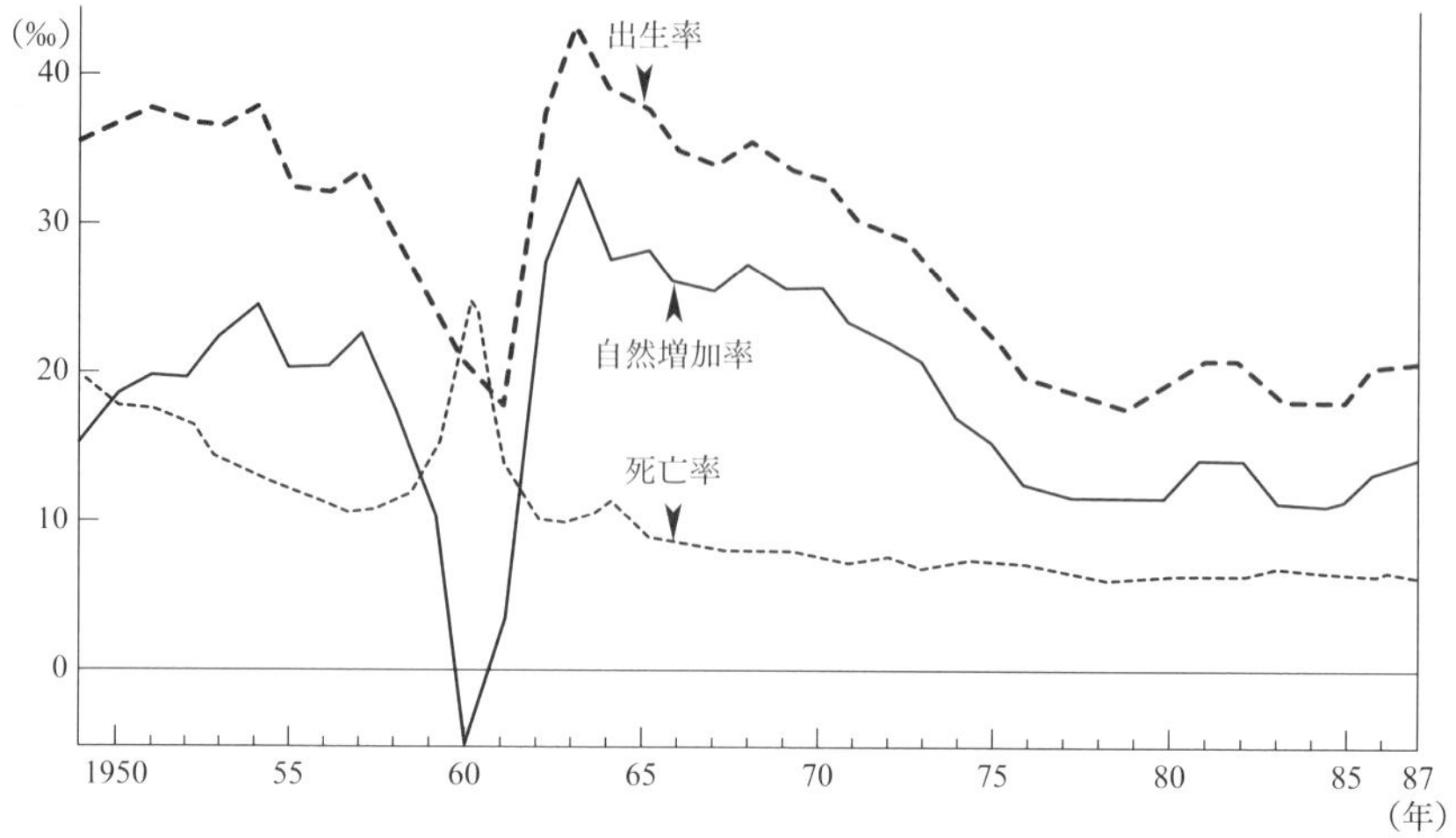

図1-3　大躍進と人口減

出典）辻康吾編『現代中国の飢餓と貧困――2,000万人餓死事件への証言』弘文堂，1990年，ii頁。

com〉一一・四・二六、同「五〇―六〇年餓死人数的估算方法」ウェブサイト財経網、一一・六・一五」。なお彼は、このほか毛沢東による「政治的殺人」が、一九五〇年代の反革命鎮圧で七〇万人、三反五反による犠牲者は二〇〇万弱に達すると推計している。

大躍進の被害推定でもっとも大きな数字は、もと新華社記者楊継縄のもので、五九〜六一年、全国の不正常な死は三、六〇〇万人、生まれるべくして生まれなかった人口数が四、〇〇〇万人、結局、大躍進による人口損耗を計七、六〇〇万人と計算している［楊継縄『墓碑――中国六〇年代飢荒紀実』下、二〇〇八年、九〇四頁］。

四、五〇〇〇万人の「不正常な死」

大躍進の被害、大飢饉についてさまざまな数字があるが［図1-3］、もっともリライアブルなのはフランク・ディケーター（香港中文大学）の『毛沢東の大飢饉』だろう。「五八年から六二年、四、五〇〇〇万人が本来避けられたはずの死を遂げた」というのがディケーターの結論だが、彼が各地の文書館で丹念に集めた資料は（中国では中央の文書館の公文書は一般にはほとんど見ることはできない。比較的寛容なのは地方の文書館で、政治史・外交史の研究者が地方文書館を狙っている）、天安門事件で亡命した陳一諮（趙紫陽総書記のブレイン）のインタビュー記録［J・ベッカー『餓鬼――秘密にされた毛沢東中国の飢饉』一九九九年］の正当性を立証しているという。

なお、リベラル派学者の辛子陵は、二〇〇五年に中共中央政治局が解禁した大飢饉についての文書から、各年の「不正常な死」を次のように試算し、四年間の総計は三、七〇〇万人を超えるという。

一九五九年	全国一七の一級行政区	五二二万人
一九六〇年	全国二八の一級行政区	一、一五五万人
一九六一年	全国各地	一、三二七万人
一九六二年	全国各地	七五一万八千人
合　計		三、七五五万八千人

［辛子陵『紅太陽的隕落――千秋功罪毛沢東』上、二〇一一年、三五四頁］

最大の問題は、このような未曾有の災厄がなぜ起こってしまったか、である。天候異常があったとしても、おそらく主要な原因は、鉄鋼生産に大量の農村労働力がさかれてしまったこと、どこもかしこも中央に生産を過大に報告するやり方、過大な見積もりをもとに中央が過大な穀物徴発を行ったこと、これらが複合して食糧危機と大量の餓死者をもたらした。

ある文献によれば、糧食部が把握した一九五九年の穀物産量は三、四〇〇億斤、糧食部はそのうち一、二〇〇億斤、約三分の一を中央が買いつけることにし、飢饉をいっそう深刻なものにしたという。問題の根は国家による農民搾取にあったのである［唐正芒「七千人大会糧食部検討――徴糧過多導致大飢荒」ウェブサイト人民網、一一・一〇・一四］。

大躍進、人民公社で、中国経済は二〇年間まったく停滞した。七八年に胡喬木（社会科学院院長）が七七年の国民一人当たりの穀物生産量が三一八キロ、五七年と同じだと明らかにしたとき、人民公社方式が国民の食の問題をなにも解決しなかったことが歴然となった。七八年から個人農や請負制が自然発生的に広がった理由はまさにここにある。

彭徳懐の大躍進批判

大躍進期の政治では次の四点が注目される。第一は、大躍進運動は経済法則を無視した「プチブルの熱狂」であり、経済のバランスを失わせ莫大な浪費を生んだという彭徳懐国防相の「意見書」が廬山会議で毛沢東の逆鱗にふれ、彭らが「右翼日和見主義の反党グループ」として解任されたばかりか、その後党内の誰であれ、どんなことであれ、毛の意向に逆らうことができなくなった。彭徳懐批判には毛沢東の側に正当性は一つもない。にもかかわらず劉少奇をはじめ誰一人として毛を抑えることができなかったのである。

第二に、彭徳懐国防相を罷免した八期八中全会のさなか、右よりの傾向に反対する（反右傾）キャンペーンが始まり、左へ、左への流れにすべてが巻き込まれた。社会主義の総路線・大躍進・人民公社に反対するもの、彭徳懐派を弁護するもの、党の方針を執行しないものは「右傾日和見主義分子」であるとして、党の幹部、党員専門家、農村では富裕中農がたたかれた。半年のキャンペーンで「重点批判」の対象、もしくは右傾分子とされたのは結局三六五万人にものぼったという［叢進『曲折発展的歳月——一九四九—一九八九年的中国(2)』一九八九年、二三二頁］。六〇年一月に中共中央が批准した「中央直属機関の右傾分子の基準と処理原則」によれば、右傾分子とは、＊総路線・大躍進・人民公社を攻撃する者、＊彭徳懐集団を支持する者、＊反社会主義・反党中央のセクトを作る者、＊党の方針を実行しない者、＊五八年以来たびたび党中央を攻撃した者などで、二年前の「右派」の基準と同じくきわめて漠然としたものだったため、反右傾キャンペーンを無制限に拡大させることになった。ちなみに、この反右傾闘争は反右派、文化大革命とともに知識人をおそった三大嵐の一つである。

強まる党の一元化指導

第三が、大躍進を進めるに当たって毛沢東がすべてを党に集中する——党の一元化指導——をどんどん進めたことである。五八年六月、中共中央に、財政経済小組（組長・

陳雲)、政法小組（彭真)、外事小組（陳毅)、科学小組（聶栄臻)、文教小組（陸定一）ができた。党中央政治局と書記処に直属する組織である。この組織替えの意図は、「大政方針は政治局が、具体的配置は党書記処がやる。政治設計院は一つで、二つの設計院はありえない。大政方針と具体的配置はいずれも一元化し、党政は分けない。……大政方針と具体的配置について、政府機構とその党グループは提案権はあるが、決定権は党中央にある」と中央の通達が述べているように、党政すべてを党中央（政治局と書記処）に集中することだった（通達は『建国以来毛沢東文稿』七、二六八―二六九頁）。五つの小組が行政、国家、経済などすべての機関を掌握する体制ができたのである。こうして党中央が公然と国家権力を代行することになった。

国家の司法、監察、公安機構にいたっては党に吸収されてしまった。国家監察部（五四年九月に国務院に設置）とその下部機構は反右派闘争のなかで「党の指導を逸脱している」と厳しく批判されるが、五八年一〇月、党中央の監察委員会（八回党大会で成立）と合併すると提案して、党中央への忠誠を示した。五九年四月の全国人民代表大会で国家監察部の廃止が正式に決まり、業務およびスタッフは中共中央監察委員会に移され、省レベルでも同じようになった。国務院司法部も運命をともにした。監察・司法はその独立性を完全に失ったのである。

また人民公社化にともない、地方レベルでは公安・検察・司法部門が合併し、人民公社にできた政法公安部が裁判所・検察・公安の機能すべてを一手に引き受けることになった。こうして、中央レベルでは党の政法工作指導小組が、省レベルでは公安部門が、末端では人民公社政法公安部が、法にかかわるすべてをとり仕切るようになった。

なお、大躍進期には地方分権化が進んだという見方がある。たしかに、中央国有企業の多くが省レベルの管理に移った。だが、これは行政的な分権ではあっても、政治的な分権ではなく、企業や行政に対する党の指導は減りはしなかった。地方への移管は、地方党への権力の移管を意味したに過ぎないのである（これらについて詳しくは［毛里和子「毛沢東時期の中国政治」一九九〇年］参照)。

人民公社とは何だったのか

第四が政治的に見た人民公社の効能である。そもそもなぜ人民公社を作ったのだろうか。もちろん「一大二公」（一に大規模、二に公有制）にすれば効率化して生産力が上がるという毛沢東の〝信念〟がある。だがそれだけではない。人民公社は衣食住から学校、安全にいたるまで、ここに組織された者のすべてを保障した。慢性的な過剰労働力と飢餓に悩む中国農村にはもっとも手っとり早い救済機関だった。人民公社に入ることで農民は失業と飢えと病気からとりあえずは解放される。経済的には非効率でも社会的効用は大きい。

さらに人民公社は、国家（じつは党）権力が農村のすみずみまで浸透するのに絶好の組織だった。公社主任は最末端の国家幹部である。党は彼を通じて、政治、経済、行政、軍事（おもに民兵）、文化のすべてを管理できる。人民公社こそ「農村の伝統的な共同体意識を媒介に、日常の生活がそのまま国家的利益に繋がるという使命感を農民大衆に感じさせ、農村政治の組織化、農村への国家イデオロギー（毛沢東イデオロギー）の浸透を容易に」したのである［中嶋嶺雄『現代中国論〔増補版〕』一九七一年］。

人民公社は二〇年しかもたなかった。経済的に破綻したからである。だが社会的効能、そして政治的効能はきわめて大きく、だからこそ生まれ、二〇年も続いた。

七千人大会――文化大革命への伏線

六〇年代初頭の飢餓が大躍進政策による人災だったのか、どの程度自然災害のせいだったのかについてさまざまな議論があるが、六二年初めに危機打開のために開かれた拡大中央工作会議で劉少奇副主席は「三分の天災、七分の人災」と表現し、毛沢東は、「中央が犯した誤りはすべからく直接的には私の責任に帰する。間接的にも私に責任の一端がある」と、生涯を通じてただ一度、自己批判を行った（六二年一月三〇日拡大中央工作会議――七千人大会――での講話）。

この中央工作会議には、中央の七人の常務委員（毛沢東・劉少奇・周恩来・朱徳・陳雲・鄧小平・林彪）を含めて、中央、省レベル、重要工場、軍のリーダーが七千人以上集合し、一月一一日から二月七日まで、劉少奇がリードして作成した書面報告を中心に、危機状況の分析と今後の方針を議論した。

劉少奇の報告は天災論を婉曲に批判し、指導部の責任にも触れている点で新しいものがあったが、これは大会の大勢とはならなかった。大会は、総路線・大躍進・人民公社の「三面紅旗」を批判できず、中央レベルの責任まで触れることをせず、左傾を抑止することはできなかった。

この会議は結局、劉少奇・毛沢東の間にあった、危機の評価、責任の評価（どこに誤りの責任があるか、どのように責任をとるか）などについて分岐をはっきり浮き彫りにさせ、文化大革命の種をまくことになった。毛沢東は、この会議をきっかけに劉少奇の「修正主義」こそ主要なターゲットだ、と思い始めたといわれる。最近の研究では、「七千人大会は毛沢東・劉少奇の分岐の起点となった。最終的には毛劉対立に行き着いた。党内のある老同志が、七千人大会がなければ文化大革命はなかったろう、というのも怪しむに足りない」というのがほぼ定説となっている［叢進、前掲『曲折発展的歳月』一九八九年、何雲峰「七千人大会上党内領導層的意見分岐」『史学月刊』二〇〇五年第九期］。

6　文化大革命――毛沢東型社会主義その3

文化大革命は内乱である

公式党史である「建国以来の党の若干の歴史問題についての決議」（一九八一年六月）は、文化大革命について次のようにいう。「文化大革命は指導者が誤って引き起こし、反革命集団に利用され、党と国家と各民族人民に大きな災難をもたらした内乱」であり、文化大革命をもたらした毛沢東の論点は、「当時の中国の階級情勢および党と国家の政治状況についてまったく誤った評価を下した」もので、「文化大革命はいかなる意味でも革命でも社会進歩でもない」。「決議」によれば、＊文化大革命で修正主義もしくは資本主義として批判された多くのものは、その実、マルクス主義の原理と社会主義の原則であり、＊文化大革命が打倒した「資本主義の道を歩む者」（走資派）は、党と国家の指導的幹部、社会主義事業の中核的力だったし、＊表面的には直接大衆に依拠するとしたが、じつは党の組織からも、広汎な大衆からもまったく浮き上がっていた、＊したがって毛沢東の論点は、マルクス主義に合致しないし、中国の実情にも合致していない、という。

六六年から一〇年余り文化大革命イデオロギーが支配し、混乱と悲劇が繰り広げられた。上層部では、国家主席（劉少奇）と党総書記（鄧小平）などトップリーダーが激しい非難のもとに次々と失脚、劉少奇は悲運のなかで六九年に命を落とした。党機構も国家機構もほぼ徹底的に破壊された。五六年に選ばれた党中央委員会の半数、国務院の閣僚の三分の一が失脚した。なお、文化大革命の人的被害ははっきりしないが、七八年一二月の中央工作会議で葉剣英が明らかにしたところでは、死者が二千万人、当時の人口の九分の一に当たる一億人が被害を受け、八千億元を失った、という［思源「党内分権制衡的来歴和経験」『炎黄春秋』二〇一二年第一期］。この「内乱」がなぜ起こったのかは、この驚天動地の「内乱」でどうして党の支配が覆らなかったのかとともに、現代中国政治の大きな謎である。

毛沢東のイデオロギー

毛沢東の文化大革命イデオロギーは六二年九月の八期一〇中全会で公けにされた。「社会主義社会はかなり長い歴史的段階であり、この段階には、まだ階級、階級矛盾および階級闘争が存在しており、社会主義と資本主義の二つの道の闘争が存在しており、資本主義復活の危険性が存在している」という毛沢東講話は、この会議に出席した者のコンセンサスとなり、会議は、数十年、あるいはそれ以上かかるだろう、「資本主義から共産主義に移行する歴史的期間」、資本主義と社会主義の二つの道の闘争があるという理論をコミュニケでうたったのである。

だが当時の政情はそれどころではなく、劉少奇と鄧小平の指導下で飢饉と経済破綻を乗り切るため「三自一包」政策（自留地、自由市場、損益の自己負担、請負い）など現実的な調整政策がとられており、毛沢東は内心大いに不満をつのらせていた。彼は理論武装に励み、六三年からは林彪が実権を握った解放軍の支持を受け、農村での社会主義教育運動をつうじて反撃のチャンスをうかがっていた。

六六年五月の中央政治局会議で幕が切って落とされる文化大革命は、三年後に九回党大会を開いて毛沢東・林彪が「プロレタリア司令部」を作り上げるまで、次のように時期区分することができる。

1．六六年五月に毛沢東が「文化大革命の司令部」（文化大革命小組）を作ってから八月の八期一一中全会で文化大革命が党中央のコンセンサスとなるまで。
2．六六年末までの紅衛兵運動の時期。
3．六七年二月の「逆流」から解放軍による事態の掌握まで。
4．六八年秋の劉少奇国家主席の除名から、九回党大会で文化大革命をとりあえず収束させるまで。

文化大革命をめぐる疑問　錯綜した文化大革命のプロセスを一つの物語にすっきり描き出すことはできない。また、さまざまな問題が残されている。たとえば、紅衛兵や造反派労働者の大衆運動が政治過程をどうリードしたか、毛沢東は大衆をどう動員したか、解放軍が文化大革命の過程をどう左右したか、さらには本人の政治的立場よりも、「紅五類」（労働者、貧農・下層中農、革命幹部、革命軍人、革命烈士の子弟）は造反できても、「黒五類」（旧地主、旧富農、反革命分子、悪質分子、右派分子の子弟）はできないなど、出身が支配する血統主義や毛沢東崇拝など前近代的なものが、なぜ時代を先取りするはずだった文化大革命で横行したのか、あるいは六〇年代半ば、米ソ二大国と対決せざるを得なかった厳しい国際環境が文化大革命の動因ではなかったのか、などなど。

ここでは、文化大革命で見られた次の二つの突出した特徴を指摘しておくに止めたい。

①毛沢東が自らの社会主義論、継続革命論を実践するために、出来上がった党機構に見切りをつけ、自身のカリスマ性を最大限使って体制外の大衆運動（紅衛兵や造反派労働者）を動員した。

②毛沢東は、大衆運動が分裂し崩壊してからは、毛沢東思想にもっとも忠実な、しかも最大の物理的力である解放軍に依拠した。だが、解放軍は政治に直接介入することでこれまでの「党の指揮」から飛び出し、九回党大会以後は最大の政治勢力として大きな不安定要因となった。七一年秋の林彪事件はいまもって真相が分からないが、

周恩来グループと極左グループが軍の独裁を防ぐために臨時の同盟を組んだことで起こったクーデターだったとも考えられる。

紅衛兵運動――動員と操作、臣従と参加

文化大革命で生まれた三つの新事物は、紅衛兵、解放軍の政治化（第6章2参照）、そして新型権力である革命委員会である。中国だけでなく世界を震撼させた紅衛兵運動は、五月末にエリート校清華大学付属中学（日本の高校にあたる）で一八歳の少年がたまたまビラに「紅衛兵」と書いたことから始まった［張承志『紅衛兵の時代』一九九二年］。夏までに北京大学では八〇の紅衛兵組織ができ、清華大学など北京から各地に燎原の火のように広がった。八月一八日には一、五〇〇人の紅衛兵が天安門広場に集まり、手に手に『毛主席語録』をかかげ、「造反有理」（謀叛には理がある）を叫んで世界にその英姿を示した。三一日には毛沢東の接見を受けた五〇万の紅衛兵で広場は興奮のるつぼと化した。地方から汽車を乗り継いできた少年たちもぞくぞくと集まった。一一月までに毛沢東は延べ一、四〇〇万人の紅衛兵に接見したという。

北京大学のある紅衛兵グループは劉少奇、鄧小平などの退陣を要求、一一月には劉少奇・王光美夫妻を大衆集会でつるし上げた。解放軍の羅瑞卿総参謀長もつるし上げにあい、その侮辱にたえかねて自殺をはかった。またあるグループは「造反外交」を叫んで各国大使館にデモをかけ、イギリス大使館を焼き打ちする者もいた。すべてが大衆的熱狂のなかで行われた。

だがこの熱気も、紅衛兵組織が分裂し、内部闘争に明け暮れると下火になっていった。翌年一月には解放軍が秩序維持と「左派」支援のために文化大革命に参加、同年夏中央文革小組内の極左派（王力や関鋒、戚本禹）が失脚すると、紅衛兵は主役の座を下ろされ、六八年夏、労働者毛沢東思想宣伝隊が大学に進駐したとき、彼らの役割は完全に終わった。秋から多くの紅衛兵が、新疆、陝西、雲南など辺境の地に「改造」のために散っていった。

毛沢東が六八年七月に紅衛兵のリーダーたちを叱りつけた次の言葉を見れば、毛の熱い期待とその後の失望がどんなに深かったかがよく分かる。「諸君は私を失望させた。さらに諸君は中国の労働者・農民・兵士たちを落胆さ

せた。……君たちは武闘ばかりやっている。それでは人民も労働者も喜ばない。そんなことで天下をどう統一するというのかね」［『毛沢東思想万歳』一九六九年］。

毛沢東と二〇歳そこそこの紅衛兵の間を結びつけたものは一体何だったのだろうか。紅衛兵の中にある毛に対する圧倒的な敬意、毛がもっている「若者は東にのぼる太陽」だという絶対的な信頼と期待、それが両者を結びつけたことは否定できない。だが紅衛兵側に体系をもった変革への意志を見つけることはむずかしい。「父よりも母よりも親しい毛主席」と紅衛兵がいうのを聞くとき、政治的自己主張、ある種の政治参加というより、ある絶対的権威への盲従と臣従をたやすく見てとることができる。

アメリカの政治学者J・R・タウンゼントは、「ある政治体系の成員がもつ政治に対する態度、志向の型」である政治文化には、排他型、臣従型、参加型の三つのバリアントがあるとした上で、現代中国のそれが「臣従＝直接参加型政治文化」だと分析した［J・R・タウンゼント『現代中国――政治体制の比較分析』一九八〇年］。文化大革命時代の毛沢東と紅衛兵の関係こそ、典型的な臣従＝直接参加型の政治文化といえよう。

しかも文化大革命期の唯一の法である「公安六条」（六七年一月一三日の中共中央・国務院「文化大革命中に公安工作を強化することについての若干の規定」）を見れば、「臣従」が求められ、もしくは進んで「臣従」したのは何も紅衛兵だけでなく、国民全体だったことが分かる。「公安六条」は、「文化大革命は大民主運動」だとしながら、次のようにいう。「およそ反革命の匿名の手紙を出し、反革命のビラを密かにもしくは公然と張ったり撒いたり、反動スローガンを書いたり叫んだりして、偉大な領袖毛主席と彼の親密な戦友林彪同志を攻撃し侮辱する者は、すべて現行の反革命行為であり、法によって処罰される」。

紅衛兵運動は、上からの動員（つまり毛の号令）でいったん「放」となり、しかしその後いきすぎや混乱が生じたところで軍や労働者宣伝隊の手で「収」に向かわせられた。この意識的な「放」と「収」の操作という面でも、中国政治の特徴を典型的に示した。

革命委員会――挫折したコンミューン

革命委員会を作って最初に権力を奪取したのは黒龍江省である。ソ連と国境を接する同地では、造反組織や保守派を軍の力で弾圧し、六七年一月三一日に「黒龍江省紅色造反者革命委員会」を作り出した。二月二日の『人民日報』は、「資本主義の道を歩む実権派の手から党権、政権、文権を奪い返した」と祝い、「革命的大衆組織の責任者、軍の現地責任者および党・政府機関の革命的な指導幹部の三つが結合した臨時権力機構を組織した」と賞賛した。これが「三結合の新権力機構」のモデルとなった。

一方上海では、中央文化大革命小組の張春橋や姚文元の指導下で、造反派労働者を中心に二月五日「上海人民公社」(上海コンミューン)が樹立された。もとの上海市党委員会、人民委員会(政府)のすべての権力を奪ったこの組織は「地方国家権力の新しい組織形態」と自賛した。上海人民公社臨時委員会が張春橋、姚文元を代表に、労働者、農民、軍人など一三名で構成された。

当初上海の奪権を支持し大きな期待を寄せた毛沢東は、だが「上海人民公社」には懐疑的だった。二月一二日、張春橋に、「〔上海コンミューンができれば〕国家は中華人民公社〔中華コンミューン〕と改めるのだろうか。主席は主任とか社長とか呼ぶのだろうか。こうなると、外国が承認するかどうかが問題だ。……コンミューンと改めるなら、党はどこに行くのだろうか。党委員会はどこに行くのだろうか。コンミューンは党にとって代わることができるか。……やはりコンミューンと呼ばないほうがいい」と伝えたという(「上海文化大革命についての指示」『毛沢東思想万歳』一九六九年)。

二月二三日、毛の指示で結局「上海人民公社」は上海市革命委員会に改称した。毛はなぜコンミューン構想を棄てたのだろうか。一つは本来完全な選挙制で生まれるコンミューンでは党の指導が貫徹できないという不安、もう一つは折しもソ連との緊張が高まっている中で軍が強く抵抗したとも考えられる。さらに国務の責任者である周恩来なども国家機関の存続を強く求めたであろう。

大衆組織・党政府機関・軍の三者からなる革命委員会は、六七年四月に北京でも成立、その後続々と生まれ、六八年九月にはチベット、新疆にもできて一級行政区すべてに揃った。だが上海などを除けばほとんどすべて、文化大革命に介入した解放軍の軍事管制委員会もしくは左派支援部隊によって上から組織された。もちろん、二九の省・市・自治区の四千名の革命委員会メンバーはすべて上からの指名で、選挙ではない。

軍人の支配

コンミューン理念で出発したものの、革命委員会の実質はまったく別のものになった。一つはどこも軍の圧倒的リーダーシップで革命委員会が作られ、軍が地方を掌握したことである。六八年九月に行政区すべてに革命委員会ができたとき、二〇名の主任が軍隊出身、その他九名の主任も何らかの形で軍職を兼務するものだった。県レベルの主任も八割以上が軍人で（湖北省の場合はじつに九八％が軍人である）、主任・副主任五千人余りが軍人だった〔李可他『〝文化大革命〟中的人民解放軍』一九八九年、二四四頁〕。

もう一つは、革命委員会が党組織を代替したことである。軍、党、政府による「一元化指導」が革命委員会をつうじて実現した。ほとんどが軍人である主任がすべての権力を一手に掌握した。党が国家や政府を間接指導するチャネルとしての党グループは必要なくなった。革命委員会で党の指導が貫徹できるからである。七〇年六月には、国務院の各部の革命委員会内に「党の核心グループ」ができ、「各部や委員会の日常工作は、党の核心グループの指導下で部長・副部長（主任・副主任）が責任をもつ。各部や委員会の対外的な文書には、これまでどおり部、委員会の名義を使う」ことになった〔鄭謙他『当代中国的政治体制改革之発展概要 一九四九―一九八八』一九八八年、一八三頁〕。

こうして見ると、党・軍・政府・大衆団体が一体となった、中央および地方の革命委員会は、大衆の革命的権力、コンミューン型権力などではまったくなく、当初は権力奪取のための臨時権力機構、その後は、実質は軍による一元的な支配を可能にする権力機関だった。毛沢東が文化大革命に託したロマンとその実態の間には、紅衛兵運動と同様、絶望的な距離があったのである。

文化大革命は多くのリーダーを追放し、官僚組織を破砕した。参考までに、文化大革命で失脚したリーダーを中国側文献で示しておこう。

＊中共中央八期中央委員・候補中央委員一九三名中、侮蔑と迫害を受けた者――一二四人、六五％。

＊八期中央監察委員・候補委員六〇名中、侮蔑と迫害を受けた者――三七人、六一％。

＊第三期全国人民代表大会常務委員一一五名中、侮蔑と迫害を受けた者――六〇人、五二％。

＊第四期全国政協常務委員一五九名中、侮蔑と迫害を受けた者――七四人、四七％。

＊中共中央、国務院各部、各委員会、省レベル党委員会・人民政府の主要責任者、解放軍の高級幹部中、侮蔑と迫害を受けた者――八四人。

〔張湛彬『中国漸進改革与高層政要治国方略詳述』二〇〇三年、六五頁〕

また中央国家機関の副部長以上、副省長以上の高級幹部中、公安部門による正式審査を受けた者は全体の七五％に上った〔黄大熹『中国共産党組織結構発展路径的歴史考察』二〇〇四年、一三七頁〕。文化大革命で失ったのはなによりも人材である。

7　毛沢東思想と毛ドクトリン

トップリーダーの役割

現代中国でトップリーダーの役割はその他の国と比べて極度に重要である。一般の民主政国家では官僚制や政策決定のプロセス、権力継承の手続きなどが制度化されているから誰がトップリーダーになろうが政治変動はそれほど大きくないし、極端な場合はほとんど変わらない。

だが現代中国では一九七〇年代までは毛沢東、八〇年代からは鄧小平ぬきには政治は語れない。現代中国史の分岐点になった反右派闘争は毛沢東の「決断」がなければ起こらなかったかもしれないし、文化大革命は「たった一人の革命」をあくまで貫こうとする毛沢東のイデオロギーと権威なしには起こらなかっただろう。

公認の中国現代史「建国以来の党の若干の歴史問題についての決議」（八一年六月）は大躍進政策について、「とくに毛沢東同志をはじめ中央と地方の少なからぬリーダーが勝利にのぼせおごり高ぶり、功をあせり、主観的意志と主観の能力の役割を過大視し……左よりの誤りが氾濫した」といい、五七年から文化大革命前の一〇年の誤りの「責任はやはり党中央の集団指導にある。毛沢東同志には主要な責任があるが、誤りのすべてを毛沢東個人に押しつけるわけにはいかない」という。だが文化大革命については毛沢東の全面的責任だと次のようにいう。「文化大革命というこの全局的な長期にわたる左よりの誤りについては毛沢東同志に主な責任がある。しかし毛沢東同志の誤りは、究極的には偉大なプロレタリア革命家の犯した誤りだった」。建国の父毛沢東に対する評価は、いまのところ政治的たらざるを得ず、「毛沢東晩年の誤り」を指摘するに止まっている。だが毛が全政治過程でプラス・マイナス両面で果たした決定的役割は否定しようがない。

鄧小平もある程度そうである。彼は名目上党のトップの地位に就いたことはない。七七年に二回目の復活をしてから、鄧小平が手にした最高のポストは党（および国家）中央軍事委員会主席である（八一年六月～八九年一〇月）。しかも一三回党大会（八七年一〇月）からは党の中央委員ですらない。だが八〇年代中国の改革開放政策、「四つの近代化」を鄧小平ぬきに語ることはできないし、中央軍事委員会主席のポストを江沢民に譲って〝無冠〟になってからも、彼は陰に陽に政治の主役を務めてきた。天安門事件後、改革開放が頓挫すると大方が予測した後も改革開放が続けられ、九二年春「改革開放をいっそう加速せよ」という鄧小平の言葉（南巡談話）が決定的なシグナルになったことでも鄧の存在の大きさが分かる。

中国政治で一人のトップリーダーがこれほどのパワーをもつのは理由がある。一つは、中国政治で制度、組織、法が欠如しあるいは機能不全を起こしているため、とくに集団指導のシステムを欠いているためである（非規範性）。次に、リーダー集団、一般大衆のそれぞれが個人の独裁的統治を受け入れ、ともすれば求める政治的伝統もあろう（人治思想）。さらに、社会主義政治システム特有の原因もある。排他的なドクトリンと一元的権力による統治は旧ソ連や東欧、中国に共通しているが、それがそれぞれに独裁者を生み出した。ソ連のスターリン、ユーゴのチトー、ルーマニアのチャウシェスク、朝鮮民主主義人民共和国（北朝鮮）の金日成など、枚挙にいとまがない（一元的政治体制）。

トップリーダーの役割の大きさはまた中国にしばしば政治変動や混乱をもたらした。中国政治が穏歩、急進のサイクリカルな変動を繰り返すため「時計の振り子」論で中国政治を分析する研究者もいる（旧版『現代中国政治』二〇〇四年、二二頁）。たえまない政治変動の要因は二つある。一つは、政治体制における制度、組織、法制の欠如と機能不全、もう一つはトップリーダーの存在である。トップリーダーがどのような理念や志向、路線、政策をもつかによって、彼がどのように政治過程に参与するか（全面的支配か時々の介入か、トップグループとの協議か）、どのような政治運営を行うかで政治社会は大きく変わる。六〇余年の現代中国の政治過程はこの二つの要因による政治変動のプロセスでもあった。

唯一の正統イデオロギー

毛沢東の思想、統治の仕方、モラルが「毛沢東思想」と名付けられたのは一九四三年、延安で「マルクス主義の中国化」キャンペーンが毛沢東派の勝利に終わって、毛が党の政治局と書記処の主席となり、「最終的な決定権」を手にしてからである。同年七月に党創立二二周年を記念してさまざまな毛沢東賛美の論文が出たが、なかでも王稼祥の「中国共産党と中国民族解放の道」は、「毛沢東思想は中国のマルクス・レーニン主義であり、中国のボルシェビズム、中国の共産主義である」と述べ、毛沢東思想を「創造的マルクス主義」、「マルクス・レーニン主義の中国における発展」と定義した『解放日報』四三年七月八日）。

抗日戦争の勝利は毛の権威を決定的なものにし、四五年春の第七回党大会は毛沢東時代の始まりを告げた。党大会で劉少奇（当時、書記処書記）は、毛および毛沢東思想を称揚することでナンバー二の地位を手に入れた。「毛沢東思想はマルクス・レーニン主義の理論と中国革命の実践とを統一した思想であり、中国の共産主義、中国のマルクス主義である。毛沢東思想はマルクス主義が植民地・半植民地・半封建国家の民族民主革命においていっそう発展させられたものであり、マルクス主義の民族化のすぐれた典型である」。この劉少奇の規定は今日も生きている。この大会の党規約に、「中国共産党はマルクス主義の理論と中国革命の実践を統一した思想である毛沢東思想をすべての活動の指針とする」ともりこまれたことで、毛沢東思想は中国の党の唯一の正統イデオロギーとなった。

さらに、五一年の中国共産党三〇周年には、陳伯達（毛沢東の政治秘書）が「毛沢東同志はマルクス・レーニン主義の一般的指導原理を東洋の国家に応用した。……毛沢東思想はマルクス・レーニン主義の東洋における発展である」（陳伯達「毛沢東思想を論ず」一九五一年）と定義づけることで毛沢東思想の地平をアジアにまで拡大し、毛および毛沢東思想は中国だけのものではなくなった。

スターリン批判を受けた五六年九月の八回党大会は、すでにふれたように、党規約から毛沢東および毛沢東思想を削除し、名誉主席ポストを作って個人崇拝の芽を摘もうとした。だが五八年からの毛の反撃で、個人崇拝が進み、文化大革命をつうじて九回党大会（六九年四月）では毛沢東思想が「マルクス・レーニン主義の最高峰」としてよみがえった。

毛の死後も毛沢東思想は生き続けている。七九年三月、鄧小平が提起した「四つの基本原則」（胡喬木の執筆）にはマルクス・レーニン主義とともに毛沢東思想が入り、それが八二年憲法の前文を飾り、今日なお一三億の中国公民を拘束していることは第2章で述べる。

毛沢東思想とは？　だが毛沢東思想とは何か、マルクス主義と中国の実践の統一とはいかなる意味をもつのかということになるとはっきりしない。論ずるもの、論ずる時期によって毛沢東思想はさまざまに変化する。毛沢東一人の思想であるかどうかも疑わしい。現代中国政治、とくに毛沢東を研究してきた徳田教之は、毛沢東思想は、①毛自身のイデオロギー、思考方法、理論、政策、統治の仕方、②毛以外の指導者たち（劉少奇、陳伯達、胡喬木など）の戦略と思考方法、③延安で形成された中共党員の価値観、態度、スピリット、行動様式、そして、④マルクス・レーニン主義から継承したもの、これらのアマルガムであり、「一種の集団的英知、革命運動における価値あるものの総体、ないしは象徴創出という政治的必要性にもとづいて作られた統合的神話」であると性格づけている［徳田教之『毛沢東主義の政治力学』一九七七年、同「中国社会主義における毛沢東の映像と残像」一九八九年］。

毛沢東思想に正統マルクス・レーニン主義がどれほど含まれているかも疑わしい。毛が受け入れたというマルクス・レーニン主義は、三〇年代はレーニン主義であり、五〇年代半ばまではスターリン主義である。五二年に社会主義への即時移行を毛が考えはじめたとき（過渡期の総路線）、周恩来や劉少奇をソ連に送ってスターリンの見解をただしたし、過渡期の総路線の唯一の理論文書である「過渡期の総路線についての学習と宣伝テーゼ」（五三年一二月、胡喬木宣伝部副部長などが草案を書き、毛が大幅に補筆した）には、スターリンの過渡期理論「ソ連における社会主義の経済的諸問題」（五二年一〇月発表）の影響がきわめて強い。まさに「一二月テーゼに示されている過渡期理論へのわれわれの理解は、じつはスターリンが継承し発展させた、所有制の変更を中心にすえた戦時共産主義思想であり、生産力の発展を中心にすえたレーニン晩年の新経済政策ではなかった」［林蘊暉他『凱歌行進的時期――一九四九―一九八九年的中国(1)』一九八九年、三一八―三一九頁］のである。しかも五〇年代末からは毛沢東はそのスターリンからも離れて、自らの体系――毛沢東主義の構築に傾いていく。

その毛沢東思想には次の三つの内容がある。①マルクス・レーニン主義、スターリン理論への新しい提起（哲学や経済学の分野）、とりわけ矛盾論、社会主義社会論などがそうである。②革命・社会主義建設の戦略・戦術面の理論。たとえば、根拠地論や持久戦論、人民戦争論、農業集団化理論など。③幹部や指導者のモラルや統治の仕方についての理念や思想（ちなみに中国語の「思想」は「考え方」ほどの意味である）。大衆路線、理論と実践の結合、あるいは「実事求是」などもそうである（統治の哲学、倫理、方法といってもよい）。

そのうち矛盾論は六〇年代はじめに突きつめられ、しかも哲学から政治の領域へ飛躍した。「矛盾がなければ運動はない。社会はいつも運動し発展するのであって社会主義の時代でも矛盾はなお社会発展の動力である」、「均衡は相対的、不均衡は絶対的だ。この普遍的法則が社会主義に適用できないことはあるまい。……矛盾・闘争は絶対的、統一一致・団結は過渡的であるがゆえに相対的である」（六一～六二年の「ソ連政治経済学読書ノート」〔『毛沢東思想万歳』一九六九年〕）という観念こそ文化大革命の哲学である。文化大革命は毛が特異な哲学で展開した思想闘争であると同時に、なまぐさい権力闘争でもあった。

毛沢東思想の①は「毛沢東晩年の誤り」として中国自身が否定した。だが②と③はいまも生き残っている。「四つの基本原則」の中の毛沢東思想がまさにそうである。

毛沢東型社会主義——毛沢東ドクトリン　本章の4～6で延べたように、反右派闘争、大躍進、文化大革命はマルクス・レーニン主義ともスターリン主義とも違う毛沢東型社会主義の展開だった。この三つを貫いているのは、①大規模経済、公有制こそ社会主義経済のモデルだという理論（一大二公）、②所有制の変更（大規模公有化）が生産力の飛躍的向上につながるとする戦略、③生産力向上には物質的刺激より精神的刺激がより効果があるという信念、④精神的刺激を注入するために、政治および政治思想第一を経済運営にも適用する戦術、などである。

この毛沢東型社会主義には毛沢東固有のイデオロギーもしくはドクトリンがある。これこそ「毛沢東主義」であり、次の四つの要素からなっている。

1．社会主義社会の矛盾は階級矛盾であり、したがって社会主義の全段階で階級闘争が存在するというドクトリン。毛は反右派闘争でこの認識をもちはじめ、それを六二年九月の八期一〇中全会で党公認のものとした。「プロレタリア独裁下の継続革命」という文化大革命のイデオロギーである。

2．社会主義において生産力を引き上げるために生産関係の変更が最大の推進力になると考える理論。農業分野では機械化より集団化、合作社から人民公社への変化がその具体例である。大躍進期にはこの毛理論が実践に移され、経済構造の破壊をもたらしたことはすでに述べた。下部構造が上部構造を規定するというスターリン理論への重大な挑戦である。

3．平等主義の価値観および精神的価値、モラルを重視する思想。人民公社の目標は共産主義に近づくということだったが、底にあるのは「乏しきを憂えず、等しからざるを憂う」という「均」の観念であり、毛沢東が多用した「人民に奉仕する」「己れを犠牲にする」という精神的インセンティブは、個の犠牲にもとづく「公」の観念である。またしばしば行った整風（作風を整える）や幹部の下放（肉体労働による鍛練）は、制度や法による統治ではなく、清廉潔白な人物の支配ならすべてよしとする「清官」思想、「徳」の政治につながる。毛時代の「均」と「公」が伝統的儒教の政治経済思想に根ざしていることは、近代思想史の専門家である溝口雄三が適切に指摘している［溝口雄三『方法としての中国』一九八九年］。また、「徳」の政治について、中国の哲学者包遵信は毛沢東の「思想第一」、「紅」第一は儒家の倫理本位主義に非常に似ており、「道徳の政治化」だという［包遵信「儒家伝統与当代中国」『批判与啓蒙』一九八九年］。いずれにせよ、「道徳倫理の思惟方式、倫理原則や倫理感によってすべての政治問題を処理する、中国の伝統的倫常式政治文化」［鄭敬高「従三個層面看中国伝統政治文化的特質」『政治学研究』一九八九年第四期］と共通していることは否めない。

4．特異な対外脅威認識と対外優越感。毛沢東型社会主義が展開された五七～五八年、六〇年代半ばはいずれも中国の対外危機が深まっていた（少なくとも毛はそう認識した）。スターリン批判が東欧に体制的危機をもたらしたことに五六年末から毛沢東が異常な危機感をもち、それが反右派闘争の発動につながったことはすでに述べた。また五八年夏の台湾海峡の危機（金門島、馬祖島を解放軍が砲撃した事件）の折には、米英が中東革命に武力で介入し、中国（とくに毛沢東）は反米意識を極度に強めた。また、大躍進運動の発動の陰に「フルシチョフのソ連」への強烈なライバル意識と危機感があったことは否定できない。

文化大革命を起こしたとき毛の中にどのような危機意識があったかをつきとめるのはむずかしい。だが少なくともその頃毛は、このまま放っておけば中国も「フルシチョフのソ連」になるという焦燥感にさいなまれていたのだろう。ベトナム戦争で米軍の中国南部への侵攻があり得るとき、ソ連「修正主義」のイデオロギー的浸食と軍事侵攻の可能性は毛の危機感をいっそう煽ったにちがいない。

強烈なナショナリズムで自力の革命をなしとげた毛沢東や他のリーダーたちには、中国は「アジア・アフリカの盟主」であるとの自負が強い。またスターリンなき後は、ソ連と対等な「共産主義の盟主」だという自信も生まれた。しかも典型的な中国文人たる毛沢東は「四千年の中国文化」、「中国は中心」という中華意識を他のリーダーとともに共有している。こうしたことが、異常な対外脅威認識とはうらはらな対外優越意識をもたらした。毛には中国は世界の中の一員という認識はない。世界で不当に抑圧されている民族か、世界に冠たる民族かの両極端の間を毛は揺れ動いていたように思える。そしてこのアンビバレントな対外観がその時々の内政に重大なインパクトを与えた。

なお、徳田教之は、中国のリーダーの中で毛だけが建国後のはやい時期から「一種独特の危機意識」につきまとわれており、五五年頃からはそれがスターリン主義の影を濃厚に受けて顕著になったと指摘するが［徳田教之『毛沢東主義の政治力学』一九七七年］、これこそ武力革命で権力を簒奪した支配者につきまとう宿命だったのかもしれない。

毛ドクトリンを生み出したもの

以上のような毛沢東主義は、たしかに毛個人の資質からもきている。世界にならび立つものの ない中国をつくり上げたいというナショナリスト、理想主義者の野望、それが可能だとする哲学者の主意主義などは毛以外のリーダーには見当たらない。

だが毛沢東主義は決してそれだけが生み出したのではない。中国をとり囲んだ厳しい状況こそ毛沢東主義の生みの親である。思えば、建国のときこの国が直面した課題は、外的な抑圧からの解放、絶対的貧困からの脱出、国民的および国家的統合の実現であった。これらは一九一〇年代から中国の変革を志す者の課題だったが、一九四九年革命成就で完全に実現できたわけではない。台湾の「未解放」は外からの抑圧と統合が終わっていないことを意味し、東西対立によるアメリカなどの中国封じ込めは戦争の危機を意味した。貧困は一朝一夕で脱出できるほど容易なものではなかった。一九世紀後半から列強に奪われ続けたものはまだ中国に戻ってはいない。

とくに絶対的貧困、外からの包囲と脅威、「戦争が起こるかもしれない」環境は中国および毛沢東にとって重圧だった。人民公社はたしかに経済法則を無視した暴挙である。だが精神的インセンティブには金はかからないし資本はいらない。全体のパイが圧倒的に足りない状況がすぐに変えられないとしたら、「乏しきを憂えず、等しからざるを憂う」平等主義に頼らざるを得ない。こうして安上がりのテイク・オフ戦略――毛沢東型社会主義戦略が構想される。貧しさと知識のないこと（一窮二白）を中国にとっての「利点」といわざるをえない状況で（五六年一月に毛沢東は、「貧困であれば革命しようと思う。知識の少ないことはよくないが、白い紙には文章がたくさん書ける」とそれらが中国の〝利点〟だと述べた）先進国に追いつくには、革命的精神以外にはない。

とくに戦争環境の圧力は大きなストレスだっただろう。中国のリーダーにとって朝鮮戦争後の中国をとり囲んだ状況はたんなる「封じこめ」ではなく、外からの転覆活動だった。しかもそれに対応して採ったソ連型社会主義、ソ連依存戦略は内外ともに中国をガンジガラメに縛ることになった。六〇年代半ばには米ソ両国との対決が中国に膨大なコストを払わせた。たえず両超大国からの軍事的脅威にさらされる中で中国は反米反ソの布陣を敷いた。修正主義反対のために文化大革命を発動し、防衛体制の構築のために三線建設など経済の軍事化を進めた。

絶対的貧困と戦争環境という中国をとり囲んだ苛酷な状況に毛沢東は革命の継続で対抗しようとした。だがそれは、オクセンバーグがいうように、もはや絶望的試み以外のなにものでもなかったのである。

8　毛沢東型リーダーシップ

リーダーシップの確立過程　それまで党内非主流にあった毛沢東は、滅亡の瀬戸際にあった紅軍を救った功績で一九三五年一月の政治局会議（遵義会議）で軍のナンバーワンになった。さらに日中戦争がもっとも苦しかった四三年に中国共産党政治局（および書記処）主席の地位をはじめて手にした。それまでの主流派（コミンテルンに近い王明など）を整風運動と「マルクス主義の中国化」キャンペーンでリーダーシップから蹴落としたのである。三月二〇日に延安で開かれた中央政治局会議は次のように決めた（決議全文はなぜか公表されていない）。

1．中央政治局はすべての重大問題を決定する権限をもつ。重大な思想問題、政治問題、軍事問題、政策、組織問題はすべて政治局で討論して決定する。

2．毛沢東を政治局主席とする。

3．中央書記処は政治局が決めた方針にもとづいて日常工作を処理する。

4．毛沢東、劉少奇、任弼時の三人で中央書記処を組織し、毛沢東は主席として書記処会議の最終的決定権をもつ。

（「関于中央機構調整及精簡的決定」［趙生暉『中国共産党組織史綱要』一九八七年、一八〇―一八一頁］）

こうして毛は軍事のみならず政治、組織問題でトップリーダーとなったわけだが、第4項、つまり「毛沢東が最終的決定権をもつ」がその後の政治過程にきわめて大きな意味をもつことになる。

抗日戦争の勝利は共産党、そして毛沢東の地位を不動のものにした。四五年四〜六月の七回党大会で「毛沢東思想」が党のすべての活動の指針となり、毛は、中央委員会の主席、政治局および書記処の主席に正式に選ばれた。毛の権威と権力は全党的なものになったのである。このとき毛は五二歳。

一九四九年一〇月、天安門上で中華人民共和国の成立を告げた毛はみずから新国家の主席に就いた。五九年に劉少奇に国家主席を譲るまで毛は党と軍（中央革命軍事委員会主席。五四年からは中央軍事委員会主席）と国家の権力を一身に集めた。また四三年から世を去る七六年まで三三年間、党の主席をつとめた。毛の全人生は党とともに進み、党を率い、国家を率いる歩みだった。

毛沢東の専断

建国後の毛のリーダーシップは、五七、五八年頃から党組織内および他のリーダーの間での専断から個人独裁へ、六六年には明確に個人崇拝へと変化している。だが、すでに五〇年代初めから毛沢東専断へのレールは着々と敷かれていた。毛沢東の手紙、電報を集めた『建国以来毛沢東文稿』全一三巻（中共中央文献出版社）を読むと、毛沢東の権力と権威が五〇年代初めから圧倒的で、劉少奇以下を完全にコントロールしていたことに改めて驚かされる。とくに五二年頃には毛は党および国家のすべての事項について掌握し、指示し支配する意志を強くもつに到っている。たとえば五一年六月、胡喬木（毛沢東の政治秘書、当時党中央宣伝部常務副部長）が『中国共産党の三〇年』（これは、文化大革命期までもっとも権威ある党史だった）の執筆にあたって、「〝毛沢東同志の農村をもって都市を包囲する方式〟とするか、原理とするか、戦略、もしくは方針とするか、どうしましょう」と問い合わせたとき、毛は「〝方針〟がよろしい」と答え、自分が歴史の祖述者たることを誇示した。五二年九月には、周恩来、鄧小平らに宛てて、外交部が文書を事前に自分に見せないのはけしからん、「すべて重要な外交返書は、総理と私が審査、校閲してからでなければ発信するな」と命じている。

毛沢東がすべての文書に目を通し、すべての事項に口を出すと決めたのは、五二年末に周恩来と薄一波（財政部長）が税制改革を「勝手に」指示したことがきっかけになったようである。「新税制について自分は新聞を見てはじめて知った。私が見ても分からないんだから、向明〔当時、山東省分局第二書記〕が見て分かるはずがない」と周恩来らに怒りをぶつけ（五三年一月一五日）、五月一九日には劉少奇と楊尚昆（当時、中共中央辦公庁主任）に、「今後、中央の名義で文書・電報を出すときには、事前に自分に見せよ。そうしないと無効だ。注意すべし」と釘をさしている。しかも、「昨年〔五二年〕八月一日から今年五月五日まで中央および軍委名義で出した電報・文書について、事前に自分が見たかどうか、どれくらい見ていないかをチェックしてほしい。……これまで何回かの中央会議の決議で自分が見ていないのに勝手に発表したものは誤りであり、規律を破るものだ……」と怒りをこめて指示している（いずれも〔『建国以来毛沢東文稿』〕）。

こうして五三年には毛は中央のすべてを掌握しようとし、それに成功している。中央委員会の方向もほとんど毛が決めた。五四年一月の党の七期四中全会を毛沢東は「休暇」で欠席したが、時期、議題、中央の報告の内容や量、決議などを事前に毛が劉少奇にことこまかく指示し、劉少奇が予定する「自己批判」も事前に自分に回してほしいと伝えている（五四年一月七日の書信）。しかも四中全会の準備が終わるとすぐ楊尚昆が杭州にかけつけ、すべてを毛沢東に報告している。

曖昧な「中共中央」ないし「中央」も、次第に具体的な個人を意味するようになる。五四年一一月一〇日の毛沢東、劉少奇、周恩来の連名の電報（「地方の五カ年計画策定について」）は、「われわれが中央を代表して指示電報を起草した」とはっきり述べた。また五二年から五五年、かなりの「中央の指示」は毛沢東が専断で決め、中央の名義で発出したものである（たとえば「三反闘争をしっかり摑むことについての指示」〈五二年一月四日〉、「チベット工作についての指示」〈同四月六日〉、「官僚主義・命令主義・違法・規律違反に反対することについての指示」〈五三年一月五日〉、「新三反運動についての指示」〈同三月一四日〉、「党内ブルジョア思想の批判についての指示」〈同一一月四日〉など）。

こうして五〇年代半ばにはすでに毛の党内での位置はきわめて特殊である。毛がすべての情報を集中し、すべての問題に通暁し、すべての問題を処理する、そういうリーダーシップとして毛体制ができあがりつつあった。そもそも建国当初から、毛沢東には集団指導やリーダー間の分業といった観念があったとは思えない。

毛が他のリーダーとは違う専断の権利をはっきり行使するのは五五年七月である。「農村には、新しい社会主義大衆運動の高まりが訪れようとしている。ところが一部の同志ときたら、纏足をした女のようによろよろ歩きながら、速すぎる速すぎるとぐちばかりこぼしている」と中央農村工作部の部長鄧子恢をあてこすり、農業集団化にハッパをかけたのである（「農業合作社の問題について」）。当時、農業集団化はゆっくり進めることで合意されており、中央のリーダーはみな内心鄧子恢に同調していたに違いない。だがこの毛の「介入」で、一〇月の七期六中全会は陳伯達（毛沢東の政治秘書、当時党中央農村工作部副部長）の提起で集団化の強行を決議した。ただこの頃はまだ毛自身、他のリーダーたちの合意をとりつける努力はしていた。

独裁から個人崇拝へ

反右派闘争になると毛沢東の専断はもう当たり前になっている。彼が他のリーダーの同意を得ようと努力した跡すら見えない。反右派闘争の直前、研究にエネルギーを集中したいから第二期国家主席にはならない、ただし必要なら党主席あるいは政治局員として最高国務会議で報告するし、将来も戦争など重大事態が生じたときには復帰する、と劉少奇などに書いている（五七年五月五日の電報〔『建国以来毛沢東文稿』第六冊〕）。だがその一〇日後には反右派闘争を一人で決断し、そのプロセスを完全に支配した。

この頃毛は、新聞での宣伝のやり方にいたるまで指図している。六月二八日に、郭沫若の『光明日報』インタビュー〈雲霧が開け青天が見えた〉は素晴らしい、すぐに『人民日報』に転載し、新華社は全文を流せと胡喬木（中央書記処書記候補）に指示し、また七月九日には右派の名指し批判を一〇％まで増やすように指示している。反右派闘争の発動については一から一〇まで毛沢東が手を下したといってよい。

こうした専断が独裁に変わっていくのが五八年、大躍進の時期である。毛自身、よい個人崇拝もあると次のように開きなおり、毛沢東主義の実現に向かって独裁権力を行使し始める。

「個人崇拝を打倒しようとする人がいる。だが個人崇拝には二種類あり、一つは正しいもので、たとえばマルクス、エンゲルス、レーニン、スターリンの正しいものについては崇拝しなければならず、永遠に崇拝しないではいられない。……個人崇拝反対の目的にも二つある。一つは誤った崇拝への反対、もう一つは他の人を崇拝することに反対し、自分を崇拝することを要求するものだ。問題は個人崇拝にあるのではなく、真理であるかどうかだ。

……レーニンは独裁だと言ってレーニンに反対した人に、レーニンは、君が独裁するより自分が独裁した方がましだ、ときっぱり答えた。……」（五八年三月一〇日、成都会議での講話）。

これは毛の本心だろう。しかもこれがその後党の公式の立場となった。六三年六月、中ソ論争が全面的に始まったとき中国の党は、「いわゆる個人崇拝反対は、現実にはリーダーと大衆を対立させ、党の民主集中の統一指導を破壊し、党の戦闘力を散漫にさせ党の隊列を瓦解させる」と表明しているのである（「共産主義運動の総路線についての提案」）。

毛沢東の神格化

五九年に彭徳懐を蹴落として軍事リーダーのトップに立った林彪は、個人独裁を求める毛沢東の意を汲み、毛を神格化することで自己の地位を引き上げていった。劉少奇でさえ、「自分はずっと〝個人崇拝〟をやってきた。〝個人崇拝〟というのは適当でないかもしれない。私がいうのは毛主席の威信を高めるということだ。七回党大会でやったし、今もやるといわざるを得ない」（五九年九月、中央軍事委員会拡大会議）。

毛の神格化は、軍では一九五九年から始まり、六三〜六四年の社会主義教育運動で農村をまきこみ、六六年の紅衛兵運動で完了した。こうして神格化された権威を武器に毛沢東は文化大革命を発動するのである。第10章2で分析する「大民主」が毛の権威を発揚させ権力化するのに絶大な力ぞえになったことはいうまでもない。

林彪が主宰した六〇年一〇月の中央軍事委員会拡大会議は、「毛主席の書を読み、毛主席の話を聞き、毛主席の指示どおりに事をはこび、毛主席のよい戦士になろう」と全軍に呼びかけた。解放軍はこうして「毛沢東思想の学校」になっていく（「軍隊の政治思想工作を強化することについての決議」）。軍隊の機関紙『解放軍報』に毛沢東の断片的な言葉が、まるで『論語』のように毎日掲載され、それらを集めて赤い『毛主席語録』が出版された。さらに林彪は、「マルクス・レーニン主義と中国革命の実践を結合した毛沢東思想」を、「当代のマルクス・レーニン主義の最高峰」ともち上げた。彼によれば、「毛主席の話は一字一句真理で、一言が万言に当たる」のである。

毛の神格化に毛の著作の大量出版が重要な役割をはたした。内戦期の毛の論文を集めた『毛沢東選集』第四巻が出たのは六〇年九月、『毛主席語録』初版は六四年五月である。文化大革命期、毛の著作がすべての文化だった。六六年から六九年、『語録』は七・四億部、『毛沢東選集』は一・五億部、『毛沢東著作選読』は一・四億部が世に出た。毛の詩を集めた『毛沢東詩詞』でさえ九、六〇〇万部であるという〔樊天順・趙博主編『中国共産党組織工作大事記』一九九一年、二二三頁〕。これで毛の神格化が行われないとすれば奇跡だろう。「三つの忠」（毛沢東、毛沢東思想、毛沢東の革命路線への忠誠）、「四つの無限」（毛沢東思想を無限に愛し、無限に忠誠を誓い、無限に信じ、無限に崇拝する）がまかり通り、紅衛兵や造反派大衆が『語録』を斉唱し、毛の写真に礼拝し、「忠の字踊り」をする。狂熱的な毛崇拝がすべてを圧倒した。『語録』は経典となり、毛沢東は「神」になった。

毛自身この動きを利用した。七〇年一二月に毛は、文化大革命直前の状況についてエドガー・スノウにこう述懐している。「〔当時〕党権、宣伝工作の権力、省の党権、地方の権力〔たとえば北京市委〕を私は掌握できなくなっていた。そのためなんでもいいから個人崇拝が必要だった」〔エドガー・スノー『革命、そして革命……』一九七二年〕。九回党大会で毛の神格化はピークに達した。「帝国主義が全面的崩壊に向かい、社会主義が全世界的勝利に向かう時代のマルクス・レーニン主義である毛沢東思想」を党の理論的指針とすることとなり、ついでに「毛主席の親密な戦友」林彪が唯一の後継者に指定された。毛の権威は世界に普遍的なものとなった。

毛沢東の政治運営——介入

M・オクセンバーグはその優れた分析「毛のもとでの政策決定　一九四九—一九六八」（〔John M. H. Lindbeck ed., *China : Management of a Revolutionary Society*, 1971〕に所収）で、政策決定で毛が果たした役割は、提唱者、優先順位の確定、首尾一貫性の付与、既定政策や方向の歪曲・修正・介入など多様だったと指摘している。たしかに毛が一貫して提唱者、優先順位の確定者であり続けたならば、中国政治はあれほど変動しなかっただろう。問題は毛が政治過程に「介入」して既定政策の歪曲、否定、修正をしばしばやったことである。五五年七月の農業集団化へのゴーサインは当時の既定路線に反していたし、大躍進政策は一年半前の八回党大会で

（毛の同意のもとに）確定した方向を大きく変えるものだった。党の代表大会をやり直すなど通常の政治体系ではあり得ない。また六二年九月の八期一〇中全会で毛沢東は「社会主義段階での階級闘争」、「継続革命」を提起したが、これは半年前の七千人大会（拡大中央工作会議）での大躍進政策の誤りの総括、毛沢東自身の自己批判にさえ背いている。六二年一月に毛は、「およそ中央の誤りは直接にも間接にも自分の責任だ。私が中央の主席だからだ。他人に責任をなすりつけようとは思わない。その他の何人かの同志にも責任があるだろう。しかし第一に負うのはやはり私だ」と認めているのである。「歪曲」のさいたるものが「針も通せない北京の権力」の奪還から始まった文化大革命である。

毛沢東の「介入」は中国政治にしばしば大変動をもたらした。だが毛としては権力が限られていたから「介入」したわけではない。五〇年代半ばには毛の党内での権力はほとんど無限定である。毛にすればすべて「提唱」であって「介入」でもなんでもない。客観的に「介入」になったのは、あるときは実務から離れて哲学の世界に没頭したいと思い、あるときはすべての権力を振るいたいと揺れ動く毛の資質、政治スタイルのせいである。こうして、ルシアン・パイの言葉を借りれば、政策決定プロセスに対する毛の「君臨と支配の間の動揺」、「撤退、観察、熟考、そして介入」の状況が生まれた［Lucian Pye, *Mao Tse-tung : The Man in the Leader*, 1976］。毛にとって権力は責任を意味しない。みずからの理想、理念を実現するための恣意的な行使の対象でしかなかった。周恩来はさすがに毛の政治スタイルをよく理解していた。五三年九月「いまなぜ過渡期の総路線を提起するのか」という問いに、朝鮮戦争が終わったからもあるが、と周は次のようにいう。「毛主席の指導工作にはある原則がある。ある任務が完成したら気が緩まないうちにすぐ次の任務を出すのだ。すぐ新任務を提起しなければならない」（「過渡期の総路線」）。

カリスマから皇帝へ

オクセンバーグの分析では、毛のリーダーシップは時期によって変化している。①五〇年代半ばまでは政策決定のプロセスを支配してはいたが独占せず、リーダー間で毛は最終的には支持されており、毛は「組織内の政策決定者」だった。②五〇年代末から六〇年代前半は最高指導部内に分岐が生まれ、毛は説得能力と権力を喪失、中央工作会議や政治局拡大会議をアドホックに開き巻き返しをはかる。③六〇年代後半になると、最高指導部内で孤立した毛が党外大衆（紅衛兵）や軍隊に依拠する。このときには毛は「組織を超えた煽動者」である。④七〇年代は毛自体ではなく、毛イデオロギーと毛の権威を借りた後継者の権力闘争で、毛の権威だけが一人歩きをする。

オクセンバーグがいうようにこれは毛自身の変化ではなく、中国政治における毛の位置の変化にほかならない。五〇年代は毛はなんとか「状況」を把握できたが、六〇年代になると中国の問題はますます増え、専門化し、内部の危機（経済）と外からの脅威（米ソ）が深刻化し、毛は「状況」をコントロールできなくなった。「文化大革命は劉少奇派からの権力の回復というより、中国政治社会から権力を回復しようとする毛の絶望的な試みだった」というオクセンバーグの指摘はきわめて説得力がある。

こうした中で毛の支配は革命家のカリスマ的支配から圧政者の皇帝型支配に変わっている。毛はいまや「君臨する存在」であり、党は「率いられる者の集団」に変わった［竹内実『毛沢東と中国共産党』一九七二年］。かつてマックス・ウェーバーは、「挙示しうる一群の人々を特定の（またはすべての）命令に服従させるチャンス」を「支配」と見なし、正当的支配の三つの純粋型を示した。①近代官僚制に代表される合法的支配、②伝統の神聖さや権威に対する日常的な信念にもとづく伝統的支配（中国の伝統王朝の皇帝支配もそれである）、③カリスマ、すなわち非日常的な天賦の資質（呪術、戦争能力、弁舌能力など）をもった個人に対する人格的な帰依にもとづくカリスマ的支配（ナポレオンやイランのホメイニ師などを想起せよ）である。

革命を成功させ新しい国を作ったときの毛の支配は明らかにカリスマ型だった。非凡な軍事的才能と新しい思想を作り出す能力が毛の支配を正当化した。だが六〇年代、とくに個人崇拝と神格化が進んだとき、毛の支配とかつての皇帝の支配との間にどれほどの違いがあっただろうか。非日常的なカリスマ的支配は、それが日常化することによって、ウェーバーがいうように、伝統的支配に行き着いてしまったのである［マックス・ウェーバー『権力と支配――政治社会学入門』一九六七年」。

伝統的（皇帝型）支配に行き着いた最大の理由は、そもそも不可能な「すべてを掌握する」を毛があえて行ったことにある。だが毛の試みは「絶望的試み」であり、巨大な国、民族に毛もまた翻弄された。文化大革命に示される伝統的政治文化（これはすべてのリーダー、大衆が共有していた）が一時皇帝型支配を受け入れはした。だがそれで中国が直面する問題を解決することはできず、困難と危機はますます増えていく。これらはすべて毛死後のリーダー、幹部、国民にゆだねられた。

第2章　鄧小平時代の政治プロセス――脱社会主義の道

1　脱文化大革命、脱毛沢東

“実践は真理を検証する唯一の基準”

一九七〇年代半ばは暗黒の時代だった。対外的には国連加盟、アメリカとの接触、日本との国交樹立などがあったにせよ、国内では「四人組」と周恩来・鄧小平らの間で熾烈で陰湿きわまりない抗争が続いていた。決着をつけたのは、七六年四月五日の第一次天安門事件（周恩来の死を悼む民衆による自発的なデモ）と九月の毛沢東の死である。毛の権威だけをうしろ盾にしていた「四人組」は毛の死と同時に滅亡した。だが新しい時代への転換はスムースには進まなかった。八二年に党大会と全国人民代表大会を開いて鄧小平・胡耀邦のリーダーシップを固め新体制を作り上げるまで、紆余曲折が続いた。

「君がやれば安心だ」という毛沢東の一言で権力を継いだ華国鋒は、毛イデオロギーで権力の正統性を示す以外にない。そこで「毛主席の決定したことはすべて断固として守らなければならない。毛主席の下した指示はすべて変わることなく守らなければならない」といい（「二つのすべて」）、七七年八月の一一回党大会では「プロレタリア独裁下の継続革命」を強調した。

だが経済の成長――近代化こそ中国にとってただ一つの道だと考える鄧小平は、毛沢東の「実事求是」に学ぶべきだとし、「思想の解放」を主張した。イデオロギーのメッカ中央党校を舞台に「二つのすべて」への反撃が公然となった。「実践は真理の基準であると認めるだけでなく、発展の観点から実践の基準をみつめなければならない。……「四人組」派閥は破壊されたが、彼らが人々を縛ってきた精神的枷はまだ完全にはなくなっていない。……絶対的な禁区があるところには科学も真のマルクス・レーニン主義も毛沢東思想もない」というのである〔『光明日報』七八年五月一一日〕。この脱文革キャンペーンをリードしたのは中央党校校長の胡耀邦とそのブレーン阮銘だった。文化大革命で失脚した幹部の復活も始まった。七八年末には名誉回復を求めて北京に陳情する普通の市民、辺境の下放先から戻って職を求める青年たち、文化大革命時代の毛沢東を秦の始皇帝になぞらえて非難する青年の声など、さまざまな社会的動きも目立ってきた。こうした中で七八年末に歴史的な中央工作会議（一一月一〇日～一二月一五日）と一一期三中全会（一二月一八日～二二日）が開かれた。

党一一期三中全会――パラダイムの転換

三中全会のコミュニケは次のように近代化路線への転換を宣明した。「大規模な嵐のような大衆的階級闘争はすでに基本的に終わった」、「全国的範囲で林彪、〝四人組〟を摘発・批判する運動が基本的に勝利したことで、七九年から全党の活動の重点を社会主義近代化の建設に移す」、「農業・工業・国防・科学技術の四つの近代化の実現には生産力の大幅な向上が必要であり、生産力の発展に照応しない生産関係と上部構造を変える必要があり、不適当なすべての管理方式、活動方式、思想方式を変える必要がある。したがってそれは、幅広い、深刻な革命である」。毛沢東時代の「階級闘争をカナメとする」、「プロレタリア独裁のもとでの継続革命」は否定され、「革命としての近代化」が始まることになった。鄧小平が党副主席として完全に復権し、胡耀邦が党中央秘書長、中央宣伝部長に抜擢された。

党が再出発するには歴史の見直しは避けられない。さまざまな歴史の清算、名誉回復が胡耀邦を中心に進んだ。まず反右派闘争の再審査が七八年春から始まり、八〇年までに五五万人の「右派」のうち五四万人が「冤罪」となり、名誉回復した。次に農村の「敵対階級」だった地主、富農、反革命、悪質分子の取消である。七九年一月の中共中央の決定でごく一部の例外を除いて彼らは原則として一般農民となり、八四年までにすべての者がそうなった。

建国以来三〇年余で二千万人の「黒四類」がなくなったのである。七九年一一月には都市の工商業者八六万人も勤労者、一般幹部になった。さらに少数民族、統一戦線部門でもいくつかの是正が行われた。七九年二月から三月にかけて、五八～五九年の反乱に加わったとして逮捕されていた青海、チベット地区のチベット族のリーダーたちも「反乱者」ではなくなり、釈放された。

最大の見直しは文化大革命期の問題である。国家主席劉少奇の名誉回復（一九八一年）を最後に、七八年から八一年にかけて審査が続けられ、冤罪、誤認など二九〇万人が名誉回復している。この数字ほど文化大革命のすさまじさを示すものはない。五〇年代から政治闘争の犠牲になり、八二年までに名誉回復された幹部は三〇〇万人以上、四七万の党員が党籍を取り戻したといわれる［黄大熹『中国共産党組織結構発展路径的歴史考察』二〇〇四年、一六五頁］。

「四つの基本原則」

鄧小平・胡耀邦は「すべて派」との抗争で民主主義を求める青年や知識人の動きを最大限利用した。その抗争は七九年一月から三月にかけて開かれた理論工作検討会（胡耀邦が主宰）である程度決着がついたが、胡績偉（『人民日報』編集長）、于光遠（国務院研究室）、宦郷（社会科学院）、廖蓋隆（党中央対外連絡部）、于浩成（群衆出版社）など、のちの改革派知識人たち多数が加わり、討論の方向を決めた。

だが鄧小平が提唱する「思想解放」にはきつい枠があった。七九年春に魏京生らが毛沢東や中国の封建的伝統を手厳しく非難したとき（北京の春）、理論工作検討会の最終日に鄧は「堅持すべき四つの基本原則」を提示した。社会主義の道、プロレタリア独裁、共産党の指導、マルクス・レーニン主義と毛沢東思想の四つはすべての国民が堅持しなければならない原則であり、四つの近代化建設の根本的な前提だ、というのである。

この四原則は八二年の憲法前文に入り全国民が守るべき原則として確定されたが、原型は思いがけないところにある。五七年六月、反右派闘争に暗転したとき、毛沢東は「人民内部の矛盾を正しく処理する問題について」に何回も手を加えた上で公表を許したが、そのとき原文に付加されたのが「毒草と香花を見分ける六つの政治基準」

に有利、⑥社会主義の国際的連帯に有利——だった。二〇年がたち、リーダーも状況も変わっているのに、両者があまりに酷似しているのには驚かされる。

劉少奇前国家主席の名誉回復がすむと、一一期六中全会（八一年六月）は建国以後の党の歴史を総括した。こうして晩年の毛沢東についての評価も固まり、脱文化大革命のプロセスはようやく終わった。もちろん歴史の総括はきわめて政治的なものだった。

「建国以来の党の若干の歴史問題についての決議」はかつて毛沢東の政治秘書をつとめた胡喬木（社会科学院長）などが起草したが、途中鄧小平が何回も指示を出している。「決議」は文化大革命を、「指導者が誤って起こし、反革命集団に利用された、党、国家、人民に重大な災難をもたらした内乱」と性格づけるとともに、その極左化の誤りの主な責任が毛沢東にあると明言した。だが他方、毛の誤りは「偉大なプロレタリア革命家」としての誤りであり、また毛沢東の誤り以外にも、社会主義運動の未熟さが理論的な誤りをもたらしたこと、毛沢東独裁、個人崇拝には党中央全体も責任があり、スターリン崇拝など国際共産主義全体の歪みや中国の封建主義の残滓によるところが多いとも指摘している。毛が革命の父であり建国の父でもあることから毛沢東批判が限定的となるのは当然だった。

一二回党大会と新憲法——近代化のスタート

八二年九月の一二回党大会は、二〇世紀末までの近代化計画（四倍増）を設定したこと、「中国の特色をもつ社会主義」と「独立自主外交」を打ち出したこと、鄧小平・胡耀邦・趙紫陽の新指導部を出発させたことなどで近代化が本格的にスタートしたことを告げた。以後、八七年初頭の胡耀邦の「辞任」事件、とくに八九年の天安門事件で大きく動揺したことはあっても、この基本線はその後三〇年続いている。うち八九年までが政治的安定と経済成長、思想の解放など、建国以来の中国でもっともよい時期だったといえる。

鄧小平はまず、「近代化建設は中国の実際から出発しなければならない。……他国の経験やモデルをそのまま引き写して成功したためしはない」として「中国の特色をもつ社会主義」を提起したが、これはマルクス・レーニン主義の理論の呪縛から解放されたと宣言したに等しく、中国の実利主義的改革の将来を予測させるものだった。

党主席になった胡耀邦は、「四つの近代化」の具体的目標を、二〇年間に工業・農業総生産額を四倍にし、国民生活を「中程度」にすることだと宣言するとともに、国家の政治体制と指導体制を改革する方向を打ち出した。さらに、アメリカにもソ連にも与しない、独立自主の外交と大胆な対外開放政策によって経済建設を加速すると明らかにした。実利主義対外政策への「重大な調整」である。

党自身も変化への対応を見せた。党はあくまで憲法と法律の範囲内で活動するとし、党員の特権を明示的に否定したこと（新党規約）、中央顧問委員会を設けて革命の第一世代を吸収し、指導部の若返りのために一歩を踏み出したこと、などである（ただし、中央顧問委員は政治局会議に出席できるため、保守派の顧問委員がしばしば改革の芽をつんだ。八七年一月胡耀邦の「辞任」を決めた政治局拡大会議がそのいい例である）。顧問委員会が廃止されるのは九二年のことである。

一二回党大会で、胡耀邦（総書記）、鄧小平（中央軍事委員会主席、中央顧問委員会主任）、葉剣英、趙紫陽、李先念、陳雲の六名が政治局常務委員、トップグループを形成することになった。

七八年以来、刑法や刑事訴訟法の公布、選挙法の修正など法制化が進んできたが、八二年一二月の全国人民代表大会（第五期第五回会議）は新時代の憲法を決めた。文化大革命で破壊された国家機構や法律は回復され、近代化に必要な法制化も始まった。五四年憲法が社会主義中国の出発を制度化した憲法だとすれば、八二年憲法は、近代化中国の出発を制度化したものであり、その後何回か修正されたものの、いまも国家の基本法として生き続けている。

八二年憲法は次の点で新しい。一つは、前文に「四つの基本原則」を入れたこと、次に「いかなる組織、個人も、憲法・法律を超越する特権をもつことはできない」と共産党を相対化したこと、さらに国家主席を復活させたが、武装力の統帥権は、新設の国家中央軍事委員会（党の中央軍事委員会とまったく同じ組織）の主任に付与したこと、国家主席、国務院総理など国家の最高職務への連続三選を禁止したこと（ただし鄧小平の中央軍事委員会主席職だけは例外）、などである。

こうして「改革」と「開放」、そして経済の活性化（「市場化」はまだ許されていない）の三本柱によって、中国社会は下から躍動し始めた。上からの政治動員とは本質的に違う時代に入ったのである。

2　政治改革の論議と実際

改革論議の三つの波

一九八〇年代は政治改革がさかんに議論された一〇年だった。改革案が出たわりには実現し制度化されたものはわずかだが、反右派闘争で死んだ政治社会が四半世紀ぶりによみがえった点で、さらに以後の中国のあり方を考える上でも、この一〇年の意味は大きい。

八九年六月の天安門事件までの一〇年、政治制度の改革論議には三つの波があった。文化大革命が終わり北京西単の「民主の壁」が騒然とした七九年冬から八〇年にかけてが第一の波で、党内の保守的グループが展開した「精神汚染反対キャンペーン」で一時中断した。第二の波は都市の経済体制改革が本格化するなかで政治制度の改革が再提起された八六年である。だがこれも八六年末の学生運動で胡耀邦総書記が「辞任」に追い込まれ、同じく保守派の「ブルジョア自由化反対」の流れに押し戻された。第三の波は八七年後半から始まる。とくに一三回党大会（八七年一〇月）で趙紫陽総書記（当時は代行）が「社会主義の初級段階」論を出してから経済の自由化が急激に進み、知識人や学生たちが言論の自由、民主化、多元化を強く求めるようになった。この段階では、それまでの「上からの党の指導制度の改革」ではなく、「下からの民主化」の色合いが濃い。これが中央指導部と衝突し、ついに天安門広場での解放軍による弾圧にいき着いたことはまだ記憶に新しい。

改革論議の内容は大きく二つに分かれる。一つは、鄧小平などがいう「指導制度の改革」、「政治制度（とくに行政）の効率化」、「経済改革のための政治改革」という流れである。上からの、しかも限定的な改革である。もう一つは、分権化、民主化、多元化、自由化などを含むものである。党－国家－社会の間の権力の分割、チェック・アンド・バランス、中央－地方間の権力の委譲などの、横と縦双方のレベルでの権力の分割、さらに公民の政治参加の拡大、出版、言論、結社の自由などを求めた。前者が共産党の指導を不可侵の原則としているのに対して、後者は、つきつめていくと、政治体系全体の中での共産党の位置、つまり党の指導の問題にぶつかる。八〇年代の改革論議はこの二つの流れが複雑に交錯するプロセスだった。

民主主義の見直し

七八年秋から、民主主義の見直しで改革論議が始まった。秋から翌年春の「北京の春」では、青年たちは毛沢東時代を専制支配と見なし、民主主義を性急に求めた。下放した経験をもつ二九歳の魏京生は次のようにいう。「中国では、マルクス主義と毛沢東主義の専制政治が長時間実行されたため、労働者、農民、兵士大衆はなんらの政治的自由もなく、そのなかで自分が生活していく社会機構と自己の生活を決定する権利を全然もたず、自己の願望によって、政府に影響を与える機会さえきわめて少なかった」。彼が求めたのは、人権、平等、民主主義、つまり「五つ目の近代化」である［魏京生「人権・平等和民主」『探索』一九七九年第三期］。だが鄧小平の「四つの基本原則」が出ると、ラディカルな若者は拘束され、魏京生は一〇月一六日、反革命罪で懲役一五年の刑を宣告された。

だが知識人、学者もブルジョア民主主義を見直そうと主張しはじめる。政治学者呉家麟（反右派闘争で処分、七八年に復活。当時寧夏大学の副学長）は、「ブルジョア民主主義の諸制度のうち進歩的なものは、プロレタリアートが批判的に継承し改造すれば社会主義的なものになる」と述べ、とくに「人民が主人になるためには一定の形式による保障が必要だ」と形式だけの選挙制度を完全な普通選挙に変えなければならないと主張した［呉家麟「関于社会主義民主的幾個問題」『人民日報』七九年五月二二日〕。五七年から一蹴されてきた三権分立についても、政治学者張尚鷟は、モンテスキューの三権分立学説について、封建残滓が根強いところでは権力が過度に集中するのを防ぐ上で非常に有効な措置だ、と大胆に述べている〔張尚鷟「資産階級分権学説的理論和実践」『人民日報』八〇年一〇月七日〕。

八〇年に異なった二つの構想が党内で出た。一つは鄧小平自らのものである。当時党の副主席だった鄧は、毛沢東の個人崇拝や官僚主義は権力の過度の集中、高級幹部の終身制、兼職などがもたらしたとし、官僚主義は個人の態度というより社会主義の制度そのものにあるという新しい認識を示した（八月一八日、鄧小平「党と国家の指導制度の改革」）。この提起で、八二年末に、高級幹部の党と行政にまたがる兼職や連続三選の禁止が決まった。

もう一つはラディカルな構想で、廖蓋隆（中共中央党史研究室主任）は民主主義の問題に正面から迫った。彼は、民主主義は手段ではなく、それ自体が最終目的であり、社会の多様な利害を調整する装置であるという認識を示し、議会である全国人民代表大会を真に民意を代表する機関に改革する（地域院と社会院の二院制にする）、党と行政を分離する、労働組合などを党から自立させて大衆の利益を真に代表する組織に変える、などを提案した（一〇月二五日、〔廖蓋隆「歴史的経験和我們的発展之道」『中共研究』一九八一年第九期〕、いわゆる「庚申改革案」）。だがこの改革案は、当時の中国マスコミがまったく伝えなかったように、当局の許すものではなく、第三波の改革論議のときまで封印されてしまった。

効率か民主か

都市の改革が始まると、集権的で硬直した経済システムを変えるには政治を変えなければだめだという認識が生まれた。八六年四～五月の社会科学院系学者の座談会（中国社会科学雑誌社・『政治学研究』誌共催）では、改革の進め方、中身についてさまざまな考え方が出された。政治改革の実質は民主化、とくに政治参与と権力の制約にある、という観点が党員学者から公然と出たし、蘇紹智（マルクス・レーニン主義毛沢東思想研究所所長）や于浩成などのように、言論の自由こそ政治改革の突破口だとする者もあった。

第二波の改革論議は次第に二つの傾向に分かれていった。まず経済改革と政治改革のどちらを優先すべきか、で分かれた。次に政治改革の実質を効率向上（とくに党や官僚機構の行政改革）に限る者、分権や政治参加、自由の問題に触れるべきだとする者に分かれ、さらに改革の段取りについて、行政改革からスタートすべきだという意見、いや民主や自由が政治改革の前提だという意見に分かれた。

八六年の改革論議は中国の政治史で画期的意味をもつ。「権力は腐敗する」、したがって権力への制約、チェック・アンド・バランスが必要だという認識や、公民の政治過程への参与こそ民主主義の内容だという観点が出てきたからである。たとえば若手政治学者の厳家祺（社会科学院政治学研究所所長。天安門事件で亡命）は、①政治改革の中心は権力の過度の集中の克服、つまり分権にある、そのために、②党と行政の分離、司法・行政・立法の三権の分割を進める（横の分権）、③党も行政も、中央から下部に権力を移す（縦の分権）、④政府と社会団体を分離する（非政府機関に公的権力は介入しない）、⑤公民の政治参与を拡大する、と主張した（厳家祺「談中国政治体制改革」『光明日報』八六年六月三〇日〕厳家祺については第10章3参照）。さらに行政学者の譚健も次のようにいう。「経済権力の独占と同じく、政治権力の独占は絶対的腐敗に行き着き、絶対的権力はきわめて容易に絶対的腐敗と絶対専制におちいる。これは多くの国の歴史が証明した政治法則である」〔譚健「我国政治体制的改革与完善」『人民日報』八六年八月九日〕。

一三回党大会と改革デザイン

改革派の知識人や学生の間で人望があった胡耀邦総書記が八七年一月に学生運動を抑え切れなかった責任を問われて「辞任」に追い込まれてから、暗い時代に戻りそうになった。だが半年後には改革論議が盛り返し、一〇月の党大会で趙紫陽総書記の報告「中国の特色をもつ社会主義の道を前進せよ」で、はじめて政治改革の具体的なプラン（政治制度の改革全体構想）が提示された。このプランは、八六年九月に趙紫陽の提案で中共中央政治体制改革検討グループ（研討小組）とその辦公室ができ、メンバーの鮑彤・厳家祺らが作った原案をもとにしている（改革デザインの作成過程は第7章3参照）。

趙紫陽報告は改革目標を長期と短期のそれに分けた。「高度に民主的な、法制の完備した、効率の高い、活力に満ちた社会主義政治体制をつくる」を長期の課題とし、当面は効率の向上、指導体制の改革に限定した。具体的には、党と政権（立法・行政・司法・経済を含む）の職能の分離を進める、党は政策決定の指導、国家幹部の推薦など政治指導だけを行い、監督者・調整者となる、党・政の分離のために、ずっと党＝国家癒着体制の核心であり続けた党委員会内の「対口部」および政府機関内の党グループ（党組）を段階的に廃止する（この点については第5章3、4で詳述する）、行政効率化のために国家公務員制度を作る（党の推薦を受ける政務公務員と試験で選抜される業務公務員）、さまざまな社会勢力の間の協議と対話を制度化する、などが示された。

ただ民主化について改革デザインは慎重だった。協議と対話を制度化し、党の政治局会議、全国人民代表大会など政治過程を透明にする程度で、ソ連でのゴルバチョフ時代のグラースノスチ（公開化）とは比較にならない。また廖蓋隆や厳家祺などの主張も、最高幹部職の定年制などほんの一部しか取り入れられていない。だが党自体が党＝国家体制の軸心である党グループや党の対口部を廃止して党・政権関係の分離に一歩踏み込んだこと、透明化を進めたこと、党を政治の決定者ではなく「調整者」と位置づけたことなど、その意味は大きい。しかし天安門事件で中国政治のすべては八七年以前に戻った。

社会主義初級段階論

他方、一三回党大会の「社会主義初級段階論」はその後の中国の生き方を決める重大決定である。趙紫陽報告「中国の特色をもつ社会主義の道を前進しよう」は次のようにいう。

「我々はいま社会主義初級段階にある。このことの意味するところは二つある。第一は、わが国はすでに社会主義社会であり、社会主義から離れてはならないということであり、第二は、わが国の社会主義はまだ初級段階であるということだ。われわれはこの実情から出発すべきで、この段階を飛び越えてはならない。……社会主義初級段階とはどのような段階か。……それは、生産力が後れ商品経済が未発達な条件下で社会主義を建設するには通らなければならない特定の段階である。わが国が一九五〇年代に生産財私有制の社会主義改造を基本的に達成してから社会主義現代化の基本的達成まで一〇〇年の時間を必要とするが、その間が社会主義の初級段階である」〔『人民日報』八七年一〇月二六日〕。

初級段階では「生産力の発展に有利かどうかがすべての問題を判断する基準」であり、株取引や雇用労働による不労所得も含めてあらゆる「分配方式」が許容されることになった。天安門事件をへても中国の改革・開放に停滞がなく、むしろ経済発展にいっそう拍車がかかったのもこの「社会主義初級段階論」によるところが大きい。ちなみに、天安門広場の民主化運動を武力で鎮圧し、趙紫陽を権力の座から追い落とした直後に鄧小平が繰り返し強調したのは、「いまあらゆる論争をやってはならない、少なくとも二年はやらない。一三回党大会の路線、方針、政策は変えない」、だった（八九年六月一六日、江沢民ら新指導部に対する鄧小平の講話〔『チャイナ・クライシス重要文献』第三巻、一九八九年、二一九―二二五頁〕）。

さらに、一三回党大会は中央人事ではじめて限定付き競争選挙（差額選挙）を導入した点でも画期的である。大会代表は定数の二〇％、中央委員・中央規律検査委員は定数の五％、中央委員候補は一二％を越える候補の中から選ばれたのである。その結果、中央委員は四名、同候補は一〇名、中央顧問委員は一六名、中央規律委員は四名が落選した。落選者には保守派イデオローグの鄧力群などが含まれている。

いくつかの改革実績

では、以上のような改革論議がどれほど実を結び、制度化されただろうか。

第一が直接選挙の拡大や競争選挙の一部採用など選挙制度である。第3章で述べるように、七九年七月選挙法が九六年に改正された。直接選挙を郷鎮レベルから一級上の県レベルまで引き上げ、代表（議員）定数の一・五～二倍まで候補を認め、農村と都市の極端な代表権格差（一対八）を省レベルでは一対五に縮めたのである。人民代表大会常務委員会についても、八八年四月から一部競争選挙が導入された。

第二が、八二年の一二回党大会、全国人民代表大会で決まった党・国家の最高指導者の兼職と連続三選の禁止で、建国からずっと続いてきた幹部の終身制に歯止めがかかった。八二年憲法には、中央軍事委員会主席以外の連続三選禁止がもりこまれた。

第三に、党と政権を分離する初歩的な試みとして、法を超越した存在だった共産党が憲法ではじめて相対化された。「すべての国家機関・武装力・政党・大衆団体・企業・事業組織は憲法と法律を遵守し……、いかなる組織もしくは個人も憲法と法律を越えた特権を享有することはできない」ことになった。

第四に、政策決定の制度化が進んだ。一三回党大会後すぐに趙紫陽は中共中央政治体制改革検討グループを同研究室に改組し、鮑彤が主任として制度改革に着手した。政治局、政治局常務委員会、書記処それぞれの工作規則（試行）、国務院工作規則などができた。

第四は、「二つの公開、一つの監督」（執務制度と執務結果の公開、大衆による監督）の原則で党や議会の審議・決定プロセスが少し公開されるようなった。党大会後は政治局会議を定例化しその概要を『人民日報』が毎回伝えた。全国人民代表大会の傍聴制度もできた。八九年三月の全国人民代表大会は「議事規則」を決めた。大会の公開化・定例化、会議の傍聴の制度化、大会後の記者会見、大会討論や代表インタビューなどのテレビ放映などがようやく始まった。

第五に、国家公務員制度への取り組みが始まった。八八年三月の全国人民代表大会は国家人事部の設置を決め、国家公務員条例の起草が始まり、国家監察部や統計局など一部の政府機関の職員が試験的に公募採用された。二千万人以上の国家公務員制度を作るにはさまざまの難問があるが、その第一歩が始まった。

第六は、党－企業、党－行政機関の関係の変化である。一三回党大会の改革プランは、国有企業の党組織の解消や合理化、党専従幹部の廃止、省レベルの党委員会の行政担当専従書記や対口部門の廃止などを決め、その一部が試験的に行われた。だがこれが政治体制全体に与えるインパクトはきわめて大きく、天安門事件以後、党の指導性を弱めたとしてすべて中止され、党グループや専従幹部も旧状に戻った（第5章3、4、5参照）。

第七は、報道規制が緩和され、新聞・雑誌が比較的自由に報道し、百花斉放・百家争鳴の状態を示した。その典型が八〇年代に上海で発行された『世界経済導報』である。

週刊タブロイド版の『世界経済導報』は、中国世界経済学会と上海社会科学院世界経済研究所がつくる「民間の」経済紙として八〇年六月にスタートした。独立採算制、編集長責任制をとり、理事会には宦郷（当時国務院国際問題研究センター総幹事）、于光遠（社会科学院）、銭俊瑞（経済学者）などの改革派学者やもと上海市長・汪道涵も加わっていた。上海市党委員会の「監督」下にあったが、八〇年代後半になると上海市党委員会の「監督」も緩くなり、政治体制の改革についても蘇紹智、于浩成（中国政治学会副会長）、厳家祺、陳一諮（経済体制改革研究所所長）、曹思源（四通公司社会発展研究所所長）などの思い切った見解を載せるようになった。

だが、『世界経済導報』の命運も尽きた。八九年四月末、胡耀邦追悼記念の座談会（後述）が当局の怒りにふれ、記事差し替え命令に抵抗した編集長・欽本立に対し上海市党委員会（江沢民書記）が、「重大な規律違反で編集長、党グループメンバーの職務を停止する」と決めたのである。改革派が求めた新聞法、出版法などは実現せず、天安門事件以後は報道は冬の時代に戻った。

3　天安門事件

民主化運動か動乱か

一九八九年六月四日未明、戒厳令下の天安門広場周辺を埋めていた学生、群衆に解放軍が発砲、「軍人以外で三千人余りが負傷し、三六人の学生を含む二〇〇人余が死亡した」（六月三〇日陳希同北京市長の報告）。天安門広場のデモの直接のきっかけは四月一五日の胡耀邦前総書記の死だった。胡は改革に意欲的で、しかも八六年の学生運動に同情して「辞任」させられたことで改革のシンボルになっていた。

北京では胡耀邦の死を悼む学生が長安街をデモし、上海では『世界経済導報』が改革派知識人を集めて追悼座談会を催した。この座談会で、蘇紹智は胡耀邦の「辞任」は正しいプロセスを経ていない、不正常な権力の移譲だと告発し、厳家祺も八六年学生運動を抑圧した者には胡耀邦追悼の資格はない、と公然と党内保守派を批判した。だがこの記事が当局の逆鱗にふれ、記事の差し替え、ついには欽本立編集長の更迭にまで進んだ。

平穏なデモを先鋭にさせたのは四月二六日『人民日報』社説である。「ごく少数の者が民主の旗を掲げて民主と法制を破壊した。……これは計画的な陰謀であり、動乱である。その実質は、中国共産党の指導と社会主義制度を根本から否定することだ」という社説は鄧小平の指示を受けて出されたが、これで事態はエスカレートした。

五月上旬に天安門広場を埋めたのは学生や改革派知識人だけではない。外交部などの公務員も『人民日報』社記者も一般市民も集まってきた。だが当局には彼らと対話したり、党中央や全国人民代表大会の緊急会議を開いて対応を協議する用意はなかった。五月二〇日には北京市に建国後はじめて戒厳令が出た。だがそれでも収まらずついに六月四日、軍隊による実力排除に出たのである。

八八年秋からの民主化運動には三つの内容があった。一つは、夏からの経済混乱と二〇%を超えるインフレへの不満と生活不安、次に経済の自由化で高級幹部が特権を使って行っている不正（官倒――役人ブローカー）に対する怒り、そして八七年初めに押し止められた民主化の声である。戒厳令が出るまで、学生、改革派知識人には党の指導を否定したり体制を転覆しようという意図はなかった。

「動乱」社説、戒厳令、そして武力鎮圧へと党中央の対応がエスカレートしていったのは大衆運動への恐怖からきた過剰防衛としかいいようがない。鄧小平ら老革命家たちには、民主化デモが文化大革命時代の紅衛兵や造反派の再来と映ったに違いない。また、権力に従わないものは抑えつけるという統治の意志の表明でもあった。「みせしめ」である。天安門事件は共和国四〇年の歴史を血で汚すことになった（天安門事件の際の政策決定は第7章2を参照)。

新権威主義をめぐる論争　八八年夏から改革派知識人が二つの傾向に分かれた。経済発展と民主化をトレードオフし強いリーダーと指導部でまず経済改革を、というグループ（「新権威主義論」を提唱した）と、ともかく政治改革、民主化を進めるべきだというグループである。趙紫陽指導部の改革がインフレと経済混乱で混迷し、趙のリーダーシップそのものが危ういという事情が一部の知識人に危機感を与え、彼らをラディカルにした。

「新権威主義」論の急先鋒は呉稼祥（党中央辦公庁調査研究室副研究員）などの若い研究者である。呉は、中国のような伝統社会の近代化にはトップでの集権、エリートによる政策決定、末端での経済的自由が必要だと論じ、政治的ストロングマンと一部の政策集団による集権的指導が不可欠だと強調した［呉稼祥・張炳九「激進的民主還是穏的民主」『光明日報』八九年三月三一日］。彼らの念頭にあるのは、七〇～八〇年代前半に経済の急成長を実現した韓国や台湾であり、リー・クアンユー、蒋経国などの姿である。ポスト鄧小平の権力闘争を睨んだ政治的発言でもあった。八八年九月に始まり翌年春にピークを迎えた「新権威主義」論戦は、政治的ストロングマンを待望する者と、個人の権威はいらない、法の権威、民主化こそ必要だと主張する者とで激しく繰り広げられた。

「まず言論の自由を」と言い続けてきた于浩成は、新権威主義論は神聖な君主、賢明な宰相による支配を肯定する陳腐な議論だと一蹴し、厳家祺は「新権威」はある個人や集団、ある思想がもつべきではなく、「憲法と法律の権威」以外にないと論じた。

ゴルバチョフのペレストロイカも改革派知識人の急進化をもたらした。厳家祺や法学者曹思源は、共産党内の民主化、権力委譲の制度化、議会をふくめた情報公開、さらには憲法の改正（経済的自由権の確定、毛沢東や共産党の名の削除など）を求め、マルクス主義のドクトリン自体を再検討すべきだという意見さえ出た（マルクス・レーニン主義毛沢東思想研究所研究員の張顕揚）。四月初めの改革一〇周年理論討論会では、陳一諮・経済体制改革研究所所長などが、歴史の見直し、全国人民代表大会の直接選挙、司法の独立、多党制、人権問題などタブーに触れている。「ペレストロイカに負けてなるものか」と考えていたに違いない。

民主派知識人が政治行動に入るのは八九年二月である。物理学者方励之（八六年学生運動を唆したとして除名）が出した、政治犯釈放を求める鄧小平宛て書簡を支持する公開書簡、言論・報道の自由を求める李鵬総理宛て書簡には多くの知識人が署名した。胡耀邦追悼座談会を載せた『世界経済導報』をめぐる上海市党委員会の処分に対して、四月末、厳家祺ら三三人の知識人が処分の撤回、欽本立編集長の復職、言論・出版・報道・結社の自由などを公開書簡で求めた。五月中旬にはハンストの学生や彼らの自治組織と対話するよう「緊急アピール」を出した。

体制内改革を進めてきた彼らが対決を覚悟するのは五月中旬である。趙紫陽がゴルバチョフに、「党の重要な決定はすべて鄧小平のかじとりが必要だと八七年一〇月に決めた」と洩らしたのを聞いた厳家祺らは、「清王朝が滅びて七六年もたつのに中国にはまだ皇帝の称号なき皇帝、歳老いて愚昧な独裁者がいる」と鄧小平の「退位」を迫った。「鄧小平は引退せよ」、「李鵬は辞職せよ」のスローガンが天安門広場を埋めた。

天安門事件と反右派闘争

「現体制を守りきる」という鄧小平、楊尚昆ら革命第一世代の強い決意と解放軍の物理的力で民主化運動は鎮圧された。だが改革開放は続き、むしろ経済の市場化、自由化は大胆に進んでいる。まるで事件などなかったかのように。中国の政治史上天安門事件がもつ意味は何か。民主化運動から弾圧へのプロセスと内容を五七年の百花斉放・百家争鳴から反右派闘争のそれと比べてみよう。両者には多くの共通点がある。

現代中国政治の特徴の一つは、統治者が「放」（上からの自由化）と「収」（ひきしめ）を使い分け、それを繰り返してきたことである。五七年と八九年の共通点の第一はその「放」から「収」へのドラスティックな転換そのものにある。

第二に、五七年の改革要求、体制批判も八九年のそれも、党の支配体制そのものの転覆を意図したものではなく、体制内での改良、権力のいくばくかの分有、制度化を求めたにすぎない。その過程で、メディア（五七年は『光明日報』、八九年は『世界経済導報』）が体制批判と民主化の先導者をつとめ、「収」になったとたん第一の標的になってしまった。

第三に、「収」へ逆転させた背景にも多くの共通点がある。五七年は社会主義改造の最終年、八九年は改革開放政策が壁にぶつかり、ともに社会的緊張が高まっていた。いずれも世界的に社会主義体制が危機に直面している中で起こった。ハンガリー動乱は毛沢東にとってあってはならないことだった。他方八九年当時、東欧社会主義は壊滅の危機に喘ぎ、ソ連の危機と混乱も深まっていた。いずれも中国指導部に危機感、脅威感を募らせた。四月二六日「動乱」社説がソ連・東欧の轍を踏むなという鄧小平の警告で書かれたことがそれを示している。

ところが、重大な違いもある。決定的な違いは、八九年には「収」のためにむき出しの武力を使わざるを得なかった点だろう。五七年には一篇の『人民日報』社説で「右派」が恐れおののき退却した。だが八九年の「動乱」社説は運動をますます拡大させただけだった。

次に、八九年の運動は言論や報道の自由を真正面から提起し多元政治により近づく指向をもち、市民・大衆を巻き込んだという点で五七年よりずっと本源的だった。また百花斉放・百家争鳴自体カリスマ毛沢東が上から与えたもので、党は威信と統治能力をもち、体制批判も党外から出た。ところが、八九年の運動の中核は党内の改革派エリートである。一〇年間の改革開放政策で政治社会に地殻変動が生じたのである。党自体が分化し、変質し、リーダーシップが割れ、威信と統一性を失いつつあった。

以上のような点こそ五〇年代と八〇年代の中国政治社会、毛沢東時代と鄧小平時代の共通点と重大な違いなのである。五四万人「右派」の名誉回復で反右派闘争の歴史的清算はすんだといえるかもしれない。だが天安門事件についてはその見直しを近い将来に予測することはむずかしい。体制そのものの否定につながるからである。

それでも、昨今事件の見直し請求が公然と出ている。趙紫陽のブレーン鮑彤（当時、中共中央委員、中共中央政治体制改革辦公室主任、政治局常務委員会秘書）は、事件後、反革命扇動・国家機密漏洩罪で七年間獄につながれた。九六年六月に刑期を終え米国に出国した鮑彤は九九年二月に、国家主席、総理、党政治局常務委員会宛てに天安門事件の名誉回復を訴える書簡を出した。またＳＡＲＳの対応策で当局を批判した蔣彦永医師も二〇〇四年二月、広場で傷ついた学生たちを治療した医師の立場から、全国人民代表大会常務委員会委員長などに「六四学生愛国運動の名誉回復についての提案」を提出した。こうした再評価・名誉回復請求が実るのはいつの日のことだろうか。

4　鄧小平「南巡談話」と社会主義市場経済

南巡談話

天安門事件後、欧米諸国は中国の人権弾圧を厳しく批判し、経済制裁を行い、中国は国際的に孤立した。国内では、ゴルバチョフ改革から崩壊に向かったソ連、東欧の激変を受けて、西側の「平和的転覆」（和平演変）論が党内で強くなり、保守派を活気づけた。改革開放の頓挫を危惧した鄧小平は、ひるまず市場化と開放をいっそう進めるよう檄を飛ばした。これが「南巡談話」——鄧小平の政治的遺言である。九二年一月一八日～二月二一日、鄧小平は武昌、深圳、珠海、上海をまわり、各地で改革開放を加速するよう促した。この指示が二月二八日中央政治局の手で「中共中央二号文書」として省レベルの幹部に極秘に通達された（「南巡談話」は『月刊朝日』がスクープ、九二年三月号に掲載した。『人民日報』掲載は九三年一一月六日）。

鄧小平は改革開放が民衆の願いだ、それに逆らってはならない、と次のようにいう。

「党の一一期三中全会以来の路線・方針・政策を堅持するための要は、〝一つの中心・二つの基本点〟だ。この〝基本路線〟は百年やり続けるべきだ。決して動揺してはならん。この路線を堅持してこそ、人民はわれわれを信じ、支持してくれる。誰かが〝基本路線〟を変えようたって、民衆が承知しない。その人間は倒されるに決まっている」。

また鄧は、彼独特の「社会主義市場経済」論を開陳する。

「計画が多いか、市場が多いかは、社会主義と資本主義の本質的な違いじゃない。計画経済イコール社会主義じゃないし、資本主義にだって計画はある。逆に、市場経済イコール資本主義じゃないし、社会主義にだって市場はある。社会主義の本質は最終的にみんなが豊かになることじゃないのか。証券、株式市場、こういうものが一体、いいのか悪いのか、危険があるのかどうか、資本主義特有のものなのか、社会主義でも使えるのかどうか、断固試してみるべきだ」。

鄧は具体的に次のように指示する。

「広東省は、二〇年の時間をかけてアジアのＮＩＥＳに追いつかなければならない。江蘇省などの比較的発展した地域は全国平均速度より速くなければならない。上海は人材、技術と管理の面で明らかに有利で影響範囲も大きい」。

彼は、上海を早く開放しなかった点をこう悔やむ。ちなみに、上海浦東開発プランがスタートするのは九〇年四月である。

「私の大きな過ちは、四つの経済特区を設けたときに上海を加えなかったことだ。もしそうしていたら、長江デルタ地帯、長江流域全体および全国の開放の局面は、まったく違っていただろう」。

プラグマティスト鄧小平の面目躍如なのが次の言葉である。

「改革開放は思い切ってやらねばならない。纏足をした女みたいではだめだ。正しいと思ったことはすぐに思い切って試し、大胆にやってみることだ」。「〔農家請負制を始めたとき〕大勢の人が成り行きを見ていた。だがわれわれの政策は様子を見ていてもいい。強制しないし、ナントカ推進運動なんかは起こさない。やりたけりゃ、やりたい者が、やりたいだけやる、というわけだ」。

三月九日の中央政治局会議は、鄧小平談話を党のコンセンサスにまとめ上げた。保守派の反発を尻目に改革開放政策がいっそう展開されることになった。今日この「南巡談話」を読み返してみると、中国がこの鄧小平談話通りに進んできたことに改めて驚かされる。

ポスト鄧小平——一四回党大会と社会主義市場経済論

九二年一〇月一二〜一八日に開かれた一四回党大会は次の三点で注目される。

第一に、鄧小平の「南巡談話」を契機に「わが国の改革開放と近代化建設事業が新しい段階に入った」（江沢民の政治報告）として、経済の加速政策を基本に据えた、第二に、その理論的裏付けとして

「社会主義初級段階論」、「社会主義市場経済論」を党の正統理論にした、第三に、第二世代（鄧小平ら）から第三世代（江沢民ら）へのスムースな権力継承を実現したことである。

江沢民報告「改革開放と近代化建設のテンポを速め、中国の特色をもつ社会主義事業のさらなる勝利をかちとろう」は、五年来の活動を「八九年の春から夏にかけての政治的風波」（天安門事件）を含めて総括したのち、「南巡談話」に依拠して、「経済体制改革の目標は社会主義の市場経済体制を確立して、生産力のさらなる解放と発展を促すことにある」と提起した。

江は具体的に、①株式制などの国有企業改革や分配制度・社会保障制度の改革を含む経済改革の加速化、②外資・資源・技術を積極的に導入し対外開放を拡大する、③農業、第三次産業の振興など産業構造の最適化をはかるなどを指示したが、そのための具体策が翌年一一月の一四期三中全会で決まった（一四回党大会での江沢民報告および一四期三中全会決定の作成過程については第７章３参照）。

第二に、党規約が改正され、総綱に「わが国は社会主義の初級段階にある。これは経済文化が後れている中国が社会主義近代化を建設するさい飛び越えることができない歴史段階であり、今後百年の時間を要する。わが国の社会主義建設はかならず国情から出発し、中国の特色をもつ社会主義の道を歩まなければならない」という言葉が挿入された。趙紫陽なき趙紫陽路線である。

第三に、この党大会で鄧小平から江沢民へのスムースな権力継承が行われた。江総書記以下、李鵬・喬石・李瑞環・朱鎔基・劉華清・胡錦濤（以上、政治局常務委員会）、江主席以下、劉華清・張震・遅浩田・張万年・于永波・傅全有（以上、中央軍事委員会）、計一二名からなるトップグループがポスト鄧時代を担うことになった。

なお、「中央委員会の政治的な助手・参謀」として一二回党大会で設けられ、胡耀邦の「辞任」、天安門事件の処理に決定的役割を演じた中央顧問委員会が廃止された。革命の第一世代が政治の舞台から去ったことを告げる象徴的出来事である。

5　鄧小平のリーダーシップ

鄧小平と毛沢東のリーダーシップはさまざまな意味で対照的である。一九八〇年代から一七年間、最高指導者として、「改革開放の総設計師」として鄧小平は中国の成長と変化を指導した。その全面的評価にはまだ時期尚早かもしれないから、ここでは八〇年代から九二年までの鄧小平のリーダーシップについて、毛沢東と比べながらその特徴を指摘しておくに止めたい。

復活と集権のプロセス

一九〇四年生まれの鄧小平は三回失脚している。三〇年代に王明派が主流だったときに一回、毛沢東時代は六六年の文化大革命期、七六年の「四人組」の反「右傾巻き返し」のときの二回である。六六年には党の総書記だった。七六年には国務院副総理、党の副主席、中央軍事委員会の副主席、解放軍総参謀長に復活した矢先だった。鄧小平がすべての職務を回復するのは、毛沢東死後の七七年七月である。翌月の一一期一中全会に党副主席（党の序列は華国鋒、葉剣英に次いで三位）、政治局常務委員、中央軍委副主席（同三位）、解放軍総参謀長に正式に復帰した。七八年一二月の一一期三中全会から鄧小平のリーダーシップは確定しはじめ、以後の近代化政策は鄧のリーダーシップの下で推進された。「改革開放の総設計師」（一三回党大会での趙紫陽の表現）である。

興味深いのは、彼が党の最高ポストに決してついていないことである。七七年七月以降鄧が手にしたポストは［図2-1］のとおりである。

軍の最高ポスト以外、名目上のトップを常に他人に委ね、八七年の一三回党大会以降は党の中央委員も退いた。このようなリーダーがなぜ「最高実力者」として君臨できるのか、これこそ「中国の特色」にほかならない。

鄧小平の権力は十数年間で変わっている。転換点は八七年、胡耀邦総書記を保守派の圧力で辞任に追い込んでからである。八二年の一二回党大会で近代化のリーダーシップを確立したとき、鄧小平と同輩の陳雲らの間には協力と分業の関係があり、彼らが胡耀邦総書記、趙紫陽総理の第二世代を支える体制だった。ところが、八六年末、学生運動がきっかけでリーダー間の分岐が決定的になったとき、鄧小平は自分で選んだ胡耀邦を切り捨てた。分岐は、経済の市場化を進めるか否か、政治制度の民主化を進めるか否かで生じた。その後鄧小平をめぐる体制は、協業の体制から鄧小平の権威によって支えられる集権体制に変わった。八七年九月に鄧小平が中央委員も退くことになったまさにそのときから鄧の権威主義体制ができてくるのは皮肉である。それを演出したのが、胡耀邦の「辞任」を見て鄧の権威なしには権力を維持できないと知った趙紫陽だったことも皮肉といえよう。

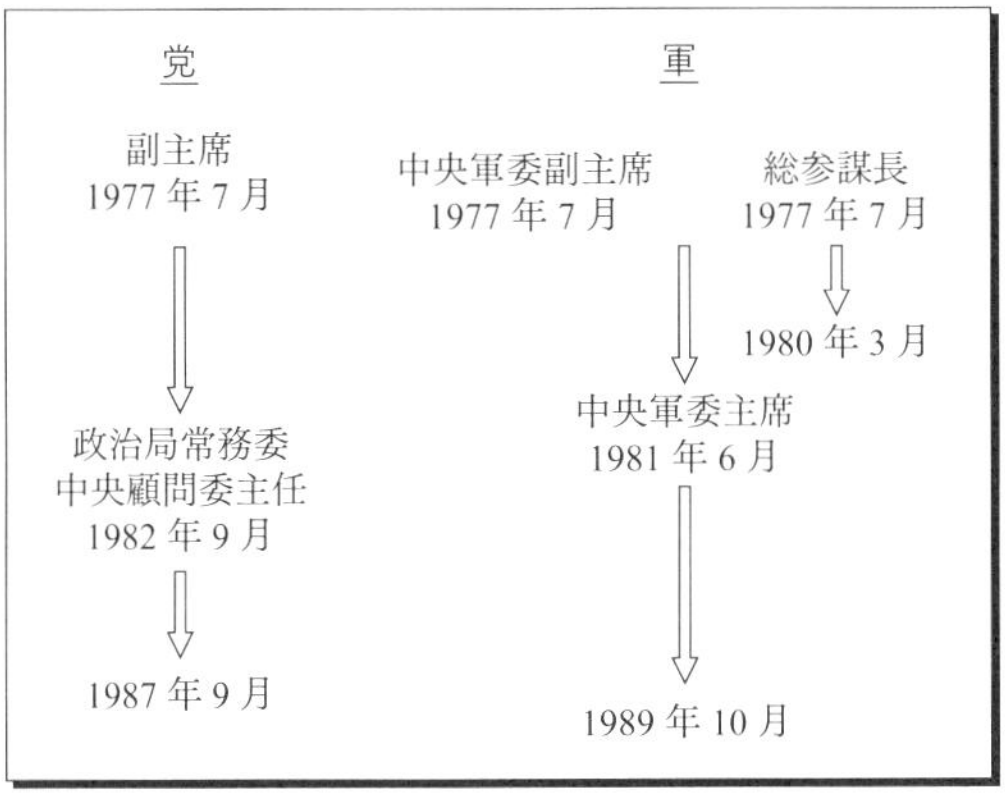

図 2-1　鄧小平の党・軍でのポスト

ストロングマンを生み出したもの

たとえば、八七年三月、一三回党大会の基調をめぐって趙紫陽はまず鄧小平の許可を仰いだ。趙は鄧に「社会主義初級段階」論の構想を示し、「もし貴方が同意すれば、報告の起草工作はこの考え方で進め、五月初めにスケルトンをつくり、七月まで推敲して北戴河で中央に審議をしてもらおうと思います。指示を仰ぎます」と書いた。四日後「この考え方で結構」との鄧小平の「お墨つき」が出た（趙紫陽「一三回党大会報告大綱起草についての構想」）。

その一三回党大会で趙紫陽が総書記になり、趙の提案で、中央から退いてからも鄧小平が中国改革の総設計師、最高の意思決定者であり、今後も重大な問題は鄧に決定してもらわなければならないと決議したという。これが八九年五月のゴルバチョフ書記長との会談で趙紫陽が洩らしたと後に非難される「秘密決議」だが、実際には大会直後の一中全会を終えた記者会見で、「鄧小平が中央委員会を退いたが、重大事項について今後も彼と相談するのか」と聞かれた趙はこう答えている。
「そうするだろう。彼に教えを乞うだろう。私は小平同志をとても尊敬している。……党と国家の重大問題の決定者としての小平同志の地位と役割は歴史の試練をへた、党内外、国内外が公認するところである……」〔『人民日報』八七年一一月三日〕。

この決定は、「毛沢東が党書記処会議で最終的な決定権をもつ」とした、これより四四年前の延安での決定を想起させる。党内の協力と分業の体制は崩れ、このときから鄧小平は「組織をこえたリーダー」となった。鄧小平の権威なしに重要事項の決定はできない。とくに天安門事件後、鄧小平が中央軍事委員会主席を退いて「無冠」になってから、後継者江沢民が非力なためにいっそう鄧小平の権威は高まった。だが、鄧のリーダーシップは毛型の個人独裁ではなく、あくまで権威主義体制の柱石たるストロングマンである。

鄧小平リーダーシップの特徴

毛沢東型独裁と違う鄧小平のリーダーシップは次のような特徴をもっている。

(1)鄧小平の権威、もしくは正統性の由来は、①革命の第一世代のトップとしての権威、②二度にわたる失脚、復活のキャリアをもつ政治家としての公認された能力、③現実的、実利的な政策で多数に実利をもたらしていること、の三つである。また彼の勢力基盤は、保守・改革のバランサーとしての党内の位置、実務を担当するテクノクラート、そして安定と豊かさを求める国民、である。この点からすれば、ストロングマンではあっても、カリスマ的支配の正統性をもった毛沢東、皇帝型の支配にいきついた晩年の毛とは明らかに違う。

(2)政策や政治運営で強烈なプラグマティズムをもち、理念、イデオロギー、主意性を政策や政治運営の基調にした毛とは対照的である。「白猫でも黒猫でもよい。鼠をとるのがいい猫だ」という言葉は鄧の気質をよく示している。中国経済がどん底に落ちこみ四千万人もの「不正常な死」が出ていた六二年七月、鄧小平は「生産関係は結局どういう形式がいいのかという問題には、より容易により早く農業生産を回復できるならどんな形式でもよいという態度をとるべきだろう。……劉伯承同志がよくいう四川の言葉にあるではないか。〝黄猫でも黒猫でも、鼠をとるのがいい猫だ〟……」（共産主義青年団三期七中全会での講話）と述べ、プラグマティストの片鱗を示した。そして三〇年後、武漢、深圳、広州、上海を回ったときの鄧小平の改革開放の檄「いいと思ったら一、二年やってみて、それで大丈夫なら自由にやらせる。間違ったと思えば直せばいい。やめればいいんだ。すぐにやめてもいいし、ゆっくりやめてもいい」に彼の面目はいっそう躍如たるものがある。

プラグマティズムは現実を追認することから始まる。これが鄧小平流の実事求是である。九二年春、改革開放を加速せよと指示したのは、決して新しい事態を作り出せといっているのではない。一年前から各地で止めようもなく進んでいる市場化をそのまま認め公式のものにせよということにすぎない。彼によれば実事求是はこうなる。「マルクス・レーニンの書物は役に立つところを読むべきだ。……私のマルクス主義入門書は『共産党宣言』と『共産主義のＡＢＣ』だけだ。実事求是はマルクス主義の精髄だ。これを提唱すべきで本を提唱することはない」（「中共中央二号文件」）。

具体的政治運営でもこのプラグマティズムは発揮される。毛のような大衆動員はやらない。むだなモデルはつくらない。とにかく試験的にやってみる。八〇年代の改革はすべて「試点」方式で始まり、うまくいくとそれが広がっていった。

(3) 鄧小平には毛沢東にない自己矛盾、非一貫性がある。七八年にリーダーシップがスタートしたとき鄧は「思想解放」を叫び、「北京の春」の民主を支持した。八〇年八月には「党と国家の指導制度の改革」を論じて制度の変革を強く訴えた。当時は毛時代の独裁や官僚主義を根絶しようと考えていたに違いない。だが保守派の再三の巻き返しに妥協をかさね、ついに胡耀邦と趙紫陽を切った。中央党校で胡耀邦の政治秘書だった阮銘（八三年一月に除名）は、鄧小平の改革思想には深刻な矛盾があり、政治的プラグマティズムがつねに長期的戦略思考を圧倒してしまい、八〇年代のさまざまな政治闘争は鄧小平自身の自由化路線と反自由化路線との自己衝突にほかならない、と分析している［阮銘『鄧小平帝国の末日』一九九二年］。だが鄧の自己矛盾と非一貫性こそ、彼が政治家であって、毛のような哲学者でないことを物語るものだろう。

九二年の一四回党大会をきっかけに〝鄧小平崇拝〟の状況が見られた。江沢民総書記は「中国の特色をもつ社会主義という鄧小平同志の理論は毛沢東思想の継承と発展だ」と述べたし、一四回党大会を毛沢東時代の起点である七回党大会と同列に、また鄧小平の理論を毛沢東思想と同列におき、鄧の理論こそ「現代中国のマルクス主義」だと論ずる者もいた〔鄭必堅「党的一四大和中国社会主義的前途」『人民日報』九二年一二月一一〜一二日〕。彼の死後開かれた一五回党大会は、「鄧小平理論」をマルクス・レーニン主義、毛沢東思想と同列に置き、「党の行動の指針」とした。この議論を進めれば、毛沢東は「建国の父」、鄧小平は「近代化の父」であり、鄧は毛に匹敵するトップに認知されたことになる。だが、毛沢東と鄧小平は資質も時代も違う。鄧の権威がカリスマや皇帝のそれになることはあり得ないのである。

第3章　ポスト鄧小平時代の政治プロセス――資本主義への道

1　江沢民・朱鎔基体制一〇年の評価

安定と成長――経済大国へ　一四回党大会（一九九二年）でポスト鄧小平時代の幕が開いたが、それから一〇年は江沢民・朱鎔基体制のもと政治的安定を保持しながら経済の高度成長が続き、中国はアジアの大国、「グローバルなアジェンダをもつ地域大国」（アンドリュー・ネイザン）に躍り出た。九七年のアジア通貨危機もなんとか回避した。長年の課題だった香港は九七年に、マカオは九九年に回収した。この一〇年間、「台湾問題」を除けば、中国は成長の基地であり、安定の場であった。中国ほど前向きに二一世紀を迎えた国はないかもしれない。八九年の江沢民の権力掌握はオープンで公正なプロセスではなかったし（第7章2参照）、彼自身決してカリスマではなかったが、江時期一〇年の成果は大きい。

［図3-1］は八二～二〇〇三年の経済パフォーマンスである。天安門事件直後とアジア通貨危機の一時期を除く二〇年間の高度成長、対外貿易、外資導入の好調ぶりを示している。また九二年の鄧小平の「南巡談話」が外資導入で飛躍的突破をもたらしたこともこの図で裏付けられる。

一五回党大会　九七年二月「改革開放の総設計師」鄧小平が死去し、その年九月一二～一八日に開かれた一五回党大会は「鄧小平頌歌」の場となった。江沢民報告「鄧小平理論の偉大な旗印を掲げ、中国の特

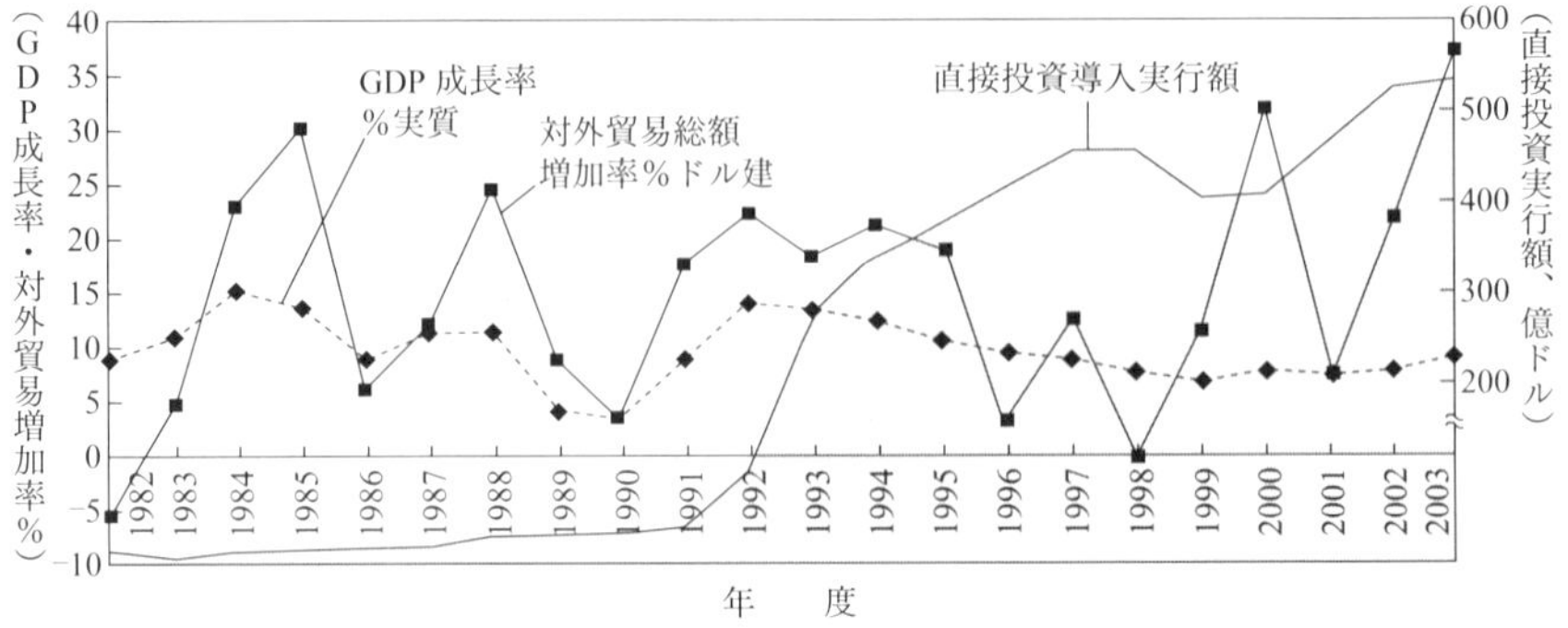

図 3-1　経済のパフォーマンス——成長率・貿易増加率・外資導入額（1982〜2003 年）

出典）①『中国統計年鑑 2002』統計出版社，2002 年，②『新中国五十年統計資料匯編』統計出版社，1999 年，③『中国外資統計 2000』対外経済貿易合作部，2000 年，④「国家統計局統計公報」2003 年，以上，アジア経済研究所の今井健一研究員が提供。

色をもつ社会主義建設事業を二一世紀に向けて全面的に推進しよう」からこの大会の意味を見てみよう。

第一に、江は鄧の事績を「鄧小平理論」として顕彰することで改革開放政策を今後も続けることを示し、鄧の継承者として自らの正統性を確保した。江は、「鄧小平同志の最大の貢献は、われわれに貴重な遺産、〝鄧小平理論〟を残してくれたことだ」とし、毛沢東思想に次ぐマルクス・レーニン主義の「第二の飛躍」だと位置づけた。修正された党規約には、「中国共産党はマルクス・レーニン主義、毛沢東思想、鄧小平理論を自己の行動の指針とする」、および「鄧小平理論はマルクス・レーニン主義の基本原理を当代中国の実践と時代の特徴に結びつけたもので、毛沢東思想の新たな歴史段階における発展、当代中国のマルクス主義、中国共産党の集団の知恵の結晶、わが国の社会主義をたえざる発展に導くものである」とした。しかも九九年春にはこの一文が憲法前文に入った。「成長の父」鄧小平の墓碑銘である。だが「鄧小平理論」とは何かは説明されていない。「毛沢東思想」と同様、さまざまに解釈され、解釈権はあくまで権力側にある。

第二は、二一世紀の三ステップの経済発展戦略である。江報告は、二〇一〇年までの一〇年間でGDPを二倍に、二一世紀半ばには近代化を基本的に実現して「富強・民主・文明の社会主義国家」をうち立てる壮大な目標を掲げた。

第三が民主化の代わりに「法治国家」をうたったことである。江は「依法治国は、党が人民を指導して国家を治める基本方略であり、社会主義市場経済を発展させる客観的要請であり、国の長治久安にとって重要な保障である」と述べたが、実際にこれ以後、とくに治安にかかわる法や立法手続きが重点的に整備された。

江沢民時期の治安立法は国家機密保護法（八八年八月）、国家安全法（九三年二月）、戒厳法（九六年三月）、国防法（九七年三月）、社会団体登記条例（九八年一〇月）などである。刑法改正と同時に採択された国防法では、武装力に対する党の指導がはっきりうたわれた（第一九条、第6章3参照）。これらは国家の安全が法制化の最優先課題になっていることを示している。

朱鎔基改革——市場化とWTOに備えて

朱鎔基が国務院総理だったのは九八～〇三年だが、九三年に副総理に就いてからほぼ一〇年間経済実務でトップに立ち、経済改革と市場化のために辣腕をふるい、江沢民政権を支えた。とくに市場化、情報化、WTO加盟に照応する国務院の機構改革や政策決定における国務院主導を定着させた功績は大きい。

脱計画経済、市場化に照応させるため国務院は八二年から五回にわたって改革された。重要な改革は九八年と〇三年、いずれも朱鎔基のイニシアティブで行われた。

九八年三月の機構改革は「効率と専門化」をめざした過渡的なものである。国務院の一五の部・委員会を廃止・統合し、国務院全部門は二九となり、全国の党政機関合わせて一一五万人が削減されたという。統廃合で新設されたのは労働社会保障部、情報産業部、国土資源部、国防科学技術工業委員会で、国家計画委員会は国家発展計画委員会に名前を変えた［張卓元「国務院機構改革——落実一六大精神的重大挙措」ウェブサイト人民網、〇三・三・三一］。

この年夏には国有企業改革、金融改革を推進する司令部として、中央企業工作委員会（主任・呉邦国副総理）、中央金融工作委員会（主任・温家宝副総理）が党の国務院派出機構として生まれた。いずれもこれまで中央組織部が握っていた大型国有企業・金融機関の人事および監督の全権を集約した強力な組織である。

次いで〇三年三月、全国人民代表大会一〇期一回会議が決めた国務院機構改革は、市場化に耐えられる機構をめざしたものである。「改革開放と近代化建設の推進、WTO加盟に伴い、現行の政府機構と職能は若干の不適応があり、改革を深めるなかで解決せねばならない」として、国務院は二八部委に整理され、人員は三・二万人から一・六七万人にスリムになった〔張卓元、前掲「国務院機構改革」〕。

中央所轄企業国有資産管理のための特別機構として国有資産監督管理委員会（国資委）が設けられた。これが九八年にできた中央企業工作委員会の仕事を引き継ぐ。また、中央金融工作委員会を引き継いで、国務院の特別機構、中国銀行業監督管理委員会（銀監委）ができた。これらは、国家が出資者で経済と安全の命脈を握る大型国有企業、インフラ、重要天然資源部門以外のすべての国有企業・金融機関に対して本格的改革を進めるための配置だとされた〔王忠禹「関于国務院機構改革方案的説明」『人民日報』〇三年三月七日〕。

このほか、国家発展計画委員会と国務院体制改革辦公室の機能を吸収して国家発展と改革委員会が新設されたこと、また内外経済機能を一つに統合して商務部としたことなどが注目される。五四年に国家計画委員会ができて以来五〇年、中国の国務院機構からついに「計画」という文字が消えた。国務院の「脱社会主義」が完了したわけである（〇三年春の国務院改革については〔「機構改革待変」ウェブサイト財経網、〇三・三・五〕参照）。

異端の排除――民主党

江沢民時代、いくらかの自由化はあったが民主化は進展せず、「中国民主党」や法輪功に対する弾圧のように、当局は異論派や新疆「民族分裂主義者」の組織的動きには徹底的排除で臨んだ。

九八年六月二五日、アメリカのクリントン大統領訪中のその日、杭州で「中国民主党浙江支部」の創立が宣言された。リーダーは北京大学物理系修士課程を出て八九年の民主化デモに参加、その後逮捕されたことのある王有才である。「成立宣言」は、「世界人権宣言の人権内容は人類が生来もつ神聖不可侵な権利であり、民主党は人権侵犯に対して不断に闘う」、「非暴力的、平和的、理性的方法で自身の政治目標を実現し、文明対話方式であらゆる紛争や分岐を解決し、テロ活動に反対することを宣言する」という。また憲法から「四つの基本原則」を削除し、新たに結党の自由、直接選挙による全国人民代表大会代表の選出、憲法委員会の設置を入れるようアピールした（中国民主党のウェブサイト〈http://www.dpweb.org/_vti_bin/wenjian/〉）。

同じ頃北京でも、七九年の「北京の春」に加わった徐文立が民主党北京天津支部の創立をはかった。その後遼寧、河北、上海などに広がっているから組織的なものだったのだろう。王有才は、共産党の指導を認めた上で野党結成を狙い、九月に社会団体登録管理条例にもとづいて省政府に団体届けを出したが認められず、一一月に徐文立らと共に逮捕された。一二月に徐文立には懲役一三年・政治権利剥奪三年、王有才には懲役一一年・政治権利剥奪三年の厳刑が言い渡された。いずれも国家政権転覆扇動罪である。

ちなみに、「社会団体登録管理条例」（八九年一〇月制定、九八年九月大幅改正）の第四条は次のように社会団体を規制している。

「社会団体は憲法、法律、法規および国家の政策を遵守しなければならず、憲法に確立された基本原則に反対したり、国家の統一・安全及び民族の団結に危害を与えたり、国家の利益、社会公共の利益およびその他の組織と公民の合法的な権益に損害を加えたり、社会道徳気風に違背したりしてはならない」。

憲法に「四つの基本原則」があるので政党は社会団体に属さない、というのが中国の公式見解のようである［石塚迅『中国における言論の自由——その法思想、法理論および法制度』二〇〇四年、九六—九七頁］。

李鵬・全国人民代表大会常務委員長は「憲法や国家の基本政策・方針に反対する組織は許さない。……われわれは西側流の三権分立や多党制、私有化はやらない」と、こうした政党結成の動きに断固たる態度をとると強調した［『朝日新聞』九八年一二月四日］。

さらに、王有才らの有罪判決後の『人民日報』は、西側メディアの批判に対して、「徐文立らは海外の敵対組織・敵対分子と結んで、海外からの資金援助を受け、国家政権転覆、国家の安全を害する活動をしている。その行為は刑法の関係規定に抵触する」と強く反駁した〔任言実「懲治犯罪与保障人権」『人民日報』九八年一二月二三日〕。中国民主党の動きの背後には、九七年から九八年にかけて中国政府が国連人権規約A（結社などの社会権）、同B（市民的自由権）にサインしたこと、クリントンの訪中、国連人権高等弁務官の訪中（九八年九月）など、人権をめぐる国際的動きがある。またその組織的動きから香港の「中国人権民主化運動情報センター」などとのつながりも推察できる。

徐文立、王有才はアメリカとの取引で、魏京生と同様、「病気療養のため」〇三〜〇四年にかけて出国した。だが情報統制のゆるみやインターネットの普及、国際的圧力からして、今後野党結成の動きは増えることはあっても減ることはないだろう。

法輪功の弾圧　もう一つは法輪功弾圧である。九九年四月二五日、静かな、だが不気味な座り込みが中南海を取り巻いた。気功集団法輪功のメンバーが、天津師範大学の学術誌が掲載した法輪功を批判する記事や天津市政府の対応に抗議したのである。八月まで湖北、安徽、貴州、遼寧、黒龍江、河南など三〇四の党・政府機関、マスコミが法輪功の集団抗議を受けたという〔『人民日報』九九年八月五日〕。

公式発表で三百万人、自称一億人にのぼる法輪功の組織的行為に驚愕した当局は、七月二二日ついに全面規制に踏み切った。民政部が「法輪功は法律にもとづく登記を行わず、迷信を振りまき、社会の安定を破壊している」と非合法組織に認定、取締りを宣言したのである〔清水美和『中国農民の反乱——昇竜のアキレス腱』二〇〇二年、二二二—二二五頁〕。九九年一〇月には中共中央・国務院が「邪教組織取締り、邪教活動防止・処罰についての決定」を通達し、強力な取締り活動が展開された。

共産党六、六〇〇万（〇二年末）、共産主義青年団七、一〇〇万（〇三年末）の組織された膨大な大衆をもつ現体制がたんなる気功普及集団をなぜこれほど怖れるのか。党員や幹部多数が参加しており、「法輪功との闘いは、国内外の敵対勢力とわれわれが大衆と陣地を奪い合う政治闘争」と認識していること、また宗教的大衆行動が体制の転覆につながった太平天国や義和団の「歴史の教訓」があるからだろう。

2　中国政治の転生——「三つの代表」と憲法改正

二〇〇二年一一月の一六回党大会は、リーダーシップの徹底的交代、党の若返りとエリート化、「三つの代表」論で「国民政党」への転生を宣言したことによって、中国が新時代に入ったことを告げた。イデオロギーとナショナリズムが支配してきた現代中国五〇年が終わりを告げたのである。近代化を確定し鄧小平・胡耀邦・趙紫陽リーダーシップをスタートさせた一二回党大会（一九八二年）に匹敵する歴史的意味をもつ。

一六回党大会

まず、大会は新中央委員会（中央委員一九八名、同候補一五八名）を選んだが、一中全会で、胡錦濤総書記のもと、政治局常務委員九名、中央政治局二五名、中央書記処八名を選出し、合わせて江沢民主席のもと党中央軍事委員会八名を選んだ。中国のトップ集団を形成するのは、政治局常務委員会と軍事委員会正副主席の合計一二名からなる集団である。

一六回党大会人事で特徴的なのは、①胡錦濤以外、政治局常務委員、中央書記処はすべて新人、中央委員の半数以上が新人で、完全な世代交代となった（平均年齢は五五・六歳）、②政治局員二五名全員、中央委員の九八・六%が大学・専門学校卒で新中央は高学歴をもつエリート集団となった（ちなみに全党員中大専卒の比率は二〇・五%。二〇年前の一二期中央委員会の大専卒比は三四・五%［黄大熹『中国共産党組織結構発展路径的歴史考察』二〇〇四年、一七七頁］）、③政治局・書記処が党務・国務院・地方の三系列からなる分業型集団となり、とくに地方系列の進出が目立つ、などである。中央人事でも党は新時代に入った。

江沢民報告のポイントは「三つの代表」論である。江は前年の党創立八〇周年記念講話で「党は、先進的生産力の発展、先進文化の前進、もっとも広範な人民大衆の根本的利益の三つを代表する」とし、私営企業家の入党も認める方向を打ち出していたが、党大会はそれを全党のコンセンサスとしたのである。江の大会報告は「三つの代表」論を、「長く堅持すべき指導思想、執政の基礎、力の源泉」とし、「合法的な非労働収入を保護する」と明言した。中国共産党が八〇年かかって階級政党から国民政党に転生した瞬間である。

党規約も改正された。総綱は党が「先進的生産力の発展要請、先進文化の前進方向、もっとも広範な人民の根本的利益の代表である」こと、「三つの代表」論が「党の理論的武器、立党のもと、執政の基礎、力の源泉である」とした。党員資格も「一八歳以上の労働者、農民、軍人、知識分子」に加えて、「その他の社会階層の先進分子」が加わり（第一条）、党員リクルート対象も「労働者・農民・知識分子」から「青年」になった（第三一条）（江沢民報告は『人民日報』〇二年一一月一八日、新党規約は［同〇二年一一月二九日］）。

三つの代表

「三つの代表」論は「国民政党」ないし「包括政党」をめざすものだが、そもそも六、六〇〇万人（〇二年）ものメンバーを擁する中国共産党を通常の政党といえるのだろうか。江報告は六、六〇〇万人の利益と目標は「基本的に一致する」というが、そんなことがあり得るのだろうか。中国政治の主役、党―国家―軍三位一体体制の核心である党が大変身を始めた。一六回党大会は党を階級政党からエリート政党に変えた、という点で歴史的な大会となった（党の大変身については、第8章参照）。

興味深いのは、党内異論派が実質的に許されていることである。江沢民の八〇周年講話は当時党内で議論を呼んだ。一方では、鄧力群（保守派イデオローグ。八二～八五年に党中央宣伝部長）・袁木・呉冷西ら古参党員が、階級性こそ党の基本的属性であり、私営企業家の入党は重大な党規約違反で、このような重大問題を党大会や中央委員会に諮らず個人で発表した江沢民自身重大な党規約違反を犯した、と弾劾した。この意見書はネットを通じて流れたが、脱階級政党への強い批判が党内にくすぶっているのが分かる［二〇〇一年七月二二日「一群老共産党員的信」ウエブサイト新観察」。

他方では、党内外のリベラルが、①「三つの代表」論は重大な突破であり歓迎する、②「中国社会党」へ党名変更を考えるべきだ、③党内競争、政策面での党内分派を認めるべきだ、④党内で決定権、執行権、監査権の三権分立を行うべきだ、などを提言している［曹思源「対一六大文件起草的四点建議」『北京的春』二〇〇二年六月］。八〇年代に趙紫陽体制を支えた曹は天安門事件後党を離れたが、このような彼の意見に賛同する党員幹部も多数いるだろう。党内ではさまざまな考え方が渦巻き、実質的な多元化が始まっている。

江沢民の党大会報告は経済分野でも画期的な方針を打ち出した。まずGDPを二〇〇〇〜二〇二〇年に四倍に引き上げる「第二次四倍増」計画、次が商品・技術・資金の導入から、商品・資本・労働力の海外進出、多国籍企業の振興など、対外開放を「新段階にレベルアップする」政策である。

政治改革は制度化・透明化・公開化に限定され、民主化への変化は予測できず、党・国家・軍三位一体体制に変化の兆しは見えない。だが、党のエリート政党化、第二次四倍増計画、新対外開放政策など、一六回党大会は新世紀のレールを敷いた点できわめて大きな意味をもち、今後の巨大な変化を予感させた。

二〇〇四年の憲法改正

胡錦濤前期の重大事が憲法改正である。八二年にできた現行憲法は八八年、九三年、九九年と部分改正されてきたが、一六回党大会、新リーダーシップの誕生を契機に、〇四年三月、かなり本質的な改正が行われた。前年一二月一二日付中共中央の憲法改正についての提案を受けて、年末の全国人民代表大会常務委員会が原則採択し、ついで全国人民代表大会一〇期二回会議が一三カ所にわたる改正を決めたのである。重要なのは次の諸点である。

1．マルクス・レーニン主義、毛沢東思想、鄧小平理論に加えて「三つの代表の重要思想」を公民が守るべきイデオロギーとして新たに入れた（前文）。

2．国家による土地徴用に「補償」を規定した（第十条）。

3．公民の私有財産権の不侵犯を保障した（第一三条）。
4．「国家は人権を尊重し保障する」を新たに入れた（第三三条）。
5．国家主席の職務に「国事活動の進行」を新たに付加した（第八一条）。
6．全レベルの人民代表大会の任期を一律五年に改めた（第九八条）。

今回の改正は中央憲法改正領導小組（組長・呉邦国）主導で行われ、かなり前から予告されていたため、憲法改正をめぐって急進派・中間派・保守派の法律学者や知識人が熱心に事前の議論をしてきた。リベラルな議論の代表は〇三年六月に開かれた「中国憲政フォーラム」青島シンポジウムである（江平、朱厚沢、馮蘭瑞、曹思源などが参加）。ここでは、①私有財産権は神聖不可侵である、②国民の「知る権利」を憲法で保障すべきだ、③国際規範に合わせるべく人権規定を憲法に入れるべきだ、などが焦点になり、人民民主独裁の国体の変更、すべてのレベルでの直接選挙、軍隊の国家化なども議論されたという［察今「《中国憲政論壇——保護私有財産与修改憲法》青島研討会総述」ウェブサイト大観察〈http://www.bignews.org/〉〇三・七・一三］。

〇四年の改正は、市場化と開放の進展（グローバリゼーションといってもよい）による社会・経済の変化に最小限国法を合わせることを意図した、局部的なしかし重要な改正だった。だがこれからは、新状況に合った「憲法を核心に統一した法律体系」をどう作り上げるか、所有権や平等選挙などをめぐって憲法自体をどう変えるか、という本質的問題に直面することになろう。

3　民主なき「自由化」——胡錦濤・温家宝体制

氷点事件

市場化の進展で政治社会の自由化が進んだ。最初に紹介する「氷点事件」は結局検閲側が自由な言論を抑えつけた事例だが、それを除けば、左派・右派・中間派と各派入り乱れて言論空間が自由になってきたことを示した。

二〇〇六年一月一一日、中国青年報週末版『氷点』に掲載された袁偉時（中山大学）「近代化と歴史教科書」のインターネット版が突如削除された。ついで、一月二〇日党中央宣伝部新聞局（報道検閲班）の「報道批評」が『氷点』編集部に送りつけられた。袁偉時の論文は、円明園焼き討ち事件、義和団事件は、「愛国の壮挙などではなく、文明を破壊し、人道に反する犯罪だ」と公式の近代史に真っ向から挑戦するものだったが、「中国人民の百年余りの反侵略闘争を否定し、その矛先を中国共産党と社会主義制度に向けている」から、『氷点』は停刊、編集主幹（李大同）と副主任を解任する、というのである。

袁偉時は、まず、歴史教科書が真実の歴史を教えないから（「狼の乳」で育てるから）反右派闘争、大躍進、文化大革命などという三大災難が起こったと批判し、ついで、歴史教科書については中国と日本の間に民族の深層文化心理の共通点がある、と喝破したのである。

氷点事件が新しいのは、当事者の編集主幹がネットや出版物を通じてこの内幕をすべて公開したこと、当局の停刊処分に民主派、老幹部などから強い反対が公けに出されたことである。二月一四日には江平、朱厚沢（もと中央宣伝部長）、李鋭（もと中央組織部副部長）、李普（もと新華社副社長）、何方（もと日本研究所長）、胡績偉（もと人民日報社長）ら老幹部が共同声明を出して、検閲班の解散、報道保護法の制定などを求め、二四日には、賀衛方、秦暉、馬少華など国内の学者一三名が党中央政治局常務委員会宛に抗議書簡を送って『氷点』編集部を支援した［李大同『『氷点』停刊の舞台裏——問われる中国の言論の自由』二〇〇六年、袁偉時『中国の歴史教科書問題——〝氷点〟事件の記録と反省』二〇〇六年］。

新西山会議派　第一六回党大会で私営企業家の入党が公認されてから党は大変身するが（第8章参照）、思想界、理論界では左と右、中間へと分化の傾向が顕著になってきた。以下、「新西山会議派」の出現（〇六年）、党内外の民主派がネットで出した「零八憲章」（〇八年）など、中国の多元化状況を整理してみよう。

そもそも改革開放の方向、重点、深度や速度をめぐっては何回かの激しい議論があった。第一回の論争は、八〇年から八二年にかけて社会主義体制の下で商品経済の存在を認めるか否かをめぐって展開された。九一年にソ連が崩壊したことが中国を本格的な市場化へと突き動かし、同時に第二回の論争を引き起こした。このとき鄧小平が強力なリーダーシップを発揮し（南巡談話）、一四回党大会（九二年）で「社会主義市場経済」概念が公式に承認された。その後一六回党大会（〇二年）で私営企業家に入党の道が開かれた。そうした中で、市場化の程度などをめぐって第三回の論争が〇四年に始まり、〇六年の「新西山会議」で爆発した。

〇六年三月四日、国務院中国経済体制改革研究会（会長・高尚全）が主催して、北京郊外の山荘で四〇人ほどの経済学者・政治学者や専門家による「中国マクロ経済と改革方向についての座談会」が開かれた。このときの議論がインターネットを通じて洩れ、知識人の間で改革の将来をめぐって鋭い対立があることが明るみに出た。以下、加藤弘之（神戸大学）にしたがって議論の概要を紹介してみよう。なお、この座談会は、一九二五年一二月、国民党右派が北京西山で開いた反ソ・反共・反国共合作の中央委員会を西山会議、結集した国民党右派を西山会議派と呼ぶところから、「新西山会議」といわれる。新左派のウェブサイトでは、「高尚全、張春林、張維迎、李開発、賀衛方、張曙光、李曙光などが新西山会議派〝右派〟の代表人物だ」とされている。

会議で議論された主な論点は次の諸点である［加藤弘之「中国――改革開放三〇年の回顧と展望」二〇〇九年］。

第一は分配問題である。張維迎（北京大学）は、党のトップリーダーが強調する「調和社会」は「平均主義の調和社会」であり、発展がなければ所得再分配の問題は解決できないとする。張はとくに「グローバルな視点」、中国の国際競争力を強調する。この議論には宋暁梧（国家発展と改革委員会）、張暁山（社会科学院農村発展研究所）や張曙光（北京天則経済研究所）などが反論し、再分配の公平化などを主張した。

第二は経済改革とその他の改革との関係についてである。とくに法律学者の賀衛方（北京大学）の主張はラディカルだった。彼はいう。

「我々はある目標をもっている。この目標はいまはいえないが、将来は必ずこの道を歩まないといけない。つまり、多党制度、報道の自由、真の民主と真の個人の自由を実現させることだ」。

また、台湾の現在は将来の「中国のモデル」だと発言、さらに、「党の全ての権力構造は中国憲法に違反している」、「党は登録されていない非合法の組織」であり、「〔共産党が〕執行している権力は、法律以外の権力であり、重大な違法行為だ」と断じたという。彼はまた、共産党から二つの対立派閥を分化させて多党制化をはかり、共産党の軍隊に対する統制権の取り消し、つまり「軍隊の国家化」も呼びかけた、という。さらに、司法の独立、結社・集会・宗教の自由、人民代表大会制度の問題、土地の私有化、など体制改革の核心をつく「七つの問題」に言及したとされる〔「経済改革から政治改革へ、中共上層部経済改革会議、多党制度などに触れる」ウェブサイト大紀元、〇六・五・一、「新西山会議で交わされた改革派の本音」関志雄のウェブサイト中国経済新論、〇六・五・二九〕。

第三は政府の役割についてである。張曙光は、一般的に市場は効率の問題を解決し、政府は公平の問題を解決するとされるが、はたして政府は公平の問題を解決できるのかと問題提起する。教育や医療改革などの公共サービス、「大きい政府か、小さい政府か」などをめぐって激しい議論があったようである。この議論はやがて、終章でふれる「中国モデル」をめぐる左・右・中間派の激しい論戦になだれこんでいく。

加藤弘之が指摘するように、また本書終章の「中国モデル」論議などが示すように、中国ではもはや改革についての共通認識は存在しない。議論は「どのような資本主義を作り上げるのか」という核心を突いているが、決着はつきそうにない。

物権法と違憲論争

政治領域の民主化や制度化は進まなかったが、経済領域ではいくつか制度化が進んだ。八〇年代以来、経済的権利にからむ次のような新法が採択、施行されている。

特許法（八四年三月採択、八五年四月施行）

民法通則（八五年四月採択、八七年一月施行）

土地管理法（八六年六月採択、八七年一月施行、九八年第一次改正、〇四年八月第二次改正）
企業破産法〈試行〉（八六年一二月採択、八七年三月施行）
著作権法（九〇年九月採択、九一年六月施行）
会社法（九四年七月採択、〇五年一〇月全面改定、〇六年一月施行）
労働法（九四年七月採択、九五年一月施行）
都市不動産（房地産）管理法（九四年七月採択、九五年一月施行、〇七年八月全面改定）
担保法（九五年六月採択、同年一〇月施行）
契約法（九九年三月採択、同年一〇月施行）
農村土地請負法（〇二年八月採択、〇三年一月施行）
企業破産法（〇六年八月採択、〇七年六月施行）
物権法（〇七年三月採択、〇八年一月施行）
企業所得税法（〇七年採択、〇八年一月施行）
労働契約法（〇七年六月採択、〇八年一月施行）
企業国有資産法（〇八年一〇月採択、〇九年一月施行）
農村土地請負経営争議の調停仲裁法（〇九年六月採択、一〇年一月施行）
社会保険法（一〇年一〇月採択、一一年七月施行）

画期的なのは、〇七年三月、物権法が全国人民代表大会（一〇期第五回）で採択されたことである。審議開始から一三年かかった。賛成二、七九九票、反対五二票、棄権三七票、中国の法律としてはかなりの異論がある中での採択である。〇五年七月、ちょうど香港の経済学者郎咸平が、国有資産の流出批判の論文をネットを通じて流し、国内では侃々諤々の「第三次改革論争」が起こっていた頃、全国人民代表大会常務委員会辦公庁が物権法草案を意見公募のために公表した。

草案にかみついたのが鞏献田（北京大学）である。彼は〇五年八月、物権法草案が「社会主義の公共財産は神聖にして犯すべからずという憲法に違反し、社会主義の基本原則に背理している」と中共中央と全国人民代表大会宛てに意見書を送り、それをネットで公表したのである。この「上書」は大反響を呼び、憲法学者、民法学者を巻き込んでの大騒動となった。全国人民代表大会での審議は一年遅れることになってしまった。結局、胡錦濤、温家宝の介入などによって基本方向が固まり、〇七年三月の採択となったのである。

物権法にいう「物」は動産および不動産、「物権」とは、「権利者が法治にもとづき特定の者に対して有する直接的な支配かつ排他的な権利をさし、所有権、用益物権および担保物権」が含まれる（第二条）。その上で、「国は、社会主義市場経済体制を実行し、市場におけるあらゆる法主体の平等な法的地位およびその発展の権利を保障する」とし（第三条）、「国家、集団および私人の有する物権、ならびにその他の権利者の有する物権は、法律により保護され、いかなる組織および個人もこれを侵害してはならない」とした。国家所有、集団所有、私人所有の三者が対等だとした点に物権法の核心がある。

だが、三つの財産権が対等だというのはじつは曖昧で「危うい」［田中信行「中国物権法の曖昧な到達点」二〇〇八年、鈴木賢他『中国物権法』二〇〇七年］。現に翌年の企業国有資産法（〇八年一〇月採択）では、国有経済の主導的役割と国有資産に対する国家の強い保護を再確認した（第十条）。物権法をめぐる違憲論争はまだ決着がついていないのである。

進まない制度化

こうして見てくると、改革開放の措置、政策、成果（とくに市場化）が法によって確定された部分はじつは少ない。物権法における私有財産保護は中途半端だし、また企業国有資産法によってバランスされている。「社会主義さん」（姓社）か、「資本主義さん」（姓資）かのイデオロギー対立がなくなったわけではない。また李曙光（中国政法大学）は、物権法はできたが憲法に物権についての規定が入っていないなど、立法全体が体系をなしていない、という。また秦前紅（武漢大学）は、政党など権力の監督をどのように法で確定するかが課題で、従業員の権利保護に片寄りすぎた労働契約法（〇八年）のように、理想主義的にすぎる法律も多い、と批判している〔揚子雲「人大立法這五年——変与不変」『南方周末』〇八年三月一九日〕。さらに何方も、最近のメモワール「いくつかの重大問題についての認識」で、「世界的に社会主義は失敗した、中国はいま発展途上の資本主義である」としながら、物権法採択に一二年もかかり、「左派」が三、〇〇〇名の署名を集めて抵抗した、と明らかにし、できたものも「半製品」で、実現までに多くの困難に出会うだろう、と述べている〔何方「対幾個重大問題的認識」ウェブサイト中国選挙与治理網〈http://blog.sina.com.cn/s/blog_5e984af10102drd4.html〉一一・八・一一—一三〕。いずれにせよ、法の世界での最大の懸案である民法法典は、成文化までかなり時間がかかりそうである。

第一七回党大会

第一七回党大会（〇七年一〇月）で胡錦濤政権は第二期を迎えた。第一期五年間の経済は高度成長を持続、政治的には、〇五年の日中関係の緊張を除いて、内政、外交ともになんとか無難に推移した。一七回党大会最大の課題は、次のリーダーへの権力の委譲を準備することだった。中央政治局常務委員は、六八歳を越える三人（曽慶紅・国家副主席、呉官正・党中央規律検査委員会書記、羅幹・党中央政法委）が退き（ほかに黄菊が病逝）、新たに習近平、李克強、賀国強、周永康が入った。一三億人を率いる九人のリーダーたちは次のような配置である。

胡錦濤　一九四二年生——国家主席
呉邦国　一九四一年生——全国人民代表大会常務委員長
温家宝　一九四二年生——国務院総理
賈慶林　一九四〇年生——人民政治協商会議主席
李長春　一九四四年生——中央精神文明建設委員会主任
習近平　一九五三年生——中央書記処第一書記、国家副主席

李克強　一九五五年生——国務院常務副総理
賀国強　一九四三年生——中央規律検査委員会書記
周永康　一九四二年生——中央政法委員会主任・中央書記処書記

この九人に加えて、次のような中央軍事委員会正副主席三人の計一二人が中国政治のトップを構成する。

胡錦濤　中央軍事委員会主席
習近平　同副主席（二〇一〇年一〇月五中全会で選任）
郭伯雄　一九四二年生——上将、同副主席
徐才厚　一九四三年生——上将、同副主席

中央常務委員会は七人が国家と党の七つの部門の責任者、残り二人は国務院常務副総理と中央書記処書記の職能代表が定着している、と方紹偉はいう［方紹偉「中共政治局常委制度研究」ウェブサイト中国選挙与治理網、二一・七・一六］。なおこのうち習近平（習仲勲——第七期全人代常務委員会副委員長〔一九八八〜一九九三〕を務めた——の長男）は、一七期五中全会で中央軍事委員会副主席に選出され、胡錦濤を継承する配置がしかれた。

一七回党大会の第二の課題は、社会の二極化の進展、格差の拡大（ジニ係数で〇・五に近いという）によって緊張が高まるなか、「調和ある社会」で現体制を維持することである。「和諧世界」、「和諧社会」がスローガンとなり、キーワードとなった。だが、大会でも、その後の中央委員会でも、「和諧」とは何か、「和諧」をどのように実現するか、が具体的になることはなかった。格差はこれまで以上に広がり、緊張が増している。

零八憲章　〇八年一二月九日、中国共産党の一党独裁を糾弾し、民主と自由、そして人権尊重等を求める「零八憲章」がネット上に出現した。関係者が懸念していたように、起草者の一人、劉暁波（もう一人は張祖樺）は憲章公表の当日逮捕されてしまった。公表時の実名入りネット署名者は三〇三人、最終的には八、四八四人となった。その中には、于浩成（法学者）、茅于軾（北京天則経済研究所）、杜光（中央党校）、張顕揚（もと社会科学院)、鮑彤(もと趙紫陽の秘書)、賀衛方(北京大学)、劉軍寧(もと社会科学院)なども入っている[李暁蓉・張祖樺主編『零八憲章』二〇〇九年]。

憲章は前文で、「中国立憲百年、「世界人権宣言」公布六〇周年、「民主の壁」誕生三〇周年を迎え、中国政府が「市民的及び政治的権利に関する国際規約」に署名して一〇周年」の今日、「民主・共和・憲政」を基本的枠組みとする、「中華連邦共和国」の憲法要綱として憲章を提示する、とした。

一九四九年以来の「人民共和国」が実は「党の天下」にすぎず、「反右派闘争、大躍進、文革、六四、民間宗教および人権擁護活動弾圧など一連の人権災害を引き起こし、数千万人の命を奪い、国民と国家は甚だしい代価を支払わされた」と指弾する。憲章が掲げる基本理念は、自由・人権・平等・共和・民主・憲政の六つである。その上で次のように主張する。

①主権在民原則に抵触する条項の削除などの憲法改正、②立法・司法・行政の三権分立、③人民代表大会代表(議員)の直接選挙、④司法の独立(憲法裁判所の設置、党の政法委員会の廃止など)、⑤軍隊の国家化、⑥人権保障、人身の自由、⑦首長の直接・平等の公選制、⑧都市・農村格差の解消、移動の自由の保障。

その他、結社の自由(社会団体登記の許可制を届出制に)、集会の自由、言論の自由(新聞法、出版法の制定など)、宗教信仰の自由などを主張、私有財産の保護、土地の私有化、財政民主主義、全国民をカバーする社会保障制度、環境保護などを求めている。

興味深いのは、憲章が第一九項で、政治犯の釈放、国家賠償、政治的迫害についての真相調査委員会などを通じた「社会的和解」を実現しようと提唱していることである。五九年の「チベット反乱」、八九年の「天安門事件」などの名誉回復を想定してのことだろう。

最後に憲章が描く中国の新国家像は、「大きな知恵で各民族の共同の繁栄が可能な道と制度設計を探求する立憲民主制の枠組みの下での中華連邦共和国」である(憲章全文および第一陣の署名者リストは、[李暁蓉・張祖樺主編、前掲『零八憲章』二〇〇九年」）。

憲章は、内容的には辛亥革命後の一九一二年に孫文などが発し夭折してしまった「臨時約法」が百年後によみがえってきたと感じさせるが、政治的には、二〇〇〇年代に入って異論派が、インターネットを利用して政治舞台に公然と登場したことを意味する。異論派をめぐる状況は新段階に入った（改革の将来にかんする議論については本書終章を参照）。

なお、劉暁波は拘束された翌年の〇九年一二月に国家政権転覆扇動罪で起訴され、翌一〇年二月、懲役一一年の実刑判決が確定した。同年一〇月には、非暴力的手段で人権のために闘ったことが認められてノーベル平和賞を授与されたが、本人はもちろん、家族・友人も授賞式に参列できなかった。

4　ポスト鄧小平時代のリーダーシップ

江沢民・朱鎔基体制

江沢民・朱鎔基時代は鄧小平の政治的遺言、つまり「改革開放を加速せよ」という一九九二年一月の南巡談話のラインで党の基本路線を確定した九二年一〇月第一四回党大会から、胡錦濤に権力を譲る二〇〇二年第一六回党大会までの一〇年である。

この一〇年間、江沢民も朱鎔基もそれほど派手な施策を打ち出したり、パフォーマンスを示したりはしなかった。だが、中国経済の脱計画、市場化、そして再集権化はこの時期に行われ、成功した。とくに、一九九四年に財政権を中央に再集中するなど、辣腕といわれた朱鎔基首相の功績は大きい。今の時点でこの一〇年の全面的な検討はまだ無理だが、政策決定の方法やリーダーシップの特徴について、本格的な研究が必要となっている。

本書第7章で、重要文書作成のプロセスから、毛沢東時代、鄧小平時代、そしてポスト鄧小平時代の政策形成プロセスや構造を比較している。先取りしていえば、江沢民時期の二つの政策文書——一四期三中全会の「社会主

表3-1　リーダーシップの類型

	対大衆	対官僚	対リーダー
毛沢東	動　員	動　員	動員・批判
鄧小平	放　任	指　示	協議・最終指示
江沢民	教　育	指　示	協　議
胡錦濤	安　撫	提案受理	協　議

義市場経済体制確立の若干の問題についての決定」（五〇条、九三年一一月）と、「二〇一〇年長期目標についての中共中央の提案」（九五年九月）の分析で次のような観察が得られた。

まず、いずれも、国務院の経済関係部局による調査と提案が草案の策定に重要な役割をはたした。とくに国家経済貿易委員会（主任・王忠禹）が中核的役割をになった。つまり、二文書は官僚機構主導で作成されたのである。

第二に、八六～八七年の「政治体制改革総体設想――グランドデザイン」などの場合、趙紫陽が臨時の諮問機関や個人的ネットワークによるブレインを多用したのに対して、この二文書は調査から策定に到るまで経済官僚機構がきわめて重要な役割をはたした。あるいはカリスマ性に欠ける江沢民の時期には、ほとんどの領域で官僚機構の関与が強くなったのかもしれない。

以上からいえるのは、個人の権威、イデオロギーの正統性に依存した毛沢東・鄧小平時代と違ってポスト鄧小平期の江沢民リーダーシップは、党官僚および行政官僚が政策形成の主力となり、その点では、政治の透明性と安定性が以前よりは強い。この基本的性格は、〇二年から始まる胡錦濤リーダーシップに引き継がれている。

政治スタイルの違い

一般にリーダーシップはその属性から議論されることが多いが、以下では、政治スタイルを検討してみたい。トップリーダー（集団）の、大衆に対する、官僚に対する、同輩もしくは後輩のリーダーに対する態度、働きかけ（たとえば、総書記が政治局常務委員八名ともっている政治的関係）を比べてみたのが［表3-1］である。

毛沢東は大衆に対しても、官僚に対しても、仲間のリーダーたちに対しても、上からの「動員」、「批判」で対した。次の鄧小平は、大衆の政治運動を徹底的に回避する一方、彼らの主張や動きに対して「放任」の態度をとった。

九二年の南巡談話の「〔大衆には〕強制しないし、ナントカ運動なんかは起こさない。やりたけりゃ、やりたい者が、やりたいだけやる」という言葉が彼の政治スタイルを端的に語っている。官僚には重要な指示を与え、同輩や後輩のリーダーたちとはときに協議し（とくに政治局常務委員・陳雲とは基本路線では異なるが、経済政策についてはときに協議を重ねている）、決着をつけなければならないときは最終指示を自ら与えた。「六・四」天安門事件の処理などがそうである。

第三世代の江沢民はどうだろう。対日外交などで彼が強い民族主義思考をもつことが示されたが、愛国主義教育基地の設置（九七～〇九年、全国三五三カ所に基地を作った）などで分かるように、「教育者」として大衆を教え諭す統治スタイルが目立った。官僚機構に対しては、朱鎔基首相を通じて厳しい指示命令を出している。しかし、同輩や後輩のリーダーに対しては、カリスマ性を欠き、同じレベルでの協議が多かったようである。

胡錦濤・温家宝体制

このリーダーシップはその「柔らかさ」で際立っている。「強い人」ではなく、「善い人」として大衆に接してきた。これは、胡・温の性格からくるというよりも、むしろ時代の変化のせいだろう。市場化が進むにつれてさまざまな問題が国民レベルで噴出し、多数の「物いうひとびと」が出現してきたなかで、胡も温も大衆を「安撫」することが多くなった。ほとんどの政策は官僚機構からの提案で策定されていくし、政治局常務委員会は文字通り協議体になりつつある。

このように、リーダーシップの属性も、政治（あるいは統治）スタイルも変わってきた。二〇一二年に始まる第五世代のリーダーはどのような属性をもち、統治スタイルをとるだろうか？

第II部

中国の国家・党・軍隊

第4章　国家の制度とその機能

1　中国政治の三つのアクター

現代中国の政治制度は、一九五四年に社会主義憲法ができ、新国家制度を作りあげてから今日までほぼ一貫している。建国から四年間は過渡的な政治システムをとったが、五四年に国家の制度を決め、五六年の八回党大会が執権党のあるべき姿、党と国家の関係を確定した。こうしてできた「五四～五六年体制」は、現代中国の基本的政治枠組みである。もちろん文化大革命期に国家制度がほとんど機能しなかったこと、七〇年代末に近代化政策に転じてからいくつかの改革や変化があったことも指摘しておかなければならない。

旧ソ連などの社会主義国と同じく、中国政治で一番重要なアクターは共産党である。国家の政治制度のなかで唯一の執権政党がどのような位置を占めるか、党の権力と意思を国家の政治制度のなかでどのように実現するか、これが社会主義国の政治の核心なのである。したがって、党と国家（行政・立法・司法の機能すべてを含む）の関係の解明なしに政治制度とその機能を理解することはできない。

中国政治でもう一つ見落とせないアクターは、武装力、つまり人民解放軍である。社会主義国のみならず発展途上国において軍が政治的に大きな役割を果たしてきた例は多い。政治と軍事の未分化こそ、右の二つの政治体系できわだつ特質である。中国政治において、軍は国防に特化された勢力ではなく、政治的軍隊として多大の影響力をもってきたし、ときには政治変化の主役をつとめてきた。

したがって、中国の政治制度分析には、まず国家、党、軍隊という三つのアクターをそれぞれに解明することが必要で、次に三つのアクターの相互関係の解明が不可欠である。そこで本章で国家の制度を、第5章で政治体制の中の共産党、および国家と党の錯綜した関係を、第6章で軍の政治的役割を解明する。

本章ではまず、国家の政治制度を構成している四つのサブアクターを取り上げる。①国家の最高権力機関としての全国人民代表大会、②その下に従属する行政・司法機関、つまり国務院と最高人民法院、人民検察院、③国家元首としての国家主席、④中国的特色である統一戦線組織、具体的には政治協商会議および民主党派である。次に、エスニック・マイノリティと中央‐地方関係を分析することで、国家の領域統合のあり方を概観する。

2　全国人民代表大会の職権と構成

全国人民代表大会の職権

中国の議会は、中央に全国人民代表大会、その下に行政レベルごとに地方人民代表大会がある。

建国当初の人民政治協商会議を継承して一九五四年に発足した人民代表大会制度は人民民主独裁、プロレタリア独裁を国体とする中国で最良の政体と見なされている。中央レベルの最高の国家権力機関、立法機関である全国人民代表大会は、二〇一二年まで計一一期（任期ははじめは四年、七五年第五期から五年）開かれている（ただし文革期六六年から七四年の八年間はまったく開かれていない）。また激しい政治変動にともない憲法が七五年、七八年、八二年と大幅に改定されたが、その結果全国人民代表大会の性格や地位も微妙に変わってきた。五四年憲法では「国家の最高権力機関」、「国家の立法権を行使する唯一の機関」（第二二、二二条）だった。それが七五年憲法では、「中国共産党の指導下にある国家権力の最高機関」（第一六条）となり、七八年憲法ではさすがに「中国共産党の指導下」は削除されたが、「唯一の立法機関」には戻っていない。近代化政策に転じた後の八二年憲法は、全国人民代表大会を「最高の国家権力機関」とし、国家の立法権を行使するのは全国人民代表大会およびその常務委員会だとしている（第五七、五八条）。

この全国人民代表大会は立法権、決定権、任免権、監督権をもつ。五四年憲法では、憲法改正、法律制定、憲法実施方の監督、国家主席・副主席、国務院総理・閣僚・最高人民法院の長などの人事決定、国民経済計画の決定、国家予算・決算の審議と承認、省・自治区・直轄市の区画制定、大赦の決定、戦争と平和の問題の決定、などである（第二七条）。

ところが七五年憲法では、任免権は「中共中央委員会の提案にもとづく総理・国務院メンバーの任免」に限定され（第一七条）、監督権も削除された。七八年憲法でも国務院総理は中共中央が提案するとなっている（第二二条）。八二年にようやく五四年憲法にもどり、総理は国家主席の提案で全国人民代表大会が決定することになった。

全国人民代表大会代表（議員）の人数は、当初は一、二〇〇人前後、第三期（六三年〜）から三千人前後と大幅に増えている。議員は専職ではなく、もとの職業を離れない。

五四年の憲法と全国人民代表大会組織法によれば、代表の職権は、大会への議案の提案、選出母体別グループ討論（一級行政区と軍が選出母体）への参加、最高法院・検察院長候補の推薦、国務院およびその下部組織への質問、地方視察などである。また代表は、全国人民代表大会（休会中はその常務委員会）の許可なしに逮捕、裁判にかけられず、選出母体から更迭を含めた下からの監督を受けるとなっているが（第三七、三八条）、この規定は守られてこなかった。なお八二年憲法では、反右派闘争や文化大革命での「無法」を反省して代表の保護規定ができ、各種会議での発言や投票は法律の追及を受けないとなっている（第七五条）。

全国人民代表大会会議は規定では年一回、会期も二〜三週間と非常に短い。これでは国家の重大事や法律を十分審議できるはずがない。そこで大会で互選された百〜二百人前後からなる常設機関の常務委員会が重要となる。はじめ常務委員会に法律制定権はなかったが、五五年七月から付与された。八二年に三〇年ぶりに改正された全国人民代表大会組織法では、常務委員会の職権は次のようにかなり拡大している。なお常務委員会は、二カ月に一回、五〜七日間の定例会議を開いている。

憲法の解釈・その実施の監督、大会閉会期間中の法律の補充と改正、国務院・中央軍事委員会・最高法院・最高検察院の活動の監督、憲法に抵触した国務院の行政法規・決定・命令の廃棄、大会閉会期間中の閣僚・中央軍事委員などの選任、外国駐在全権代表の任免、外国との条約・重要協定の批准と廃棄、大会休会中の戦争状態の宣言、全国総動員や戒厳の決定などである（八二年憲法第六七条）。

大会の審議は、五四年憲法では、全体会議で行わずに選出母体ごとの代表団もしくは代表グループ（小組）で行い、議案の提案権も代表団・代表グループしかもたなかった。なお八二年に提案権が三〇人以上の議員グループにも認められるようになった。

以上の規定から見ても、国権の最高機関たる全国人民代表大会は、制度上次のような問題点を抱えてきたし、いまも抱えている。

①文化大革命イデオロギーを反映した七五年、七八年憲法では、全国人民代表大会は制度上も中国共産党の指導の下にあった。②現行制度は、五四年に戻ると同時に若干機能的になってきている。だが代表そのものが多すぎ、また後で述べるように代表性がきわめて弱いために、国権の最高機関とはいいがたい。③常務委員会の権限拡大は、事務を機能的にする面では一つの改革であっても、代表制民主政という面では疑義が多い。④さらに問題は、大会での議案提案と審議のあり方である。提案権がきわめて限定的で、全体会議では審議ができない。これでは審議機能を果たすことはできない。

全国人民代表大会の機能マヒ

以上は、全国人民代表大会の具体的活動の低迷、代表選挙の形骸化とともに、中国の民主主義そのものの問題である。全国人民代表大会は、二〇一二年までに全体会議を計四〇回近く開いているが、大会の開催状況、討議状況や決定事項から次の点が指摘できる。

1．七〇年代末以前において、全国人民代表大会が憲法で規定された機能をなんとか果たしたのは第一期第三回会議（五六年）までである。全体会議は六五年一月、常務委員会は六六年四月を最後に七四年末まで一度も開かれなかった。

2．六〇年代前半の経済調整期には、本来やるべき決算と予算の審議さえ行っていない。この機能を代行したのが頻繁に開かれた党の中央工作会議である（第7章1参照）。

3．七五年、七八年の全体会議は、憲法改正と人事だけしか決めていない。

4．中共一一期三中全会（七八年一二月）から全国人民代表大会は定例化し、数多くの重要法律、決定を採択している。大会での発言なども『人民日報』その他を通じて少し報道されるようになった。

5．全体会議の議事は全会一致で採択されてきた。ただ八〇年代末から反対票、棄権票も少しづつ出るようになった。最近もっとも紛糾したのは三峡ダム問題で（九二年の七期第五回会議）、賛成一、七六七、反対一七二、棄権六六四票で、二五名が表決器を押さなかったという（総数二、九〇〇）。だがこのような例はかなり稀である。〇七年の物権法は、賛成二、七九九、反対五二、棄権三七だった。

6．最大の問題は、七〇年代末まで本来全国人民代表大会で審議、決定されるべきものがされなかったことである。たとえば人民公社の設置（五八年八月の党八期八中全会で決定）は、行政・党・軍・経済・社会のすべての機能を統合した新権力機構であり、国家制度の重大な変更である。だが全国人民代表大会で審議されなかったばかりか、人民公社が法制化されるのは実施から一七年後の七五年憲法である。文化大革命時に地方の党・軍・行政を一体化した新組織＝革命委員会を作ったが、これも七五年憲法ではじめて法で確定された。また七九年二月、中国は「懲罰」のためにベトナムに対する「自衛反撃」を行うが、この問題を全国人民代表大会もしくは常務委員会が審議した形跡はなく、二月一七日「中国政府の命を受けた新華社」がベトナムとの戦争開始を告げただけだった。

これらが人民代表大会が「ゴムスタンプ」だと揶揄されるゆえんである。

改革開放期には全国人民代表大会は定例化し、法制化も進んでいる。また次のような変化も見られる。

改革開放期の変化

八〇年代末から満場一致が激減した。紛糾したケースは前述した三峡ダム問題である。最近では汚職腐敗の蔓延を受けて、とくに最高法院と最高検察院の報告に対する棄権票が多い。〇四年三月の一〇期第二回会議では、批判票（反対・棄権）が前者の活動報告は二八%、後者は二五%に達した。なお九九年四月末の全国人民代表大会常務委員会では、政府が提案した「公共道路法」改正案は一五四名の過半数に一票足らず、否決された。法案が否決されるのは八九年以来二度目だという。

だが全国人民代表大会は依然形式的で、その機能を常務委員会が代行している。常務委員会の決定だけで公布・施行された法律は、たとえば環境保護法（七九年九月）、統計法（八四年一月）、特許法（八五年四月）、土地管理法（八七年一月）、治安管理処罰条例（八七年一月）、企業破産法（試行、八七年一月）など枚挙にいとまがない。常務委員会が全国人民代表大会を代行する状況は近来ますます進んでおり、［表4-1］のようなデータがある。

十分に機能しない全国人民代表大会に代わって、「中共中央・国務院の連合通達」がしばしば出され、それが最高の法的拘束力をもった。極論すれば、中国政治の重大事項は、権力機関を素通りし、党が決め、それを受けてすぐ行政府である国務院が執行するのが一般的だったのである。

この状況はいまもそれほど変わっていない。

表4-1　全国人民代表大会の立法状況（1978～2002年）
（単位：件数）

	第5期	第6期	第7期	第8期	第9期
憲法改正 全体会議	3		1	1	1
法律採択・修正 全体会議	17	11	12	8	2
法律採択・修正 常務委員会	25	36	49	77	25

出典）蔡定剣・王晨光主編『人民代表大会二十年発展与改革』中国検察出版社，2001年，62頁の表より。

立法法制定

待望の立法法が二〇〇〇年三月全国人民代表大会第九期第三回会議で採択された。立法手続きがようやく法制化されたのである。立法法では、立法権限は全国人民代表大会および常務委員会に与えられ、前者は、刑事・民事・国家機構およびその他にかかわる基本法の制定、改定を行い、後者は前者が行う立法以外の法律の制定、改定を行う。また常務委員会は、大会閉会期間中に、法律の基本原則と抵触しない範囲で部分的補充と改定を行える。

全国人民代表大会に法律案を提案できるのは、その常務委員会と各専門委員会、国務院、中央軍事委員会、最高人民法院・検察院のほか、全国人民代表大会の代表団（軍隊以外は、省レベルで構成される）、三〇名以上の代表（議員）が連名で行える。

また、常務委員会に法律提案権をもつのは、全国人民代表大会の各専門委員会、国務院、中央軍事委員会、最高人民法院・検察院のほか、一〇名以上の常務委員が連名で行える。なお、軍事にかかわる法律は中央軍事委員会が別途行う。立法法は中国の法制化を促すだろう（立法法については『人民日報』二〇〇〇年三月一九日）。しかし、立法の主体は常務委員会に移り、皮肉にも全国人民代表大会自体の機能は低下する傾向にある。

憲法の改正

全国人民代表大会固有の職権は憲法の制定と改定である。

憲法は中国でも国家の最高法である。一九四九年の共同綱領は暫定憲法として機能したが、五四年の第一次社会主義憲法以来、文化大革命期に七五年憲法、七八年憲法と大幅に改定された。改革開放期の八二年、骨格とイデオロギーが基本的に五四年憲法に戻った第四次憲法が公布され、これが現行法である。この憲法も今日まで四回にわたって部分改正されてきた。以下、大きな改正を［表4-2］で示そう。

八二年憲法の四回にわたる改正はいずれも改革開放政策の進展を反映している。「社会主義初級段階」という規定のもとで、公有制経済の後退に替わって私営経済が認知されるようになり、土地の使用権に始まり、ついには「私有財産権は侵されない」ことになった。とくに、「三つの代表」、私有財産権の保護、人権の保護と保障を入れた〇四年の改定の意味は大きい。「脱社会主義」は国法レベルにまで及んだのである。

なお、〇四年憲法改正に当たっては、事前に学界・法曹界やメディアで活発な議論が繰り広げられた。これまでにないことだった。〇三年六月の「中国憲政フォーラム」青島シンポジウムでは、私有財産権の保護、人権規定（ストライキの自由を含む）などの他、すべてのレベルでの直接選挙規定、軍隊の国家化（中央軍事委員会の国家軍事委員会あるいは国防委員会への改称）、憲法裁判所の設置、二院制への移行など体制にかかわる提案が出ている［察今「《中国憲政論壇――保護私有財産与修改憲法》青島研討会総述」ウェブサイト大参考〈http: //www. bignews. org/〉〇三・六・一八］。民間シンクタンクの曹思源は、違憲への法的措置、無罪推定原則・政治公開化などの憲法への明記を求め、国際人権規約にくわしい杜剛建（当時、国家行政学院）は、違憲審査制度、「ある党派」のイデオロギーを強制する「四つの基本原則」の憲法前文からの削除などを求めた［曹思源

表 4-2　1982 年憲法の改正

年	該当条項	主な改正部分
1988	第 1 条	「国家は法律が規定する範囲内で私営経済の存在と発展を許す」
		「私営経済は社会主義公有制経済の補充である」……
	第 2 条	「……土地の使用権は法律の規定にもとづき譲渡できる……」
1993	第 3 条	「中国は社会主義の初級段階にある」
	第 4 条	「中国共産党指導下の多党合作と政治協商制度の存続と発展」
	第 5 条	「国営経済」を「国有経済」へ
	第 6 条	「農村人民公社」字句の削除
	第 11 条	地方人民代表の任期を，県・市・市管轄の区は 3 年から 5 年に変更
1999	第 12 条	「鄧小平理論」を明記，「社会主義市場経済の発展」を追加
	第 13 条	「社会主義法治国家を建設する」を追加
	第 16 条	非公有制経済を「社会主義市場経済の重要な構成部分」と変更
	第 17 条	「反革命活動」を「国家の安全に危害を与える活動」に変更
2004	前　文	「"三つの代表" の重要思想の導きのもと」を挿入
	前　文	担い手として「社会主義事業の建設者」を挿入
	第 10 条	土地徴用の際に「補償を支給する」を挿入
	第 13 条	「公民の合法的私有財産は侵犯されない」を挿入
	第 33 条	「国家は人権を尊重し保障する」を挿入
	第 67，89 条	「戒厳」を「緊急状態への進入」と変更
	第 81 条	国家主席の職務に「国事活動の進行」，「条約の批准・廃棄」を挿入
	第 98 条	全レベルの人民代表大会の任期を 5 年に変更

表4-3　全国人民代表大会代表（議員）の職業統計表（2003年）

（単位：人）

職　業	10期代表
農　民	56
労働者	30
スポーツ選手	13
警察と武装警察	48
金融業人士	20
企業家	613
医　者	88
法律界人士	69
作家・芸術家	48
小中学校教師	51
教授・研究者	348
軍　人	268
末端幹部	37
指導幹部	1,240
その他	55
計	2,984

出典）蔡定剣『中国人民代表大会制度〔第四版〕』法律出版社，2003年，221頁。

「修憲五建議」『当代中国研究』一九九九年第一期、杜剛建「国際人権公約与中国憲法修改」ウェブサイト南風窓〈http://www.nfcmag.com/〉〇二・八・二〕。これらの問題はすべて今後に持ち越されたのである。

全国人民代表大会の構成と代表

一級行政区の人民代表大会で選ばれてくる全国人民代表大会の構成や代表（議員）はどうなっているだろうか（選挙システムについては本章5参照）。代表は基本的には一級行政区の人口比による割当て（都市・農村で代表権格差がある）と全体の一割程度の中央からの特別枠（任命に等しい）によって配分されている。第九期（九八～二〇〇二年）の場合、代表総数が二、九八一名、地域別割当て分が二、三九八名、解放軍二六八名、中央枠二二五名となっている〔蔡定剣『中国人民代表大会制度〔第四版〕』二〇〇三年、一五六頁参照〕。

代表（議員）の職業はどうか。〔表4-3〕は〇三年にはじめて公表されたデータである。一〇期全国人民代表大会の代表は、指導幹部が四一・五％、金融業・企業家・法律界・教授・医者・芸術家など専門家が四〇％を占めている。議会は高級人士のサロンと化している。

肝心なのは、全国人民代表大会の党派別、階層別の構成である。五〇年間を通時で見るときわめて興味深い。〔表4-4〕が示すように、五四年から今日に到る五〇年間、党はずっと人民代表大会の三分の二以上を占めてきた。むしろ逆に、三分の二を保障するための選挙システムだともいえる。常務委員会における中共党員の比率もまったく同じ傾向にあり〔表4-5〕、党はどの場合も三分の二以上を握って絶対安泰である。

以上、〔表4-3〕から〔表4-5〕まで三つの表から次の点が読み取れよう。

1．党の指導はどんな場合も保障されている。文化大革命期には人民代表の四人に三人が党員だったし、いまも党は三分の二を確保している。党は全国人民代表大会でいつも絶対安定勢力なのである。

2．文化大革命前まで半数近かった民主党派・無党派代表が文化大革命で激減し、八〇年代に入ってからも二割

表 4-4　歴代全国人民代表大会代表（議員）の出身別構成（1954～2004 年）

（単位：人，カッコ内は%）

		第 1 期 1954～1958	第 2 期 1959～1962	第 3 期 1963～1966	第 4 期 1975～1977	第 5 期 1978～1982
代表総数		1,226	1,226	3,040	2,885	3,497
政党派別	中共党員	668（54.5）	708（57.8）	1,667（54.8）	2,217（76.3）	2,545（72.8）
	民主党派	274（22.4）	284（23.2）	565（18.6）	238（8.3）*	495（14.2）*
	無党派	284（23.2）	234（19.1）	808（26.5）		
	非党群衆				430（15.4）	457（13）
** 身分	労働者農民	163（13.3）	136（11.1）	384（12.6）	1,475（51.6）	1,655（47.3）
	知識分子				346（12）	523（15）
	幹　部				322（11.2）	468（13.4）
	解放軍	60（4.9）	60（4.0）	120（4.0）	486（16.8）	503（14.4）
	帰国華僑	30（2.5）	30（2.5）	30（1）	30（1）	34（1）
その他	少数民族	177（14.4）	180（14.7）	373（12.3）	270（9.4）	381（10.9）
	女　性	147（12.0）	150（17.8）	542（17.8）	658（22.6）	740（21.2）
	平年年齢					
	大専卒比率					

		第 6 期 1983～1987	第 7 期 1988～1992	第 8 期 1993～1997	第 9 期 1998～2002	第 10 期 2003～2007
代表総数		2,978	2,970	2,977	2,979	2,985
政党派別	中共党員	1,861（62.5）	1,986（66.8）	2,036（68.4）	2,130（71.5）	2,178（72.98）
	民主党派	543（18.2）*	540（18.2）*	572（19.2）*	460（15.4）*	480（16.1）*
	無党派					
	非党群衆	574（19.3）	444（15）	369（12.5）	389（13.1）	326（11）
** 身分	労働者農民	791（16.6）	684（23.0）	612（20.6）	563（18.9）	551（18.5）
	知識分子	701（23.5）	697（23.4）	649（21.8）	628（21.1）	631（21.1）
	幹　部	636（21.4）	733（24.7）	842（28.3）	988（33.2）	968（32.4）
	解放軍	267（9.0）	267（9.0）	267（9.0）	268（9.0）	268（9.0）
	帰国華僑	40（1.3）	49（1.6）	36（1.2）	37（1.25）	38（1.3）
その他	少数民族	404（13.6）	445（15.0）	439（14.8）	428（14.4）	415（13.9）
	女　性	632（21.2）	648（21.3）	626（21.0）	650（21.8）	604（20.2）
	平年年齢			53.33 歳	52.27 歳	51 歳
	大専卒比率		56%	68.74%	81.20%	92.4%

注 1）* 第 4 期からは，民主党派・無党派人士を含む数字。

2）** 代表（議員）の身分は交差しており，重複する。たとえば，知識分子は同時に幹部でもあり得る。なお，10 期には香港特別行政区代表 36 名，マカオ特別行政区代表 12 名が新たに選ばれている。

出典）蔡定剣『中国人民代表大会制度〔第四版〕』法律出版社，2003 年，220 頁。大学・専門学校卒比率，平均年齢は『人民日報』記事から。

表 4-5　全国人民代表大会常務委員の党員比率

期　数	常務委員総数	党員比率
第 1 期	79（人）	50.6（%）
第 2 期	79	50.6
第 3 期	115	58.3
第 4 期	167	72.3
第 5 期	196	78.1
第 6 期	155	72.9
第 7 期	155	69
第 8 期	155	69.7
第 9 期	155	65.8
第 10 期	175	70.3

出典）蔡定剣『中国人民代表大会制度〔第四版〕』法律出版社，2003 年，233 頁。

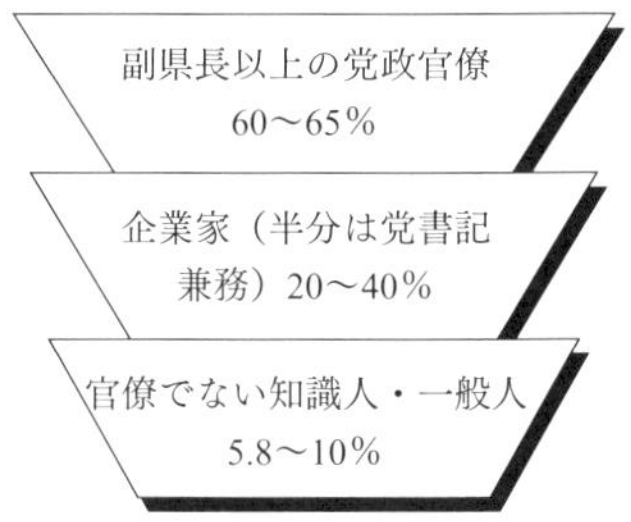

図 4-1　ある省選出の第 11 期全国人民代表比率

出典）応学俊「従×省第 11 届全国人大構成談起」ウェブサイト草根視線，09. 4. 12。

を切っている。

3. 文化大革命期には解放軍出身と労働者・農民の代表が激増した。八二年まで代表の六人に一人は軍人だったし、七五年全国人民代表大会で労働者・農民出身は全体の五一・一%を占めた。文化大革命は結果的に軍事権力の極端な肥大をもたらしたのである。ちなみに、七五年、七八年の代表はすべて上からの指名である。

4. 最近のデータでは代表（議員）の若年化と高学歴化が著しい。第九期は八割、第一〇期は九割が大学および専門学校卒である。前述した職業分布と合わせれば、全国人民代表大会はさまざまなエリートが集うサロンなのである。この点については、エリートの権力機関への登場で社会の弱い集団が周縁化してしまう、彼らの利益を代表できるような選挙システムが必要だ、との声も出ている［喬新生「学者新論——中国的選挙制度亟待完善」ウェブサイト人民網、〇三・四・二二］。

最新の全国人民代表大会

全国人民代表大会は〇八年から第一一期を迎えた。以来四年たつが、三、〇〇〇人の全国人民代表の党派別構成や職業別構成などは公表されていない。わずかにある省の人民代表大会が間接的に選ぶ全国代表の一端が次のように明らかになっているだけである［図4-1］。党や政府の役人や企業家でない一般人は一〇％以下、三分の二近くが副県長・県副書記以上の党政の官僚である。こうした傾向はどうやらどの省も同じようである［杜子「一份河北省全国人大代表身份構成統計略表」ウェブサイト博客中国、〇九・三・一二］。

3　議行合一の理論と実際

議行合一理論

議会にかんする理論的な背景を見てみよう。立法・行政・司法の三権関係では、中国はすべての権力を立法府に集中した議行合一システムをとっている。行政・司法が原理的に立法府に従属する体制である。五四年憲法でも八二年憲法でも、「国家の最高行政機関」である国務院は全国人民代表大会に完全に従属し、総理を含めた閣僚の選出はすべて全国人民代表大会が行う。また「最高の裁判機関」である最高人民法院もその監督と支配の下にあり、院長を含むメンバーはすべて全国人民代表大会が選出する。また、権力のチェック・アンド・バランスでもっとも重要な違憲立法審査権はどのような形式でも中国の司法機関はもっていない。

そもそも中国の政体の核心は、レーニンのソビエト論に立脚した立法と行政を一体化させる議行合一である。「議会をおしゃべりの機関から実行の機関へ」というのは、パリ・コンミューンに範をとった、そしてブルジョア議会の「欺瞞性」を批判したレーニンの有名な言葉である。八〇年代改革論議のさなか、ある法学者は、ロックやモンテスキューの三権分立学説が社会契約に国家の起源を求め、唯心主義の超階級的国家論からきているのに対して、議行合一理論はマルクス主義の階級的国家論を基礎に旧国家機構を破砕するプロレタリア独裁の理論であること、三権分立が封建専制主義に反対するために提起されたのに対して、議行合一は権力の組織形態をプロレタリア独裁に従属させる目的で提唱されたと論じ、労働者階級は特権を求めず、権力を乱用する必要がない以上、三権分立によってその権力を制約する必要はさらさらないと主張して、改革派を一蹴した［許崇徳他「三権分立与議行合一的比較研究」『法学評論』一九八七年第五期〕。またある学者は、中国の議行合一原則は、パリ・コンミューン、レーニンによるソビエト権力の経験、一九三〇年代中国での根拠地権力の歴史によって作られたという〔鍾真真「人民代表大会制度的歴史回顧」『党的文献』一九九二年第二期〕。いずれにせよ、人民の選挙で生まれた議会は人民に直接に接する、人民にもっとも近い権力であるから、ア・プリオリに民主的で代表性をもつ、というのがその根拠である。だが二〇〇〇年代に入ると議行合一への疑義も公然と出ている。全国人民代表大会辦公庁の蔡定剣（北京大学法学院、二〇一〇年一一月急逝）は、中国の現行制度は、マルクスやレーニンのいう「議行合一」とはまったく別で、実質的に分離している三権を「議行合一」と解釈するのは、権力機関たる人民代表大会の機能強化に不利で、権力間の合理的分業と制約関係を軽視することになる、と異論を唱えている〔蔡定剣、前掲『中国人民代表大会制度（第四版）』二〇〇三年、八八—八九頁〕。

さらに周永坤（蘇州大学法学院）に到っては、許崇徳の議論はマルクス学説の誤解から成り立っており、いわゆる三権分立論もギリシャ、ローマからあり、決してブルジョアの占有物ではない、議行合一論は放棄されるべきだ、とはっきり指摘している〔周永坤「議行合一原則応当徹底拋棄」『法律科学』（西北政法学院学報）二〇〇六年第一期〕。

三権分立をめぐって

議行合一への批判はすべて拒否されてきた。五七年春に三権分立を求めた声は「右派」言論だと一蹴された。「モンテスキューのいう三権分立学説は彼の理想にすぎず、現実に三権分立はまったく不可能だ」、しかも三権分立、とくに司法の独立は「ブルジョア独裁の階級的実質を覆い隠し」、「ブルジョアジー内部のさまざまなグループ間の衝突を緩和し、ブルジョア支配を強化するためのものだ」、「ブルジョア国家の憲法が標榜する三権分立は、理論的に誤っているだけでなく、実際に存在しえない」というのである〔康樹華「資産階級〝三権分立〟学説的虚構性与反動的本質」『政法研究』一九五九年第六期〕。

八〇年代にも厳家祺をはじめ党内外の改革派学者が、権力の分割、権力相互間のチェック・アンド・バランスを強く主張した。張尚鷟は、モンテスキューの三権分立学説、権力の相互均衡・統制の原則は「人類の偉大な遺産」

であり、中国のような「封建残滓が強い社会主義国家」で権力が一つに集中するのを防ぐ上ではとくに有効だと主張した［「資産階級分権学説的理論和実践」『人民日報』八〇年一〇月七日］。だがこれもまた一〇〇％否定され、レーニンに始まる議行合一体制を中国が改める気配はまったくない。なぜなら、「三権分立の実質は行政権の優位であり、チェック・アンド・バランスは有名無実だ。……三権分立を拒否するのは、この制度が中国の国体に合わず、民主集中制の原則と根本から対立し、人民権力の至上性と全権性を体現することができないからである」［王桂五「堅持人民代表大会制度」『人民日報』八九年一〇月三〇日］。

議行合一の理論自体、民主主義という見地から再吟味されなければならない。最近では真っ正面からの批判も出てきた。だが、制度が変わる兆しは見られない。だがそれより前に二つの問題がある。①肝心の人民権力——全国および地方の人民代表大会——が民意を代表した人民権力になっているかどうか、②その人民権力が現実に機能してきたかどうか、である。すでに述べたように、中国政治の現実を見る限り、この二つの問いには「否」で答えざるを得ない。このような人民権力の形骸化のなかで議行合一が進むために、その背後にいる党権力はいともたやすく国家権力を排他的に行使し、党が国家化するのである。

4　国家主席と最高国務会議

国家主席

国家制度でもう一つ重要なのは国家主席であるが、このポストができた一九五四年時点と復活した八二年時点では政治制度全体での位置は大きく変わった。党の指導が国家の諸制度の上にあり、党主席（八二年以後は党総書記）が君臨しているもとで、国家主席の地位は政治的にきわめて微妙であり、党主席毛沢東による国家主席劉少奇の排除など、実際にさまざまのコンフリクトが生じてきたことの結果である。

五四年憲法で国家主席は次のような職権をもった。①全国人民代表大会もしくは常務委員会の決定にもとづき、法律・法令の公布、国務院総理・副総理、閣僚などの任免、国防委員会副主席・委員の任免、②戒厳令・動員令の公布、戦争状態の宣言、③外国使節の受け入れ、在外全権代表（大使など）の任免、条約の批准、④全国武装力の統率、国防委員会の招集、⑤最高国務会議の招集と主宰など。このように当初国家主席の職権はきわめて大きく、任免権、軍隊の統率権などをもち、「対外的には中華人民共和国を代表して外国使節を受け入れ……」（第四一条）とあるため、名実ともに国家の元首である。第一期国家主席は毛沢東、第二期は劉少奇である。

文化大革命は調整期に穏健な政策を推進してきた国家主席劉少奇に対する党主席毛沢東の「奪権の闘い」でもあった。劉少奇は六八年一〇月に「ブルジョア司令部の頭目」としてすべての職務を奪われ、翌年一一月に開封で悲劇的な死を迎えた。国家主席は六六年から空席、七五年の憲法では制度そのものが廃止された。七〇年八月に陳伯達らが国家主席制度によって林彪らの権力を固めようとしたこともあり、毛沢東は二度と国家主席を設けたくなかったようである。

ところが、国の元首がいない状況をそのままにしておくわけにはいかず、八二年一二月の新憲法で国家主席制度が復活した。だが国家主席の職権は、法律の公布、国務院総理などの任免、戒厳令・動員令の公布、戦争状態の宣言、外国使節の受け入れ、在外全権使節の任免などに限られ（第七九〜八一条）、かつて主宰した最高国務会議も国防委員会もすでにない。軍隊の統帥権（文面では領導権）は、新設の国家（党）中央軍事委員会の主席がもっている（第九三条）。

新しい国家主席は国家元首だろうか。ある法学者は、国家元首は、＊法律の公布権、＊命令の発布権、＊最高の外交権、＊武力の統帥権を本来もつものであり、中国は歴史の教訓から「いかなる個人にも国是を決定する実権をもたせない」よう制度上保証した、としてそもそも元首はいないという［許崇徳「論国家元首問題」『法学研究』一九八二年第三期］。別の論者は、中国の元首は国家主席ではなく、全国人民代表大会常務委員会内の五人の主席団、つまり集団元首だという［張世信「対我国国家元首問題的浅見」『民主与法制』一九八一年第九期］。なお二〇〇四年の憲法改正で「国事活動の進行」が国家主席の職務としてあらたに加わった（第八一条）。

最高国務会議

六五年まで、国家主席の下に最高国務会議があった。五四年憲法は、国家主席が国家の重大問題を協議し研究するために、国家副主席・全国人民代表大会常務委員長、国務院総理その他の関係者が参加する最高国務会議を必要なときに招集できるとし、さらに「国家の重大事項についての最高国務会議の意見は、国家主席をつうじて全国人民代表大会、同常務委員会、国務院もしくは関係部門の討論に付されて決定される」とした（第四三条）。国務会議についてはこれしか規定はなく、かなり恣意的に開かれ、人数も千人を超えたり六〇人だったりする。もちろん会議の出席者、内容はすべて秘密、結果が発表されたことはない。いわば国家主席の諮問機関である。

毛沢東は国家主席在任中に最高国務会議を一五回開いた。組織を超えた行動をする毛としては異例である。五六年一月二五日の最高国務会議では「全国農業発展要綱〈草案〉」（通称農業一二条）を討論し、五七年二月末の最高国務会議（出席者は千人を超えた）では、毛が「人民内部の矛盾を正しく処理する問題について」の講話で知識人を感激させた。

劉少奇国家主席時代には記録にある限り五回最高国務会議を開いているが、いずれも全国人民代表大会への報告の事前準備など実務的なものである。だが六五年からは開かれた形跡はない。八二年に国家主席が復活しても最高国務会議が復活しなかったのは、この会議が恣意的で非制度的だったためだろう。

5　選挙システム

間接四段階選挙

全国人民代表大会および地方人民代表大会の代表選出のシステムと実態は非常に形式的である。人民代表大会が民意を代表しているとはいいがたい。代表の定数と選出方法は、一九七〇年代末までは「全国人民代表大会および地方人民代表大会組織法」（五三年三月公布）にもとづいていたが、七九年七月に選挙法が大幅に改正され、新選挙法で行われている（その後八二年一二月、八六年一二月、九五年三月、二〇一〇年に四回部分改正）。まず七〇年代末までの特徴および問題点にふれ、その後の重大な変更を概観する。

第一の特徴は、地域代表制が原則で、都市と農村の代表権格差が異常に大きいことである。七〇年代末までは代表の選出は、解放軍と華僑が独立の選出単位である以外、一級行政区ごとに、都市・農村別の人口比に応じて行われた（七九年から華僑は独立単位ではなくなった）。五三年選挙法では代表の配分は、①一級行政区の農村部は人口八〇万人に一人、直轄市と五〇万人以上の都市部は人口一〇万につき一人、②解放軍は定数六〇人、華僑は定数三〇人である。人口増にともない六三年には総定数を二倍にした上、農村部では人口四〇万人に一人、都市部では人口五万人に一人、解放軍は一二〇人、華僑は三〇人となった。つまり都市と農村の代表権格差は八対一なのである。なおその後法律が変わった形跡がないのに、第四期、第五期は解放軍の代表だけ五〇〇人以上に増えている。文化大革命、林彪事件という異常な状況の反映だろう。

七九年選挙法およびその後の部分改正により、九〇年代は定数を三千人に抑える、都市と農村の代表権格差は全国は八対一、一級行政区は五対一、県レベル以下は四対一、地域代表を原則とし解放軍のみ職能代表とすることになった。異常な代表権格差、極端な都市優遇はソ連に見習ったものだが、ソ連では当初三対一で、しかも三六年憲法で都市・農村が平等になったのに対して、中国の場合は格差が異常に大きく、五〇年以上も続いている。なお、九五年の選挙法改正で、①省レベルは三〇名以上、区のある市・自治州などで二〇名以上、県郷では一〇名以上の連名があれば候補者推薦が可能になった、②都市と農村の代表権格差が縮まり、どのレベルの選挙も一律四対一になった。

第二の特徴は、選挙システムが間接四段階選挙なことである。七〇年代末までは、末端レベル（郷・鎮・市轄区・区を設けていない市）だけ直接選挙で選び（多くは投票ではなく選挙民大会）、県レベル以上（県、省、全国）はそれぞれ一級下の人民代表大会が選出するものだった。七九年選挙法の最大の改正点は直接選挙を県レベルまで引き上げたことである。また間接選挙の場合、候補者は当該人民代表大会の代表には限られない。つまり県レベルを越える代表は末端選挙民の直接の信託を受けなくてもよいシステムである。

また投票も、直接選挙では選挙民の挙手が一般的で七〇年代末まで秘密投票は原則ではなかった。七九年選挙法でようやく全レベルの選挙で無記名投票が原則となった。なお解放軍での選挙は、まず軍人代表大会代表を選びそこで地方人民代表大会の代表を選出するので、末端でも間接選挙である。七九年以後の選挙システムを次に図示しよう［図4-2］。

第三の特徴は競争選挙ではない点である。七〇年代末まで制度上もすべての選挙で候補者は定数と同数、つまり「等額選挙」だった。党もしくは上級機関が用意した候補者リストの信任投票である。七九年には競争原理を少し入れて「差額選挙」にしたがそれもきわめて限定的である。末端の直接選挙では候補者は定数の一・五倍から二倍まで、間接選挙で一・二五から一・五倍までに限られている。ここまで候補者をしぼるために「民主的協議」（「醞釀」。実は根回しである）を行い、それでも調整できないと予備選挙が行われるが、このプロセスで「党の指導」が当然物をいう。また直接選挙でも選挙運動は行えない。事前には「候補者を推薦した党派、団体もしくは選挙民が選挙民グループ会議で推薦した候補者の状況を紹介する」ことしかできない（北京市区・県・郷・鎮人民代表大会代表選挙細則第三七条）。

さらに、七〇年代末まで階級所属によって選挙権と被選挙権を制限してきたが、これが第四の特徴である。五三年選挙法は、＊法によって身分を改められていない地主階級、＊法によって政治権利を奪われた反革命分子、＊法によって政治権利を奪われたその他の者、＊精神病患者、などに選挙権・被選挙権を与えていなかった。

七八年に「地主その他の階級はなくなった」と認定された結果、七九年選挙法では階級による選挙権差別はなくなった。選挙権を行使できないのは、＊精神病患者で選挙委員会が選挙権を行使できないと確認した者、＊反革命

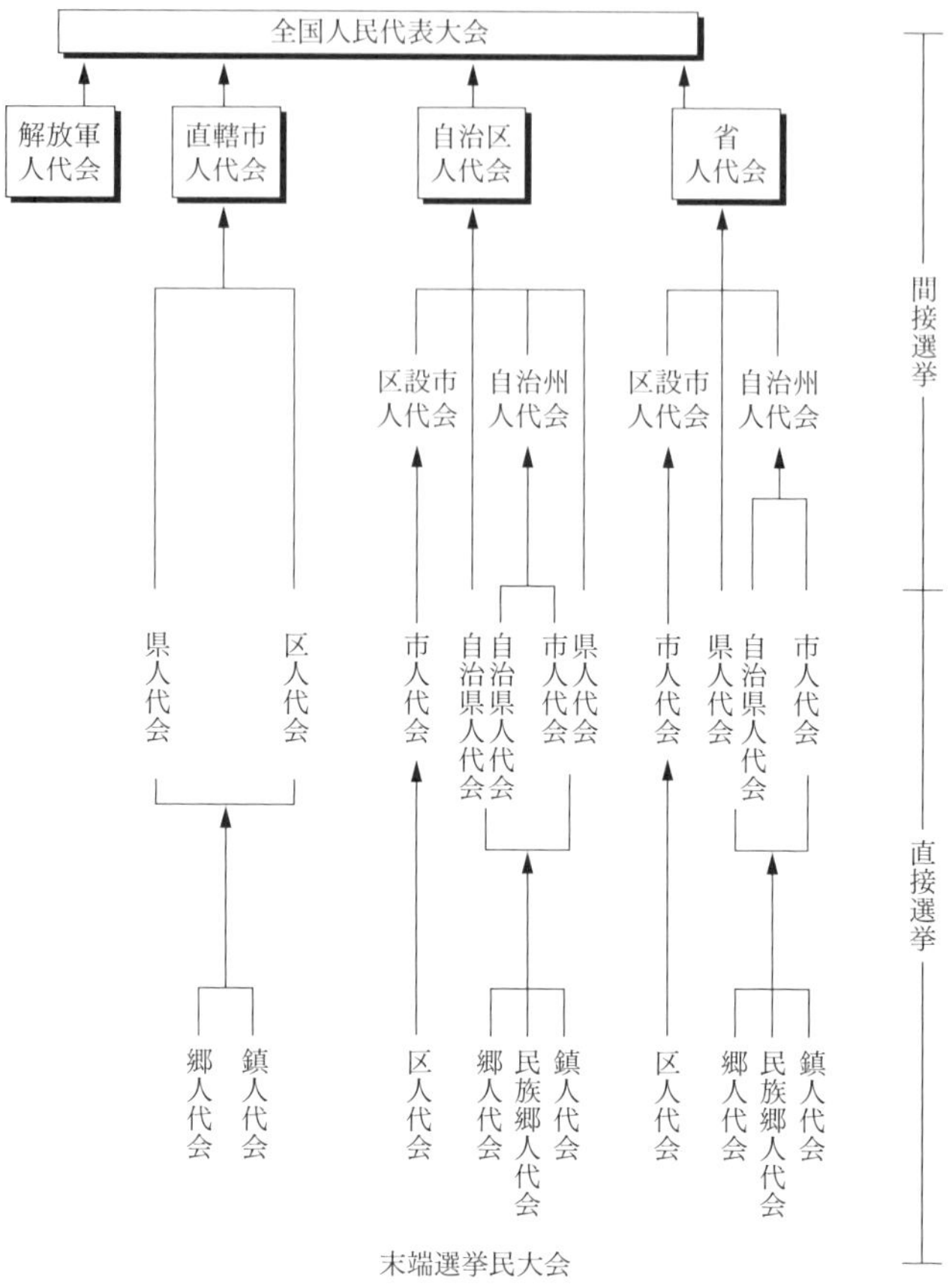

図 4-2　中国の行政システムと選挙システム（2000 年）

注）人代会は人民代表大会の略。全レベルで代表 1 に対する人口比は農村 4 に対し都市 1（全国人民代表大会地方人民代表大会選挙法〔1995 年 3 月改正〕による）。

罪その他の刑事犯罪で起訴、審理中で、裁判機関が選挙権の行使を停止している者、である（現行選挙法第二三条と北京市の選挙細則第二七、二八条）。

なぜ直接・秘密・平等・普通選挙ではないのか

今日まで中国の選挙システムは「直接・秘密・平等・普通」の選挙が法の上でさえ実現していない。百花斉放・百家争鳴の際、党内外から人民代表大会は形骸化し選挙は形式だけだ、という批判が強く出た。当時よく引かれたのは次の劉少奇と周恩来の釈明である。

＊「普通、平等、直接、無記名投票の選挙方式は中国の現状ではとれないし、またとるべきではない。準備工作がすべてうまくいき、中国の大多数の人民大衆が相当長期の選挙訓練を経、また大体において識字者になったとき初めてこの方式を最終的・完全に実行できる」（劉少奇「在北京市人民代表会議上的講話」一九五一年二月二八日〔『劉少奇選集』下、一九八五年、五四―五五頁〕）。

＊「いまわが国では末端では直接選挙を行っているが、県以上では間接選挙である。こうした選挙制度はいまのところわが国の状況にマッチした比較的よい民主的な形式だ。だがこのことは、条件が熟したときに、県以上の各レベルで直接選挙を次第に実施していくことを排除するものではない」（周恩来の全国人民代表大会一期四回会議での報告、一九五七年六月）。

だが、経済が成長しようが、識字率が高まろうが、選挙制度は根本的に変わらない。八七年になっても鄧小平は次のようにいう。「〔直接選挙は〕順を追って漸次的に進める。移行期も必要だ。大陸では次の世紀に半世紀以上をへて普通選挙が実行できるだろう」（一九八七年四月、香港特別行政区基本法委員会での発言〔『鄧小平文選』三、一九九三年、二二〇頁〕）。

ところが、九〇年代末から、次のように選挙制度の改革を公然と求める声が強くなっている。

1．直接選挙を省レベル、全国レベルに引き上げる。とくに全国人民代表大会秘書組の副局長で北京大学教授を兼務している蔡定剣（大型調査「中国選挙状況報告」プロジェクトをまとめた）は、選挙への熱意は学歴に比例しないし、利益が選挙への最大のモティベーションだとして、先の周恩来・劉少奇などの言は当てはまらない、と直接選挙をはじめ選挙改革を強く求めている〔蔡定剣主編『中国選挙状況的報告』二〇〇二年〕。

2．都市と農村の代表権格差を減らし、早急に完全な平等選挙にする。

3．実質的な競争選挙にする。

4．都市の場合職場単位になっている選挙区を居住区単位にする。また小選挙区制に変える。

5．選挙資金を制度化し、選挙運動を許容する［「官方学者提交中国選挙状況報告」ウェブサイト南方周末、〇三・三・二〇］。

都市・農村代表権格差の解消へ　このうち、都市と農村の代表権格差はようやく二〇一一年に一：一に変わる兆しが出てきた。春の全国人民代表大会（第一一期第三回）で選挙法が改正されたのである（反対一〇八票、棄権四七票）。新選挙法は次のように規定する。

「全国人民代表大会の代表定数は、全国人民代表大会常務委員会が各省・自治区・直轄市の人口数にもとづいて、代表一人が代表する都市・農村の人口数が等しいという原則にもとづき、各地区、各民族、各方面が求める適切な代表数にもとづいて、配分を行う」（第一六条）。

また一二年三月の全人代一一期第四回会議で、「一二期全人代代表の定数・選挙に関する決定」が採択された。それによれば、一三年一月の一二期代表の選挙から次のようになる。

1．都市－農村の代表権格差を四：一から一：一とする。

2．三、〇〇〇名の代表は、

①都市－農村一：一で選ばれる部分（合計二、〇〇〇名）、原則として人口六七万人に一名。

②どの一級行政区でも最低数定数八名（合計二四八名）。

③特別定数は解放軍二六五名、香港三六名、マカオ一二名、帰国華僑三五名（合計三四八名）。

また同じ会議で、代表の労働者・農民・専門技術者の比率を高め、党政の指導幹部の比率を下げることなどが決まった［「下届全国人大代表名額分配将有重大変化」ウェブサイト中国改革網〈http://www.chinareform.net/show.php?id=6373〉］が、都市・農村の格差解消以外は、ほとんど新味のない改正である。

6　協商政治のメカニズム

人民政治協商会議

中国の政治制度が旧ソ連など他の社会主義国と異なるのは、非共産党の政治グループが存在し、共産党が彼らとの統一戦線、協議の制度をとってきたことである。だからといって多元政治とは程遠いのはいうまでもないが、政治的な風通しを多少ともよくする効果がなかったわけではない。

統一戦線組織＝人民政治協商会議は一九四九年九月にスタートした。「労働者・農民・軍人・知識分子・小ブルジョアジー・民族ブルジョアジー・少数民族・在外華僑その他の愛国民主人士からなる、人民民主主義統一戦線の組織形式」としてである（「共同綱領」）。党派、地域、軍隊、大衆団体などを代表する人民政協が全国人民代表大会が成立するまで暫定的に国家権力を行使してきた。五四年九月、全国人民代表大会の発足にともない、人民政協は「国家の建設事業や重大事項について全国人民代表大会および中央政府に提案する」組織に変わった。五四年憲法は前文で「中国共産党を指導者とする人民民主統一戦線が引き続きその役割を発揮するだろう」と述べてはいるが、憲法に人民政協、および民主党派の位置づけはなくなった。だが五七年まで共産党は統一戦線政策をかなり意識的に進め、民主党派の活動を援助したり政権内に民主党派代表を個人として取り込んできた（第1章4参照）。

疑似政党——民主党派

民主党派は次の八つである［表4-6］。多くは四〇年代に中共が統一戦線政策をおし進めたときに、第

表4-6　8つの民主党派（2007年）

（単位：人）

党派名	メンバー構成	メンバー数
中国国民党革命委員会	国民党の左派	81,000
中国民主同盟	中上層の知識人	181,000
中国民主建国会	経済界人士	108,000
中国民主促進会	教育・文化・科学界	103,000
中国農工民主党	医学・科学技術界	99,000
中国致公党	帰国華僑・家族	28,000
九三学社	科学技術・医学界	105,000
台湾民主自治連盟	大陸の台湾出身者	2,100
		合計 707,100

出典）〈http://www.china.org.cn/japanese/59247.htm〉 07. 6. 13閲覧。

三勢力として誕生した。メンバーのほとんどは専門家、知識人、民族資本家で、党派でかなり重複している。

反右派闘争が始まるまで、中共と民主党派の間には一定の協調、信頼関係があった。建国当初、政務院（のちの国務院）副総理四人中、非党員は二人、二一人の政務委員中一一人が非党員、九三人の正副閣僚のうち党員五一人、民主党派・無党派四二人だった。

五四年には副総理はすべて党員で占められたが、一三人の全国人民代表大会副委員長のうち非党員は八人、同常務委員七九人中三九人が非党員だった。党と非党がほぼ一対一の比率である。閣僚三五人には非党員が一三人入っていた。

五〇年代から現在に到るまで、各レベルの人民代表大会や政権組織における民主諸党派、あるいは「非党人士」の占める割合についてはガイドライン（クォータ）がある。五四年四月中共中央は、全国統一戦線工作会議の「人民代表大会制実行時に民主人士を配置することについての意見」を批准しているが、それによると、ある「民主人士」が人民代表大会代表（議員）になるには、①相当程度の代表性がある、②履歴がはっきりしていて政治上問題がない、③共同綱領を擁護し中共党の指導を受け入れる、などが条件で、省レベルの人民代表大会代表の三〇%、市レベルでは三五%は彼らが占めるのが妥当、とされている〔『建国以来重要文献選編』五、一九九三年、二一六―二二〇頁〕。

反右派闘争直前には積極的統一戦線政策によって、中央レベルで民主党派をはじめ非党員の参加は増えている。国務院閣僚三八人中非党員は一六人、同次官二一一人中非党員は二九人、各省の正副省長一九二人中非党員は六二人である。閣僚には、反右派闘争の標的になった農工民主党主席・章伯鈞（交通部長）、民主建国会副主席・章乃器（糧食部長）、民主同盟副主席・羅隆基（森林工業部長）もいた。

もちろん、肝心なポストは共産党員が握り、非党員のポストは名目にすぎない場合が多いし（これを「有職無権」という）、党派の代表ではなくあくまで個人として政権に入ったにすぎない。だが、党が権力を独占しないという前提に共産党が立っていたという意味では重要である。すでに指摘したように、五六年一〇月、党中央（とくに統一戦線部）は、民主党派を勤労人民の政党にし、共産党・政府への監督作用を強めさせるとともに、彼らの組織的独立と政治的平等を認めるよう動きはじめていた（「民主党派工作のいくつかの問題についての指示〈草案〉」）。政党化を求める民主党派のリーダーたちの主張を一部入れようとしたのである。だが反右派闘争への転換でこの動きは実らず、逆に非党勢力は政治の舞台から排除され、文化大革命時には彼らはまったく活動できなくなった。

改革開放時代の非党勢力

民主党派および人民政協が復活するのは七八年二月である。第五期全国政協会議が開かれ、鄧小平（中共副主席）が政協主席となり、新政協規約を採択した。近代化時期の全国政協は、近代化には知識人専門家の協力が不可欠であり、また台湾・香港との新しい関係を模索するためにも共産党にとってこれまでになく重要になった。したがって八〇年代からは、全国人民代表大会と並行して必ず全国政協の会議が開かれ、党の方針・政策を議論している。これを「両会」と呼ぶ。

また、各レベルの人民代表大会や政協、政権機関での「非党人士」のクォータも復活した。八七年六月一三日の中央統一戦線部の「意見」は、党外の代表（議員）は県レベルの人民代表大会で三五％、政治協商会議では六〇％以上占めるべきだ、としている［『中華人民共和国人民代表大会文献資料匯編　一九四九―一九九〇』一九九〇年、四三一―四三二頁］。文革時期を除いて、非党人士のクォータは、人民代表大会の場合省レベルでは三〇％、県・郷レベルでは三五％、政治協商会議の場合六〇％以上というのがガイドラインのようである。現に政協全国委員中、中共党員が占める比率は第五期（七八～八三年）が一番高くて四九％だが、以後はずっと四〇％を少し切る程度である［『中国共産党組織史資料』付巻三（中国人民政治協商会議組織）、二〇〇〇年、二四九頁］。

政治協商会議は下は県レベルまであるが、それぞれ共産党・政府と協議するだけに止まっている。「国家の大政方針と大衆の重要な問題について政治協議を進め、提案と批判をつうじて民主的監督の役割を果たす」というのが政治協商会議および民主党派の公式の役割である（八二年一二月の人民政協新規約）。したがって政協は政策決定には何の権限もないし、民主党派は政党ではない。共産党の方針・政策に権威づけをし、追認する組織にすぎない。

八九年の天安門事件、ソ連その他での一党独裁の破綻によって、中国ではソ連のような一党独裁ではない、と粉飾しなければならなくなった。そこで共産党は、民主党派を「参政党」、「議政党」と呼びそれとの協議システムは「中国共産党指導下の多党協力」であるといいはじめた。八九年一二月のことである。「民主党派は社会主義勤労者と社会主義を擁護する愛国者の政治連盟であり、中国共産党の指導を受け、……親密な友党であり、参政党である」、「民主党派の政治参加の基本は、国家政権への参加、国家の大政方針と国家指導者の選出協議への参与、国家事務の管理への参与、国家の方針・政策・法律・法規の制定と執行への参与である」とされた（八九年一二月三一日「中国共産党指導下の多党協力と政治協商制度についての決定」）。

だが、メンバー七〇万人の民主党派は制度上も、質的にも、量的にも八千万人以上の党員を抱える執権の大党＝中国共産党と並ぶ政党ではあり得ないし、政治協商会議は政策決定の場とはなり得ない。「中国共産党指導下の多党協力」というのは誰が見ても粉飾である。しかも、八〇年代以降の民主党派人士の政府、人民代表大会への参与は五〇年代前半よりずっと減っている。閣僚に非党員はいない。行政でもすべて副職で、省レベルで副省長、副市長などになっているのが九七年時点で二三人、これが最高ポストである〔林尚立『当代中国的政治形態研究』二〇〇〇年、四五九頁〕。

ダブル党籍

「党委員会がシナリオを書き、政府が演技し、人民代表大会がそれを評価、政治協商会議は鑑賞し、規律検査委員会が審査する」と政治を一幕の芝居に見立てた比喩は、まさに五〇年来の中国の政治プロセスをずばり表現しており、また政治協商会議が「三手の機関」、「〔会議での〕拍手、挙手、〔賓客との〕握手」だと揶揄されるのも故なしとしない。

民主党派が政治に参与できる通常の「政党」ではないことをもっともよく示すのが、中国共産党と民主党派の二重党員が多数存在することである。彼らを「交差党員」と呼んでいる。この制度は、一九四〇年代に民主党派が生まれてからずっと続いているが、彼らは、議会や政治協商会議では、民主党派として数えられているという。最近出た珍しいデータでは、全国政治協商会議第八期（九三～九七年）の委員二、〇一二名中「交差党員」が二二〇名いる、という〔胡治安「知名民主人士的中共党籍問題」『炎黄春秋』二〇一一年第八期〕。

このような「からくり」は、中国の政治体制が「多党協力」であって一党独裁ではないことを示すために必要だと考えてのことだろうが、欺瞞以外のなにものでもない。

もちろん、民主党派側に不満がないわけではない。政治改革論議がピークに達していた八八年末、北京市統一戦線部門などが民主党派と無党派に向けて行ったアンケート調査を見てみよう。とくに政策決定過程に参与できないことへの不満が強く、彼らから、①民主党派の「参政」「議政」のチャネルをきちんと制度化し、法で保障する、②政党法・監督法などを制定して政党活動の範囲・原則を規定する、③起業して独立した財政基盤を作る、④民主党派の人民代表は上からの指名ではなく民主党派自身が選ぶ、⑤政党として人民代表大会に議案を提出する権限を与える、などさまざまの提案が出たという〔林之華「記首都関于多党合作制的討論」『中国政治体制改革』二、一九八九年三月、四―一〇頁〕。だが、それらが実現される可能性はきわめて少ない。

協商政治の実質

一党支配体制下の中国で、九〇年代後半から二つの動きが「民主化」の文脈で注目されている。一つは村レベルの直接選挙や自治・村務公開の動きで、一時、「草の根民主主義」と見なされたが、じつは、末端における党の統治の再編という面が強い。もう一つが、国政レベル・地方政治レベルでの「協商」、「協議」（あるテーマに特化した懇談会、協議会、公聴会など）を、西側政治学の新しい概念——デリバラティブ・デモクラシー（Deliberative Democracy, 討議民主主義）——の文脈で評価しようとする動きである。たとえば何包鋼（タスマニア大学）は、地方都市で開かれるようになった「民主懇談会」、諮詢会、聴聞会、協商会、市民評価制度などについて、討議民主主義論を展開しながら、公民養成に必要なプロセスであり、民主化につながる動きだ、と高く評価している〔何包鋼「中国協商民主制度」『浙江大学学報』（人文社会科学版）二〇〇五年五月〕。しかしどう考えても、西側の民主主義を補完する「討議民主主義」と中国の協商政治はまったく別のものである。

ちなみに、八九年の天安門事件から〇九年まで、中共中央・国務院の主催で開かれた非党勢力との協商会、座談会、状況通報会は計二八七回、うち八五回に総書記が出席したという。また、民主党派などの提言がきっかけになって実現したものに、「ハイテク研究発展計画」、「上海浦東経済開発区構想」などがあるという［周光輝「当代中国決策体制的形成与変革」ウェブサイト中国改革網、一一・七・一九］。しかし、共産党以外の政治勢力が中国の政策過程を左右しているとはとてもいえない。

7　国家統合をめぐって

統合をめぐる問題の所在

中国の国家統合を考える場合、九六〇万平方キロメートルを中華人民共和国の領土としてどのような形態と内容で統合するか（水平的統合）、さまざまなレベルの「地方」を中央（北京政府）がどういう形式と強さで統合するか（垂直的統合）という二つの問題がある。近代国家の統合の形態は多様だが、基本的には、一つの中央が主権、外交権、財政権その他で単一の統治権をもつ単一制（日本など）、複数の権利主体をもつ連邦制や国家連合などの形式をとる複合制（アメリカ合衆国など）の二種類がある。単一制の場合も中央の権力が強いケースと、地方自治その他で地方にかなりの権力を委譲するケースがある。

中国は世界で三番目の領域をもつ大規模国家であり、五六の公認民族からなる多民族国家である。少数民族と総称される非漢民族は、「まだ識別（認知・分類）されていない民族」を含めて総人口の八・五％、一億一、四〇〇万人にのぼる（二〇一〇年人口センサス）。一九八〇年代まで中国の国家統合をめぐる問題は、一つは五六の諸民族とその領域がどのような形式で結合するか、もう一つは巨大領域をどういう形式と強さで中央が統治するか（中央－地方の関係）だった。八〇年代からは、一九世紀後半に中国が失った領域（台湾、香港、マカオ）をどういう形態と内容で回復するかという新しい問題が加わった。

建国以来、中国は一貫して「統一された多民族国家」を原則とし、中央－地方関係においても、民族関係においてもきわめて強い統合が志向され実施されてきた。これは毛沢東時代、鄧小平時代、江沢民時期、胡錦濤時期を問わず続いてきたが、八〇年代から新しい動きがある。経済改革、市場経済化で地方の力が強まっていること、香港の回収をきっかけに高度な自治権をもつ「特別行政区」制度を設け、強い単一制統合に風穴があいたことである。

巨大でしかも民族的に多様な中国で中央集権的統合を行う理由の一つは、「大一統」と呼ばれる伝統的観念であること、一つに統合されていること、漢民族統治こそ正統だ、これが中華帝国の伝統的価値だったことは、分裂と群雄割拠の封建制に終止符を打ち、「同文同軌」で天下を統一した秦の始皇帝の「偉業」がほめ称えられるのを見ても分かる。八八年に保守派に批判され上映禁止になったテレビ・ドキュメンタリー「河殤」の作者の一人でもある金観濤は、封建大国中国がヨーロッパと違って長く生き残った理由の一つに「大一統」、「一統を尊ぶ」、王者による天下統一の観念をあげ、それが近代化を遅らせていることを告発した［金観濤・劉青峰『中国社会の超安定システム――〝大一統〟のメカニズム』一九八七年］。

第二が、中華人民共和国が「未完成の国民国家」だからである。とくに一八九五年日清戦争で失った台湾が「回復」されていないことは国家としての「欠落感」を生み、統合志向をより強めさせている。第三に、政治、経済ともに一元的システムを追求する社会主義体制も中央権力の強化につながった。旧ソ連や旧ユーゴスラビアのように社会主義体制でも連邦制をとる場合もある。だが中央－地方の関係では、いずれも中央権力は圧倒的に大きい。さらに、国際環境の緊張が統合志向を強めさせる第四の要因だった。五〇年代、台湾をめぐるアメリカとの緊張、チベットをめぐるインドとの紛争、六〇年代半ばからのソ連との軍事的対決は、領域喪失の危機感をたえず中国のリーダーに与え、中央は脆弱な辺境への支配を強めることでそれに対抗してきた。

だがこれからもそれが続くという保証はない。「脱社会主義」と中国をめぐる国際環境の緩和、周辺国家との安定的関係ができたことで、第三、第四の要因はなくなった。九七年に英国植民地香港を「一国家二体制」で回収したが、台湾では「台湾人アイデンティティ」による分離傾向が強まっている。域内のマイノリティを縛りつけておくわけにはいかない。強い統合から緩やかな統合へ、中国は重大な岐路に立っているのである。

少数民族の「区域自治」

二〇〇〇年の第五回人口センサスでは、いわゆる少数民族は一億四四九万人、一二億四、二六〇万の総人口の八％余りである。一、六〇〇万人のチワン（壮）族をはじめ五百万を越えるのは、満族一、〇六八万、ホイ（回）九八〇万、ミヤオ（苗）八九〇万、ウイグル八四〇万、トウチャ（土家）八〇二万、イ（彝）七八〇万、モンゴル五八〇万、チベット五四〇万の九民族で、まだ認知分類されていない非漢民族も七三万人いる。彼らは建国時から分離権、自決権を法的に否定され、ある地域を区切っての「民族の区域自治」で中国に包摂されている。新疆、チベット、内蒙古、広西、寧夏の五つの自治区（一級行政区）、三二の自治州（地区レベル）、九六の自治県（内蒙古の自治旗を含む）（県レベル）には全少数民族の七五％が住み一定の自治権を得ているが、二千万余りには自治地域もない。

少数民族とその地域を新中国にどういう形で含みこむのか。建国前の中国共産党は基本的には自決権、分離権を認め、連邦国家をつくることを考えていた。古くは一九二二年の第二回党大会の宣言（「自由連邦制をとって中国東部、モンゴル、チベット、回疆〔ムスリムやトルコ系住民が住む地域〕で中華連邦共和国を作る」）、一九三一年一一月の中華ソビエト共和国憲法大綱（「少数民族が単独の国家をつくるか、中華ソビエト連邦に加入するか、もしくは中華ソビエト共和国域内で自治地域をつくるかについては、少数民族自らが決定する」）などであり、一九三六年には毛沢東は、中華連邦に付属する自治共和国としてチベットと新疆、連邦の一部として外モンゴル（いまのモンゴル国）、自治国としての内モンゴル（いまの内蒙古自治区）を考えていた〔エドガー・スノー『中国の赤い星』一九七二年〕。はじめて現実的な国家構想を提起した毛の「連合政府論」（四五年四月）でも、「各少数民族に民族自決権、および自発的希望による漢民族と連邦国家を作る権利を認め」ている。

四九年一〇月段階でも自決権の問題についてかなり寛容である。一〇月五日に中共中央は西南の少数民族について、「内戦期には少数民族を獲得し国民党の反動支配に反対するために自決権スローガンを強調したことがある。……だが今後は帝国主義および少数民族の反動分子に利用され受け身になってしまわないよう、国内民族問題では自決権スローガンを強調してはならない」と指示するに止まっている（「少数民族の〝自決権〟問題について第二野戦軍前敵委員会に対する指示」）。

だが実際には、日中戦争中の辺区（共産党の支配地域。国民政府の下で高度の自治が認められていた）では域内のモンゴル族、ホイ族に区域自治が行われていた。第二次大戦の終了とともに、内モンゴルや新疆地区では、内外モンゴルの統一運動（四五年八月）や「東蒙自治政府」（四六年一月）、「東トルキスタン共和国」を求めるイリ地区のエスニックな動き（四四〜四九年）が激しく起こったが、独立、分離、あるいは高度の自治要求はことごとく斥けられ、四〇年代初めの辺区の経験、四七年から内モンゴルで試みられた区域自治方式に収斂していった（［毛里和子『周縁からの中国――民族問題と国家』一九九八年］参照）。

新中国の民族政策は、四九年の共同綱領で、①中華人民共和国は各民族の友愛協力の大家庭である、②少数民族の集居地区では区域自治を行う、③民族の言語、風俗、習慣、宗教を保護する、④大民族主義、地方民族主義に反対する、となり、ついで五二年八月、「各民族の自治区はすべて中華人民共和国の不可分の一部である」と分離権がはっきり否定された（「民族区域自治要綱」）。五四年憲法は、多民族統一国家としての中国、区域自治の原則を確認し、民族と地域の統合形態が確定した。民族政策はさまざまに変化したが、この原則はその後半世紀にわたって少しも変わっていない。民族の自治権には文字・言語の使用、ある程度の財政管理権、公安部隊や民兵の編制権、自治条例など単行条例の制定権などが含まれ、中央政府は民族幹部の保護育成、言語・文化・風習の保護などを行ってきた。

このような自治権は一般的地方自治に本来含まれるものが多く、とくに少数民族の民族的権利と特定できるもの

表 4-7　民族自治区人口構成の変化

（単位：自治区総人口中の%）

年	内蒙古		新疆		広西		寧夏		チベット	
	モンゴル族	漢	ウイグル族	漢	チワン族	漢	回族	漢	チベット族	漢
1949	13.7	84.3	75.9	6.7						
54	13.0	85.6	75.4	6.9						
58					35.9	58.9	33.1	66.3		
64	11.2	87.0	54.9	31.9					96.6	2.9
78					35.2	61.3	32.8	65.6	93.1	6.5
82	12.9	84.5	45.5	40.4			31.7	68.6	94.4	4.9
90	18.6	51.3	47.4	37.7	38.9	61.6	33.5	66.5	96.9	3.1
2000	16.96	79.24	*46.6	**40.6	38.3[1)]	61.66	33.88	65.47	92.2	5.9
09	18.00	78.33	46.41	38.99	38.8[1)]	61.19	36.01	63.22	***94.72	***4.42

注 1）漢族以外の民族。
出典）毛里和子『周縁からの中国——民族問題と国家』1998 年，東京大学出版会，96–97 頁；若林敬子『中国の人口問題』東京大学出版会，1989 年；1990 年，2000 年は 2000 年人口センサス，2009 年自治区統計年鑑。* 1997 年データ，馬戎「新疆客什地区的民族人口分布」（『民族問題研究』第 1 期，2001 年 1 月）。** 2000 年人口センサス。*** 2008 年西蔵統計年鑑。

ではない。かつて周恩来が述べたように、「民族の区域自治」は一般的地方自治と若干の民族自治の結合なのである（周恩来「わが国民族政策のいくつかの問題について」、青島中央工作会議〔五七年八月〕での講話）。すでに述べたように、社会主義中国では一般的地方自治はない。人民の権力である地方に自治を与えること自体が論理矛盾だからである。少数民族は特殊に保護すべきマイノリティだから自治が認められる。中国では民族自治と地方自治が混然となっている。中国の民族区域自治の実質は、特殊な地方に付与された若干の地方自治と「民族の文化的自治」（オットー・バウアー）のアマルガムなのである。

「区域自治」には、自治区域でも少数民族はほとんどの場合マイノリティだというおとし穴もある。新疆では五〇年代はウイグル族が圧倒的に多かったのに、六〇年代から漢民族が大量に移住し、植民した。［表 4-7］は五民族自治区での民族別人口の変化である。新疆への植民がめだつ。

民族政策と民族紛争

具体的な民族政策は穏歩と急進の政治変動を受けて揺れ動いた。五七年までは民族語や民族幹部の育成、チベットでの現状維持政策など、比較的穏健な政策がとられた。だが反右派闘争と人民公社化は民族地区に波及し、「地方民族主義」への激しい攻撃、人民公社化の強行、民族融合論などで民族地区は混乱した。五八年の新疆での反漢民族運動、五九年の「チベット反乱」はこうした背景で起こった。イデオロギー的統合と経済統合、大量移民などの漢化政策が反発を生んだのである。とくに宗教的特権を奪ったことがチベットや新疆の紛争を生んだ。

文化大革命期には、「民族闘争はつまるところ一つの階級闘争である」という毛沢東の言葉（六三年八月）がきっかけで、民族工作は階級闘争に解消された。「民族的抑圧は実質上階級抑圧であり、民族問題の解決には階級闘争以外にない」（六四年六月、劉春〔民族事務委員会副主任〕「今日の我国民族問題と階級闘争」）という考えがすべてを支配した。チベットにも人民公社ができ、「富農、牧業主、資本家」が打倒された。さらに外からの軍事的脅威が新疆、チベット、内蒙古など辺境民族地域を緊張させた。漢化、革命化、軍事化の嵐があらゆる民族地区を襲ったのである。

近代化政策に転じてから、こうした状況はかなり是正され、チベットの「反乱」も見直された。民族の文化的権利や経済的自主権をある程度認め、地域の特性にそった柔軟な政策がとられている。少数民族区域自治法（八四年一〇月施行）では、自治区主席などを現地少数民族から選び、資源開発の優先権を現地に与え、漢族の移住に歯止めをかけるなどしている（民族政策の変遷については〔毛里和子、前掲『周縁からの中国——民族問題と国家』一九九八年〕参照）。

だが民族をめぐる紛争はむしろ増えている。漢族との文化的一体性に欠け、国家をもった歴史がある民族、たとえばモンゴル、チベット、ウイグル、カザフなどがときに独立や自決権、分離権、あるいは高度な自治を求め、しばしば民族紛争が起こった。これは「統一した多民族国家」での強い統合という原則に根本から衝突する。五〇年代末のチベット「反乱」、八七年秋から続いたチベット「暴動」（八九年三月から翌年五月までラサに戒厳令がしかれた）、九三年の新疆イリ地区での「民族分離主義」騒動などがその代表である。しかも紛争はそれだけでなく、漢族の移住や資源開発への反発、宗教や風俗習慣、文化などをめぐる衝突や摩擦などさまざまである。

これまでは党による一元的支配で紛争の拡大を防いできた。だが八〇年代以来、民族地区では新しい動きが見られる。一つは、中央のイデオロギー支配が弱まり、市場経済化と経済権力の地方への委譲にともない、ある種の民族的覚醒がめざましい。雲南の山間に住むジノー（基諾）族は七九年に民族として認知された。当時は一万人以下、二〇〇〇年センサスでも二万人ちょっとのマイノリティである。だが彼らは貧困地区少数民族のモデルとして中央からの経済援助を受け、漢方薬砂仁で儲けた結果、一〇年間で経済が急成長した。ジノー族にはかつてない民族の「認同感」（アイデンティティ）が生まれてきている。実利万能主義の中で資源が豊かな民族地区での資源ナショナリズムも強くなっている。

もう一つは、イデオロギーの統制が緩むにつれ宗教の吸引力が強まっていることである。とくにイスラーム教が強い新疆地区では、ソ連の瓦解で中央アジアからの宗教的浸透をもろに受けている。カシュガルなど南新疆の農村では党員の五～七割がムスリムで、「宗教ブーム」が生まれているという。ダライ・ラマの下で政教合体の伝統をもつチベットでもこうした状況があろう。「強い統合」への障害はますます増えている。

民族をめぐる紛争には次の諸タイプがある。①漢民族と非漢民族の間の民族的、宗教的違いに根ざす紛争や対立（極端な場合は民族の自決や独立にいきつく可能性をもつ）、②民族地区が貧しいために生じる、北の世界－漢族、南の世界－少数民族という、経済をめぐる中心－ペリフェリの対立、③経済自主権や資源の開発、利用権などをめぐる現地民族と移住した漢族ないし国家との間の対立（資源ナショナリズム）、④非漢民族同士の民族的、宗教的、経済的な紛争、対立。八〇年代から少数民族地区でも経済万能になったが、民族間紛争はむしろより複雑な様相を呈してきている。

中華民族多元一体論

かつてスターリンは、民族を「言語、地域、経済生活、および文化の共通性のうちに現れる心理状態の共通性を基礎として生じたところの、歴史的に構成されたひとびとの堅固な共同体である」と定義した（スターリン「民族問題と社会民主主義」一九一三年）。ところが、中国の民族概念には次のような「中国の特色」がある。①スターリンの四つの標識のうち、言語の共通性と共通の民族心理（「民族の特性」）の二つを重視する。②民族の中に原始部族や氏族を含め、きわめて広い、超歴史的なとらえ方をする。③民族の形成のプロセスで統一国家の役割をきわめて重視する。たとえば、秦による統一国家の形成が漢民族の形成を促し、また近代の帝国主義との国家的対決のなかで「中華民族」としての民族意識が形成されたとする（民族理論については［毛里和子、前掲『周縁からの中国』一九九八年］参照）。最近の公式の定義はこう述べる。「大もしくは小の集団居住地域をもち、自己の特徴をもつエスニック・グループ（族体）は、その発展レベルや歴史的段階の如何にかかわらず、習慣上すべてこれを〝民族〟と呼ぶ」［黄光学主編『当代中国的民族工作』上、一九九三年、二七五頁］。

このような民族概念は、領域内に現実に住む諸民族のありよう、主要民族たる漢民族と彼らとの関係の現実を民族政策の必要性から分析してできたもので、相当にプラグマティックである。中国では漢族を含め各民族を「民族」とは呼ばず「族」と呼ぶ。「民族」と呼ばれるのは「漢族と非漢族の共同体である中華民族」だけであり、各少数民族は「中華民族を構成する族」にすぎない。

非漢民族のアイデンティティ（認同感）が高まり、香港・台湾の「同胞」との関係が問われるにつれ新しい民族概念が出てきた。八八年の夏に費孝通（社会学、文化人類学者。五七年に失脚したが、八八年から全国政治協商会議副主席）が提起した「中華民族多元一体」論である。費孝通の論点の一つは、漢民族自体諸民族の接触、混合、融合の複雑なプロセスをつうじて生まれ、「中華民族の凝集的核心になっていった」こと、もう一つは、中国領域内に住む諸民族は多元的ではあるが一体を形成し、「中華民族多元一体」の状況が生まれたというものである［費孝通『中華民族多元一体格局』一九八九年］。

この議論は理論としては欠陥だらけである。九〇年五月の中国でのシンポジウムでも、「中華民族」は政治の概念であって民族学の概念ではない、国境を跨いでいる民族（モンゴル族やカチン族その他）を中国領域内にいる「中華民族」と呼ぶのはおかしいなどの疑義が出ている［陳連開「怎様理解中華民族及其多元一体」一九九一年］。外からの脅威の消失、民族地域の要求や紛争、香港の回収、台湾における分離主義傾向などがあり、「統一した多民族国家」原則が危うくなっている。費孝通の議論は、愛国主義、新凝集力を作り出すための苦しい試みのように思える。ある国家とある民族が完全に重なるとき、つまり単一民族にすれば統合はいちばんたやすいからである。ソ連でも六〇年代に「ソビエト人」が提唱されたことがある。あるいは、費がいう「中華民族」を「国民」と考えれば納得がいく。だがなぜ、「国民」といわないのか。民族概念と国民概念を区別せず、文化的アイデンティティと政治的アイデンティティを区別しようとしないところに、中国が帝国的論理による国民統合からぬけ出せない状況が見てとれる。

中央－地方の関係

中国の地方制度は、五四年六月に現在の行政制度が固まってからは、一級行政区と呼ばれる省・自治区・直轄市のレベル、地区・自治州・省轄市のレベル、県・自治県、特区のレベル、そして区・市・郷・鎮の末端レベルの、中央も含めれば五層からなっており、中央と地方の関係は以上四者が中央やそれぞれの上級機関とどういう関係をもつかという問題になる（第9章4参照）。

社会主義中国は西側先進国とは顕著に異なる民主集中制の政体をとっており、それが中央－地方関係を原理、政治、実態のいずれの面でも強く拘束している。また計画経済と公有制をとってきたことがすべての資源を中央に集中させた。西側の中央－地方関係と根本的に異なるのは次のような点である。

1. 民主集中原則によって地方は原理的に権力・権限・地方自治をもたない。八〇年代になっても、「地方自治は実際にはブルジョア中央集権の専横的な支配をおおい隠し、〝自治〟の形式でブルジョア独裁の末端権力組織を強化するためのものにすぎない」という［王克章・曹沛霖「現在資産階級国家〝地方自治〟制度初探」一九八四年］。ただ地方は、集中が行き過ぎたとき、経済的困難に陥ったときなどに中央から一定の権限を「付与される」ことがある。

2. 中央は多機能体である。権力組織・経済組織・党組織の三つの機能を併せ持っており、経済的・人的そしてあらゆる資源の集中権・動員権・配分権をもつ。

3．他方、地方もまた多機能体である。行政組織・経済組織・党組織の三つの機能をもっており、ときには権力組織の役割も果たす。地方は二重性格者である。中央に対しては非国家でも、自分より下級に対してはときに中央権力を代行する「国家」として立ち現れる。

4．中央－地方関係の影にはいつも党が存在する。地方党は、大躍進期のように地方に権力・権限が下放されたときでもいつも地方行政に介入できた。党が中央－地方関係でどのような役割を果たすのか、地方党は中央なのかそれとも地方なのか。この問題は観察者を大いに悩ませる。

5．中央－地方関係を規定するもっとも重要な要素である人事権は党が握っている。「党が幹部を管理する」原則は中国政治体制の根幹である（第5章5参照）。八〇年代末から経済自主権を拡大した地方が台頭して中央を悩ませた。中央に財政収入が入らなくなったのである。だが一九九四年、中央および地方党の組織部が握っている地方人事権と、中央・地方の財源を分割する分税制の導入によって中央は統制力を回復した。

緩い集権制　このように、中央－地方関係は制度や観念ではきわめて垂直的である。だが中国のように大きく文化的にも多様なところで一元的支配を実際にやり通すのはむずかしい。現に八〇年代から、制度は変わらないのに地方は「土政策」でもって中央に対抗する場合が多くなっている。「上に政策があれば、下には対策がある」というわけである。

伝統中国は集権制が強いように見えるがじつは分権国家だった、と清朝末期の政治制度から通説を批判したのは坂野正高である。当時の地方長官（総督・巡撫）は皇帝に直属し中央官庁（六部）と対等だったこと、中央官庁もそれぞれ皇帝に直属していたこと、財政権もじつは著しく分権的だったこと、これらによって坂野は清朝＝分権国家論をとった［坂野正高『近代中国政治外交史』一九七三年］。また清代の政治制度が中央集権的な外形のもとできわめて複元的、分散的な傾向があり、たてまえの集権制と実態としての分散が混在していたという分析もある［村松

祐次『中国経済の社会態制』一九七五年〕。

現代中国はこのような伝統をひきついだため、建国時には集権の実質化、統合の強化をとりわけ追求した。しかも社会主義経済が集権をいっそう求めた。またともすれば分散してしまう状況を民主集中制をとる党の指導が集中へとたえず引き戻した。毛沢東時代の中国が実態的には「緩い集権制」だった〔中兼和津次「中国——社会主義経済制度の構造と展開」一九七九年〕にもかかわらず、党の支配がそのすきまをかなり埋め、中央‐地方の垂直的関係が保たれてきたのである〔毛里和子「一九七〇年代末までの中央と地方——上海市のケース」一九九〇年、同「改革開放期の中央・地方関係分析のために」一九九九年〕。

改革開放は地方、とくに沿海地方を活気づけた。経済の市場化は中央‐地方関係の新たな枠組みを求めている。中央‐地方間の財の移転をどのように行うか、拡大する経済格差を調節する中央‐地方関係をどう構築するか、経済の市場化が歴史上初めて中国に「一つの統一市場」を作り出すのかなど、解くべき問題は多い。

一国家二体制

一国内に社会主義と資本主義の二つの体制を包摂するというこの制度は統合の新しいモデルである。これは、七八年一二月、中米国交樹立に際して、鄧小平が台湾の回復について「統一後も台湾の社会経済制度、生活様式、外国投資は変えない。軍隊は地方武装力とする」と述べたときに始まる。翌年一月一日の全国人民代表大会常務委員会「台湾同胞に告げる書」に盛り込まれ、八一年九月三〇日、葉剣英全国人民代表大会常務委員長の「台湾回復の九項目方針」で具体化された。「統一を実現したあかつきには台湾は特別行政区として高度な自治権をもち軍隊を保持することができる。中央政府は台湾の地方事務には干渉しない」（第三項）、および「台湾の現在の社会・経済制度、生活様式、外国との経済・文化関係は変えない。……個人の財産権、外国の投資は侵犯されない」（第四項）という条件で大陸政府との統一を呼びかけたのである。その後香港にもこの方式を適用することになった。八二年一二月に採択された現行憲法は、「国家は必要なときに特別行政区を設けることができる。特別行政区内で実行する制度は具体的状況に則して全国人民代表大会が法律によって定める」（第三一条）と定め、「一国家二体制」を制度化した。

香港返還についての中英交渉文書（八四年一二月）や香港特別行政区基本法（九〇年四月）から香港の地位を見てみよう。

1．香港特別行政区は中国の不可分の領土であり分離権はない（基本法第一条）。
2．高度な自治、つまり行政管理権、立法権、独立した司法権と結審権をもつ（第二条）。
3．現行の資本主義制度と生活様式は五〇年変えない（第五条）。
4．外交・国防にかかわる権力は中央にある。ただし特別行政区は経済・文化について対外事務を行う外事権をもつ（第一二、一三、一四条）。

この結果、これまでの一般行政区、地方自治と文化的自治をある程度もつ民族自治区に加えて、外交と国防を除く自治権をもつ単位を抱え込むことになった。政治学者厳家祺は八五年当時、「一国家二体制」の結果、中国は国家構造の面で「複合制国家のいくつかの特徴をもった単一制国家」になると評した［厳家祺「〝一国二制〞和中国統一的途径」『政治学研究』一九八五年第二期］。

緩い統合への遙かな道

だが、この方式で新しい統合のシステムができるかとなると問題は数多い。

まず憲法と特別行政区の法が抵触した場合の問題である。憲法は当然、特別行政区基本法に優越する。憲法前文にある「四つの基本原則」は香港や台湾住民をも拘束することになり、その中で現行の社会・経済制度が維持できるかどうかは大いに疑わしい。

政治制度の問題はよりむずかしい。香港立法会の代表選挙は当面は直接選挙ではない。これをめぐって九二年から中英間に摩擦が大きくなった。基本法では香港では反政府活動、外国政治組織の活動、外国政治組織との関係は許されないとしているが（第二三条）、これは明確に現状の変更である。

もっと深刻なのは、高度な自治、特別行政区制度がなぜ他の地域に適用できないかという点である。四〇年代半ばに新疆地区の民族主義者（イリ三区革命のリーダー、アフメドジャン・カシミなど）が求めたのは、独立でも分離でもなく、国民政府下の高度の自治だった。またチベットのダライ・ラマも、八〇年代後半に、チベットの平和地帯化、人権尊重、漢族の移住の禁止、核兵器の生産や核廃棄物処理の停止などとともに、「チベット全土を中華人民共和国と共同して民主的な自治地帯にする」よう求めた。ダライの提案は、非政治分野ではチベットに外交権を付与する、チベットについてはチベット政府がすべての決定権をもつ、集会・言論・出版・宗教活動の自由を認める、チベットは独立した立法機関、司法機関をもつ、などである（アメリカ下院での演説〈八七年九月二一日〉、ストラスブルク欧州議会での演説〈八八年六月一五日〉）。ダライ・ラマはかならずしもチベットの分離・独立を主張しているわけではなく、特別行政区制度で高度の自治が実現するならチベット問題の進展につながる。

さらに、台湾独立運動に示される新しい動きがある。一八九五年日清戦争で日本に割譲されて以来、台湾は一世紀以上大陸との関係を絶たれて生きてきた。とくに一九五〇年以降台湾には大陸とは無縁な新しい「台湾人」が生まれ、経済の成長と政治の多元化をつうじて「台湾アイデンティティ」が育ってきている。血筋と文化では「チャイニーズ」でも政治的には「台湾人」であるこうした状態で単一制国家への再統合は不可能に思える。

中国は政治的・文化的・民族的に少なくとも三つの異端を抱えている。①前近代に中華世界に包摂されず、固有の政治共同体をもっていた領域（チベット、新疆、内モンゴルなど）、②中央部とは異なる政治体制や政治的価値をもつ領域（香港、そして台湾）、③中華世界とは異なる文化・宗教をもち今ももち続ける領域（チベット、新疆西部など）である。これら三つの異端を中国領域内に統合する構造には論理的にいって少なくとも五つのタイプがあり得る。分離・独立ともなれば問題の次元は当然異なってくるのでここでは触れない。

領域統合の諸類型

1．**区域自治**。五〇年来取ってきた基本枠組みである。少数民族の一部に、区域自治に原理的に反対する者、あるいはあるべき「自治の権利」が侵されていると反発する者がいて紛争と衝突が起こることは前述した。

2．**特別行政区**。九七年に香港が、九九年にマカオがこの形式で中国に回収された。香港は中国の不可分の領土として中央が外交・国防の権力をもつが、行政管理権・立法権、経済・文化分野での外事権を特別行政区はもつ。だが行政区の権限は中央が「付与」するもので、基本法自体憲法の下位にあり、あくまで「高度の自治」である。

3．**連邦制**。複数の分支国家が単一の主権のもとに一つの国家を構成する。構成共和国は連邦の意思決定に参与し広範な自治権をもつ。中国は建国初期に連邦制を拒否したが、昨今中国内外で、民族紛争の緩和や台湾回収の方式として連邦制の主張が一部に出ている。だがインド、カナダの問題や、なにより旧ソ連が崩壊した経験などから、連邦制も万能薬ではない。

4．**国家連合**。複数の国家が共通の目的を達成するために条約で並列的に結合したもの。複数国家間の「連合条約」などでその国家連合が一定の範囲で外交権を行使し、国際法主体となる。各構成国は連合に委ねた範囲以外は内外事務を処理する国際法主体である。経験的には国家連合の多くは連邦国家に移行しており、過渡的な性格が強いが、中国が台湾との間で一定期間、国家連合を作るというシナリオはまったく非現実的というわけではない。

5．**新宗属関係**。前近代の清朝－チベット関係は近代国際法の観点では、仏教信仰を媒介にした宗主国－付庸国関係と性格づけられる。宗主国は半主権国である付庸国の国際的後見役となる。二〇世紀後半以降このタイプの関係は歴史的事例でしかないが、論理的な枠組みとして中国－チベット関係をこれに照らして構想することは可能である。現にダライ・ラマ一四世のストラスブルク提案（八八年六月）はこの枠組みを前提としており、また現代のインド－ブータン関係にも一部観察できる。

三つの異端を統合しようとすれば、中国は連邦制であれ、国家連合であれ、複合国家であれ、重層構造をもつ領域統合のメカニズムを作り出す必要がある。その道は遙かだが、ヨーロッパの「近代国民国家」モデルを超える新しい試みとなろう（［毛里和子、前掲『周縁からの中国』一九九八年］参照）。

8　脆弱な辺境——新疆・チベット

エスノ・ナショナリズム

一九八〇年代末から中国における民族の状況は大きく変わった。九割を超す漢民族以外に五五の非漢民族が共生する中国において、チベットやウイグルなど誇るべき歴史をもつ民族が多いところでは、民族をめぐる紛争が辺境の危機につながり、国家の安全を左右しかねない。八〇年代末以降のきわだった特徴は、①イスラーム原理主義に顕著に見られるように、世界的にエスノ・ナショナリズムが国境をこえて広がっており、②市場経済がすさまじい勢いで非漢民族地区に浸透しているため、格差の拡大など社会問題が噴出し、③中国の民族問題、とくに新疆やチベットなどでの民族問題が国際化し、分離独立というより、人権と民主主義の問題にシフトしている、などである。おまけに、市場経済と民主なき自由化で、宗教人口はじりじりと増えている。当局の発表だけ見ても、ムスリムは八二年の一、〇〇〇万人から二〇〇五年には一、八〇〇万人となり、プロテスタントは一〇年間で倍増し一、〇〇〇万人を越えつつある（［表4-8］参照）。以下、新疆とチベットにおける大きな紛争を整理しておこう。

九七年四月新疆イニン事件

新疆では八〇年代末から毎年のように民族・宗教にからんだ紛争が起こってきたが、九〇年四月にカシュガル近くのアクト県バリン郷で起こった「反革命暴乱事件」は当局を震撼させた。事件の状況を『新疆日報』などは次のように伝えている。

前年から「ごく少数の反動分子」が清真寺を拠点に、「社会主義などいらない」、「宗教でマルクス・レーニン主義を圧倒せよ」、「漢族は新疆から出てゆけ」などと騒ぎ、「東トルキスタン・イスラーム党」を作って組織活動を進めていた。三月以降は「異教徒に対するジハード（聖戦）に備えて武器を集めていた」。

事件は九〇年四月五日に起こった。二三〇名余りが郷政府前に集合、コーランを唱えてデモを始めた。出動した武装警官とデモ隊が衝突した。部隊も出動しての銃撃戦となり、武装警官は八名、暴動側は一五名の死者が出たという［『新疆日報』九〇年四月二二日、二三日、五月二六日］。

その後の断片的情報では、中心になったのはキルギス人で、「われわれはトルキスタン人だ」として漢族の追放、新疆での核実験反対、産児制限反対、自治の拡大などを求めたといわれる。また、直接のきっかけはモスク建設をめぐるトラブルと産児制限だったという報道もある［『朝日新聞』九〇年九月一〇日、『読売新聞』九一年七月一一日］。

表4-8　中国の宗教人口（1982～2005年）

年	1982	1991	2005
ムスリム（千人）	10,000	17,000	18,000
カソリック教徒（千人）	3,000	3,500	4,000
プロテスタント（千人）	3,000	4,500	10,000
仏教徒，チベット仏教を含む(千人)			
イスラームの宗教人員（人）	2,000		40,000
道教の道士・道姑（人）	2,600	9,000	25,000
カソリック宗教人員（人）	3,400		4,000
プロテスタント宗教人員（人）	5,900		18,000
仏教の出家僧尼（人）			200,000
うちチベット仏教僧尼（人）	27,000	34,000	120,000

出典）中共中央書記処「関于我国社会主義時期宗教問題的基本観点和基本政策」（1982年3月）『新時期宗教工作文献選編』中央文献出版社，1990年，55-73頁，国務院新聞辦公室「中国的人権状況白皮書」（1991年11月），2005年は中央人民政府ウェブサイト「中国宗教概況」11. 10. 2閲覧。

九七年二月五日には新疆北部イリ地区のイニン（伊寧、クルジャ）で衝突があった。香港情報は、一連の暴動で約六〇〇名が負傷、不明者一五〇名、逮捕者は一、五〇〇名にのぼったと伝えた［『争鳴』一九九七年三月号］。カザフスタンの亡命ウイグル人組織、東トルキスタン統一革命民族戦線は、二月七日、イニンでのウイグル人と治安当局の衝突で漢族住民五五名、ウイグル人二〇名が死亡した、と発表している［『読売新聞』九七年二月一二日］。

三月一一日『新疆日報』は、この騒乱を「共産党政権の転覆を目的とした民族分裂主義者の破壊活動」と決めつけて、「生死をかけた激しい階級闘争」を呼びかける論文を載せ、「少数の分離主義者と国際組織の浸透」に強い警戒心を示した［張先亮「講政治必須旗幟鮮明地反対民族分裂主義」『新疆日報』九七年三月一一日］。その後電光石火、四月二四日にイリの中級裁判所などで公開裁判が開かれ、事件の「主犯」ユスプ・トルソンなど三名を死刑、その他二七名を七年から無期懲役の刑に処した。

ここ数年来の紛争から次のことがいえる。新疆における民族紛争の内容が多岐にわたること、ムスリムたちが分離・独立の要求を掲げるのはじつはほんのわずかで、紛争の多くは日常的な不満に端を発したものだ、ということである。筆者のカシュガルでのウイグル知識人に対するインタビュー（九六年）でも、言語など民族教育が衰退し、市場化で漢民族がカシュガルまで浸透している中で、民族的アイデンティティへの危機感が強い。他方で彼らは、子弟には漢語教育を選ばせるという。漢語は生きていくために不可欠だからである。ウルムチ―カシュガル一、六〇〇キロの南疆鉄道が開通し（九九年）、「ウイグルの里」も市場経済にのみ込まれている。

〇九年七月ウルムチ暴動

朱鎔基首相時代、〇一年から西部大開発戦略がスタートした。「西部」とは重慶市、四川省、陝西省、甘粛省など一二地域、国土面積では七〇％、GDPでは一八％を占める。新疆、チベット、雲南、青海、寧夏など非漢民族が住む広大な、だが貧しい地域がその中心である。この大開発戦略で辺境にも資金と人と財が流れ込んだ。新疆やチベットでは市場経済に不適応なひとびとによる騒乱が頻発するようになった。〇九年七月、ウルムチでの騒乱もその一つである。

七月五日、ウルムチでの大きな騒乱で、自治区政府発表では、一五日までに一九二人が死亡、一、七一二人が負傷した。さらに、七日には漢民族が報復的な数万人の抗議デモを行い、市内に緊張が走った。八日、胡錦濤国家主席はサミット出席を取りやめて急遽イタリアから帰国した。九月三日には、数万人の漢族住民らがウルムチで政府をめがけて抗議デモを敢行、五人死亡、一四人が負傷する事態となった。

新疆当局も中央政府も、この騒乱に「原理主義」で対決した。事件後直ちに、「ごく少数者の陰謀」、米国に亡命している「世界ウイグル会議ラビア・カーディルの陰謀」、イスラーム原理主義のテロ組織と結びついた「新疆三股勢力の画策」と断じた。そして即決で逮捕して、即決で死刑などに処した。たとえば、事件から三カ月後の一〇月一二日にはウルムチ市中級法院（地裁）が、七月五日騒乱にかかわったとしてウイグル人六人に故意殺人などの罪で死刑判決、一五日にも六人に死刑判決、三〇日には、高級人民法院（高裁）が一審判決を支持し、控訴棄却、一二人の死刑判決（漢族を含む）が確定した。証拠や法的手続きなどをほとんど無視しての即決主義である。しかも、判決確定の一〇日後には死刑が執行された。被告の権利が守られているとはとてもいえない。

事件のくわしい経過や背景はほとんど分からない。米国亡命中のラビア・カーディルは、世界ウイグル会議がデモを扇動したと指摘した中国国営通信、新華社の報道を「完全に誤りだ」と非難し、関与を否定している。一説では、発端は広東省韶関市の玩具工場で六月二六日に発生したウイグル人と漢民族の乱闘事件で、この事件の際、新疆から出稼ぎに来ていたウイグル人の女性労働者が漢民族に性的暴行を受けた上、殺害されたとして、女性の遺体の写真がインターネット上で広まった。「漢民族を許せない」との声が一気に広がって五日の騒乱にいき着いた、という。

もう一つ、事態を鎮静化させるために当局が「金で解決」する手を使っている点も興味深い。新疆ウイグル自治区のヌル・ベクリ主席は、ウルムチ市で起きた暴動による死者の遺族に対する補償を倍増し、死者一人当たり四二万元（約五八〇万円）を支払うことを明らかにした。補償額を大幅に増やすことで遺族感情を和らげる狙いがあるのだろう。巨額の補償金は政府の財政支出と寄付で賄うという［『チャイナ・ウォッチ』（共同通信）〇九年七月二一日］。

なお、一〇年五月に初の中央新疆工作会議が開かれた。政治局の全常務委員、省レベルのリーダー、解放軍・武装警察・生産建設兵団の責任者など三〇〇名を越える要人が出席している。詳細は不明だが、民族や宗教問題で揺れる脆弱な辺境に中央がとても神経質になっているのが分かる。

〇八年三月ラサ暴動

興味深いのは〇八年三月、チベット・ラサでの騒乱も同じような状況で発生し、同じような惨事になったことである。どちらも、民族の自決や分離を求めるもの、というより、弱者であるウイグル人（あるいはチベット人）の日常的な不満がちょっとしたきっかけで爆発したもの、と考えるのが当を得ているようである。

そもそもチベット反乱三〇年の八九年三月五日から七日にラサで大きな衝突があった。「チベット独立」デモと公安・警察が衝突したのである。中国側公式報道で死者は一〇名、西側報道では八〇〜一五〇名と伝えられた。八八年末から学生の民主化要求が大きくなっていた中で、事態を重視した政府は三月七日、ラサに戒厳令をしいた。建国以来初の戒厳令である。なお五月一九日には北京にも戒厳令がしかれた。

この暴動から一九年後、同じく三月一〇日に、再びラサで大きな騒乱が起こった。宗教弾圧に対するチベット仏教の僧侶たちによる抗議デモがきっかけとなり、一四日には一部の暴徒化したチベット人が漢族や回族の商店などを襲撃、テレビで放映されたこともあって、一挙に国際化した。暴動は自治区外のチベット人地区にも飛び火し、一六日、四川省アバ州でも、ラサでのチベット人による回族襲撃への危機感と復讐心から、独立派チベット人が開いていた集会を回族が襲撃し、銃撃を含む衝突になった。チベット人と漢族の対立の構図から、諸民族を巻きこんだ複雑な武力衝突になっていった。

一連の衝突での被害者数については説が分かれる。四月二九日には、チベット亡命政府は死者数二〇三人、負傷者は一千人以上、五、七一五人以上が拘束されていると発表した。死者数については、亡命政府の独自集計とともに、NGOのチベット人権民主化センターの発表（死者数一一四人）、中国国営メディア（死者数二三人）、米政府系のラジオ・フリー・アジアの発表（死者数二三七人）などの五団体の内容を照らし合わせて死者数を確定したことが伝えられた［『朝日新聞』〇八年八月二二日］。

他方、中国政府側は、三月一四日のラサ暴動での逮捕者は九五三人、うち三六二人が自首、一一六人が裁判中であり、四月二九日に三〇人の裁判が結審し、もっとも軽い者で懲役三年、重い者で無期懲役がいい渡され、六月一九日、二〇日に一二人の裁判が結審し、放火、窃盗、社会秩序騒乱罪、国家機関襲撃罪など一九の罪状が認定された［新華社、一〇年七月一〇日］。

「［三月一〇日のラサでのデモは］ダライ集団が組織的策謀的かつ入念に画策煽動し、内外のチベット独立分裂勢力が互いに結託して引き起こしたものだ。これら不法分子の行為は平和的なデモではまったくなく、暴力犯罪である」というのが中国当局の公式見解である。八〇年代以来のチベット騒動ではいつも繰り返されている（〇八年三月一七日中国外交部）。

チベットをめぐる経済言説

チベットで起こる騒乱については三種の言説があるという。一つは上記のような中国およびラサ当局の主張、第二がチベット亡命政府に代表される、民族問題、宗教問題、人権問題だとする言説である。そして第三が、チベット騒乱の遠因には、チベットの後れた経済、中央政府によるチベットの一方的開発などの経済要因を重視する言説である［大川謙作「チベット問題における経済言説の再検討」『中国21』第三四号、二〇一一年］。

経済言説派の代表が開発経済学者で、自らも仏教徒であるA・フィッシャー（ロンドン大学）である。中国側の統計に依拠した彼の分析によれば、九〇年代半ばからチベットにおける都市・農村の経済格差は五・八倍となり、全国レベル（三・四）や新疆（三・七）と格段の差がついた、という（［図4-3］参照）。彼によれば、たんに経済レベルが圧倒的に低いということのほか、経済格差からくる差別、教育格差、漢語の習熟度、各種ネットワークへのアクセス能力の面でも、チベット人は漢族や回族と大きく差をつけられているという［Andrew M. Fischer, "Perversities of Extreme Dependence and Unequal Growth in the TAR," *Tibet Watch Special Report*, August 2007］。中国の統計でも、〇六年のチベット自治区の文盲率（一五歳以上）はじつに四五・五一％にのぼっている。ちなみに、北京市は四・四七％、新疆は六・六六％、全国平均は九・三一％である［『中国統計年鑑二〇〇七年版』］。また最近では、チベットの貧困と格差は、都市／農村、他の地区／チベットのそれだけでなく、チベット人の富裕層と貧困層の間の格差の広がりも顕著になりつつあり、市場経済のインパクトがこの地域やチベット人のアイデンティティを危機に追い込んでいるという［村上大輔「ラサにおける民族内格差とチベット人アイデンティティの行方」『中国21』第三〇号、二〇〇九年］。

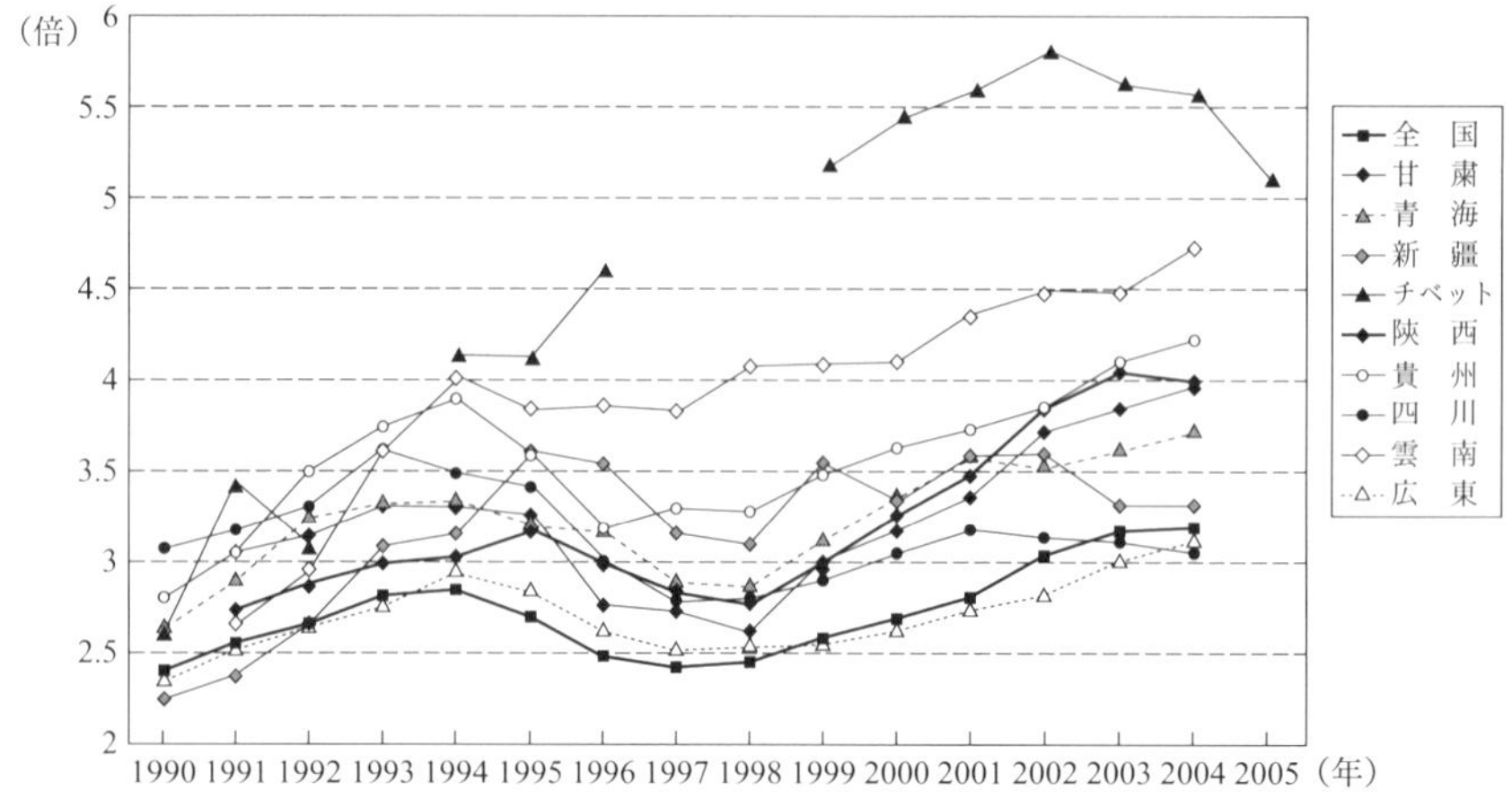

図 4-3　中国西部地区の都市・農村所得格差（1990〜2005 年）

注）平均都市家計所得÷平均農村家計所得。

出典）Andrew M. Fischer, "Perversities of Extreme Dependence and Unequal Growth in the TAR", *Tibet Watch Special Report*, August 2007, p. 15.

チベット問題
——二つの要因

筆者はフィッシャーの説を基本的には支持するが、チベットにおける紛争要因はもっと複雑に錯綜していると思う。経済格差と漢族の圧倒的経済浸透（植民主義といってよい）、その結果チベット人がチベットにおいてすら周縁に追いやられている現実、それに対してチベット人が激しい苛立ちをもっていること以外にも、少なくとも二つの重要な要因があると考えている。

一つは、チベット人が自分が住む地域を中華世界とは考えていないし、また自らを「中華世界」の一員だとは考えていない中で、一方的な統合政策や援助は何の役にも立たないことである。もう一つがもっと根の深い問題、中華とチベットの「歴史問題」である。かつてチベットは漢とは違う文化圏をもち、そこはまた漢と異なる政治世界でもあった。その上、五九年のチベット反乱にまつわる「悲劇」について「和解」が可能かどうかという問題もある。五九年から六二年にかけて、チベットおよび青海、四川、雲南などのチベット人地区ではすさまじい殺戮が行われた。中国の軍事史専門家である鄧礼峰によれば、中央政府は、五八年三月から八月にかけて青海の「反革命武装反乱」を鎮圧、合計一一万六千人を「殲滅」し、また五九年三月「反乱」が起こってから六二年三月までの激しい掃討作戦では中央チベットで死亡・負傷・捕虜を含めて九万三千人を「殲滅」したという（［毛里和子、前掲『周縁からの中国』一九九八年］第四章、第八章参照）。

この虐殺の歴史的決着はまったくついていない。それどころか、八九年三月の騒乱、〇八年三月の騒乱で新たな多数の犠牲者を出し、傷はますます深くなっている。虐殺へのチベット人の恨みは消しがたいものがあろう。チベット独立のシナリオがないとしても、チベット問題の解決には「歴史的和解」が不可欠である。中国の権力にとっては八九年天安門事件の見直しよりもむずかしい課題かもしれない。

以上、グローバリゼーション下でのエスノ・ナショナリズムの状況を見てきた。新疆・チベットにかんする限り次の二点が指摘できよう。

一つは、新疆もチベットも、紛争の根っこは民族・宗教・分離主義の問題だといわれることが多いが、じつは、市場化、グローバリゼーションのすさまじい波が辺境を襲い、漢族とは違う諸民族が周縁の中の周縁に追いやられているために起こっているというのが実情に近いこと、もう一つは、世界第二の経済大国に浮上し、圧倒的なプレゼンスを示す中国も辺境はきわめて脆弱である、ということである。

なお、チベット固有の不安材料もある。ダライ・ラマ一四世の後継問題である。ダライ・ラマ自身は、一一年五月に政治指導者としての引退を希望、八月チベット亡命政府は「憲章」を改正して、ダライ・ラマは「チベットとチベット人の守護者であり、象徴」となり、新亡命政府新首相にロプサン・センゲ（ハーバード大学出の研究者）が選ばれた。だが、宗教指導者ダライ・ラマの後継者をめぐっては複雑な抗争が予測される。

第5章　党・国家・軍三位一体のなかの共産党

1　党の指導性——憲法などから

党・国家・軍のトリアーデ　中国政治の核心の問題は、先にも述べたように、国家（政権、行政、司法）と党、そして軍という三つのアクターがどのような関係にあるか、である。とくに党を中心として、党－国家関係、党－軍関係が明らかになれば、中国政治を構造的に捉えることができる。だが、この三者の関係を制度の面から、また事実に即して検証するのはきわめて難しい。三者の関係を決めているだろうさまざまの内規が公表されていないという資料的な制約があるし、多くの場合、規定がないまま実態的に三者の関係が形づくられているからである。そうした困難の中で、中国政治制度での党の位置、役割、その他の権力機関との関係をできるだけ浮きぼりにすることがこの章の目的である。

まず中国共産党の位置は、「政治生活の中での党の指導性」という曖昧な言葉でいわれ続けているが、建国当初は「党の指導性」は明示的ではなかった。一九四九年九月の共同綱領は前文で次のように共産党にふれているだけである。「［人民民主独裁は人民民主統一戦線の政権であり］中国共産党、各民主党派、各人民団体……の代表たちによって構成されている中国人民政治協商会議は、人民民主統一戦線の組織形態である」。

五四年九月の憲法には党にふれた部分はない。党は国家制度ではまったく「影」の存在だった。ところが共産党側では党の指導性をはっきり打ち出している。二年後の八回党大会で劉少奇副主席は次のように述べ、国家の政治生活で党が不可侵の地位にあることを明言した。「わが国の人民民主独裁の権力は、……本質的にいってプロレタリア独裁にほかならない。プロレタリアートがその前衛である中国共産党をつうじて何の妨害も受けずに権力という武器を行使し、……こうしてのみ重大で複雑な任務を実現することができる」（政治報告）。つまり、国民は共産党以外のチャネルでは権力を行使できないことになる。

そもそも、執政党としての党の国家に対する指導は、①軍隊、②政府および国家機関、③政治協商会議・民主党派、④労働組合・共産主義青年団・婦人連合会など四つの分野で行われ、「党政軍民学、東西南北で党はすべてを指導する」とさえいわれる〔『中国共産党党内法規制度手冊』一九九七年、六三二頁〕。うち、国家機関に対する指導は、①党への指示請求・報告制度、②党グループや対口部、③幹部、とくに指導幹部の任免と管理、④党と政府の連合命令制度などによって保障されている。

本章の３以下でくわしく述べるように、建国当初から党は国家の制度内でその指導を間接的にであれ強めるためさまざまな措置をとってきた。政府機関内に党グループ（党組）や党委員会を設け、あるいは党機関内に政府工作に見合う部門（対口部）を設け、国家機関の幹部を党が管理しリクルートするなどである。だが、国家に対する党の指導は建前はあくまで間接的なものに止まっていた。党と国家は別のものという認識もしくは建前のためである。だが、五〇年代末から「党の一元化指導」でその建前は崩れていく。

文化大革命のときには党の国家に対する指導は赤裸々になり、国家の法にも明白に党の指導的地位がもりこまれた。七五年憲法は、国体をプロレタリア独裁と規定した上で次のようにいう。「中国共産党は全中国人民の指導的中核である。労働者階級は自己の前衛である中国共産党をつうじて、国家に対する指導を実現する。中華人民共和国の指導思想は、マルクス・レーニン主義、毛沢東思想である」（第二条）。そしてこの憲法では、全国人民代表大会は「中国共産党の指導下にある国家権力の最高機関」（第一六条）となり、国務院の総理、閣僚は全国人民代表大会が共産党中央委員会の提案で決める（第一七条）のである。七八年憲法では、さすがに七五年憲法の第一六条はなくなったものの、第二条、第一七条はそのまま残った。

このような異常事態がいくばくか正されたのは近代化政策に転換し、法制化が進む七〇年代末からである。八二年憲法は、いくつかの点で党の国家政治での位置をかなり相対化している。

四つの基本原則

まず、法の下での各政治勢力の平等をうたった。「すべての国家機関、武装勢力、各政党、各社会団体、各企業・事業組織は憲法と法律を守らなければならず、憲法・法律に違反するすべての行為は法によって追及される。いかなる組織もしくは個人も憲法および法律を超える特権をもつことはできない」（第五条）となり、共産党も民主党派も国家の法では対等になったのである。また、全国人民代表大会などの国家機構は憲法上では、最高の権力機関、最高の行政機関となった。

だが八二年憲法は党の特殊な位置を確定するのを忘れてはいない。前文に入った「四つの基本原則」である。「中国の各民族、人民は、引き続き、中国共産党の指導下、マルクス・レーニン主義と毛沢東思想の導きのもと、人民民主独裁を堅持し、社会主義の道を堅持して、……わが国を高度の文明と高度の民主をもった社会主義国家に作りあげるだろう」という憲法前文はすべての中国公民を拘束している。

党と国家の分離など政治改革論議がさかんだった八〇年代後半には、党の位置はより相対的になった。趙紫陽総書記は一三回党大会（八七年一〇月）の報告で、「党の指導は政治指導である。つまり政治原則、政治方向、重大な決定の指導および国家政権機関（立法、行政、司法）に重要幹部を推薦することである」と語り、また政権機関、企業、大衆団体に設けた党グループ、党内に設置した行政に対応する機構（対口部）を次第に廃止していく方針を提起した（第2章2）。

党の役割が政治指導と監督、調整にあるという観点は、党と国家機関が一体化した「党政不分」、「党の国家化」というこれまでの常態の重大な変更を意味する。八八年から改革が一部実施されたが、結局、八九年六月の天安門事件で党の強い指導、「党政不分」に戻っている。党と国家を機能的に、組織的に分離しようという改革はみのらなかったのである。

以上のように、さまざまな曲折をへて八〇年代以降は中国政治での党の指導性は、少なくとも国家の法ではきわめて漠然としている。だが以下に述べるように、党の国家に対する指導は、実際には党内および国家機関内に張り巡らした組織網によって、あるいは幹部がこまかく配置されることで、ほとんど変わっていない。

2　党の機構および構成メンバー

党の中央機構

中央レベルの党機構は、下から上へ、全国代表大会が選出する中央委員会、中央委員会総会（全会）で選ぶ中央政治局、中央書記処、政治局常務委員会、そして総書記（一九八二年の一二回党大会で主席制から総書記制に変わった）と、ピラミッドを形成している。中央委員会とほぼ同列に並ぶのは、中央軍事委員会（五四年九月に創設）、中央顧問委員会（一二回党大会で設置、一四回党大会で廃止）、中央規律検査委員会（四九年一一月に設置、五五年五月から中央監察委員会、七八年の一一期三中全会で規律検査委員会に改組）の三つの組織である。

五六年の第八回党大会は、中国共産党が執権の党になって初めての党大会であり、今日の党機構はこのときに出発しているが、当時の中央機構を図示すれば［図5-1］のようになる。下の一七回党大会と比較すると分かるように、中央のこの構造は五〇年間基本的に変わっていない。

一二回党大会（八二年）は近代化政策に転じて毛沢東時代に訣別したが、そのときの党中央機構は五六年体制と同じで、ただ世代交代のための過渡的組織として中央顧問委員会を新設した。一〇年後の第一四回党大会（九二年）は、中央顧問委員会を「任務を完成した」として廃止、中央委員会の大幅な若がえり（新人が四六％を占めた）

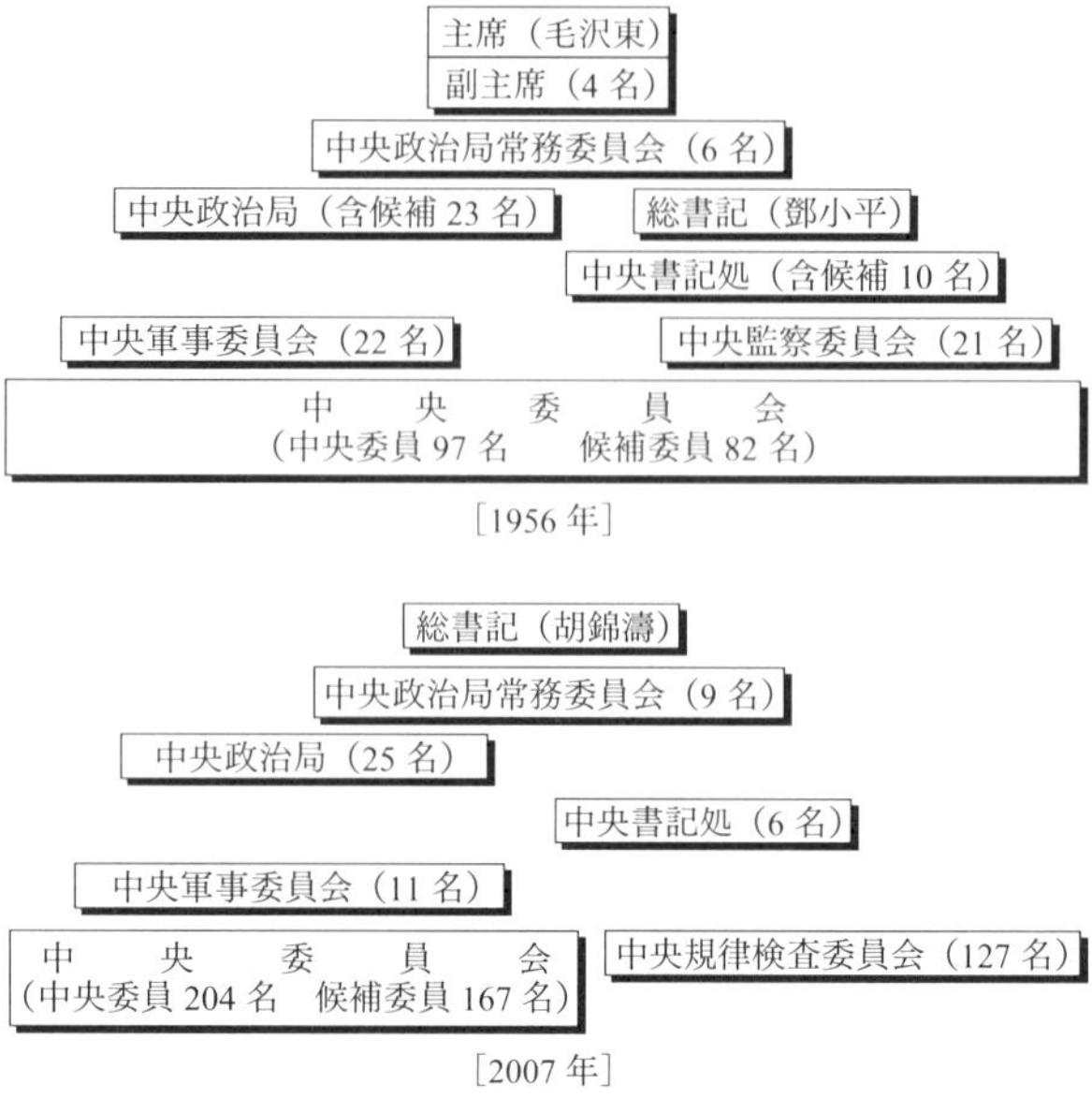

図5-1　中国共産党の中央機構（1956，2007年）

を実現して、毛沢東時代、鄧小平時代と四〇年以上続いた革命第一世代のリーダーシップに終わりを告げた。一二回党大会の中央体は、中央委員会、規律検査委員会、顧問委員会を含めて六五〇名、一六回党大会のそれは四七〇名からなる集団である。だが、党が機能的には上から下へのピラミッド型機構のため、この中央体全体が政策決定に直接かかわるわけではなく、中央委員会はこれまでずっと政策決定で重要な役割をはたしてこなかった。その役割を代行したのが中央工作会議である（本章3、第7章1参照)。

政策決定のコアになるのは二五名前後の中央政治局、とくにもっとも重要な決定は、多くの場合五〜九名のごく小さい集団——中央政治局常務委員会——で行われる。それは、第7章2で述べる天安門事件の際の「危機の決定」に典型的に示された。しかも後に述べるように、毛沢東時代には中央工作会議という党規約にない会議で多くの重要決定がなされたし、軍事にかかわる重大事は中央政治局ではなく中央軍事委員会が決定する。そして五四年九月にこの中央軍事委員会が発足して以来、ほぼ一貫して党主席（ないし総書記）が軍事委員会主席も務めてきた。「党が鉄砲〔軍〕を指揮する」という井崗山根拠地以来の鉄則が生き続けているのである。鄧小平は中央委員を退いてからも八七年一〇月から八九年一〇月まで中央軍事委員会主席を務め、また江沢民が総書記を辞めてからも軍事委員会主席を務めているが、これは世代交代、安定的な権力委譲を考えた措置である。

一〇億以上の国民を擁する大規模国家の重大事が、少数の党政治局メンバー、ひいては一〇名にも満たない政治局常務委員によって決められる。これが四〇年来の中国政治だった。それ自体きわめて異常なことはいうまでもない。しかも毛沢東時代には（鄧小平時代もあるときには）、一人のトップリーダーが最終決定権を握ってきたことが中国を多くの悲劇に追いやったことは衆知のところである。

なお、二〇〇七年第一七回党大会時に選ばれた政治局常務委員は九名だが、最近の研究では、常務委員は次のように機能的に選出され、それぞれが利益代表になっており、この点はほぼ慣習化している、という。

胡錦濤——国家主席
呉邦国——全国人民代表大会常務委員長
温家宝——国務院総理
賈慶林——人民政治協商会議主席
李長春——規律検査委員会主任
習近平——精神文明委員会主任
李克強——国務院副総理
賀国強——中央書記処書記
周永康——中央政法委員会主任

また、政治局には通常、常務委員のほか、中央組織部・中央宣伝部など党中央各機関の責任者、北京・上海・重慶など重要地方の党書記が入る［方紹偉「中共政治局常委制度研究」ウェブサイト中国選挙与治理網、二一・七・一六］。

党員の職業と学歴

党はどのような人間の組織だろうか。［表５-１］は七回党大会から一七回党大会に到る党員数（公称）の変化である。

表 5-1　中国共産党の公称党員数

（単位：人）

1945 年 4 月（7 回党大会）	1,210,000
1949 年末	4,500,000
1956 年 9 月（8 回党大会）	10,730,000
1959 年夏	13,500,000
1961 年 6 月	17,000,000
1969 年 4 月（9 回党大会）	22,000,000
1973 年 8 月（10 回党大会）	28,000,000
1977 年 8 月（11 回党大会）	35,000,000
1982 年（12 回党大会）	39,650,000
1987 年 10 月（13 回党大会）	46,000,000
1989 年 9 月	48,000,000
1992 年 10 月（14 回党大会）	51,000,000
1997 年 11 月（15 回党大会）	59,000,000
2002 年 11 月（16 回党大会）	64,000,000
2007 年 10 月（17 回党大会）	70,800,000

全人口の五％前後が唯一の執権党である中国共産党のメンバーであるが、職業や年齢、学歴などその構成は時代によって変わっている。

残念ながら、中国共産党員の職業、学歴構成を一九四九年から一貫したスケールで比較できるデータはない。断片的資料から、党員の中の労働者・農牧民の比率をおおざっぱに比較した［図5-2］を見ていただきたい。なお別のデータでは、建国当初、党員四四九万中、労働者が二・五％、農民五九・六％、知識分子一一・九％、軍隊二三・九％、八回党大会当時は、党員一、〇七三万中、労働者が一四％、農民六九・一％、知識分子一一・七％、軍隊五・二％である［『北京週報』一九八九年第二三号］。

農民党から幹部党へ

これらのデータからまず、建国当初の党が圧倒的な「農民党」だったということが分かる。次に、「農民党」状況は八〇年代半ばまで変わっておらず、八七年でも六割近くが農民と労働者である。また、軍隊が党員の重要な源泉であるというのも中国共産党の重大な特徴である。四九年には、党員の四人に一人が軍隊におり、六〇年代半ばでも一四〇万人の軍隊党員を抱えている。当時の兵員総数が三〇〇万だと仮定して、解放軍将兵の二人に一人は党員だということになる（なお、一六回党大会で「三つの代表」論を採用してから、中国共産党の構成は激変している。この党の大変身については第8章を参照）。

七〇年代末に改革開放政策をとって以降、とくに九〇年代に入り、経済成長とそれに伴う社会変動が顕著になってから、共産党ははっきり変わりつつある。［図5-2］が示しているのは、九〇年代末に労働者・農民が全党員の半数をついに切り、一〇年データはその趨勢が止まらないことを示している。もちろん、代わって幹部・専門家・管理要員が増えてきたのである。なお、「その他」には、退職者のほか、軍人・武装警察が含まれる場合もある。

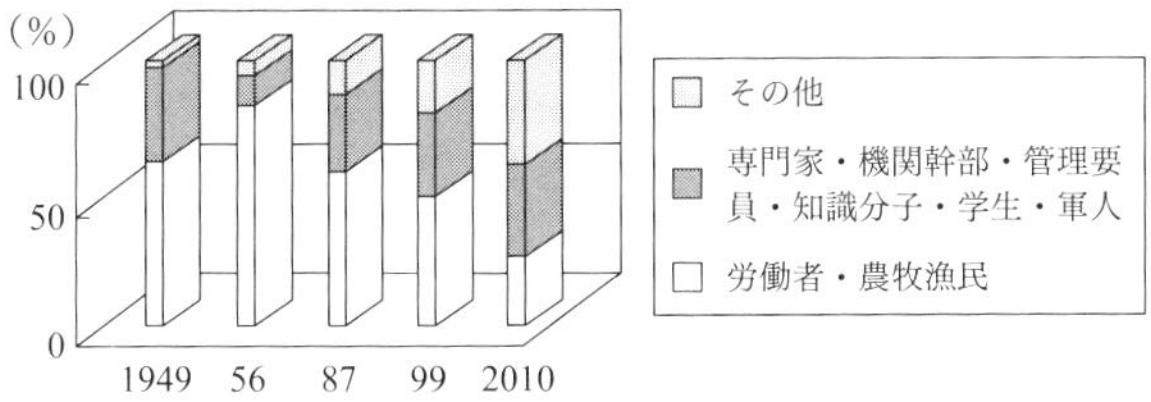

（単位：％）

年	1949	1956	1987	1999	2010
労働者・農牧漁民	52.10	83.10	56.60	48.80	26.30
専門家・機関幹部・管理要員・知識分子・学生・軍人	35.80	11.70	30.50	32.00	34.60
その他	2.10	5.20	12.90	19.20	39.10

図5-2　中共党員の構成変化——労働者・農牧漁民の比率（1949～2010年）

注）2010年のその他は，その他職業者＋離退職者。
出典）①1949年：趙生暉他編『中国共産党組織史綱要』安徽人民出版社，1987年，243頁，②1956年：同上，294頁，③1987年：『北京週報』1989年第23号，④1999年：『人民日報』1999年6月28日，⑤2010年：ウェブサイト新華網，11. 6. 24。

労働者・農民の割合が激減したことは、党員の学歴構成に忠実に反映している。［表5-2］は党員中の高卒以上のパーセンテージを比較したものである。

　このような党員の学歴（中国では「文化水準」という）の変化から、五〇年間に二つの重大な転換があるのが分かる。一つは、建国当初ほとんどの党員が高卒以下で、六九％が文盲だった［『北京週報』一九八九年第二三号］。この状況が変わりはじめたのは八〇年代半ば以降のことである。文字をほとんど読めなかった党員のほとんどがようやく小学校を出るレベルになった。つまり、中国共産党は四〇年代から七〇年代末までその構成にほとんど変化がなかったといってもよい。

　もう一つの転換は八〇年代後半に起こっている。この頃になると、党員の三人に一人は高校程度の学歴をもつようになった。そして、［図5-3］が示すように、九〇年代末から二一世紀に入って中国共産党は、かつての字を読めない「農民党」とは一変した。高卒程度以上の学歴をもつ者が過半を占め、大学院修了者も〇・六％、つまり四〇万人程度擁するようになった。さまざまな組織のリーダーの多くが大学出、もしくは大学院出のエリートによって占められているに違いない。近代化政策はかつて貧しく静止的だった中国社会を大きく揺り動かしたが、その結果、九〇年代後半から党自体も大きく変質し

表 5-2　中共党員の学歴変化――高卒以上の比率
（単位：％）

	高卒以上の党員比	典　拠
1949 年末	0.92	『北京週報』1989 年第 23 号
1978 年	12.8	『人民日報』1995 年 6 月 30 日
1988 年	30.4	『中国共産党組織工作大事記』
1994 年	39.9	『人民日報』1996 年 6 月 30 日
2001 年	50.2	『人民日報』2001 年 6 月 4 日

たのである。いまや、中国共産党は、農民の党から幹部、エリートの党になったといってもいい過ぎではない。また、若年化も進んだ。全党員中、三五歳以下は九九年が二三・一％、〇二年は二二・二％である。つまり、四人から五人に一人は三五歳以下ということになる〔『人民日報』九九年六月二八日、同〇三年七月一日〕。若いエリートのほとんどは党員、ということだろうか。

「三つの代表」論

〇二年一一月の第一六回党大会は、変わりつつある党の新たな出発を記すものである。大会での江沢民報告の第一のポイントは「三つの代表」論を党のコンセンサスとしたことで、党規約も改正された。江総書記は前年の党創立八〇周年記念講話で、「党は、先進的生産力の発展、先進文化の前進、もっとも広範な人民大衆の根本的利益の三つを代表する」という「三つの代表」論を披瀝し、「党の綱領と規約を認め、党の路線と綱領のために自覚的に奮闘する、長期の検査をへて党員の条件に合致した社会の優秀分子も党に吸収する」とし、私営企業家などの入党を認める方向を打ち出していた。大会報告はこの「三つの代表」論を「長く堅持すべき指導思想、執政の基礎、力の源泉」と位置づけた。江報告は、「全国人民の根本的利益は一致している」との判断を示すとともに、「合法的な非労働収入を保護する」ことを明言した。党規約総綱には、新たに、「中国共産党は……中国の先進的生産力の発展要請、中国の先進文化の前進方向、中国のもっとも広範な人民の根本的利益の代表である」、および「三つの代表という重要思想はマルクス・レーニン主義、毛沢東思想、鄧小平理論の継承と発展であり、党と国家工作に対する現代世界と中国の発展変化の要請を反映し、党の建設を強化改善し、わが国社会主義の自己完全化と発展を推進する強大な理論的武器であり、中国共産党の集団的智恵の結晶であり、党が長く堅持すべき指導思想である。終始一貫〝三つの代表〟となることはわが党の立党のもと、執政の基礎、力量の源泉である」、などが入った。

党員の資格要件も、「一八歳以上の……その他の社会階層の先進分子で、党の綱領と規約を承認し、党の組織に加わって積極的工作をしようと願い、党の決議を執行し、党費を定期的に納めるものは、中国共産党への加入を申請できる」が加わった（第一条）。また、党員のリクルート対象が労働者・農民・知識分子から「青年」へと一般的になった（第三一条）。一六回党大会は、中国共産党が階級政党から「もっとも広範な人民」の党、国民政党に転生した歴史的大会である。

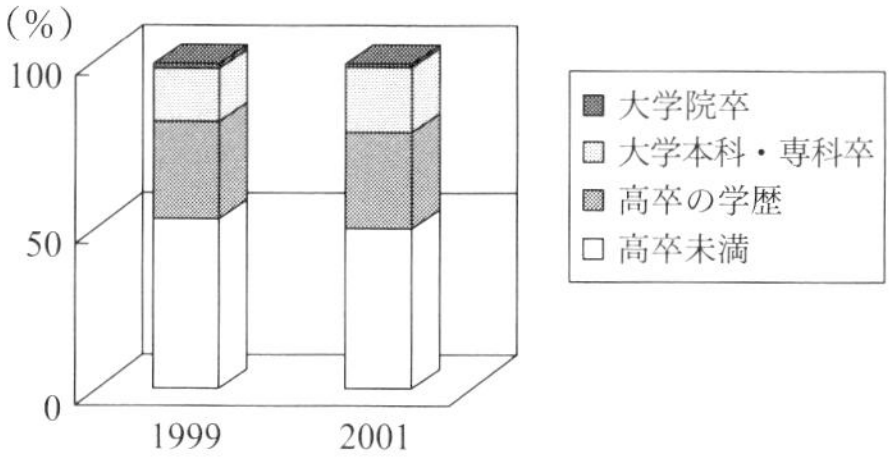

（単位：%）

年	1999	2001
大学院卒	0.5	0.6
大学本科・専科卒	17.8	20.5
高卒の学歴	28.9	29.1
高卒未満	52.8	49.8

図 5-3　中共党員の学歴構成（1999，2001 年）
出典）『人民日報』1999 年 6 月 28 日，2001 年 6 月 4 日。

だが、「三つの代表論」はじつは前年来党内でさまざまな議論を呼んだ。なかでも鄧力群（八二〜八五年の党中央宣伝部長。精神汚染反対、ブルジョア自由化反対キャンペーンの保守派リーダー）らの「古参党員の書簡——老いても死せず」は興味深い。既述のように、鄧力群・袁木・呉冷西ら一七名の老幹部は、私営企業家の入党許可は重大な党規約違反であり、階級性こそが党の基本的属性だとし、重大問題を党大会や中央委員会に諮らず個人名で発表した江沢民は党史上もっとも重大な党規約違反行為を犯した、と弾劾した［ウェブサイト新観察、〇一・七・二二］。この意見書はネットを通じて流れたが、党の一部に「党の変身」に対する強い批判がくすぶっていることを示している（党の「変身」については、第3章、第8章参照）。

3　党と国家の関係――その1　党グループについて

党政分業・党政不分・党政分離

中国政治の核心の一つは、党―国家関係、中国式にいえば党政関係である。一党制のもとでは党と国家（立法、行政、司法）がどのような関係を取り結ぶのか、どのように国家の相対的独立性を保つのかが宿命的な難題である。中国は五〇年間、次の三つのモデルの間を行き来してきた。①党政分業、②党政不分（党がすべてを代行する、「以党代政」ともいう）、③党政分離、である。

建国初期には党政分業が志向されたが、一九五〇年代末、毛沢東は党による一元的支配、党政不分をめざした。その方が党の支配は貫徹するし効率が高いからである。だがそれが行きすぎると、大躍進時期の人民公社、文化大革命時期の革命委員会となり、経済は破綻し、政治生活は窒息した。そこで改革開放期には党政分業に戻った。だが、八七年の趙紫陽の政治体制改革は党政の分離を狙った。後に述べる党グループや対口部の廃止はそのための「革命的措置」だったといえる。しかし、天安門事件以後、ふたたび党政分業に復帰している。機能の一部を党と国家機関が分業する、というものである。以下、党政関係をつないでいる三つのチャネル――党グループ、対口部、幹部――を見ることで、党の支配がどのように張り巡らされているかを観察しよう。

党グループの設置

党グループは非党組織内に設けられる党指導部である。中央および地方レベルの立法・行政・司法の諸機関、総工会や婦女連合会などの大衆組織、国有企業などの経済組織、文化組織等ほとんどにある。

新中国ができてすぐ、党中央は政府機関の中に党委員会、党グループ（原語は党組、small groups と英訳している。本書では党グループと表記する）を設け、国家機関（行政、立法、司法の各機関）に対する党の指導を貫くためのシステムを作り上げていく。この党グループ（あるいは党委員会）こそ、次節で分析する党内に設けた行政担当組織

（対口部）とともに、中国政治の最大の特徴である、党政不分、党と国家の一体化の核心組織である。これらは、政策決定とその執行において党の指導を貫徹させる組織であり、その結果「党政不分」状況が上から下まで一般的になっていく。

四九年一一月、党中央政治局は「中央人民政府内に党委員会を組織することについての決定」、「中央人民政府内に党グループを作ることについての決定」を出した。それによれば、党委員会の任務は、政策の執行、政府内の非党幹部との団結、国家機密の保護、「隠れている反動分子」の監督であり、人民政府内党委員会の下に六つの分党委員会が作られた。一方党グループは、「党中央の政治路線と政策の執行を貫徹させ、中央政府に対する党の指導を強めるために、中央人民政府の責任工作に当たる党員によって」組織された〔『中共党史教学参考資料』一九、一九八六年、七九―八〇頁〕。

当初、党グループは政務院（国務院の前身）だけにでき、中央人民政府、人民革命軍事委員会、人民政協全国委員会には党グループを作らず、それぞれ直接党政治局が指導することになっていた。建国初期の政務院内の党グループ網は、政務院党グループの下に、政法委員会・財経委員会・文教委員会・直属機関がそれぞれ分党グループを作り、さらにその下に各部（省）ごとに党小組が設置されていた。これらのために合計一二三名の党員（いずれも指導的職務）が配置された。これらはすべて党中央政治局の指導に直属することになった。党グループを構成するのは組織の正・副の職務についた主要幹部である。たとえば政務院党グループの書記は政務院の長（総理）周恩来であり、副書記は董必武、幹事は羅瑞卿、薄一波、陸定一、胡喬木などである〔王敬松『中華人民共和国政府与政治一九四九・一〇―一九九二』一九九五年、三四八頁〕。

大躍進期には、毛沢東が「政治設計院」を一つにしようと中央工作小組制度を固めた。すでに外事や政法など中央工作小組の一部は五六年から作られていたが、大躍進が始まる五八年六月一〇日、五つの中央工作小組を設け、党中央政治局のもとにすべてを集中させる体制を作った。財経（主任は陳雲）・政法（彭真）・外事（陳毅）・科学

る領導小組については第7章4を参照)。

(聶栄臻)・文教(陸定一)である[周望『中国〝小組機制〟研究』二〇一〇年](なお、中央に部門横断的に設置されてい

党グループの変遷

党グループの組織と活動はわかりにくい。また時期によっても違いがある。国家に対する党の指導はどうあるべきかがずっと中国政治の核心の問題であるが、党－国家間には一定の分業があるべきだから党の指導は間接的がよいとした時期、党はすべてを直接的に支配し一元的指導を強めるべきだとした時期によって、党グループのあり方も違う。まず党規約から見てみよう。

党グループが制度化されたのは七回党大会(四五年)だが、八回党大会規約(五六年)では、「党中央委員会は、中央の国家機関、全国的な人民団体の中の党グループをつうじてこれら組織の活動を指導する」(第三四条)、「国家機関と人民団体の指導機関に、責任を負う党員三人以上がいるときには党グループを設ける。党グループの任務は、これらの組織で党の政策と決議の実現に責任をもち、非党員幹部との団結を強め、大衆との関係を密にし、党と国家の規律を強化し、官僚主義と闘争する」となっている。

文化大革命期には、党組織の混乱と破壊、および革命委員会が党組織に代わって国家機関を直接に指導していたために、党グループはなくなった。七〇年から党組織が回復してくると、国家機関内では党グループに代わって党の「核心グループ」が作られている。

七〇年六月、国務院は次のように中央に稟請している。「国務院の各部、委員会の核心グループは党中央の指導に直属する。核心グループは党・幹部・大衆、老・中・青の三結合で作る。国務院各部、各委員会は党の核心グループを通じて党の一元化指導を実現する」。さらにこの文書では、党の核心グループが各部の日常業務を指導するが、外への文書には、部もしくは委員会の名義を使う、と記されており、核心グループが実質上は国務院各部での最高指導部であることが分かる[鄭謙他『当代中国的政治体制改革之発展概要 一九四九—一九八八』一九八八年]。もちろん、核心グループの書記は、国家計画(革命)委員会主任の余秋里、冶金工業部革命委主任の陳紹昆など、当

該機関の革命委員会主任である。

したがって九回党大会の党規約には党グループはなく、一〇回党大会規約で、「国家機関と人民団体内に党の委員会もしくは党グループを設けることができる」とだけある（第七条）。文化大革命期に党グループがなくなるのは、党が直接、あるいは革命委員会の名目で、一元的に国家機構や大衆団体を指導することが原則である以上、間接支配の道具としての党グループが必要でなくなったからだろう。

党グループが復活するのは「四人組」追放後の七七年夏である。一一回党大会（七七年八月）の党規約では、「国家機関と人民団体に党グループを設ける。中央レベルの国家機関と人民団体の党グループメンバーは党中央が指名する」となった（第一四条）。九月二四日には党中央が、「中央レベルの国家機関と人民団体の指導グループもしくは核心グループは党グループと改称する」と通達を出した。

「四つの近代化」を党是にした一二回党大会ではどうだろうか。「中央と地方の国家機関、人民団体、経済組織、文化組織もしくはその他の非党組織の指導機関内に党グループを設ける。党グループの任務は、党の方針・政策の実現に責任をもち、非党幹部と大衆と団結し、党と国家が与えた任務を完成し、当該機関の党組織の活動を指導することである」とした（第四六条）。メンバーは党グループを批准する上級党委員会が指名する（第四七条）。

八七年改革で一時廃止された党グループ

この党グループが消えそうになったときがある。八〇年代後半からの政治体制改革は、党政不分を改め、党と国家の分業、行政と企業の分離を主要な内容にしていたが、一三回党大会（八七年一〇月）は党グループの段階的廃止、党内にある行政担当機構（対口部）の廃止を決めた。趙紫陽総書記の報告は、党の国家に対する指導を次の二つに限定した。「政治指導、つまり政治原則、政治方向、重大な政策決定への指導と、国家・政権機関に重要幹部を推薦する」ことである。党と国家・政権機関の性格、機能、組織形式、活動方向が違うというのがその根拠となった。中央レベルでは重大な決定と政策指導を、地方に対しては保証を、企業に対しては監督を、というように党の関与もレベルによって区別された。趙紫陽はこの党大会で次の四点を提起した(「中国の特色をもつ社会主義の道に沿って前進しよう」)。

1. 国家機関の各レベルの党委員会に専従の書記をおかない。

2. 各レベルの党委員会にあった国家・行政機関統括のための対口部を廃止する。

3. 政府内の党グループを段階的に廃止する。

4. 企業に対して上級の党組織が指導していたのを、地方党委員会の指導に改める。

党規約も、「中央および地方各レベルの人民代表大会、政治協商会議、人民団体およびその他の非党組織の選挙によって生まれた指導機関内に、党グループを設けることができる」と改正された(第四六条)。国家機関および企業などには党グループは設けず、その他の党グループも必ずしも作らなくてもよくなったのである。

翌八八年には国家機関内の党グループ廃止へ動き出した。二月には中共中央組織部が、予定される党グループの廃止にあわせて中共中央直属機関工作委員会、もしくは中共中央国家機関工作委員会を設けると提案し、七月二一日には、国務院各部の党グループを段階的に廃止する、国務院に直属する公司の党グループは即時廃止する、という党中央組織部の意見を党中央が批准した。文書は、政府各部門の党グループの廃止は、政治体制改革の重要なステップであり、政府工作の統一と効率化に有利である、と説明している。〔樊天順・趙博主編『中国共産党組織工作大事記』一九九一年、四五八―四六七頁〕。経済体制改革委員会、国家教育委員会、宣伝部門などを除いて、国務院のそれほど重要でない部では党グループがなくなったところもある。

党と企業の分離も進んだ。湖南省の三五の国営企業の調査によれば、八八年から党組織機構の取消が多く、極端なところでは書記だけになったり、専従の党幹部も一割以下に減ったという〔『中国経済体制改革』一九八九年第一〇号〕。

ところが、八九年の天安門事件で改革は水泡に帰した。党グループも、対口部も、企業内の党書記もすべて八七年以前に戻ったのである。企業内党組織の解体は「趙紫陽の誤った指導思想の影響」だとしてその回復が求められ、国務院各部でも党グループが復活した。一四回党大会（九二年）党規約では、ふたたび党グループがすべての機構で次のように制度化されている。「中央と地方の国家機関、人民団体、経済組織、文化組織およびその他の非党組織の指導機関には、党グループを設けることができる。党グループの任務は、主として、党の路線、方針、政策の実現、当該部門の重大問題の討論と決定に責任をもち、非党幹部と大衆を団結させ、党および国家が与えた任務を完成し機関および直属単位の党組織の活動を指導することである」となった（第四六条）。

なお、一六回党大会の党規約四六条には、「党グループは指導の核心的役割を果たす」が入り、職務に「幹部管理工作」が加わった。これにより実態をより反映したものになった。

このように紆余曲折したものの、党グループは国家機関や企業、大衆団体で党の指導を貫徹するための重要なパイプであり続けている。

党グループは何をするのか

党グループはどのような活動をしているのだろうか。『中国共産党執政五〇年（一九四九―一九九九）』をくわしく読むと、国務院その他の党グループが何をしどのような役割をはたしているかの一端が分かる。五〇年一月に政務院党グループが成立（書記は周恩来）、五四年から各部や委員会、直属機構の党グループが沢山の報告や提案を中央に送っている。国家計画委員会党グループはほとんど毎年、年度経済計画の基本プランを中央に提案しており、計画は中央の指示と批准をへて国家計画委員会によって執行される。また六一年八月一七日に教育部党グループが、資本家階級の子女の進学は出身ではなく本人の政治的表現を基準にすべきだと中央に建議して受理されている。さらに六二年五月三一日、国務院華僑事務委員会党グループは、華僑家族を「海外関係」で政治的に差別するのはやめるべきだと中央に建議、これも受理された。

七八年に党グループが復活してからも、国務院公安部党グループ、最高法院党グループ、最高検察院党グループが文芸評論家胡風の反革命冤罪事件（五五年）の再審査報告を提出し（八〇年九月二九日）、中央が批准して、胡風は二五年ぶりに名誉を回復した。六二年に失脚した中共中央農村工作部の部長鄧子恢の名誉回復は、国家農業委員会党グループの提案（八一年三月九日）で行われたものである。八一年に試験的に始まる企業の請負制も、国家経済委員会党グループの提案を中央が批准して（八一年四月一五日）実施された。八六年末に学生運動が拡大したとき、党中央は国家教育委員会党グループに、大学での政治思想教育を強化することについて文書の作成を命じている。

全国人民代表大会でも党グループが活動している。八六年一二月八日、県レベル以下の人民代表大会代表の改選について全国人民代表大会常務委員会機関党グループの提案を党中央辦公庁が批准したが、これは選挙区や候補の審査について改善を求めたものである。

以上、党グループの活動の断片を見ると、党グループは所轄する機関の活動について中央に報告や提案をするケースが多い。これが党グループの第一の任務である。党グループはそのほか何をするのだろうか。七八年四月五日の党中央の補充通達「中央レベルの部委員会と国家機関に党グループ、党委員会を設置する問題について」によれば、次のようになっている［『中国共産党党内法規選編（一九七八―一九九六年）』一九九六年、七〇九頁］。

「中央レベル国家機関や人民団体の党グループは、それぞれ直属単位に対して、党組織の指導、幹部の管理、幹部の任免の審査、機関党委員会の指導を行う。地方各レベルの国家機関、人民団体の党グループも、同様の原則で処理する」。

つまり、党グループの主な活動は、①所属単位の活動の報告、政策文書の作成、提案、②所属単位の指導幹部の管理と任免、③所属単位の政治思想工作、党活動の指導、④その他、日常的な行政事務の指導、の四つである。

党グループの機能——党政不分

ところで、国家機関、行政機関、大衆団体などに党グループを設けた理由は何か。第一に、それらの機関において党の指導が貫徹されるようにするため、第二に、それら機関の問題を党中央が正確に把握するため、である。そもそも四九年一一月にこのシステムができたときは連合政権的色彩が強く、これら機関に非党員幹部が多かったため、党の指導を貫徹する上で党グループが必要だった。

ところが、これら機関の指導グループがほとんど党員幹部で占められるようになっても党グループはなくなるところかより強化され、あらゆる部門、部局に党グループのネットワークができた。党グループはもはや間接的チャネルではなく、これら機関における党の代行機関となり、党が行政・立法機関の諸工作、大衆団体の活動のほとんどを請け負うようになっていった。党の代行主義、党政不分、党企不分である。

最近の中共中央組織部の説明によれば、党グループが留意すべきなのは次の点である。①党の路線・方針・政策の正確な貫徹を保障する、②当該単位の全局的ないし重大な問題について集団討議の上決定を下す、③当該単位の幹部の管理・教育・考査・推薦・任免・賞罰などを行う、④上級党委員会の指導と監督を受け、報告し指示を受ける［「187　党グループの主な任務は？」中共中央組織部ウェブサイト〈http://www.zgdjyj.com/dxpldjs/view.asp?id=756〉〇四・一・三閲覧］。

まさに党グループこそ一党支配体制のかなめだ。ある論者はあからさまにこう述べる。

「人民代表大会の党グループは、人民代表大会で党の主張を国家の法令に変える、政府の党グループは、政府の決定手続きにもとづき党の主張を政府の政令に変える、政協の党グループは、政協を通じて党の主張を社会各界のコンセンサスに変える」［王寿林「我国政治体制改革的回顧与展望」『中共中央党校学報』二〇〇三年一一期］。

こうして、行政も、権力機関も、大衆団体も、党グループによって党の思うままに動かされる。「党の行政化」、「党の国家化」が進んでいく。他方、このような党グループに対して、党機構のなかに行政部門ごとに設けられた対口部は、党による行政、国家、大衆団体の直接的指導の党側のチャネル、命令のチャネルである。両者の相互補完によって、党―国家の関係がいっそう緊密になっていく。

4　党と国家の関係——その2　党の対口部について

党内に行政担当機構を設置

建国当初、党は国家機関・行政機関・大衆団体への直接的関与を慎重に避けた。新政権自身が民主党派との連合政権的な色彩を残していたからである。

ところが、一九五五年に党内に国家機関や行政組織に対応した対口部を作ってから、党の指導は直接的なものに変わっていく。それより前、五三年三月一〇日に中共中央は「中央人民政府系統の各部門の中央に対する稟請と報告制度を強め、政府工作に対する中央の指導を強めることについての決定」を出した。四九年一一月に発足した党グループだけでは党中央政治局の指導が直接行き渡らないと考えたからである。毛沢東は五三年八月の全国財政経済会議で、「政府各部門が党中央の指導から離れてしまう危険を避けるために三月に政府工作に対する指導を強化する決定をした」が、当面の鍵は「集団指導を固め、分散主義に反対すること」だと述べている（毛沢東「党内のブルジョア思想に反対せよ」）。

五四年に党中央の権威を脅かした高崗・饒漱石事件も権力集中の動きを加速した（高崗は東北行政委員会の主席から国家計画委員会主任になっていた）。五五年一〇月、党中央は次のような中央組織部の報告（八月一日付）を批准した。①党中央および省党委員会に工業・交通、財政・貿易、文化・教育の各工作部を設けて、政府工作を「分口指導」する、②地区および県の党委員会に財政・貿易、必要なら文化・教育工作部を設ける、③市党委員会に工業・交通、財政・貿易、文化・教育の各工作部を設ける、④中央、省レベルには政法工作部を設ける、というものである。これら党委員会内の行政担当機構（以下、対口部と呼ぶ）の職務は、幹部人事の管理、党の決議や政策の執行状況の監督、党末端組織の活動の管理などである［鄭謙他『当代中国的政治体制改革之発展概要 一九四九—一九八八』一九八八年］。

党内を職能ごとに分け、それぞれ対応する行政機関や企業を直接指導するこの「分口指導」体制は、内戦期にその原型があった。四八年九月の中央政治局会議は総務・政治・軍事・経済・文教宣伝・党務の六分野で中央が決定権をもつ事項を確定した。それは党、軍、政府、民政工作とその組織建設、党、政府、軍の重要法規の制定、財政・経済政策、貿易方針の決定と管理、全国的な工業・鉱業企業の設立などだった（「中央局、分局、軍区、軍委分会、前敵委が中央に稟請・報告する制度についての中共中央の決議」）。また「分口指導」体制はソ連共産党にならっている。

党中央の一元化指導――五つの対口部

反右派闘争をへて毛沢東色が濃くなると、中央による指導と管理はいっそう強まる。党政不分はむしろ望ましいものとなった。五八年六月一〇日中共中央は、政治局に財政・経済、政治・法律、外事、科学、文教の五グループ（小組）を設け、それぞれ対応する政府部門を直接指導することになったのである。この措置は、地方各レベルをも中央（政治局、書記処）の指導に直属させる中央集権体制の強化も狙っていた。「大政方針は政治局が、具体的配置は書記処がやる。政治設計院は一つで、二つはありえない。大政方針と具体的配置はいずれも一元化し、党政は分けない。……大政方針および具体的な配置について、政府機構とその党グループは提案権をもつが、その決定権は党中央にある」という指示の文言がそれを物語っている〔『建国以来毛沢東文稿』七、一九九二年、二六八―二六九頁〕。五つの中央小組の主任はすべて政治局常務委員がつとめ、実質は個人責任制でもあった。〔表５-３〕は五九年当時の党中央と国務院の関係である。

対口部は中央だけではなく地方レベルにもできた。上海市では五六年五月には市党委員会に政法工作部、重工業部、軽工業部が設けられ、行政・法律・公安、工業を直接指導するようになる。農業合作化が進むと五七年二月には農村工作部ができた。五八年九月には上海市党委員会「政府の今後の活動のいくつかの問題についての通達」が、市政府各局の活動は今後市党委員会の関係部門（対口部）に直接指示を仰ぐ、市政府の文書はすべて市党委員会の主任、副主任の承認を得てから公布する、重要事項は市党委員会が討論し決定する、などと指示している（上海市

表 5-3　中共中央と国務院の業務対応関係（1959 年）

中共中央の機構	国務院の辦公室	対応する行政機関
中央外事小組　陳毅	外事辦公室	外交部，対外貿易部，対外文化連絡委員会，華僑事務委員会など
中央政法小組　彭真	政法辦公室	内務部，公安部，最高法院，最高検察院など
中央財経小組　陳雲	財貿辦公室・工業交通辦公室	国家計画委員会，国家経済委員会，国家基本建設委員会など
中央文教小組　陸定一	文教辦公室	文化部，教育部，衛生部，新華通信社など
中央科学小組　聶栄臻		科学技術委員会など
中央財政工作部	財貿辦公室	財政部，糧食部，商業部，対外貿易部，中国人民銀行など
中央工業交通部	工業交通辦公室	冶金鉱業部，機械鉱業部，科学工業部など
中央農村工作部 *	農林辦公室	農業部，農墾部，林業部，水産部など

注）* 中央農村工作部は，62 年に部長・鄧子恢の「右より」がきっかけで廃止，国務院の農林辦公室だけとなった。
出典）唐亮「中国共産党の行政担当機構」（『アジア経済』第 33 巻第 9 号，1992 年）。

の党－政府関係は、［上海市編制委員会辦公室『一九四九～一九八六 上海党政機構沿革』一九八八年］がくわしい）。

大躍進運動が始まると、各省の党委員会に工業（担当）書記、農業書記、財貿書記、文教書記、政法書記をおき、書記に全権力をもたせた。これで、担当の書記個人が独断専行せず、特権と官僚主義がはびこらないとしたら不思議である。

対口部は何をするのか

対口部はどのような活動をするのか。第一が政策指導である。農村工作部が開く全国農村工作会議、文教小組が招集する全国文教工作会議、政法小組が開く全国政法工作会議は、それぞれ党の方針、政策を伝達し具体化する役割を果たした。対口部はそのほかに、人事管理、広域にわたる問題についての部局間調整、行政管理活動の代行、政治思想工作の指導などを行う［唐亮『現代中国の党政関係』一九九七年］。

なお、この対口部も文化大革命期には党グループと同じようになくなった。革命委員会が直接行政活動を代行したのでその必要がなくなったからである。

八〇年代に入ってから対口部が復活するとともに整備されたようである。八〇年一～三月にかけて、党中央に中央政法委員会が設置され（書記・彭真）、「中央の指導下に全国政法工作の重大問題を研究、処理し、中央に提案する」ことになり、また中央財経領導小組が財政経済工作すべての指導機構として再建され（組長・趙紫陽）、中央対外宣伝小組（組長・『人民日報』の朱穆之）も作られた［『中国共産党党内法規制度手冊』一九九七年、四六八頁］。

党と国家は分業すべきだとして政治体制改革が日程にのぼったとき、対口部が廃止されそうになった。すでに述べたように、八七年一〇月の一三回党大会で趙紫陽は、党グループの段階的廃止とともに、各レベルの党委員会にある対口部の廃止を提起し、八八年八月には中央政治局全体会議が「党中央機構の改革実施方案」を原則承認している。この改革の第一の狙いは、国務院の職能部門と重なっている領導小組を廃止することだった［『中国共産党執政五〇年（一九四九—一九九九）』一九九九年］。だが天安門事件でこの改革は立ち消えになった。

天安門事件で改組された後、九〇年代の中央の領導小組（いずれも党中央政治局常務委員会の指導下にある）の一端を示しておこう。

中央政法委員会——書記：喬石、秘書長：任建新
中央財経領導小組——組長：江沢民（総書記）、副組長：李鵬（総理）・朱鎔基（副総理）
中央外事工作領導小組——組長：李鵬、副組長：銭其琛（外相・副総理）
中央農村工作領導小組——組長：朱鎔基、副組長：温家宝・陳俊生
中央台湾工作領導小組——組長：江沢民、副組長：銭其琛

［鄒錫明編『中共中央機構沿革実録』一九九八年、一八四—一八八頁］

なお、最近重大政策の決定権をもつ党・国家・軍の合同中枢機構が発足したと伝えられる。一つは、中国が大国になり、冷戦後紛争の態様も変わってきた中で、安全保障について党・国家・軍が一体となった中枢機構である。ＮＡＴＯ軍による在ユーゴ中国大使館「誤爆」事件（九九年五月）を契機に二〇〇〇年秋に中共中央安全工作領導小組が作られたという情報が流れたが［『朝日新聞』〇一年四月一〇日］、どうやら、もともとの中央外事工作領導小組とこの安全工作領導小組は、実質は一つの組織、形式的には二つの組織、

三つの中枢機構

二枚看板をもつ組織として動いている。アメリカの国家安全保障会議（NSC）をモデルにした危機管理チームの新設はならなかったらしい。この領導小組のメンバーは、組長が党総書記で、中央宣伝部、中央対外連絡部、公安部、国防部、外交部、商務部、国家安全部などの党政部門の責任者によって編成されている［呉暁林「〝小組政治〟研究——内涵、効能与研究展望」『求実』二〇〇九年第三期］。

もう一つは、一九九八年、市場経済化への鍵を握る中国共産党の派出機構が二つできた。中央金融工作委員会は政府系金融機構・国有商業金融機構の、中共中央企業工作委員会は国有企業の人事権、監察権をもつ強大な組織である。前者は温家宝、後者は呉邦国、いずれも副総理が書記を務める。なお二つの工作委員会は、〇三年、国務院に新設された機構——銀行業監督管理委員会、国有資産監督管理委員会——に一部機能が吸収された。

なお、ごく最近になって、中国の研究者自身が、中央レベルでの党政不分の象徴である中共中央領導小組について分析を始めている。それによれば、昨今の中央領導小組は次のような配置になっている。

二〇一〇年の指導小組

中央財経領導小組
中央外事工作領導小組
中央対台湾工作領導小組
中央農村工作領導小組
中央党建設工作領導小組
中央人材工作協調小組＊
中央安定維持領導小組＊
（＊は最近できた小組で臨時的なものと思われる）

なぜ、〝小組政治〟が分析されるようになったのだろうか。巨大な執政党の正統性をどう維持するか、どのようなメカニズムにするかが党自身にとって喫緊の重要課題になっているからだろう。ある文献は、党政関係の規範化、党と国家・行政の職能分化が必要で、適正なメカニズム構築のためにシンガポールの人民行動党や日本の自由民主党（いずれも長い期間、一党優位体制を誇った）に学ぶべきだ、と論じている（［呉暁林、前掲「〝小組政治〟研究」二〇〇九年、周望『中国〝小組機制〟研究』二〇一〇年］など参照）。

中央政法委員会（小組）
——党の司法支配

次に、中央の対口部の実態を、司法・公安工作を担当する中央政法小組（あるときは政法委員会）のケースで見てみよう。そもそも司法部門は党の介入がもっとも強い部門であり、とくに反右派闘争で「右派」の拠点と見られた最高人民法院や司法部は、五七年一一月、「すべての裁判活動について党中央委員会の指導と監督に断固として服従」すると自己批判して党に屈伏した。五九年四月には司法部が廃止になった（第1章参照）。末端でも、人民公社に政法公安部がつくられ、それが裁判所、検察、公安のすべての機能を代行した。こうして中央レベルでは党中央の政法小組が、末端では人民公社の政法公安部が法にかかわるすべてをとり仕切るようになる。

六〇年代に入ると、最高人民法院、最高人民検察院、公安部の活動は、公安部の党グループが統一して指導するようになった（六〇年九月「中央政法機関を簡素化し管理体制を変更することについての党中央政法小組の報告」）。司法三機能をすべて公安が統括する乱暴なやり方である。こうして六〇年代半ばには、「司法系統の各分野の権力はほとんど党の各レベルの機関に移り、逮捕から裁判にいたるまで党委員会もしくは党の政法小組が決定しないと執行できず、司法機関は実質的に党の執行機関になってしまった」のである［鄭謙他『当代中国的政治体制改革之発展概要 一九四九—一九八八』一九八八年、一三八—一四〇頁］。また六三年、都市の汚職を摘発する新五反運動の際、「罪が重大で、人民の怒りが大きく、中央政法小組をへて中央の批准を得たもの以外は、殺してはならない」という最高人民法院党グループの報告が批准されている（五月一五日）［『中国共産党執政五〇年 一九四九—一九九九』一九九九年］。

こうした状況は刑法、刑事訴訟法ができた八〇年代も変わっていないようである。八〇年一月に党中央に政法委員会が復活したときの通達は次のようにいう。「〔政法委員会は〕政法各部門の工作を繋ぎ、指導し、党委員会・組織部と協力して幹部の考査、管理を行い、政策・法律・理論の研究工作を組織、推進し、党内の合同事務を組織し、重大な複雑（疑難）案件を適切に処理し、各分野で〝総合治安〞の措置の実施を組織、推進する」（八二年一月一三日「政法工作強化についての中共中央の指示」）。中央政法委員会は重大な案件を司法機関とはかかわりなく処理できるのである。

なお、ある文献によれば、重大な刑事案件を党委員会が最終的に決定する「刑事案件の党内審査・批准制度」は建国当初からあったという。反革命鎮圧運動（五一～五二年）のとき司法制度が不備で、大衆が過激な制裁を加えるのを抑えるために、逮捕、裁判、とくに死刑判決には相応するレベルの党委員会の批准、とくに重大な案件の場合は党中央の批准が必要だとしたのである。だがその後、司法機構ができてからもこの制度はなくならず、むしろ強化され、廃止が決まったのはようやく七九年九月、刑法などの施行が決まってからである［范恒山主編『政治体制改革辞典』一九八八年］。

なお、政法委員会は趙紫陽の改革で八七年にいったん廃止されて「中央政法協調小組」に再編された。だが、九〇年三月、中央政法委員会が復活した。

以上、党―国家関係について、党グループ、対口部という二つのチャネルから分析してきた。この二つのチャネルの関係は必ずしもはっきりしない。どちらかというと党グループは中央に対して報告、提案をするチャネル、対口部は逆に中央および党から行政に対して指示、命令を与えるチャネルというのが大筋のようである。この関係を次のような概念図で示してみよう［図5-4］。

党政不分——中共中央・国務院の連名通達

党政不分、党政癒着を端的に示すのが法的拘束力をもつ中共中央・国務院の連名通達である。最初の連名通達は五一年に出ているが、五五年春から多くなり、とくに五八年からは年間に二〇件近く出され、以後、連名通達は重要な拘束力をもつ「指示」となっている。その出発は五五年一月の毛沢東の指示にあるらしい。毛沢東は、財政部の党グループが国務院にあてて「これを各省党委員会に通達してほしい」と出した文書について、「政府が党委員会に命令するのはまちがっている」、「この種の内部命令は国務院が党中央と連名で出すのがよい」と指示しているのである〔『建国以来毛沢東文稿』五、一九九一年、七頁〕。

両者の連名通達は、五六年一〇月三〇日の指示（国家の行政体制の改革についての国務院の決議）、五八年三月六日の決定（中共中央に外事小組、国務院に外事辦公室を設ける）、七九年七月一日の決定（内蒙古自治区領域の原状回復）、八一年二月二〇日の指示（非合法出版物、非合法組織の禁止について）、八三年一〇月一二日の通達（人民公社の解散、郷政府の回復）など、枚挙にいとまがない。なお文化大革命期には、ただ一つの法「公安六条」をはじめ多くの通達や決定は、中共中央・国務院・文化大革命小組・中央軍事委員会の四者の連名で出されている。

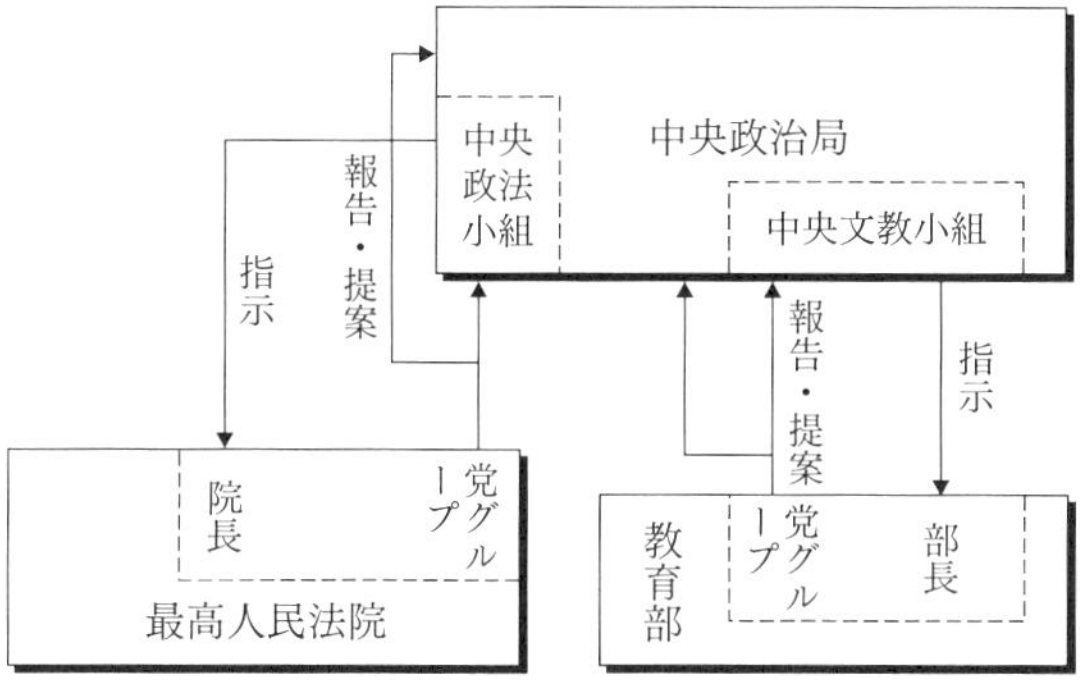

図 5-4　国務院のある部における党グループ，対口部の関係図

この中共中央・国務院連名通達方式は百家争鳴・百花斉放期、八〇年代改革期に一部から批判があったものの、「正当なもの」であり続けている。九〇年代の中共中央組織部の文献は「中国における重要な工作方式」だと次のように説明している。

「中共中央と中央政府機構の連名文書は建国以後、次第に制度化された。これには、通達・命令・決議・条例草案・規定・指示・批准転発・転発などの形式がある。国家の一連の重大な決議・方針・政策・法規・条例はいずれも中共中央と国務院、もしくは中共中央機構と政府機構の連名文書で実施される。この文書方式は、長い歴史を経て、国家の権力機関に対する党の指導を許可するための主要、かつ重要な工作方式となった」［『中国共産党内法規制度手冊』一九九七年、六三五頁］。

なお、同じ問題を扱う党と国家の機構がいくつも重なってある状況は、中国の政治体制を党・行政が混交した複雑な官僚機構としている。台湾問題を扱う機構を図示してみよう［図5-5］。

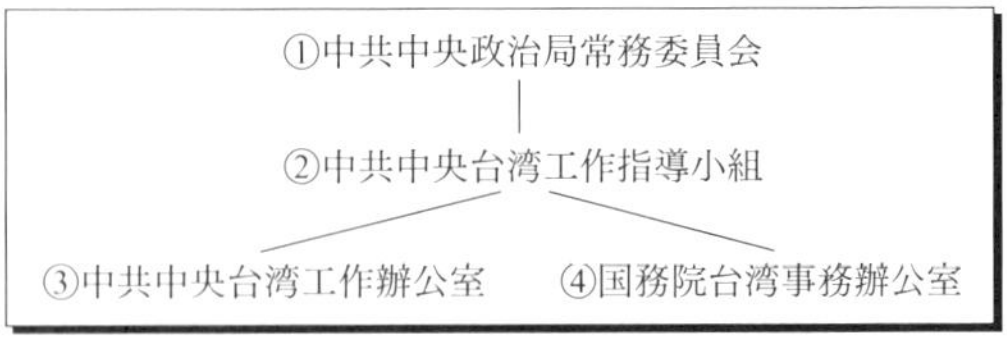

図 5-5　台湾問題と決定機構

図の①②は政策決定機構であり、③④はその執行機構と考えるとよい。だが③と④の関係、職務分掌はどうなっているのか。もとより両者の関係は融合的で、実質的に分化していない。そこで、党機構と行政機構の実体的な一体化、形式的には二つの機構、だがじつは一つの機構、つまりある機構が二枚看板を掲げるということになる。九三年七月二日の中共中央「党政機構改革方案・党政機構改革方案の実施意見についての通達」は、党の中央対外宣伝辦公室と国務院新聞辦公室、党の中央台湾工作辦公室と国務院の台湾事務辦公室は一機構、二枚看板とする、党の中央規律検査機関と国務院監察部などについては合同事務（合署辦公）とする、などを指示している［鄒錫明『中共中央機構沿革実録』一九九八年、一八九頁］。

以上のように、現代中国では党と国家、行政、司法の関係はまったくといっていいほど機能分化していない。党は間接的には党グループ、直接的には対口部を通じて国家機関や行政、大衆団体、企業の活動に何はばかることなく介入してきた。八七年の政治改革で廃止されそうになった党グループ、対口部が民主化運動を抑えつけた直後に復活したのも、これらが一党支配にとって欠くことができないものだからである。党グループや対口部が消えるとき、それは中国で一党支配体制が終わるときである。

［図5-6、5-7］は〇七～〇八年の党中央機構、国家中央機構、および両者の関係の図である。なお、軍については次章で述べる。

5　党と国家の関係——その3　党が幹部を管理する

中国政治で共産党が国家の政治生活を指導するための第三のチャネルは、党によって選抜、任免される幹部である。「党が幹部を管理する」、これは五〇年来続いている中国政治の原則である。

幹部とはなにか

中国の公式定義で「幹部」とは、(イ)国家機関・軍隊・人民団体にいる公職の要員（用務員や兵士を除く）、(ロ)一定の指導工作もしくは管理工作を担当している要員を指す（『現代漢語詞典』一九七七年）。あるいは、次のような定義もある。「国家から俸給を受け、労働人事部および（党の）組織部門の考査を経て、国家、人民に奉仕する国家職員で、指導幹部と一般幹部に分かれる」［『党政幹部大詞典』一九八七年］。

国家幹部（国家が任免し、給与を支払う幹部。農村や街道にいる末端幹部とは区別される）は次の四つからなる。①行政・司法・立法の国家機関、企業で一定ランク以上の公職についている者（行政幹部）、②党機関、大衆団体の専従活動家のうち一定ランク以上の者（党・大衆団体幹部）、③生産・医療・文化教育分野における一定ランク以上の専門家（専業幹部）、そして④軍隊幹部、である。これら幹部はソ連体制下のカードル（cadre）制度を全面的に受け入れ、中国式にそれを制度化したものである（幹部一般およびその性格については、［毛里和子「中国政治における〝幹部〟問題」一九八二年］を参照）。

なお、最新の文献［『我国目前社会階級階層結構調研報告』二〇〇二年］は「幹部階層」を次のように定義している。「党政機関・立法機関・司法機関の公務員、国有事業単位・社会団体の管理要員、軍隊幹部であり、指導幹部と一般幹部に分かれる」。軍隊幹部を除いて、幹部総数は四、一一三万、その中には全体の二七％（一、一一〇万人）に上る定年退職幹部も含まれている。

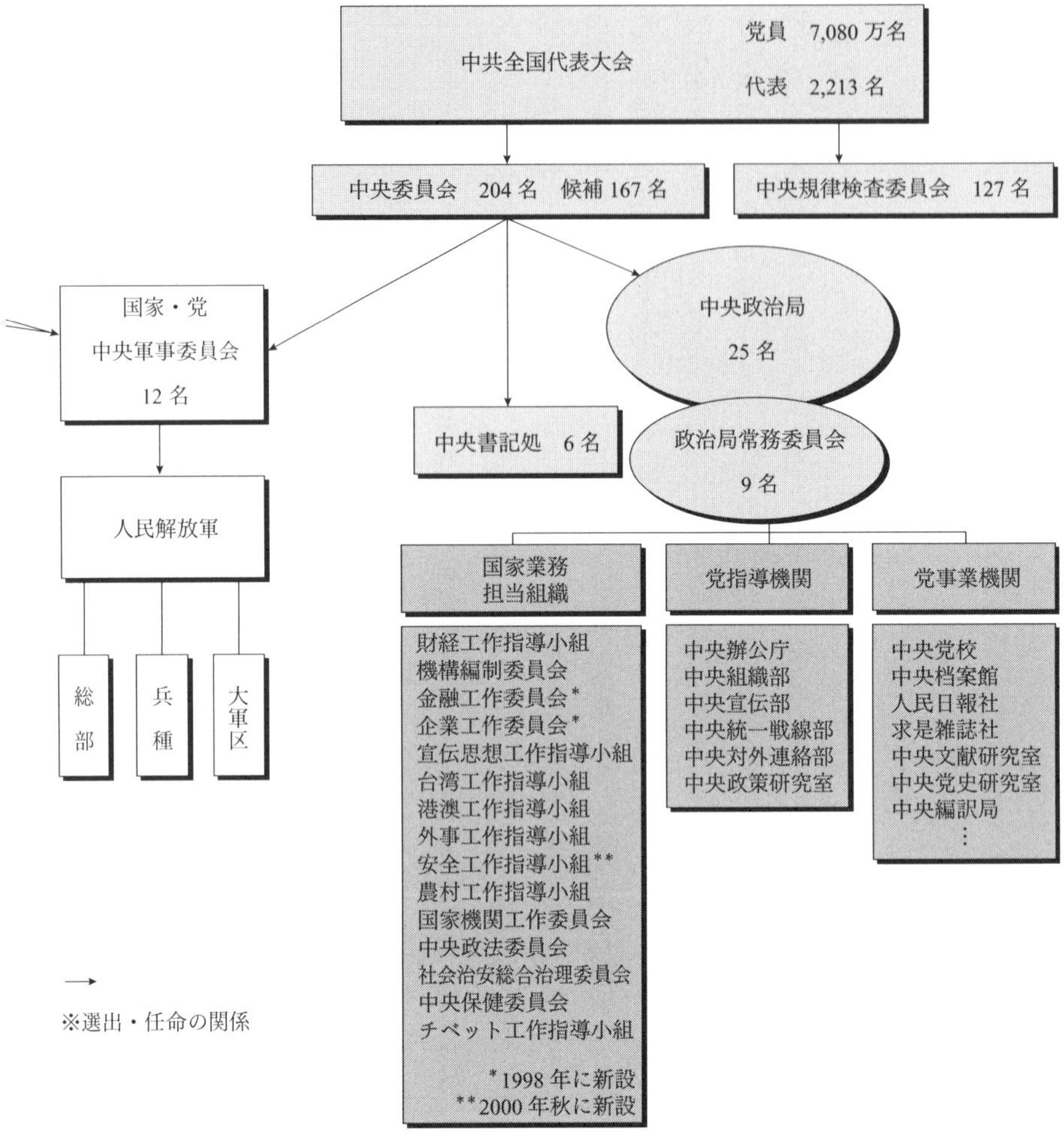

中共全国代表大会
党員　7,080 万名
代表　2,213 名
中央委員会　204 名　候補 167 名
中央規律検査委員会　127 名
国家・党
中央軍事委員会
12 名
中央政治局
25 名
中央書記処　6 名
政治局常務委員会
9 名
人民解放軍
総部
兵種
大軍区
国家業務担当組織
党指導機関
党事業機関
財経工作指導小組
機構編制委員会
金融工作委員会*
企業工作委員会*
宣伝思想工作指導小組
台湾工作指導小組
港澳工作指導小組
外事工作指導小組
安全工作指導小組**
農村工作指導小組
国家機関工作委員会
中央政法委員会
社会治安総合治理委員会
中央保健委員会
チベット工作指導小組
*1998 年に新設
**2000 年秋に新設
中央辦公庁
中央組織部
中央宣伝部
中央統一戦線部
中央対外連絡部
中央政策研究室
中央党校
中央档案館
人民日報社
求是雑誌社
中央文献研究室
中央党史研究室
中央編訳局
⋮
→
※選出・任命の関係

図 5-6a　中国共産党の中央機構（2007 年 10 月）17 回党大会

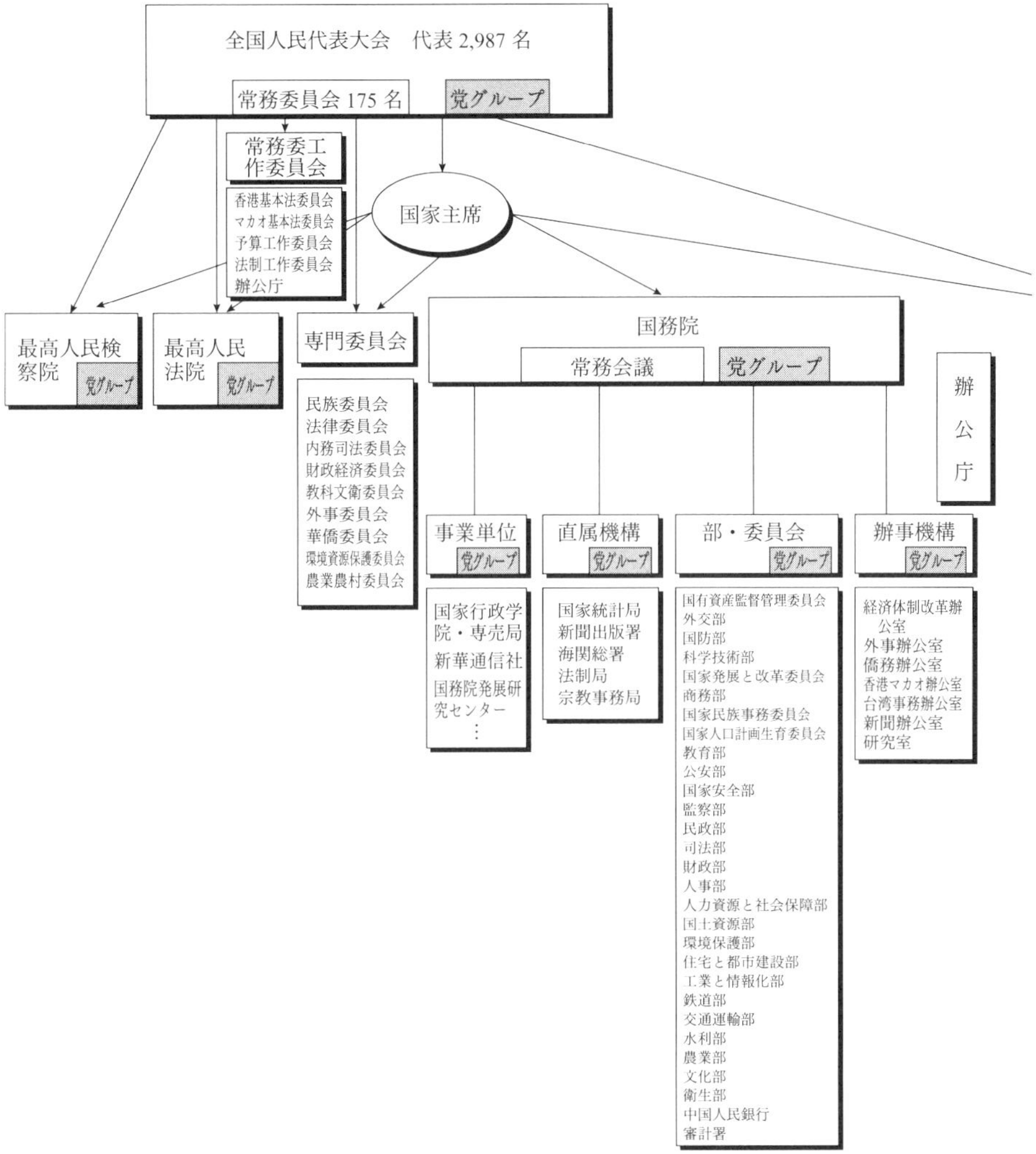
全国人民代表大会　代表 2,987 名
常務委員会 175 名
党グループ
常務委工作委員会
香港基本法委員会
マカオ基本法委員会
予算工作委員会
法制工作委員会
辦公庁
国家主席
最高人民検察院
党グループ
最高人民法院
党グループ
専門委員会
民族委員会
法律委員会
内務司法委員会
財政経済委員会
教科文衛委員会
外事委員会
華僑委員会
環境資源保護委員会
農業農村委員会
国務院
常務会議
党グループ
辦公庁
事業単位
党グループ
国家行政学院・専売局
新華通信社
国務院発展研究センター
⋮
直属機構
党グループ
国家統計局
新聞出版署
海関総署
法制局
宗教事務局
部・委員会
党グループ
国有資産監督管理委員会
外交部
国防部
科学技術部
国家発展と改革委員会
商務部
国家民族事務委員会
国家人口計画生育委員会
教育部
公安部
国家安全部
監察部
民政部
司法部
財政部
人事部
人力資源と社会保障部
国土資源部
環境保護部
住宅と都市建設部
工業と情報化部
鉄道部
交通運輸部
水利部
農業部
文化部
衛生部
中国人民銀行
審計署
辦事機構
党グループ
経済体制改革辦公室
外事辦公室
僑務辦公室
香港マカオ辦公室
台湾事務辦公室
新聞辦公室
研究室

図 5-6b　中国の中央国家機構（2008 年 3 月）

軍隊幹部を除く国家幹部は、建国当初は七二万人、五二年には二七五万人、八一年で一、九二〇万人、八三年末には二、一〇〇万人、八八年末で三千万人、二〇〇一年末で四、一一三万人といわれる。それ以外に農村などの末端幹部三千万人がいると推測されるが、いずれにせよ彼ら幹部こそ、中央の政策が執行されるかどうか、体制のカギを握る存在なのである。

二〇〇〇年代に入り、市場化が進む中で、幹部の位置も相当に変わった。それでも、国家幹部の出身について、最近の資料は次のように説明し、しかも依然として、中国には農民・労働者・幹部という「三つの身分」があるとする［中国の検索エンジン、百度百科〈http://baike.baidu.com/view/1396710.htm〉］。幹部をめぐる肝心な制度は少しも変わっていないのである。

1. 国家計画内の大学・中等専門学校卒業生。
2. 〇一年以前に地区・市級政府の人事部門で国家幹部と認定されたもの。
3. 軍隊からの退役幹部。
4. 革命に参加して幹部職を担当していた者。
5. 解放当初に自然に生まれた幹部。
6. 公務員採用試験で公務員になった者（その前に国家幹部でなかった者）。
7. 公立から民営になった学校の教師。
8. 七〇年代末に地方革命委員会が公募した教師。
9. 労働者だったが、八四〜八五年に地区・市級政府の人事部門、庁級以上の人事部門が幹部と認定した者。

なお「百度百科」は、最後に、「以上の手続きを経ていないものは、幹部身分をもてない。たとえ博士の学位を取得していても、労働者身分である」とわざわざ説明している。

表5-4　幹部を管理する部門（1953年）

幹部の分類	幹部を管理する党の部門——対口部
軍隊幹部	軍事委員会総幹部部・総政治部，軍隊内各レベルの幹部部ないし政治部
文教工作幹部	党委員会の宣伝部
計画・工業工作幹部	党委員会の計画・工業部門
財政・貿易工作幹部	党委員会の財政・貿易部門
交通・運輸工作幹部	党委員会の交通・運輸部門
農林・水利工作幹部	党委員会の農村工作部門
統一戦線工作幹部	党委員会の統一戦線部門
政治法律工作幹部	党委員会の政法工作部門
党・大衆工作幹部その他	党委員会の組織部門

出典）中国社会主義学院他編『中国共産党党内法規制度手冊』紅旗出版社，1997年，527-528頁。

党が幹部を管理する——ノメンクラトゥーラ

中国共産党は建国当初から幹部、とりわけ指導的幹部の任免、管理について直接にコントロールしてきた。五〇年に早くも党組織部副部長の安子文が、ソ連での経験に学んで党が管理する幹部リストを作成するよう毛沢東、劉少奇に提案している。五三年春には李富春（国家計画委員会主任で当時五カ年計画についてソ連と交渉中）とソ連の専門家がモスクワで幹部工作について協議もしている。五三年一一月二四日に党中央組織部は「幹部管理工作を強化することについての決定」を起草した。この決定は、幹部を次の九つに分類し、中央、地方各レベルに分けてどこが管理するかを［表5-4］のように確定している。

この決定で、すべての重要職務にある幹部は中央の対口部（五八年以降は党中央の政法領導小組など）が管理し、その他の幹部は、中央局、分局および各レベルの党委員会が管理することになった。つまり、レベルに応じて対口部が基本的に幹部管理に責任をもつ体制である。これが「幹部の分部〈部門ごと〉、分級〈レベルごと〉管理」である。

ついで、五五年一月に「中共中央が管理する幹部職務名称表」ができた。「およそ全国の各分野で重要職務を担当する幹部については中央が管理する」という原則で、党中央が管理する幹部ポストのリストを作ったのである。このリストにある幹部の任免、移動についてはすべて中央（組織部）の批准が必要になった。同年九月の中共中央「中央が管理する幹部の任免手続きについての通達」は次のようにいう。

「国家機関と大衆団体系統の幹部の任免は、党中央が任免を正式に決定し通知を出したあと、国家機関と大衆団体が党中央の決定にもとづい

表 5-5　国務院の幹部状況（1987 年）

機関名	現有幹部数	党員比	共青団員比	学歴		
				大　卒	高中専	中学以下
軽工業部	778 名	63.6%	6.2%	66　%	9　%	25　%
労働人事部	681	76.3*	7.7*	62.5	25.3	12.2
交通部	1,071	59*		60*		
国家計画出産委員会	111	76.6*	14.4*	57.7*	24.3*	18.0*
海関総署（本部）	299	73	15	63.2	11.7	25.1
国家経済体制改革委員会	113	90		67.3	24.9	7.8
新華通信社（総社）	4,007	52.8*	19.3	63.9	34.8	1.3

注）＊幹部の中の比率ではなく，職員全体の中の比率。新華通信社の全職員は 5,639 名。一般的には，機関の職員の 90%近くが幹部である。
出典）呉佩綸主編『我国的政府機構改革』経済日報社，1990 年のなかの「1987 年国務院各部門機構運転情況専題調査報告」より作成。

て、当該系統自身の任免手続きを行う」［洪承華他編『中華人民共和国政治体制改革大事記　一九四九―一九七八』一九八七年、一二六頁］。さらに、地方でも地方レベルの「党が管理する幹部リスト」を作るよう指示している（五〇〜六〇年代の幹部管理は［陳野苹他『安子文伝略』一九八五年］参照）。

党中央による重要幹部の管理という方式は、もちろんソ連の「ノメンクラトゥーラ」にならっている。「ノメンクラトゥーラ」とは、「その職につく要員が上級の党・ソビエト・労働組合などの諸組織によって批准される〝ポスト〟の目録」である。この制度は、「人事についてのあらゆる法律、規則などの上に立つ超法規的な制度である」といわれ、かつてソ連の一党独裁政治で核心的役割を果たした（旧ソ連のノメンクラトゥーラについては、［内田健一「ノメンクラトゥーラ制度の一側面」『思想』一九七七年一二月号参照］）。

幹部と党員

幹部登用の基準は時期によって違う。政治思想と専門性の双方が見られたときもあるし（紅と専）、専門性（専）が重んじられるときもあったし、文化大革命期のように政治的表現（紅）だけが重要なときもあった。だがいつの時代も、党中央が決定する重要幹部のほとんどが党員であることは変わらない。国家機関の幹部構成の実情はつかみにくいが、八七年時点の国務院の部（省）の幹部状況を示してみよう。「党が幹部を管理する」原則が八〇年代においても十分貫かれていることが分かる［表5-5］。

共産党が国家の政治生活をコントロールし続けるには、党の方針を執行する幹部とくに指導幹部がどうしても欠かせない。八七年一〇月、趙紫陽は対口部の廃止および党グループの段階的な廃止という思い切った改革に乗り出したが、幹部問題だけはきわめて慎重だった。「党の指導は政治指導、つまり政治原則、政治方向、重大な政策決定の指導、および国家機関に重要幹部を推薦し送り込むことである」と述べたし、また国家公務員制度の新設を提起しながら、政務公務員（日本でのキャリアに当たる）については、「党中央および地方党委員会は、法定の手続きにしたがい各レベルの政務公務員の候補者を人民代表大会に推薦し、政務公務員の中の党員を監督、管理する」と明言している（趙紫陽「中国の特色をもつ社会主義の道に沿って前進しよう」）。八七年一三回党大会の改革プランは画期的なものだったが、それでも「党が幹部を管理する」原則を棄ててはいないのである。

党はどのように「幹部を管理」するのだろうか。①中央（基本的には党中央組織部）が任免を直接管理する、②中央、もしくは地方党部が管理する幹部候補（後備）のリストを作成する、

幹部管理の方式

③とくに地方などについては、中央が直接任免をしないまでも、中央組織部や地方党の承認やそこへの報告を義務づける（備案という）、などの方式を使う。

五〇年代前半、中央はほとんどの指導幹部を直接管理したが、五七年に権限を地方に下放したため八、〇〇〇名となった。六〇年に権限を再び中央に回収、六〇年代から七〇年代にかけて中央は一一、〇〇〇～一四、〇〇〇名の幹部の任免権を一手に握っていたという。八三年二月、中央が直接管理する幹部を、省レベルでは党委員会の常務委員以上、正副省長、人民代表大会の正副常務委員長以上などに限定するなど、権限を地方その他に下放し、それ以来、中央は四、〇〇〇から四、二〇〇名の指導幹部を直接任命しているようである（八三年二月二日中共中央組織部「幹部管理体制を改革する若干の問題についての規定」〔『中国共産党党内法規制度手冊』一九九七年、五二九―五三一頁〕）、〔王敬松『中華人民共和国政府与政治　一九四九・一〇―一九九二』一九九五年、二六〇頁〕。

中央がどのランクの幹部までを直接管理しているか、九〇年五月一〇日の中共中央組織部の通達「中共中央が管

表5-6　中共中央が直接管理する幹部職（1990年）

組　織	幹部職
党中央	中共中央候補委員以上，中央軍事委員会の委員以上，中央顧問委員会の正副秘書長以上，中央規律検査委員会秘書長以上
党機関	中央領導小組のメンバー以上，中央辦公庁・中央各部の正副責任者以上，中央党校校務委員以上，中央政策研究室正副主任，人民日報社などの編集委員以上
国家機関	国家正副主席，全国人民代表大会常務委員以上・専門委員会正副主任，全国政協常務委員以上，最高人民法院・検察院党グループメンバー以上
国務院	国務委員以上，各部・委員会（省）の正副の部長・主任・行長，党グループメンバー以上 中国科学院・社会科学院の正副院長・党グループメンバー 新華社の正副社長，党グループメンバー 大使・総領事・在外常設機構の正副代表
大衆団体	全国総工会正副主席・書記・党グループメンバー 共産主義青年団第一書記・書記，全国婦女連合会正副主席・書記・党グループメンバー 文芸界連合会，作家協会などの正副主席・党グループメンバー 全国新聞工作者協会の正副主席・執行理事長・党グループメンバー
省レベル	党委員会・顧問委員会の正副書記・常務委員，政府の正副省長・正副主席 人民代表大会常務委員会の正副主任・政協会議正副主席，高級人民法院・検察院の長

出典）中国社会主義学院他編『中国共産党党内法規制度手冊』紅旗出版社，1997年，536-539頁。

理する幹部の職務名称表（ノメンクラトゥーラ）の改訂について」で示そう［表5-6］。

なお、次のような国有銀行・国有企業の責任者も中共中央組織部からの任命である。

中国工商銀行・中国農業銀行・中国銀行・交通銀行・中国人民保険公司の行長・副行長、董事長・副董事長。中国船舶工業総公司・中国石油化工総公司・中国石油天然ガス総公司・中国統配煤炭礦鉱総公司・中国核工業総公司・中国兵器工業総公司・中国有色金属工業総公司・中国海洋石油総公司の総経理・副総経理・党グループの書記・副書記・成員、中国全国供銷合作総社の理事会主任。

おそらくはこれらの総数が四、二〇〇名前後になるのだろう。なおいわゆる「高級幹部」とは、党・国家機関各部門、人民団体の正副部長（正副主任）、および地方機関の省長以上の幹部で、ほぼ一、〇〇〇名にのぼる（九〇年一二月一三日中共中央保密委員会「高級幹部の党・国家秘密の保守についての規定」［『中国共産党党内法規選編（一九七八―一九九六）』一九九六年、五一二―五一四頁］）。

中央が管理する幹部の次期候補者も当該単位の上級党組

表5-7　幹部の構成（1988，2001年）

年	幹部総数	党政群機関幹部	事業体の管理技術専門家	企業体の管理技術専門家
1988	2,700万人	560万人（20%）	1,000万人（37%）	1,100万人（40%）
2001	4,113万人	708.6万人（17.2%）	2,014.9万人（50.2%）	1,339.5万人（32.6%）

出典）1988年：中国社会調査所編『中国国情報告』899頁；2001年：『党建研究』2002年12月号。

表5-8　幹部の学歴（2001年）

年	幹部総数	大学・専科以上	高中・中専以上	小学校，それ以下
1997（年末）	4,019.2万人	1,773.6万人（44.1%）	—	371.4万人（9.2%）
2001（年末）	4,113万人	2,237.5万人（54.40%）	—	—

出典）1997年：樊天順・趙博主編『中国共産党組織工作大事記』1991年，中国国際広播出版社，428頁；2001年：『党建研究』2002年5月号。

織部からあらかじめ選定される。八三年一〇月五日の中共中央組織部「省・〔国務院〕部レベルに候補幹部を作ることについての意見」は、「党と国家の方針・政策の連続性と継承性のために」、省レベルと国務院部レベルの候補幹部（後備幹部）一、〇〇〇名（省は六〇〇名、部は四〇〇名。うち書記クラス二〇〇名）を当該省・部の党委員会が選んでおくよう指示した［『中国共産党党内法規選編（一九七八―一九九六）』一九九六年、三三九―三四二頁］。

また省政府は、庁・局長クラスの幹部の任免を中共中央組織部に届けなければならないし、省の組織部正副部長については中央組織部による承認が必要となる。こうした、地方に対する人事管理は、大きな財政権限を得たことで「地方の時代」となった九〇年代において地方を縛る大きな効果をもった。「党は幹部を管理する」原則はまた、中央が地方をコントロールするための重要な手段ともなっているのである［唐亮「省指導体制と人事による中央統制」二〇〇〇年、二四九―二七四頁］。なお、地方党だけでなく、地方の国家機関幹部を実質上管理しているのも党である。地方の党は、地方の人民代表大会常務委員、人民政府のメンバー、法院と検察院の院長、その他党委員会が管理する機関のトップを推薦する、という重要な職務を負っている（九〇年一月一二日「地方党委員会が地方国家機関に指導幹部を推薦することについての中共中央の若干の規定」［『中国共産党党内法規制度手冊』一九九七年、五九五―五九七頁］）。

幹部にかんするデータ

最後に、四、一〇〇万にのぼる「幹部」とはどのようなひとびとなのか。〇一年のデータを見てみよう。なお、八八年データ（［表5-7］）では、党政群機関幹部五六〇万人中、党務系統の幹部は六〇万人である。今日ではおそらく党務系統幹部は八〇万〜一〇〇万人だと推定される。

なお九七年データ（［表5-8］）では、四、〇〇〇万人の幹部のうち、中共党員は一、五二七・三万人で三八％、民主党派は二二・四万人で〇・六％である［中共中央組織部研究室編『党的組織工作大事記（一九九三―一九九七）』一九九九年、四二八頁］。

［表5-7］、［表5-8］などのデータから、幹部の六人に一人は党政機関の管理者、つまり党政を含む「官僚」であり、最近になると、幹部の半数以上が大卒の高い学歴をもち、党員が全体の三分の一を占めるという大まかな傾向を見てとることができる。党員と同様、幹部の専門家、エリート化が急激に進んでいるのである。

以上、党と国家が密着した関係を、党グループ、対口部、そして幹部という三つのチャネルから分析してきた。八〇年代後半に厳家祺など改革派の学者が「党政分離」を強く主張し、一三回党大会ではその一歩を踏み出した。だが、以上の分析から見られるようながっちり張り巡らされたネットワークを断ち切るのは容易なことではない。八九年天安門事件後すぐに旧態に戻ったことは、この体制の回復力と強靱さを如実に示したし、このネットワークがあるからこそ体制の安定が続くのである。

第6章　政治的軍隊——人民解放軍

1　革命軍か国防軍か、党軍か国軍か

解放軍の総兵力

中国の武装力は、人民解放軍、公安部隊および警察であり、「人民に所属する武力」として出発し、独立と領土主権の保守、革命の成果と人民の合法的権益の保守がその任務であった（一九四九年九月の共同綱領第一〇条）。

中国の武力を政治の面から考察すると、五〇年余りたえず二つの基準の間をゆれ動いていたことがまず指摘できる。一つは中国軍が革命の軍隊か、国防の軍隊かであり、もう一つは党の軍隊か国の軍隊か、である（この点については、［平松茂雄『中国人民解放軍』一九八七年、川島弘三『中国党軍関係の研究』一九八八・八九年］など参照）。「［中国を転覆する］戦争の危険は当面ない」と認識し始める一九八〇年代後半から、軍は任務を国防に特化するようになるが、党の軍隊であることはやめていない。本章では、中国の軍隊の政治的役割を、中国軍の特殊な性格、文化大革命での軍隊の介入の意味と結果、そして党と軍の関係の三点から論じる。

まず、中国人民解放軍はどれくらいの武装力だろうか。［表6-1］は、中国側が公表した数字による中国軍の量的な変遷である。この表から、朝鮮戦争時および米ソ両大国と対峙していた七〇年代初めに大幅に増大しているのが分かる。『中国武装力量通覧　一九四九〜一九八九』によれば、五二年から何回か削減して五八年には総数二四〇

表 6-1　中国軍の兵員

年	兵員（人）	出　所
1945 年　8 月	1,270,000	『中国国情報告』1084-1085 頁
1949 年　6 月	4,000,000	同　上
1951 年 11 月	6,110,000	同　上
1952 年 11 月	4,418,000	同　上
1956 年	3,830,000	1956 年 11 月 25 日の通達
1972 年　9 月	5,950,000	『"文化大革命" 中的人民解放軍』
1976 年	6,100,000	同　上
1982 年　7 月	4,238,210	1982 年人口センサス
1985 年　5 月	3,235,000	1995 年 11 月「軍縮白書」
1990 年　7 月	3,199,100	『"文化大革命" 中的人民解放軍』
2000 年 11 月	2,500,000	2000 年人口センサス
2002 年	2,500,000	2002 年国防白書
2010 年	2,300,000	2010 年国防白書

万になったが、文化大革命期にまた拡大、七〇年代前半には六〇〇万人を越えた。その後国際的な緊張緩和と改革開放政策で、八〇年代に三回削減され、九〇年には三二〇万人となっている。

注意しなければならないのは、「正規の軍隊」の意味である。人口センサスも含めて、軍人だけを意味するのではなく、「軍籍にある者」という広い概念なのである。たとえば、七二年九月の総兵力は五九五万人というが、軍以下の戦闘部隊は三〇六万人、全体の五一・四%にすぎず、全体の半分は非戦闘員なのである［李可他『〝文化大革命〟中的人民解放軍』一九八九年、三六四頁］。

もう一つ注意すべきなのは、正規の武装力以外の武装力、つまり民兵である。新権力を生み出したのが日中戦争と内戦だったという事情から、中国は建国以来全人民の武装という観念をもち、五二年からは民兵を制度化した。民兵の総数は掴みにくいが、五三年末には三、三四〇万人（うち基幹民兵二三四万人）、五七年が四、九〇〇万人、人民戦争論が提起された五八年末には二億二千万人にのぼったといわれる［鄧礼峰編『新中国軍事活動紀実 一九四九―一九五九』一九八九年、五六頁］。だが八〇年代から近代化政策のもとで民兵の数はかなり減っていると見られる。

党の軍隊

人民解放軍は一九二七年の建軍以来、共産党が指導する軍隊であり、党の力の源泉であった。軍隊内の党員比率は高い。四九年末には四四九万の党員のうち軍隊内党員が二三・九%だったというから、軍内党員は一〇七万、つまり軍の党員比率は二五%ということになる。五七年の計画では軍隊党員を全党員一、三九〇万人の七・四%にしようとしているから一〇三万、軍の党員比率は二七%、六四年に同じ計算をすると、軍隊内党員は一四〇万、党員比率は（党員総数を五〇〇万人と仮定して）二八％、八七年末には軍隊内党員が一三四万、兵員総数を三五〇万と仮定して、軍隊内の党員比率は三八％ということになる。こうして見ると、軍はまさに党の母体なのである。

中国軍がたとえばソ連やアメリカ、インドネシアの軍隊と大きく異なる点が二つある。一つは、軍隊の任務が戦闘、防衛に限られず、生産活動、政治活動も本来の任務にしてきた点である。二九年一二月、中国軍がまだ「紅軍」だったころ、軍隊は革命の政治任務を執行する武装集団であり、戦闘以外に、宣伝、組織、大衆の武装、革命権力や共産党組織の樹立を固有の任務とする、と確定した（紅軍第四軍の第九回党代表大会――いわゆる古田会議の決議）。四二年には、共産党の軍隊は、戦闘、生産、政治工作の三大任務をもつことがはっきりうたわれた。新中国になってからもその原則は引き継がれた。四九年九月の共同綱領には、「中華人民共和国の軍隊は平和時期には、軍事任務を妨げないという条件で、農業、工業の生産に計画的に参加し、国家の工業建設を助ける」とある。中国軍は、国防軍、革命軍、生産軍というさまざまな顔をもっているのである。

第二の特徴は、一貫して共産党が指導する武装力であり続けていることである。新中国は、日本軍との戦闘、国民党との戦闘に軍事的に勝利することで生まれた。勝利できた所以の第一は、その軍隊が共産党の指導下できわめて強い愛国心、規律、戦闘意欲をもっていたからである。この点は、今日まで中国軍の歴史的遺産である。

鉄砲から政権が生まれる

三八年一一月、延安の洞窟で毛沢東は次のように述べた。

「共産党の一人一人が〝鉄砲から政権が生まれる〟という真理を理解すべきである。われわれの原則は、〝党が鉄砲を指揮する〟のであって、鉄砲が党を指揮するのはけっして許さない。……だが、延安のすべては鉄砲が作り出したものである。鉄砲からすべてのものが生まれる……」（「中国革命の戦争と戦略の問題」）。

この原則は、半世紀以上をへた今も変わっていない。これまで、実質的に中国軍を国防の軍隊に変えようという試み、国家の軍にしようという制度的工夫がなされたことがないわけではない。だが、理念的には中国軍はずっと、毛沢東時代も鄧小平時代も、ポスト鄧小平時代も、党の軍隊、国防と建設と政治工作の三つの任務を合わせもつ軍隊であり続けている。

したがって、党－軍関係は、国家機構と党との、建前上は分業で、実質的には融合した複雑で錯綜した関係とくらべて、ある意味ですっきりしている。党の指導は、軍内の政治委員制度および網の目のように張り巡らされた党委員会などを通じて赤裸々に行われる。むしろ問題は、「党が鉄砲を指揮する」が、軍の政治介入によって「鉄砲が党を指揮する」に変わる危険性である。後に述べるように文化大革命期にそれが現実になった。

中国軍が正規軍として動きはじめるのは、朝鮮で休戦協定が結ばれ、中国がホッと一息ついたときである。五三年末から翌年初めに軍事分野の全国高級幹部会議が開かれたが、解放軍の指揮系統、編制の根本的見直し、正規化、武器装備の近代化を議論した。この会議は、半義務兵役制、軍の階級制、俸給制の三大制度と、軍隊内の党委員会を通じて党の指導を強化することを決めた。「党委員会の統一的集団指導下の首長責任制」である。党による政治指導と軍の首長の軍事面での指揮（軍令）権を並立させることで、党軍か国軍かのジレンマを解消しようとしたのである。この体制は五〇年代いっぱい続いた。

だが、軍の正規化に熱心な彭徳懐国防相、黄克誠総参謀長が五九年夏に「反党グループ」とされて失脚し林彪がその後をついでから、軍建設は「政治第一」、「政治が支配する」に変わっていった。国防軍ではなく、革命の軍隊が正面に出てきたわけである。軍の政治的発言力は強まり、文化大革命期の政治への全面介入につながっていく。

六〇年九～一〇月の中央軍事委員会拡大会議で林彪国防相は、「四つの第一」（政治要素、政治工作、思想工作、生きた思想第一）を提唱、とくに毛沢東思想の一字一句を学ぶことが軍の強化につながるとした。それに批判的な譚政総政治部主任は失脚した。この会議の決議にそって六三年三月に解放軍の政治工作条例が出された。この条例は、「人民解放軍に対する党の絶対的指導を実現するために」党委員会制を強化することを目的にしており、第二条に次のようにいう。「部隊内のすべての重大問題は、緊急の状況下で首長が臨機に処断できるもの以外、すべての問題はまず党委員会の討論で決定する」。軍内の党委員会はこうして軍の指揮官の上に立つようになり、軍の政治化がますます進んだ。

次節で述べるように、文化大革命期には軍は、毛沢東の個人崇拝、軍のもつイデオロギーと物理的力によって、政治を決定的に左右するようになった。文化大革命の結果、革命委員会主任をほとんど軍人で占め、党中央にも軍人が大量に進出したため「党の軍化」［川島弘三、前掲『中国党軍関係の研究』一九八八・八九年］状況が生まれ、「党の指揮」が危険にさらされた。七一年九月の林彪事件（林彪一家が毛沢東の暗殺を計画、失敗してソ連に脱出する途中モンゴル上空で撃墜された、とされる事件。だが真相はいまもって不明である）は、「鉄砲が党を指揮する」危険をつぶすための周恩来らによる「予防クーデター」だったともいえるのである。

近代化時代の「戦略的転換」

「四つの近代化」が国是および党是となってから軍の役割も変わってきている。七八年六月の解放軍政治工作条例は、軍の規律回復、戦闘力の強化、政治委員の役割の限定化、地方党委員会の指導強化などをうたったが、軍を専門の国防軍として政治から切り離すことに腐心している。そして八〇年代半ばに党中央の国際情勢や安全保障についての認識が根本的に変わったことが中国政治における軍の役割減少を決定的にもたらした。八四年一一月に鄧小平中央軍事委員会主席は、国の総方向は経済建設にある、軍隊はその総方向に従うべきだ、「情勢が好転すれば国力が強くなる、そうなれば、核兵器も近代的装備も軍はもてるようになる」と述べたが（中央軍事委員会座談会）、その線にそって翌年五～六月の中央軍事委員会拡大会議で、兵員を百万人削減する「戦略的転換」が行われた。その後二年間で、中国軍は四〇〇万から三〇〇万余りになった。

この「戦略的転換」は「戦争は近い将来起こらない」という判断からきている。右の中央軍事委員会で鄧小平は、世界戦争をおこす〝資格〟があるのは米ソだが、いずれも破壊性武器をもっており、軍事的パリティができているために、どちらも絶対的優位には立てないし、敢えて手が出せない、したがって戦争はこれからかなり長い間避けられる、と述べたという［秦耀祁主編『鄧小平時期軍隊建設思想概論』一九九一年、四二頁］。さらに八六年四月には

「戦争は不可避だというこれまでの観点を改めた、戦争は避けられるし、平和を手にするのは可能だ」と明言している（ランイ・ニュージーランド首相との会談）。

このように、八〇年代に東西の緊張が緩和し中国自身「経済第一」に転換したため、中国の軍は政治から後退した上、経済発展に従属するようになった。かつて軍は、党・国家とともに中国政治の主体的アクターだった。だが九〇年代の軍は、主体から従属因子に変わりつつあるようである。

ところが、八九年の天安門事件のときに中国軍の新しい顔があらわになった。中国の指導部は、民主化運動を鎮圧し、体制を維持する物理的力として軍に頼らざるを得なかった。軍は共産党独裁体制を維持するための「治安軍」、裸の強制力として初めて立ち現れ、その〝功績〟によって一時は「鉄砲が党を指揮する」動きもなかったわけではない。

だが軍のこうした動きが、文化大革命期のような軍の政治化、「鉄砲が党を指揮する」状況にもどることはあり得ない。六〇年代にあった中国を囲む厳しい国際環境も東西対立もないし、なにより中国が経済発展第一の方針を変えられないからである。

このように、「党が鉄砲を指揮する」原則は、紆余曲折はあったにしてもなんとか貫かれてきた。それ自体問題はあっても、中国式シビリアン・コントロールである。近代化時代の新しい問題は、党ではなく「国家が鉄砲を指揮する」原則とシステムを作り出すことである。だがこの道は遠い。党自身、党軍の国軍化、政治的軍隊の脱政治化をどうしても進めようとしないからである。党軍こそ一党独裁をささえる唯一の物理的力なのである。

軍の統帥権

ところで、制度上中国の軍はどこが統帥しているのだろうか。建国のときは中央人民政府の人民革命軍事委員会（主席・毛沢東）が統率していた。五四年憲法で、国家主席（毛沢東、五九年から劉少奇）が「全国の武装力を統率し、国防委員会主席の任に当たる」ことになった。いずれも、国家の軍隊という建前だった。だが五八年の中央軍事委員会で重大な変化があった。会議は「軍隊の組織・体制の変更についての決議」

(草案)で、「軍事委員会は党中央の軍事工作部門であり、全軍を統一指揮する統帥機関である。軍事委員会の主席は全軍の統帥である。軍事委員会の下に総参謀部、総政治部、総後勤部を設ける」と決め、軍の統帥権が党の中央軍事委員会のものであることを明確にしたのである［鄧礼峰編、前掲『新中国軍事活動紀実』一九八九年］。そしてこの体制は基本的に今日までずっと続いている。

ところが、文化大革命を通じて、党が軍を指導する原則はより直截に明示された。九回党大会(六九年四月)党規約の「人民解放軍は党の指導を受けなければならない」という原則は、七五年憲法、七八年憲法で「人民解放軍と民兵は、中国共産党の指導する、労働者・農民の子弟兵であり……、中国共産党中央委員会主席が全国の武装力を統率する」と確定された(第一五、一九条)。

これが変わったのが八二年である。八二年憲法は、「中華人民共和国の武装力は人民に属する」(第二九条)とするとともに、中央軍事委員会(主席・鄧小平、その後江沢民)が「全国の武装力を領導する」(第九三条)としたのである。同時に国家中央軍事委員会を新設して、国家による軍の掌握という形式を作り上げようとした。だが、後に述べるように、国家中央軍事委員会と党の中央軍事委員会は、機能面、構成などがまったく同じ、一つの組織である。したがって国家中央軍事委員会の新設は、一種のからくりにすぎない。

九七年国防法の制定と党・軍関係

党–軍関係をこれまでになく明瞭にしたのが、九七年三月の全国人民代表大会八期五回会議で採択された国防法である。国防法はまず、中央軍事委員会の職権を次のようにはじめて明確に規定した(第一三条)。

1. 全国の武装力を統一指揮する。
2. 軍事戦略と武装力の作戦方針を決定する。
3. 解放軍の建設を指導し、管理する。
4. 全国人民代表大会・同常務委員会に議案を提出する。

5. 軍事法規を制定、命令する。
6. 解放軍の体制と編制を決定する。
7. 武装力成員の任免などを決定する。
8. 武装力の装備体制などを決定する。
9. 国務院と共同して国防経費と国防資産を管理する、その他。

以上によって、（党と国家の）中央軍事委員会が軍事にかんするすべての領導機関であることがはじめて国法に定められたのである。

解放軍は党軍である

国防法がもう一つ画期的なのは、軍に対する党の指導を法律で規定したことである。第一九条は、「中華人民共和国の武装力は、中国共産党の領導を受け、武装力内の共産党組織は中共党規約にもとづいて活動する」、としたのである（国防法は、『人民日報』九七年三月一九日）。国軍ではなく党軍であることをこれほど明晰にした文書はない。近代化のなかで「国軍化」が求められているのに、なぜ、国法に「党の領導」をあえてうたったのだろうか。

国防法の起草を指導した遅浩田国防相（中国軍事委員会副主席）は、「国防法で武装力に対する党の領導を明確に規定したのは特殊に重要な意味があり、中国の特色をもつ、堅持すべき原則である。……〝党が鉄砲を指揮する〟原則を法律化したものだ」と説明した（『解放軍報』九七年三月七日）。敢えて法律化したのは、一つは党・国家・軍の三位一体が崩れることは即体制の崩壊につながる、という認識が中国のリーダーの脳裏にたたき込まれているためだろう。ソ連崩壊の政治要因は、党の崩壊、そして軍の党からの離脱であったし、天安門広場の「危機」を救ったのは長老たちと解放軍だからである。

もう一つは、九六年の台湾総統選挙の際、海峡に向けたミサイル演習をして緊張した経験である。当時若い将校の間で対台湾主戦派が台頭し、指導部、とくに外交部を強く批判したと伝えられた。おそらくは、台湾をめぐる紛争が今後最大の緊張となる可能性がある中、党の指導下に軍をがっしり押さえておくことが体制の維持、台湾問題の「解決」に不可欠、と考えたのだろう。いずれにせよ、「国軍」化の道はまた一歩遠のいたのである。

2　党と軍の関係——その1　文化大革命と軍

すでに第1章で述べたように、文化大革命において毛沢東は奪権と自らの革命のプログラムを実現するために、はじめは年若い紅衛兵を、ついで毛沢東思想で武装した解放軍を使った。その道を切り開いたのが林彪である。

林彪下の政治第一

一九五九年九月、彭徳懐に代わって国防相、中央軍事委員会第一副主席になった林彪は解放軍を毛沢東思想で固めるために奔走した。翌年一〇月の中央軍事委員会拡大会議では「毛沢東思想の赤旗を高く掲げ、毛沢東思想を学びとろう」、あるいは「毛主席の書物を読み、毛主席の話を聞き、毛主席の指示にしたがって事を行い、毛主席のよい戦士になろう」と呼びかけ、政治第一など「四つの第一」にもとづく政治思想教育が軍強化の要であると強調した（「軍隊の政治思想工作を強化することについての決議」）。

六一年五月から六四年五月まで、軍の機関紙『解放軍報』には毛沢東の言葉が『毛主席語録』として連載され、それが文化大革命期に紅衛兵たちが手にした赤い『毛主席語録』となった。序文はもちろん林彪が書いた。六五年五月、人民解放軍から階級制がなくなった。将兵平等の革命の軍隊を狙ったのである。ついで同年一一月には、毛主席の著作を活学活用しよう、「四つの第一」を堅持しよう、近接戦、夜戦に強くなろう、などの「政治突出の五原則」が出された。同年末の全軍政治工作会議は林彪の言葉——毛沢東思想は現代のマルクス・レーニン主義の最高峰であり、毛主席の著作は解放軍の最高指示であり、毛主席の言葉一つ一つが真理である——を受けて、その五原則を確認した。六二年には政治第一に不満な譚政総政治部主任を、六五年末には「政治第一」と人民戦争論に批判的な羅瑞卿総参謀長を蹴落とし、軍内で林彪に対抗するものはいなくなった。こうして解放軍は毛沢東に盲従する林彪のもとで「毛沢東思想の学校」になっていく。

文化大革命への介入と「三支両軍」

六六年五月に文化大革命が発動されたとき、軍の特殊性を考慮して軍隊内での文化大革命には慎重だったし、軍隊外の文化大革命には介入しない、という原則が守られていた。だが一〇月五日の中央軍事委員会・総政治部「軍事学校での文化大革命についての緊急指示」で、軍事大学などでも大鳴・大放・大弁論・大字報の文化大革命を進めることになった。以後、軍内では穏健な軍主流（陳毅・聶栄臻・葉剣英・徐向前など）と林彪派の間で激しい対立が続くが、結局、毛沢東の支持をとりつけた林彪派が勝利を収める。

軍隊の介入は、六七年一月二一日の毛沢東の次のような林彪宛指示でお墨付きが出た。

「林彪同志へ：〔安徽省軍区の稟請に対しては〕軍隊を派遣して左派大衆を支持すべきだ。今後真の革命派が軍隊の支持や援助を求めてきたらすべてこうしたらよい。〝軍隊は不介入〟というが、これはインチキだ。とっくに介入しているではないか。この件について改めて命令を出し、これまでの命令は取り消すように」〔李可他、前掲『〝文化大革命〟中的人民解放軍』一九八九年、二二七頁〕。

六七年一月二三日、中共中央・国務院・中央軍事委員会・中央文革小組の連名で、「人民解放軍が断固革命左派大衆を支持することについての決定」が出た。「決定」は毛の指示を受けて、「問題は介入か不介入かではなく、どちらの側につくか、革命派を支持するか、保守派ひいては右派を支持するかの問題だ」とした上で、次のように命じた。「①軍隊は地方の文化大革命に介入しないというこれまでの指示は一律に廃止する、②広範な革命左派大衆の奪権闘争を積極的に支持せよ、③革命左派に反対する反革命分子、反革命組織を断固鎮圧せよ、彼らが武力を使ったら軍隊は断固反撃せよ。……」。

軍の全面介入で文化大革命は新しい、より混乱した局面を迎えることになる。地方の造反派間の抗争が血で血を洗う惨劇となったし、六七年七月の武漢事件（武漢軍区司令陳再道を支持する大衆団体「百万雄師」が林彪系の造反派と対立、中央文革小組の謝富治や王力を監禁したことから、軍同士が衝突した事件）に示されるような内乱状態まで生まれた。

三月一九日には中央軍事委員会名で「三支両軍についての決定」が出された。三支両軍とは、左派・農民・労働者の三者を支持し、各機関で軍事管制と軍事訓練を行うことである。この「決定」によって、部隊は三分の一から三分の二を投入して「三支両軍」を進め、軍事学校などでも左派支援のために出動することになった。だが左派とは何かをめぐって現場では当然混乱した。六七年四月から五月にかけ、内蒙古軍区ではどちらの「左派」を支援するかで激しい武力抗争が続いている。

軍事管制は、軍が進駐した各機関で、軍事管制委員会を組織するか、あるいは軍代表を派遣するかという二つのやり方で進められた。すでに六七年二月段階で軍事管制下の単位は全国で六、九〇〇（公安、郵便・電話局、新聞社、銀行、倉庫、監獄など）、一〇の一級行政区となった。その範囲はますます拡大し、ある部隊が別の部隊に軍事管制を行うという異常な事態も生まれたという。他方軍事訓練は、小学校高学年以上の生徒、学生、教師を相手に年間二〇日間、一日四時間ずつ行われた。

軍事独裁の危機

結局、七〇年末までに「三支両軍」に加わった解放軍の将兵は延べ二八〇万人、七〇年時点でもまだ四〇万人余りの将兵が軍事管制に残っていたという。だが軍の介入は文化大革命の混乱を鎮めるどころか、ますます拡大させ、悲劇的なものにした。七一年に党組織が回復し、林彪事件も一段落すると、ついに党中央は「三支両軍」をやめざるを得なくなる。七二年八月、中共中央・中央軍事委員会は、党委員会が復活したところでは、軍に代わって地方党委員会が一元化指導を行うこと、軍事管制を直ちに止め、管制要員は原隊に復帰せよ、左派支援機構を廃止せよ、と命じた。こうして全国の各機関は五年ぶりに軍事管制から解放されたのである（三支両軍については、［李可他、前掲『〝文化大革命〟中的人民解放軍』一九八九年、二二五―二四八頁］参照）。

軍の全面介入で次のような弊害がもたらされた。①軍隊の左派支援は、大衆組織の対立と抗争をいっそう熾烈なものにした。②軍隊幹部が地方幹部に代わって地方を掌握するようになった。六八年夏に全国で成立した省レベルの革命委員会中、二〇省で軍人が主任となり、県レベル以上の革命委員会主任のほとんどは軍人が就いた。北京市は七八％、広東は八一％、遼寧は八四％、山西は九五％、雲南は九七％、湖北は九八％にのぼった［李可他、前掲『"文化大革命"中的人民解放軍』一九八九年、二四四頁］。革命委員会ははじめ、軍・党・政の「三結合の臨時権力機構」だとされたが、じつは軍がほとんどを握っていたのである（革命委員会については第1章6参照）。③軍および軍人の横暴と特権意識。文化大革命中に軍が徴用した一般の家屋は一、八〇〇万平方メートルに及んだという。

軍の政治進出、勢力増長は九回党大会のリーダーシップを見れば一目瞭然である。新しく選ばれた中央委員および同候補一七九人中、軍人は四五％を占めた。ちなみに五六年の八回党大会では三〇％である。また新政治局では、二一人のメンバー中一二人が軍人である。軍の勢力が突出した毛沢東・林彪体制は、軍を軍事独裁への野望につき動かし、ついに林彪派の「クーデター」とその鎮圧（七一年九月の林彪事件）へと行き着いた。

文化大革命は「党が鉄砲を指揮する」という中国革命以来の鉄則を破った。毛沢東は軍を支配し切れるという自信があるからこそ、奪権に際して、また混乱を収拾するために軍を使った。だが、毛沢東には六〇〇万近くに膨れあがった軍をコントロールする力はもはやなく、逆に軍からの挑戦を受けることになった。紅衛兵に裏切られ、解放軍には手を噛まれ、文化大革命に懸けた毛沢東の壮大なロマンはもろくも潰え去るのである。

三線建設と経済の軍事化

文化大革命期の党－軍－国家の関係でもう一つ注意すべきことは「経済の軍事化」である。すでに六四年秋からベトナム戦争の激化にともなう米軍の沿岸侵攻に備えて重工業を奥地に移転していたが（三線建設）、六九年からはソ連との軍事対決に備えるため、国務院の国防工業部門が軍事系統に編入されたのである。六九年一〇月一七日林彪は、「戦備を整え、敵の不意の攻撃を防ぐ緊急指示」を出し、全軍に準備体制に入るよう指示した（もっともこれは、毛沢東の手ですぐに取り消された）。一二月には、国防工業指導小組が中央軍事委員会のもとにでき、国防工業の軍による統括が始まった。国務院の第二（原子力）、第三（航空機）、第四

(電子通信)、第五(通常兵器)、第六(艦艇)、第七(ミサイル)の各機械工業部が国防科学委員会、空軍、総参謀部など軍系統に帰属したのは七〇年六月、同九月には国家体育委員会が総参謀部、国家海洋局が海軍、民航局が空軍の管轄下に入った。大軍区が多くの重工業企業を管理するようになった。

三線建設は六四年、第三次五カ年計画の構想を審議するプロセスで毛沢東によって提起された。人民の食・衣・日用品の問題をまず解決しようとする国家計画委員会の原案に対して、毛沢東は、「農業・国防工業という二つの拳と基礎工業という一つの腰」論を主張したという。またソ連型計画経済に不信感を募らせていた毛沢東は直属の「小計画委員会」を設置し、腹心の余秋里(石油工業相)を主任に、陳伯達をメンバーに加えたといわれる。

この経済基地移転の大プロジェクトは、初期は西南と西北の奥地を中心地域に、六九年からはソ連の脅威が意識されて河南省西部・湖北省西部・湖南省西部の「三西」内陸部が重点地域となった。陳伯達批判、林彪事件以後、こうした建設がようやく調整されるようになる(三線建設については[呉暁林『毛沢東時代の工業化戦略――三線建設の政治経済学』二〇〇二年」参照)。

だが、このような「経済の軍事化」状況がもとに復したのは七四年に入ってからである。七三年九月、国防工業指導小組を中央軍事委員会から国務院に移し、各大軍区の国防工業管理機構を廃止することを決め、翌年五月から実施に移された。六五年以降、ほとんど一〇年続いた経済の軍事化はまた、この時期毛沢東をはじめとする中国のリーダーが外からの脅威に対していかに敏感だったかを物語っている。

3　党と軍の関係――その2　中央軍事委員会について

軍事の最高意思決定機関

軍事にかかわる中国の最高意思決定機関は、一九五四年九月からは一貫して共産党の中央軍事委員会である。本節では、中央軍事委員会と国務院の国防部、解放軍の三つの総部(総参謀部、総政治部、総後勤部。九八年に総装備部ができ四部となった）の関係を概観した上で、その中央軍事委員会について分析する。軍にかかわる政策決定の機構やプロセスは非常に不透明で、第一次資料もほとんどないため、以下に述べるのは、中国の公式情報を最大限使ってはいるが、推測も多いことを断っておかなければならない。

建国当初は中央政府の人民革命軍事委員会が軍にかかわる政策、事項を決定し、その主席が軍の統帥者だった。五四年九月に新しい国家制度ができ、ついで党中央軍事委員会が復活したとき（三〇年代からあった）、軍にかかわる機構は［図6-1］のような関係だった。

党中央軍事委員会（以下、中央軍委と略す）は、五四年九月二八日の中央政治局会議で「中央政治局および書記処のもとで、軍事工作全体の領導を行う」機構として発足した。国防委員会は、国家主席が招集するものとされているだけで詳細は分からない。だがメンバーから見て、＊非共産党系の軍人を糾合する、一種の統一戦線組織、＊国防一般についての国家主席の諮問機関、という性格があったと思われる。六五年まで活動していたが、文化大革命以降なくなった。

国防部は、「武装力の建設を指導する」執行機関である。だが注意すべきなのは、五四～五八年まで、つまり彭徳懐が国防相だったときは、国防部の権限がかなり強かったことである。国防相は副総理を兼任、また中央軍事委員会でも筆頭副主席として総部各責任者の上に立って実際の指導を行い、軍政・軍令の権限を合わせもっていた［平松茂雄、前掲『中国人民解放軍』一九八七年］。

だがこの体制は五八年に大きく変わった。五月から七月にかけて開かれた中央軍事委員会拡大会議は軍の体制について重大決定をした。この会議の「軍隊の組織・体制についての決議」（草案）は、中央軍事委員会は党中央の軍事工作部門、全軍を統一的に指導する統帥機関であり、軍事委員会主席（毛沢東）が全軍の統帥であるとし、総参謀部（軍事工作の指導機関）、総政治部（党の工作機関）、総後勤部（後方勤務工作の指導機関）は中央軍事委員会に従属する、としたのである（五八年中央軍事委員会については、［鄧礼峰編、前掲『新中国軍事活動紀実』一九八九年、五〇八―五一四頁〕参照）。こうして、国防相は三つの総部の責任者とほぼ同列に立つことになり、軍令の権限をもたなくなった。今日までこの体制が基本的に続いているようである。〔図6-2〕に八二年憲法による体制を図示しておこう。

こうして見ると、党中央軍事委員会は軍事にかかわる最高意思決定機関であるとともに軍令権をあわせもつことになる。では中央軍事委員会とはどのような組織だろうか。

中央軍委はその重要性にもかかわらず、すでに述べたように九七年の国防法で明確に定められるまで、党規約にも国法にもほとんど何も定められていなかった。八回党大会の規約には、「解放軍の党組織は中央委員会の指示で工作を進める。総政治部は中央委員会の指導下で、軍隊内の党の思想工作と組織工作を管理する」としかない（第三五条）。文化大革命期の九回党大会、一〇回党大会の党規約にもない。中央軍委がはじめて党規約に入ったのは

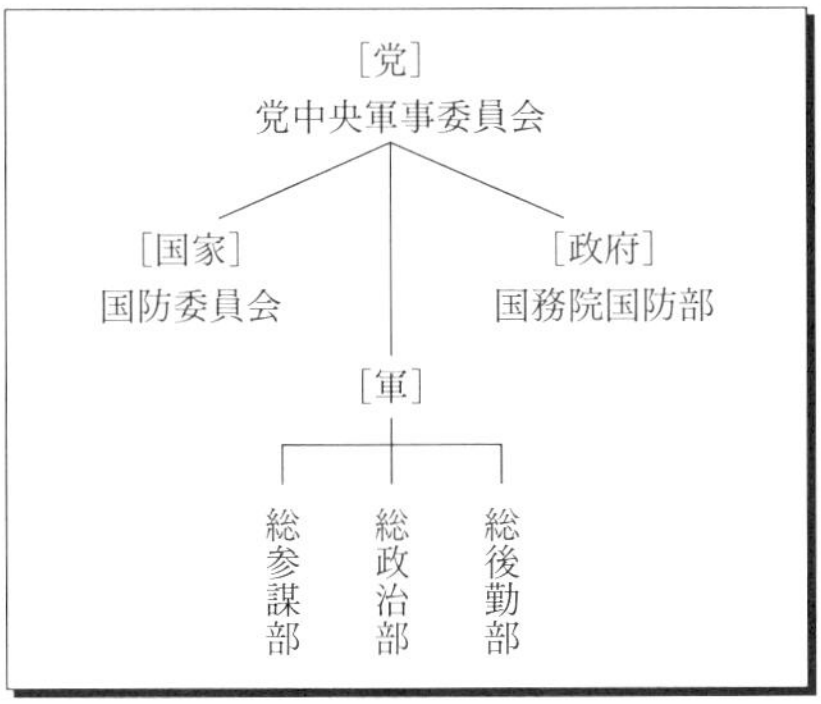

図 6-1　党・軍・国家の関係（1954 年）

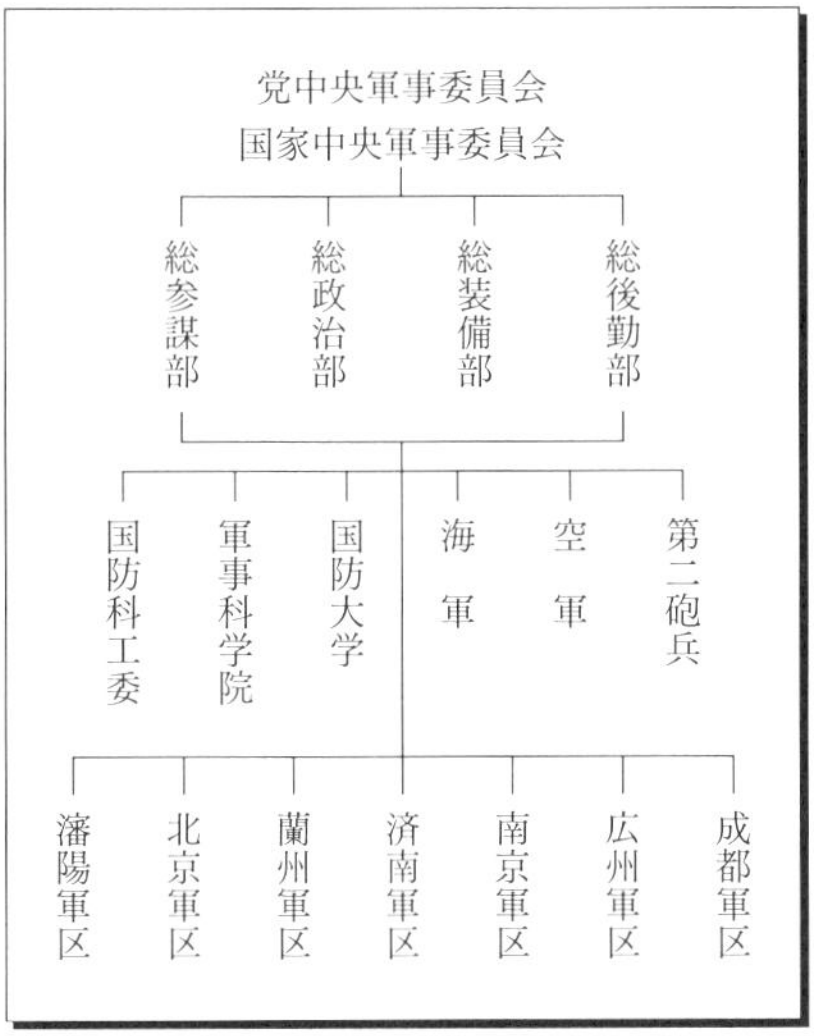

図 6-2　中国人民解放軍系統図（1998 年）

七七年の一一回党大会だが、このときの党規約は、解放軍と民兵が「党の絶対的指導を受け入れる」と規定したが、中央軍委については、軍内の規律処分は「党規約にもとづき中央軍事委員会が適当に定める」としかいっていない（第六六条）。

一二回党大会（八二年）で少しはっきりした。「中央軍委の構成メンバーは党中央委員会が決定する……」、「人民解放軍の総政治部は中央軍事委員会の政治工作機関であり、軍隊内の党の工作と政治工作の管理に責任をもつ。軍隊内の党の組織と機構は中央軍事委員会が別に定める」とある（第二二、二三条）。一三回（八七年）、一四回（九二年）の党規約でも同じである。

国家中央軍事委員会の新設

つまり中央軍委について、その職権、構成、組織関係はこれまでずっと明らかになっていなかったのである。だが実際には中央軍委が軍事、国防にかかわる総方針、戦略、組織・編制を決めてきたのであり、五四年から党主席が中央軍委主席を兼任し（八一年六月〜八九年一〇月の鄧小平、二〇〇二年一〇月〜〇五年三月の江沢民は除く）、八二年以後は明示的に軍の領導を行っているのである。

八二年に一つの大きな変化があった。すでに述べたように、党中央軍委と平行して国家中央軍委が新設されたのである。八二年憲法ではこう規定している。「第九三条　中華人民共和国中央軍事委員会は全国の武装力を領導する。中央軍委は次のもので構成される。主席、副主席若干名、委員若干名。中央軍委は主席責任制を実行する。……第九四条　中央軍委主席は全国人民代表大会および同常務委員会に責任を負う」。だが、国家中央軍委と党の中央軍委はまったく同じ組織である。国家中央軍委を新設するさい党中央は次のような通達を出している。

「国家中央軍委の設置は軍隊に対する党の指導を弱めることにはけっしてならない。憲法前文に国家に対する党の指導がはっきりうたわれており、軍隊に対する党の指導もそれに当然含まれる。新憲法施行後、党中央は民主党派と協議して指名し、全国人民代表大会の選挙をへて党の中央軍委主席が国家の中央軍委の主席を担当することになる。党と国家の中央軍委は実際には一つの機構であり、構成員ならびに軍隊に対する領導機能はまったく同じで

ある。……」〔張天栄他編『中国改革大辞典』一九八九年、三二五頁〕。

国家中央軍事委員会設置の当時、党の軍に対する絶対的指導が崩れるのではないか、と軍側に衝撃を与えた。彭真（当時、全国人民代表大会常務委員会委員長）が起草した上述の通達によって、なぜ国家主席が軍を指導しないのか、党の指導が弱まるのではないか、という軍の不安を打ち消している。その際、中国共産党の軍に対する「領導」は広義で、「統率」の他、組織、管理の意味も含む、と説明し、不安を鎮めたという〔陳斯喜・劉松山「憲法確立国家中央軍事委員会的経過」『人大研究』二〇〇一年第三期〕。

構成も機能もまったく同じ機構を党と国家につくるという操作ほど中国政治の「からくり」を示すものはない。党の実際上の指導をあくまで担保しながら、国家制度のなかに軍事委員会をおく。だがこうした「からくり」によって、一党独裁国家に宿命的なジレンマを解消できるとは思えない。

歴代の党中央軍事委員会メンバー

ところで、中央軍委はこれまでどのような組織だっただろうか。『中国共産党執政五〇年（一九四九—一九九九）』や張天栄他編『中国改革大辞典』などから、分析してみよう。

中央軍事委メンバーリスト〔表6-2〕から次のことがいえる。①中央軍委は発足当時は、党主席・国防相・総参謀長を中核にした二〇名前後の実質的機構だった。②六〇年代〜七〇年代は六〇名前後の機構に肥大し、軍区の司令や左派の政治リーダー（王洪文、張春橋、紀登奎など）まで入って政治的組織になった。③八二年に国家中央軍事委員会ができてからは七〜一二名の集団となり、主席・副主席以外には三つの総部の長、国防相などが入っている。④〇七年に主席・常務副主席以外に、四総部の長、海軍・空軍・第二砲兵の三軍の司令が入り、ようやく軍事の最高機関にふさわしい布陣となった。⑤問題は党政治局常務委員会と軍事委員会の関係だろう。⑥軍事委員会自身が少数なのは、軍の戦略方針などを決める際には、党中央政治局常務委員会、中央大軍区、各軍種の代表を入れて拡大中央軍委会議を開くので十分という判断だろう。

表 6-2　中共（国家）中央軍事委員会のメンバー（1954～2010 年）

時　期	主　席	（常務）副主席	秘書長	委員総数
1954 年 9 月（新設時）	毛沢東	常務副主席彭徳懐（国防相）	黄克誠	12 名
1956 年 11 月（増員）	毛沢東	常務副主席彭徳懐	黄克誠	22 名
1959 年 9 月（改組時）	毛沢東	林彪，賀龍，聶栄臻，羅瑞卿		21 名
1969 年 4 月（9 回党大会時）	毛沢東	林彪，劉伯承，陳毅，徐向前，聶栄臻，葉剣英	黄永勝	49 名
1973 年 9 月（林彪事件後）	毛沢東	葉剣英，劉伯承，徐向前，聶栄臻	羅瑞卿	63 名
1977 年 8 月（11 回党大会）	華国鋒	葉剣英，鄧小平，劉伯承，徐向前，聶栄臻	楊尚昆	63 名
1983 年 6 月（国家中央軍委発足時）	鄧小平	葉剣英，徐向前，聶栄臻，楊尚昆 委員：余秋里（総政治部主任），楊得志（総参謀長），張愛萍（国防相），洪学智（総後勤部長）	楊尚昆	9 名
1988 年 4 月（13 回党大会後）	鄧小平	趙紫陽，楊尚昆 委員：洪学智（総後勤部長），劉華清（前海軍司令），秦基偉（国防相），遅浩田（総参謀長），楊白冰（総政治部主任），趙南起（総後勤部長）		9 名
1992 年 10 月（14 回党大会）	江沢民	劉華清（前海軍司令），張震（国防大学長） 委員：遅浩田（国防相），張万年（総参謀長），于永波（総政治部主任），傅全有（総後勤部長）		7 名
1997 年 11 月（15 回党大会）	江沢民	張万年（総参謀長），遅浩田（国防相） 委員：徐才厚（総政治部常務副主任），梁光烈（南京軍区司令），廖錫龍（成都軍区司令），李継耐（総装備部政治委員）		7 名
2002 年 11 月（16 回党大会）	江沢民	胡錦濤，郭伯雄（常務副総参謀長），曹剛川（総装備部長） 委員：徐才厚（総政治部常務副主任），梁光烈（南京軍区司令），廖錫龍（成都軍区司令），李継耐（総装備部政治委員）		8 名
2007 年 10 月（17 回党大会）	胡錦濤	常務副主席習近平（2010 年 10 月） 副主席郭伯雄・徐才厚 委員：梁光烈，陳炳徳（総参謀長），李継耐，廖錫龍，常万全（総装備部長），靖志遠（第二砲兵司令），呉勝利（海軍司令），許其亮（空軍司令）		12 名
2008 年 3 月（第 11 期全国人民代表大会）	胡錦濤			

中央軍事委員会の重要決定

さて、五四年九月二八日に成立した中央軍委はこれまでどのような活動をしてきたのか。［表6-3］に示すのは各中央軍事委員会の開催状況である。もちろんここで示したのは中国の公表文献が明らかにしたものだけであり、中央軍委会議のすべてではない。なお、二〇〇〇年代以降の中央拡大軍事委員会は、メディアで報道される限り、将校の表彰や昇任などの儀式で開かれることがほとんどである。

［表6-3］のリストから少なくとも次のことがいえる。

1．中央軍委拡大会議は定期的に開かれているわけではなく、リーダーシップの変更や重大な戦略問題があったときに招集され、二～四週間にわたる場合が多い。

2．出席者も一定しない。五〇年代末の会議は千人を超えている。だが通常の場合、中央軍委メンバーの他、軍の三総部、大軍区・各軍種の代表、その他公安や武装警察の代表などが出席しているようである。

3．内容的には、最重要事項を討論、決定している。たとえば、＊軍の三大制度（義務兵役制、階級制、俸給制）を決めた第一回会議（①）、＊中央軍委に統帥権を与えそのもとに三つの総部をおく新体制をつくり、人民戦争戦略をうち出した五八年会議（④）、＊林彪のもとで政治工作第一を決め文化大革命への道を開いた六〇年会議（⑥）、＊鄧小平のもとで軍の近代化・組織体制の改革を提起した七五年会議（⑧）、＊さらに「戦争は避けられる」という新認識と経済建設に軍隊も従属させる画期的な新方針を確定した八五年会議（⑩）など、それぞれ軍にとって重大な転換点となった。

4．興味深いのは、中国軍の大規模な兵員削減はこれまで三回あったが、それがいずれも中央軍委拡大会議で議論、決定されたことである。第一回は五六年である。三月の中央軍委拡大会議（②）で「世界の平和勢力は拡大している」という認識から兵員の三分の一削減を決め、一一月には中央軍委が三年以内に一三〇万を削減すると指示し、翌年一月の中央軍委拡大会議（③）はそのための具体的方法（五軍種を三つに整頓するなど）を決めた。

第二回の兵員削減は七五年の会議（⑧）で葉剣英や鄧小平が提起した。文化大革命中に軍隊定員は六一〇万の史

員会の会議リスト（1954～2000 年）

時　期	出 席 者	討議事項	主な決定
⑨ 1977年12月 12日～12月 31日	〔葉剣英，鄧小平〕	＊葉剣英講話（「四人組」追放後 10 大任務） ＊鄧小平講話（規律，政治工作，軍近代化）	＊軍隊の編制・体制調整方案 ＊部隊の教育訓練強化の決定 ＊軍内規律強化の決定 ＊兵器装備の近代化の決定 ＊国家軍事機密保守の決定 ＊兵役制度の決定，その他
⑩ 1985 年 5 月 23日～6月6 日	〔楊尚昆〕	＊ 100 万人の削減方針（平和環境と経済建設）とその具体的措置 ＊鄧小平講話（戦争可避論と百万削減） ＊楊得志報告（軍の体制改革，近代化と正規化） ＊胡耀邦，楊尚昆講話	＊ 2 年間で 100 万削減とその段取り ＊大軍区の統合（11 から 7 大軍区へ） ＊大軍区の人事異動
⑪ 1986年12月 11日～12月 25日	〔楊尚昆〕	＊平和時における軍の任務と政治工作 ＊鄧小平講話（軍隊改革） ＊楊尚昆の総括講話（近代化建設を軍の全活動の中心にせよ）	＊新時期の軍隊政治工作についての決定 → 1987 年 1 月 27 日に発表
⑫ 1989年11月 10日～11月 12日	軍委，3 総部の責任者，大単位の責任者，武装警察の責任者 〔江沢民〕	＊天安門事件後の軍，90 年の方針 ＊鄧小平主席の辞任，江沢民の主席就任→ 1989 年 12 月 17 日 ＊鄧小平講話	＊新形勢下の軍隊政治工作 ＊将校軍階条例 ＊文官暫行条例 ＊軍隊基層建設要綱
⑬★ 1991年	拡大会議 〔江沢民〕	＊「依法治軍」方針，軍事制度の法制化決定を決定	＊→ 1997 年 3 月国防法制定 ＊兵役法，軍事施設保護法，予備役将校法，人民防空法など
⑭★ 1993年1月	拡大会議 〔江沢民〕	＊ハイテク条件下の局部戦争に見合う「新時期の軍事戦略方針」確定	
⑮★ 1994年末	拡大会議 〔江沢民〕	＊軍隊内党思想建設，党の絶対指導についての講話	＊軍隊の党建設強化についての決定
⑯★ 1995年12月	拡大会議 〔江沢民〕	＊新時期軍事戦略執行のための「二つの根本的転換」（量から質へ，人的集約型から技術集約型へ），「科学技術による強軍」決定	＊→ 1998 年 4 月解放軍総部に総装備部を新設
⑰★ 1997年12月	拡大会議？ 〔江沢民〕	＊三段階軍建設構想を議論，「軍建設跨越式発展」を決定	
⑱★ 2000年末	拡大会議？ 〔江沢民〕	＊軍建設構想で「情報化」を第一順位に確定	

事活動紀実 1949-1959』中共党史資料出版社，1989 年；李可・郝生章『“文化大革命”中的人民解放軍』中共党年。★印は蕭裕声「中共十三届四中全会以来軍隊和国防建設発展歴程及経験」（『当代中国史研究』第 10 巻第 4

表 6-3　中共中央拡大軍事委

時　期	出 席 者	討議事項	主な決定
① 1954年12月12日～22日	軍委，軍部の正副軍種，軍区の長など 50 人 〔彭徳懐〕	*彭徳懐国防相の総括報告，方針 *義務兵役制・軍階級制・俸給制 *軍区の区分 *公安部隊の整頓，軍事訓練・学習	*兵役制など *6大軍区から 12 大軍区へ
② 1956年3月6日～3月15日	〔彭徳懐〕	*彭徳懐報告（祖国防衛の戦略方針と国防建設問題） *黄克誠報告（組織・編制の整頓） *葉剣英報告（56 年度の軍隊訓練） *その他，譚政，宋任窮の報告	*兵員定数の 3 分の 1 削減 *積極防御戦略 *→ 56 年 11 月 25 日の 130 万削減決定
③ 1957年1月7日～1月27日	〔彭徳懐〕	*経済建設と国防建設の関係 *黄克誠，張愛萍の軍隊削減報告 *黄克誠報告（訓練問題） *彭徳懐の総括報告	*兵員の 3 分の 1 削減最終決定 *5軍種を陸海空 3 軍種に整頓
④ 1958年5月27日～7月2日	軍の高級幹部 1,400 人 〔毛沢東〕	*8年来の軍建設の総括，今後の国防工作，建軍方針 *劉伯承・蕭克の“ブルジョア軍事路線”，ソ連追随の“教条主義”批判 *軍の指導体制（中央軍委の統帥） *人民戦争と民兵建設	*軍の組織体制変更の決議 *軍の経済建設参加要綱 *後方強化の決議 *海軍建設決議 *国境防備の決議 *その他（いずれも草案）
⑤ 1959年8月18日～9月12日	全軍の師以上の党員幹部 1,061 人 その他関係者 508 人 〔毛沢東？〕	*彭徳懐・黄克誠の“反党・ブルジョア軍事路線”批判 *毛沢東，劉少奇，周恩来の講話	*彭徳懐国防相・黄克誠総参謀長の罷免
⑥ 1960年9月14日～10月24日	〔林彪〕	*軍隊の政治思想工作強化 *林彪による譚政総政治部主任批判	*軍隊の政治思想工作強化の決議（四つの第一） *譚政の誤りについての決議と譚政の罷免
⑦ 1967年4月12日～4月18日	〔林彪？〕	*江青らによる劉少奇，鄧小平批判 *林彪，江青，陳伯達，康生，張春橋などの講話	
⑧ 1975年6月24日～7月15日	軍委，各総部，大軍区，軍，兵種，軍事学校の指導者 70 人余 〔葉剣英，鄧小平〕	*鄧小平講話（軍隊の整頓，近代化） *葉剣英の総括講話（定員削減） *軍隊の大幅削減 *編制，人事の変更	*軍隊の定員削減（619 万から 450 万へ） *人事異動 *「軍隊定員の削減，編制体制の調整方案」

注）〔　〕は主宰者。
出典）馬斉彬・陳文斌主編『中国共産党執政 40 年〔増訂版〕』中共党史出版社，1991 年；鄧礼峰編『新中国軍史資料出版社，1989 年；中共中央文献編輯委員会編『鄧小平文選（1975～1982 年）』人民出版社，1983 号，2003 年）など。

表6-4　解放軍将校の大学卒の比率
（単位：%）

軍のレベル	1982年	1986年	1994年
軍・集団軍	1.2	58.4	87.0
師　団	1.6	66.4	90.0
連　隊	2.2	41.4	75.0

出典）Shiping Zheng, *Party vs. State in Post-1949 China : The Institutional Dilemma,* Cambridge University Press, 1997, p. 230.

上最大規模に膨張してしまったが、この会議では、軍の近代化とともに一五〇万の兵員削減、編制や人事の大改革を提起している。だが、まだ「四人組」時代でこの決定は順調に実施されたわけではない。第三回が八五年である。すでに述べたように、八一年六月から中央軍委主席として経済発展と軍の近代化に取り組んできた鄧小平は、八四年一一月には「戦争は避けられる」、「軍隊も経済建設という国家の大局に従うべきだ」と削減の方向を提起していたが、翌年五月の会議⑩で、百万人削減と大軍区の統合という「戦略的転換」が最終的に決まった。二年後にはなんとか目標を達成した。

5．九〇年代以降、確認できるだけで七回の拡大中央軍事委員会が開かれているが、情報はきわめて少ない。いえるのは、かなり定期的かつ制度的に開かれていること、湾岸戦争以後世界の戦争形態が変わったなかで、ハイテク・情報化時代の戦略・建設方針など重要事項を議論していることなどである。

なお昨今の軍で注目すべきなのは軍将校の高学歴化である。二〇〇一年末現在、解放軍には博士・修士号取得者が二・六万人おり、千名近くが留学経験をもち、作戦部隊の高級指導部（将校クラス）の大学専門学校卒の比率は、軍レベルが八八%、師が九〇%、団が七五%、解放軍将校全体では七一・八%にのぼるという［蕭裕声「中共十三届四中全会以来軍隊和国防建設発展歴程及経験」『当代中国史研究』第一〇巻第四期、二〇〇三年］。また、鄭施平による［表6-4］のデータは貴重である。九〇年代以降、解放軍将校のほとんどは大学卒業の学士であり、農民主力、陸軍主体だった解放軍が大きく変わりつつある。

革命の軍、党の軍

これまでの分析から、中国の軍のさまざまな特徴が明らかになった。第一に、中国軍はたんなる国防の軍隊ではない。戦闘、工作（政治工作もあれば治安工作もある）、生産の三大任務は九〇年代以降も軍の固有の任務である。これは、軍が三大任務を担ったことで新中国ができたという歴史的由来からきているが、軍が党の力の源泉だという現実からも促された。

第二に、軍に対する党の指導（「党が鉄砲を指揮する」）という「中国式シビリアン・コントロール」は、文化大革命時期に重大な挑戦を受けはしたが、五〇年余り基本的には貫かれてきた。そして「党の指揮」を保障しているのは、軍内の党組織、政治委員制度だけでなく、最高意思決定機関であり続けている党の中央軍事委員会である。国家中央軍委ができてからも「党の指揮」は少しも揺らいでいない。この意味で、中国の軍は「武装した党」なのである。旧ソ連と比べてみるとその特質ははっきり分かる。旧ソ連では軍が党と分離して一つの職能集団を形成し、党とではなく、経済官僚制と結びつくことによって「軍産複合体」を作りだし、頑強な現状維持勢力としてペレストロイカにあくまで抵抗したことは記憶に新しい。また、九一年八月のソ連保守派の最後のクーデターを「三日天下」で終わらせたのも、軍が政治、つまり党と離れていたためである。

だが、「戦争は避けられる」国際状況、湾岸戦争以後の世界の戦争形態の激変、そして「経済第一」がいっそう進めば、政治的軍隊、党の軍隊としての中国軍の性格は大きく変わらざるを得ない。治安軍として、国防軍として中国軍の再生が当然求められる。そうなれば安定していた党と軍の関係にも波瀾があるだろう。

4　市場化のなかの解放軍

一九九〇年代から軍をとりまく国際・国内状況、党–軍関係は実質的に大きく変わってきている。軍をめぐる顕著な変化を二つ取り上げて、新時代の党–軍関係を考える材料としたい。

解放軍は利益集団か

中国が市場化、別の言葉でいえば資本主義の道を驀進し始めたのは九二年からである。ソ連をはじめとする社会主義国がほとんど消滅するなかで、「市場化を加速せよ」という鄧小平の「南巡談話」が中国を資本主義の道へと

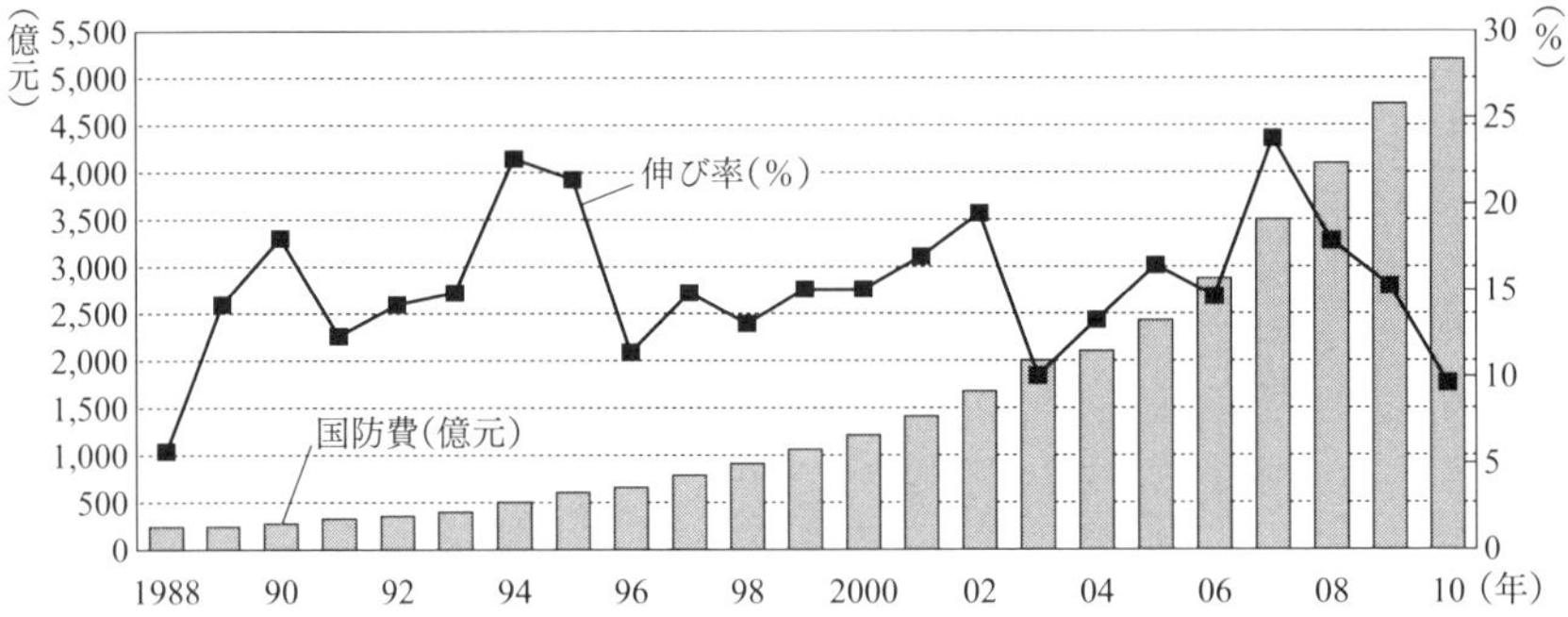

図 6-3　中国の公表国防費（1988〜2010 年）

注）2002 年度および 2004 年度の国防予算額は明示されず，公表された伸び率からそれぞれ 1,684 億元および 2,100 億元と推計して作成。
出典）『平成 23 年版 防衛白書』図表 1-2-3-1 より。

走らせ、西側の資本が中国にどっと流入しはじめた。

九七〜九八年、解放軍と中国政治のかかわりに変化が生じた。一つは、たった一人中央政治局常務委員会に入っていた劉華清（海軍司令）が退き、政治局で軍の利益を直接代弁するチャネルがなくなったことである。もう一つは、九八年に中共中央の通達で、解放軍の経済活動が全面的に禁じられたことである。保利企業集団などが武器装備の生産と経営で大きな利益を手にし、一種の軍産複合体を作ろうとしていた矢先に、軍の動きは封じられたのである。

二〇〇二年に解放軍の四つの総部部長と海軍・空軍・第二砲兵の各司令が国家および党の中央軍事委員会の正規メンバーとなり、中央軍事委員会と解放軍の関係はすっきりしたものの、軍の政治的発言力は減少し、経済的にも活動の場を大きく制限されることになった。だがその間に進んだのは、国防予算の急激な増加である。［図 6-3］は八八年以来の公表国防費の成長率と中国の公表国防費である。毎年二桁の成長は、九〇年代前半と違って軍の国防予算要求がほぼ政治局レベルでコンセンサスを得たことを意味している。軍は政治局での発言チャネルは失ったが、代替に国防費の二桁増を認めさせたという推測も可能である。おそらく、膨大な経費がかかる装備の現代化が解放軍にとって当面の最大の課題だろう。

対外政策に影響する新アクター

中国外交でも顕著な変化が九〇年代末から観察される。外交活動、外交政策の決定で外交部の影響力が次第に減少し、その代わりに、経済官庁、国有企業、金融資本、石油資本、地方政府など「新たな関与者」が出てきていることである。インターネットや携帯電話を利用するネット市民（ネチズン）も「新しい関与者」である。ストックホルム国際平和研究所（ＳＩＰＲＩ）の二〇一〇年報告書は、慎重なトーンながら、中国の対外関係、外交政策、外交行動が明らかに変質してきていることを指摘している。とくに外交部の「衰退」ぶりが顕著で、トップのリーダーシップの不足が中国外交活動に混乱をもたらしているようである。一〇年の尖閣諸島をめぐる日中紛争時の状況が、このＳＩＰＲＩの観察が正しいことを裏付けている。なおＳＩＰＲＩ報告書は数多くの関係者に七一回のインタビューを行った結果である。

「新たな関与者」について、金燦栄（中国人民大学）は、網民つまりネチズン、股民つまり株主、軍民つまり軍人という「三つの民」に注目している。〇八〜〇九年頃から、テレビやネットでの軍人のナショナリスティックな言動が目立つ。露出が多い軍人は、民族派の朱成虎（国防大学教授。朱徳の外孫）、どちらかといえばリベラルな劉亜洲（空軍中将。国防大学政治委員）の二人である。だが彼らの動きは、利益集団化した軍の集団的発言と見るべきではなく、かつて一枚岩に統率されていた軍が、コントロールが緩んで勝手な発言がぼろぼろ出るようになった、と見るべきだろう。

ＳＩＰＲＩが「新たな関与者」と見ているのは、商務部、地方政府、大企業、研究者、ネット市民などで、とくに石油資本などのエネルギー関連の国有大型企業や中国輸出入銀行、国家開発銀行などの中央金融機関、地方政府が運営する国際経済技術企業集団などである。宝山鉄鋼公司、中国石油天然ガス集団公司・ＣＮＰＣ、中国石油化工集団公司・ＣＩＮＯＰＥＣ、中国海洋などが国際展開するにつれて、彼らの具体的利益がときに「中核的利益」、国家的利益として主張されるようになる。アフリカへの中国の資源進出と絡んで、注目すべき動きだろう［リンダ・ヤーコブソン／ディーン・ノックス／ＳＩＰＲＩ『中国の新しい対外政策——誰がどのように決定しているのか』二〇一一年〕。

対外政策と「断片化された権威主義」

ＳＩＰＲＩ報告などから引き出される対外政策、軍の政策決定についての状況は次のように整理できるだろう。

第一に、対外政策の決定にかんする権限がばらばらになっている。対外政策における権限が細分化され、外交部はその一部を分かち合うだけになっている。

第二に、解放軍、ないし個別の将校はこれまでになく公開の議論に堂々と登場するようになった。中国の軍は、海洋パトロールの強化や〇七年の衛星破壊実験など近隣諸国や米国の反感を買う行動でその力を遠慮なく誇示するようになっている。

第三に、だが、以上の動きは、解放軍が利益集団として政治領域に全面的に介入してきたということではなく、石油資本、国有大型企業がそれ自体の利益を追求して対外的に動いている、と見た方がよい。その背景には、中央のコントロール能力の衰退、政策決定をめぐる「断片化された権威主義」（segmented authoritarianism）がある。

第四に、中国が今後の発展において国際化をどの程度優先させるかについては、商務部、地方政府、大企業、研究者、ネットなど、さまざまな「政策決定への関与者」の間で意見が異なっており、中国の国際化へのアプローチは多様になってきている。

第五に、新関与者の間では、中国は国際的により積極的に国益を追求すべきだという見解が優勢である。中国はその国益をまもるため国際的なルール作りをすることに積極的になるべきだという広範な合意が、とくに対外政策への新関与者の間で存在する〔ヤコブソン他、前掲『中国の新しい対外政策』二〇一一年、九五―一〇三頁〕。

軍をめぐる第二の新しい動きは、党が軍を支配するこれまでの固いレジームについて、内部から「異論」が出てきていることである。

新たな党―軍関係の提案

二〇一〇年、中国は日本を抜いてＧＤＰ世界第二位の経済大国に踊り出た。大国化に伴い、中国の対外政策の基本も、「韜光養晦」（力を隠して時節を待つ）から「有所作為」（なすべきことはなす）へ、そして「責任ある大国」論へとシフトしている。守るべき国家利益も拡張してきている。一〇年からの尖閣諸島および周辺海域での日中間の紛争とその後の激しい外交抗争に示されるように、中国は、とくに資源確保という観点から海洋戦略を積極化している。

一一年九月に国務院新聞辦公室が発表した「平和発展白書」は、「中国の核心的利益」を、①国家の主権、②国家の安全、③領土保全、④国家の統一、⑤中国憲法が確立した国家の政治制度と社会の大局的安定、⑥経済社会の持続可能な発展、の六つと確定した。⑤、⑥を「核心的利益」に含めるのは今回が初めてである〔国務院新聞辦公室『中国的和平発展白皮書』〈http://baike.baidu.com/view/6428210.htm〉一一・九・六〕。「国体の護持」こそ中国共産党にとってもっとも大事な守るべき「国家利益」なのだろう。

そうした中で、当然軍の役割、軍と党、軍と国家の関係も改めて問い直されることになる。軍には、外にある利益を守るだけでなく、それと同程度に内の体制をも守り抜くことが求められる。八〇年代の趙紫陽時代、軍隊を党から切り離す「軍の国家化」の方向が一部で目指されたが、天安門事件以後、本章1で述べた国防法（九七年）にあるように、軍隊はあくまで党の絶対的指導下にあり、党の軍隊、人民の軍隊、国家の軍の三者は一体のものだとする党－政関係が変わる気配はない〔蘆翼寧「〝軍隊国家化〟的要害是排斥党的領導」『解放軍報』〇一年一〇月三日〕。だが、法治化、情報公開化、グローバル・スタンダード化が進む中で、昨今、政－軍関係を見直そうという議論も出ている。ある法学者（馬嶺――中国青年政治学院）は、現行憲法と国防法などの軍事にかかわる法や党の内規に齟齬が出ていることを、次のように問題にする。

＊国防強化や侵略への抵抗など軍固有の義務以外のものを「武装力の任務」とするのはおかしい。

＊国家主席と軍事委員会主席、中央軍事委員会と国防部の職権・職掌の分掌がはっきりしない。

＊人民武装部隊は軍編制に入っているが、本来は警察に所属させるべきだ。

＊中央軍事委員会主席は中国の公職で唯一の終身制だが、他の職務と同様、任期を設けるべきだ。

＊中央軍事委員会を、全国人民代表大会に責任を負い、監督を受ける普通の国家機関に変えるべきだ。

というのがその主張である［馬嶺「我国現行憲法中的軍事権規範」『法治論叢』第二六巻第二期、二〇一一年］。

超法規的な中央軍事委員会を普通の国家機関にし、国防部の権限を強めることで、実質的な「軍隊の国家化」の第一歩にしよう、という意図だろう。この種の改革が近い将来に可能だとは考えにくいが、今後の党－軍、政－軍関係に注意が必要だろう。

第7章　党と国家の政策形成のメカニズム

1　中央工作会議——毛沢東時代の政策形成

第5章で述べたように、中国共産党は国家の政策形成で決定的な役割を果たしているが、それも時期とリーダー、政策領域によってさまざまに違う。本章では、党および国家の政策形成、決定のメカニズムを四つに分けて分析する。第一は、毛沢東時代、緊急事が生じると党・国家・軍および地方のリーダーを一堂に集めてしばしば重大決定をした中央工作会議を扱う。第二は、一九八九年天安門広場の民主化運動にどう対応するかで中央が趙紫陽らの開明的リーダーと李鵬ら保守派リーダーに分かれ、最大の統治の危機に見舞われたとき、最後の決定がどのようになされたかを解明することで「危機の政策決定」の特徴を明らかにする。第三は、趙紫陽時期、江沢民時期に重要政策文書がどのように作成されたかを分析することで「常時の政策形成」の一端を明らかにしよう。第四にネット化と情報公開が進む二〇〇〇年代に入ってからの新しい政策形成を分析する。一党支配下でも政策の形成、決定はじつは多様なのである。

二七回の中央工作会議五八～九一年

中国共産党の政策決定はほぼ一貫して非制度的であり、八〇年代末および二〇〇〇年代に入って少し「透明化」が進んだ以外、まったく公開されない。だが五〇年代末からの中国の政治過程を見れば、制度化されていない中央工作会議が政策形成と決定できわめて重要な役割を果たしたこと、また毛沢東時代には、毛沢東がさまざまな非公式会議を恣意的に開いて自分の主張を強引に通してきたこと、などの特徴が分かる。

拡大会議も含めた中央工作会議は、五八年から〇三年まで、確認できる限りで二七回開かれている。毛沢東時代が二一回、それ以後が六回で、毛沢東時代が圧倒的に多く、またきわめて重大な決定をしてきた。ポスト毛沢東期になると、近代化方針に転じた一一期三中全会を準備した会議（七八年一一～一二月）、華国鋒の「洋躍進」を批判し経済調整を決めた会議（七九年四月）、華国鋒更迭を決めた会議（八〇年一二月）、および趙紫陽時期にインフレ抑制のため経済調整を決めた会議（八八年九月）などが重要だが、以後はほとんど開かれず、農村工作会議、経済工作会議、政法工作会議など部門別、問題別会議が主役になっている。ポスト毛沢東期における政策決定がいくばくか制度化されてきたといえないこともない。

だがこの中央工作会議は、七回党大会から一六回党大会まで、いずれの党規約にも明記されていない変則的な会議である。以下、はじめてこの会議が出現した五八年から〇三年までの、確認できる中央工作会議について、内容、規模、出席者などから中国の政策決定メカニズムの一端を明らかにしよう。なお、もっとも内容が豊富で信憑性が高い年誌である『中国共産党執政五〇年　一九四九—一九九九』に主に依拠して中央工作会議を確認した。また、八八年までの会議リストは旧版（初版）『現代中国政治』（一四六—一四九頁）を参照いただきたい。

かつてアメリカの中国研究者パリス・H・チャンは、六〇年から六六年に開かれた中央工作会議をくわしく分析して、この会議が①政策決定、②中央の合意形成、③毛沢東が利用した非公式会議の機能の吸収という三つの重要な機能を果たしたこと、六〇年代前半は推測される以上に、中央工作会議で公平で公開的な討論を行い、政策決定は比較的オープンだった、と結論したことがある［Parris H. Chang, "Research Note on Changing Loci of Decision in the CCP," *The China Quarterly*, No. 44, Oct./Dec. 1970］。

中央工作会議から見た政策決定の特徴

計二七回の中央工作会議の概要から、党中央の政策決定について次のことがいえる。

1．五〇年代末～七〇年代、中央工作会議は経済危機、リーダーシップの交代などの政治危機において決定的な役割をはたした。八〇年代に中央工作会議が少なくなっているのは、毛沢東死後、政治情勢・経済情勢が相対的に安定したこと、中央委員会が規則的に開かれ、また八七年秋からは中央政治局会議が月二回、国務院全体会議が年四回、国務院常務会議が月二～四回開催されるなど、かなり定例化されたこと、さまざまな全国的規模の分野別会議（たとえば、経済特区会議、チベット問題座談会、全国省長会議など）および分野別の中央工作会議（農村工作会議や金融工作会議など）が開かれるようになったこと、などのためである。

2．確認できる限り、中央工作会議は百～三百人規模の会議で（六二年一月の〃七千人大会〃は例外）、出席者は、党政治局のメンバー、国務院の主要閣僚、一級行政区（省・自治区・直轄市）の党・政府の責任者、解放軍の中央リーダーおよび大軍区の責任者（司令および政治委員）である。つまり中央工作会議は、党・政府・地方・軍隊の四つの部門の主要リーダーが集まって議論、決定する、唯一の場なのである。

3．二七回の会議の議題、決定などから中央工作会議の性格を次のように分類できる。

(イ)　危機に対応するもの

経済危機：第四回―五八年一一月二～一〇日の鄭州会議（毛沢東主宰、人民公社政策の修正）
第五回―六〇年七月五日～八月一〇日（毛沢東講話、食糧増産、中ソ関係）
第七回―六一年三月一五～二三日（毛沢東講話、農業六〇条）
第八回―六一年五月二一日～六月一二日（毛沢東が主宰、修正農業六〇条、都市人口削減）
第九回―六一年八月二三日～九月一六日（毛沢東講話、経済調整政策）
第一一回―六二年一月一一日～二月七日（七千人大会。劉少奇主宰、毛沢東講話、毛沢東自己批判）
第一二回―六二年五月七日～一一日（劉少奇主宰、毛沢東欠席、経済調整政策）

第二四回―七九年四月五～二八日（華国鋒の洋躍進批判、経済調整）
第二六回―八八年九月一五～二一日（趙紫陽主宰、インフレ抑止）
政治危機：第一一回―六二年一月一一日～二月七日（七千人大会。劉少奇主宰、毛沢東講話、毛沢東自己批判）
第一三回―六二年八月六日～下旬（毛沢東講話、修正主義批判）
第一七回―六五年九月一八日～一〇月一二日（毛沢東講話、修正主義批判、三線軍事建設）
第二二回―七七年三月一〇～二二日（華国鋒主宰、鄧小平復活決定）
第二三回―七八年一一月一〇日～一二月一五日（鄧小平主宰、近代化路線確定）
第二五回―八〇年一二月一六～二五日（鄧小平が主宰、華国鋒失脚）

(ロ)　中央委員会総会の準備

第四回―五八年一一月二～一〇日の鄭州会議（八期六中全会準備）
第六回―六〇年一二月二五日～六一年一月一三日（八期九中全会準備）
第一三回―六二年八月六日～下旬（八期一〇中全会の文書準備）
第二三回―七八年一一月一〇日～一二月一五日（一一期三中全会準備）
第二五回―八〇年一二月一六～二五日（一一期六中全会準備）
第二六回―八八年九月一五～二一日（一三期三中全会の召集）

(ハ)　中央委員会総会を代行（大会の準備など）

第一一回―六二年一月一一日～二月七日（七千人大会）
第一四回―六三年二月一一～二八日（社会主義教育運動）
第一五回―六四年五月一五日～六月一七日（三線建設）
第一六回―六四年一二月一五～二八日（社会主義教育運動）

第一七回―六五年九月一八日～一〇月一二日（修正主義反対）
第二〇回―七〇年三月一七日（全国人民代表大会、憲法改正）
第二一回―七三年五月二〇～三一日（周恩来主宰、第一〇回党大会準備）
第二二回―七七年三月一〇～二二日（華国鋒主宰、第一一回党大会準備）

4．毛沢東不在の中央工作会議は、たとえば第一二回（六二年五月七～一一日）のようにかなり実務的に進み、また第一一回（七千人大会）でも前半は劉少奇報告を実務的に討議している。だがいったん毛が出席すると、毛のイニシアティブで会議の雰囲気は一変した［張天栄「一九六二年的七千人大会」『中共党史研究』一九八一年第五号］。さらに六二年八月～六五年一〇月の五回の中央工作会議では、毛は階級闘争理論や社会主義教育キャンペーンなどで会議を支配している。

5．第一一回の中央工作会議（七千人大会）は大躍進政策の失敗を総括した会議だが、大変異例である。党中央・中央局・省・地区・県の指導幹部と出席者が七千人を超えたこと、劉少奇が討論草稿を作成、それを起草委員会が修正し、一カ月近く議論したこと、そして毛沢東が空前絶後の自己批判をしたこと、などである（第1章5参照）。なお、すでに述べたように、この会議前半を主宰した劉少奇は、「ある農民の言葉」として、「［大躍進の災害の］三割は天災、七割が人災だ」、と述べ、暗に毛沢東を批判した。この会議によって、毛沢東・林彪などと劉少奇・彭真・鄧小平・周恩来などの間の分岐が深まり、それが文化大革命の遠因になった、と最近の中国の研究は指摘する［何雲峰「七千人大会上党内領導層的意見分岐」『史学月刊』二〇〇五年第九期］。

6．六二年の七千人大会とともに現代中国の歴史を決めた中央工作会議が七八年一一月一〇日～一二月一五日の会議である。会議の状況はかなり分かってきた。陳雲が歴史の「遺留問題」について華国鋒を批判、薄一波、陶鋳、彭徳懐などの名誉回復、七六年四月の天安門事件の再評価など六項目の提案を行って会議の方向を決め、追い込まれた華国鋒と汪東興が会議の最後に「二つのすべて」の誤りを認めて、鄧小平の最終日講話とともに、一一期三中全会のレールをしいたのである〔馬立誠・凌志軍「一次至関重要的中共中央工作会議」『党史天地』一九九八年第五期〕。

7．ところで、中央工作会議が正規の中央委員会を代行した理由は中央工作会議の構成にある。この会議が党・政府・地方・軍のリーダーをすべて集めたからである。逆にいえば、六〇年代になると、問題は政治・経済・軍事をめぐりきわめて多岐にわたり、複雑に交錯してきたために、政治的に選出され実務的能力を欠く中央委員会では対応できなくなっていた。つまり中央委員会は政策決定を担えない、たんなる象徴的な組織になっていたのである。

8．しかも党・政府・地方・軍のリーダーを集めた中央工作会議は、建前上は党の会議であっても、じつは国家の重要問題について議論し、決定してきた。その意味で、この中央工作会議は、政策決定における党と政府、国家の一体化、「党の国家化」状況、いわゆる「党＝国家体制」のシンボルでもある。この中央工作会議は、第5章の3、4で述べたように、政府、国家機関、大衆団体に設けられた党グループ・党委員会のネットワーク、行政府と対応する党内の機構（対口部）とともに「党の国家化」、「党＝国家体制」を形作ってきた。

さまざまな非制度的会議

ところで、中央工作会議以外にも、党中央（とくに毛沢東）はしばしば変則的な会議を開いて自らのプログラムにそった決定（ないし決定のやり直し）を強引に行ってきた。一つは、地方（省・市・自治区）の党委員会書記の会議である。農業の集団化を早めようと毛沢東が招集した五五年七月末の会議、反右派闘争を全党的に展開しようとした五七年七月の青島会議、大躍進政策の原形を決めた五八年一～三月の杭州会議、南寧会議、成都会議など、すべて地方の党書記を集めた会議だった。

さらに、しばしば開かれる政治局拡大会議も非政治局員、もしくは非中央委員を集めて重大な決定を行ってきた。彭徳懐批判を行った五九年七～八月の盧山会議も前半は政治局拡大会議だったし、文化大革命の発動を決めた六六年五月四～二六日の政治局拡大会議には政治局メンバー以外の「関係部門の責任者」が七六人も出席し、方向を決めた。文革後では、学生運動に手ぬるかったとして胡耀邦総書記を「辞任」に追いこんだ八七年一月一六日の中央政治局会議には、二〇人の政治局メンバー以外に、中央顧問委員が一七名、書記が四名、規律検査委員が二名出席した。そのほとんどは王震をはじめとする保守派である。

また、中央委員会もしばしば「拡大会議」となる。五五年一〇月の七期六中全会には三八八名が出席したが、うち中央のメンバーは六三名だけである。この会議は毛沢東の意向どおり「農業の集団化問題についての決議」を採択した。「文化大革命についての一六条」を決めた八期一一中全会（六六年八月）には、一四一名の中央メンバー以外に四七名の「造反派」が出席した。また八期一二中全会（六八年一〇月）で国家主席劉少奇を罷免除名したが、出席者一三三名のうち中央委員会の正式メンバーは五九人だけ、しかも地方革命委員会の一人は中共党員でさえなかったという。

このように、毛沢東時期の政策形成・決定が非制度的であったのは、一つはこれが毛自身の政治路線と政治スタイルだったためであり、もう一つは、複雑化する実務（専）と政治性（紅）を統合する決定の方式や組織を作ることができなかったためである。

2　危機の政策決定——八九年天安門事件

四つの重要決定

一九八六年冬、末端選挙をきっかけに北京、上海、合肥などで起こった学生の民主化運動は、翌年一月の胡耀邦総書記の「辞任」と反ブルジョア自由化キャンペーンでいったんは収まった。だが、鮮明に政治改革を掲げた一三回党大会が追い風になり、以後、インフレと高級幹部の汚職（官倒）に反発した学生たちによって運動が再燃した。八九年四月一五日、政治改革に好意的だった胡耀邦の死が学生の民主化運動を空前の規模にした。しかも八九年は五四運動七〇周年にあたる。愛国と民主主義の「旗手」を自認する学生たちは胡耀邦追悼に合わせて党・政府にさまざまな要求を突きつけた。

それから六月四日未明に人民解放軍が三〇〇名近くの学生・市民を銃で殺戮した天安門事件まで、分岐点になったのは次の四つである。

1．四月二六日『人民日報』社説が学生運動を「動乱」と決めつけたこと。

2．五月四日、趙紫陽総書記がアジア開発銀行総会代表への談話で、右の社説とは異なるトーンで学生に共感を示したこと。

3．学生たちが五月一三日にハンストを始めたこと。

4．党・政府が五月二〇日一〇時、北京市街地区に戒厳令を敷いたこと、である。

いうまでもなく、北京市戒厳令は建国後初の非常事態である。その結果、六月四日未明、動乱は反革命暴乱になったとしてついに解放軍が実力を行使し、天安門広場を血に染めることになった。

四月下旬から六月四日まで、危機の中で党・政府は重要な決定を四回行っている。①四月二六日の『人民日報』動乱社説、②戒厳令、③総書記趙紫陽の解任と江沢民（当時政治局員、上海市党委書記）の抜擢、④六月四日未明の戒厳の発動、である。問題は、危機の中で、誰が、どの会議で、どのような認識と判断のもとに以上の諸決定を行ったか、である。それらが制度やルールに沿ったものだったのかどうかも問われなければならない。

天安門文書について

危機の中の決定を分析するには情報が不可欠である。本節では、〇一年に張良なる匿名人士が持ち出し、コロンビア大学のアンドリュー・ネイザンなどが編集・抜粋して英文にまとめた『天安門文書』（以下、「文書」と略す）と、事件直後に大陸・香港などから最大限の情報を集めた矢吹晋編訳『チャイナ・クライシス重要文献』全三巻（以下、「クライシス」と略す）を活用する。

『天安門文書』英語版を利用するのは、鄧小平・楊尚昆・李鵬など天安門の決断にかかわった主役たちの切迫した生の声を伝えてくれるからである。ちなみに、中国語版の張良編著『中国〝六四〟真相』は編者が会議録などを思う存分裁断しているため使えない。もちろん、張良が渡したのは「原資料をコンピューター入力し、その写しをプリントアウトしたもの」で（「文書」邦訳、四六一頁）、それをめぐって真贋論争があり、決着はついていない。たとえ「真」であっても、編集段階ですべて抜粋されているし、本書がすべての重要会議の議事録を採録したという保証もない。「真」とする決定的な確証もない。だが、「数年の歳月とさまざまな経路と方法を費やして、私は本書の諸資料はまぎれもない本物であることに満足した」、「天安門文書がもつ一貫性、豊富な内容、人間的な信頼性とはほとんど偽造不可能であろう」（「文書」邦訳、一五一―一六頁）というネイザンの言葉、「文書は本物の雰囲気をもつように思える。一つ一つの事実、語調、政治的見地は長期にわたる中国観察者である我々の八九年の事件、同国指導者をめぐる知識とぴたりと符合する」（同、四六一頁）というオービル・シェルの判断を尊重したいと思う。またこの文書で明らかになった「事実」と日本で入手可能な資料との間に齟齬は見つからないし、現代中国六〇年、これほど最高指導部の決定的瞬間を伝えるものはなく、今後も出てこないだろうという理由もある。

もっとも権威ある中国研究誌『チャイナ・クォータリー』に、張良編『中国〝六四〟真相』は事件後公開、非公開で出されたいろいろな文献からの寄せ集め、切り貼りだ、英語版『天安門文書』の編集方針は間違っているという本格的批判が出た。Ａ・ネイザンはそれに鋭く反論している［Alfred L. Chan & Andrew J. Nathan, "Tiananmen Papers Revisited : The Duihua Academic Exchange," *The China Quarterly*, No. 177, March 2004］。天安門事件の見直しが行われ、しかも中国当局がすべての文献を公開するまで、真贋論争は続くことだろう。

なお、失脚後ほぼ軟禁状態にあった趙紫陽が三年かけてテープに吹き込んだ回想録が香港から中国語・英語で出版された。この回想録の圧巻は、戒厳令の施行を決めた八九年五月一七日の政治局常務委員会である。意見が分かれ最後は鄧小平が「八老にゆだねる」と決断したという趙紫陽の回想は、張良が持ち出した『天安門文書』が依拠できることを裏付けている［『趙紫陽極秘回想録』二〇一〇年］。

天安門の主役たち

まず、四月末からの二カ月間、政策の決断、決定に重要な役割を果たした「主役たち」を見てみよう［表7-1］。もちろんもう一方の「主役たち」は学生、リベラルな知識人たちであ

表 7-1　天安門事件当時の中共中央政治局と「八老」

政治局常務委	趙紫陽	総書記
	李鵬	総　理
	喬石	中央政法委書記・書記処書記・中央規律検査委員会書記
	胡啓立	書記処書記
	姚依林	副総理・計画委主任
政治局委員	万里	全人代常務委員長
	田紀雲	副総理
	江沢民	上海市党委書記
	李鉄映	国務委員・国家教育委主任
	李瑞環	天津市党委書記・市長
	李錫銘	北京市党委書記
	楊汝岱	四川省党委書記
	楊尚昆	国家主席・中央軍事委副主席
	呉学謙	副総理
	宋平	中央組織部長
	胡耀邦	1989 年 4 月死去　空席
	秦基偉	国務委員・国防部長
	（候補）	丁関根

いわゆる八老	鄧小平	中央軍事委員会主席	84 歳
	楊尚昆	国家主席・中央軍委副主席	82 歳
	李先念	全国政治協商会議主席	80 歳
	陳雲	党中央顧問委主任	84 歳
	薄一波	党中央顧問委副主任	81 歳
	王震	国家副主席	81 歳
	彭真	もと全人代常務委員長	86 歳
	鄧穎超	周恩来未亡人	85 歳

る。趙紫陽・李鵬・喬石・胡啓立・姚依林の政治局常務委員五人と「八老」がもっとも重要な役割を果たすが、直接責任者である北京市党委書記・李錫銘（政治局員）と市長・陳希同、国家教育委員会主任・李鉄映（政治局員）、同副主任・何東昌も、トップにどのような情報・報告を提供したかという点で決定的な役回りを演じた。天安門事件当時、中国政治の主役をつとめたのは［表7-1］にあるひとびとである。

四・二六動乱社説

「これは計画的な陰謀であり、動乱である。その実質は、中国共産党の指導と社会主義制度を根本から否定することにある。……全党と全国人民はこの闘争の重大性を十分に認識し、団結して旗幟鮮明に動乱に反対し、ようやく苦労してかちとった安定団結の政治的局面を断固として守り、憲法を擁護し、社会主義民主と法制を維持しなければならない。……」という四月二六日『人民日報』社説は、胡耀邦追悼をきっかけに高まっていた学生の民主化運動をいっそうラディカルにする格好の触媒となった。学生からすれば平和的で秩序ある愛国と民主のデモンストレーションが、文化大革命と同じ「動乱」と切り捨てられては黙ってはいられないのは当然だろう。

この社説は、四月二四日夜趙紫陽不在のまま李鵬の主宰で開かれた政治局常務委員会で確認されたライン、および二五日朝鄧小平宅で開かれた「重要会議」での鄧小平講話にもとづいたものである。二四日の政治局常務委員会には、四人の常務委員（李鵬・喬石・胡啓立・姚依林）のほか、楊尚昆、万里、田紀雲、李錫銘（政治局員）、および陳希同、何東昌、国務院スポークスマン・袁木、党中央宣伝部副部長・曽建黴が出席した。中央書記処が作成した会議録抜粋によれば、陳希同が「北京における学生運動はすでに自然発生的な胡耀邦追悼という出発点から扇動と動乱に転化した」と切り出し（『文書』邦訳、八八頁）、それを受けて李鵬が、「党に対するあからさまな挑戦に対して、ブルジョア自由主義との厳しい闘争」を求め、姚依林が「中央に動乱制止小組」の即時設置を求めた。ちなみに姚依林は李鵬とともに、最初から最後まで民主化運動にもっとも厳しい態度をとった。結局、動乱制止小組を李鵬のもとに作り、翌朝、鄧小平に直接報告することになった（『文書』邦訳、八九—九〇頁）。

二五日朝の鄧小平宅「重要会議」に出たのは、四常務委員のほか、楊尚昆・李錫銘・陳希同である。中央書記処の同会議録抜粋によれば、まず李鵬が、運動を「反党・反社会主義」ときめつけ、「矛先は直接あなた〔鄧小平〕や先輩世代のプロレタリア革命家のかたがたに向けられています」と鄧の危機感をことさら煽っている。二四日会議の結果を聞き取った鄧小平は、「常務委員会の決定に完全に同意する。これは通常の学生運動ではない。……計画的陰謀であって、その真の狙いは中国共産党と社会主義体制を根底から否定することだ。……旗幟鮮明にこの動乱に反対しなければならない」と締めくくった（『文書』邦訳、九八—一〇〇頁）。

李鵬はすぐにこの鄧小平講話を『人民日報』社説にしようと提案、曽建黴が起草し、李鵬と胡啓立がそれを監修したという（『文書』邦訳、一〇一頁）。鄧小平が最終決断をしていることもさることながら、最大の問題は、直接担当者である陳希同の報告である。二四日の政治局常務委員会直前に北京市党委員会は常務委員会議を開き、学生運動が直接党中央に向けられ、党の指導の転覆を狙っていると判断、中央に、旗幟鮮明に事件についての態度を表明すること、党中央および国務院が強硬な措置をとるよう求めていた〔『中国共産党執政五〇年 一九四九—一九九九』

一九九九年、六六五—六六六頁〕。

鄧小平はこのような現場リーダーの認識に一点の疑念ももたなかった。社説発表後、四月二七日の学生デモはこれまでにない規模に膨れ上がった。一週間のピョンヤン訪問を切り上げ三〇日に帰国してからの趙紫陽は、鄧小平の決断に同意する、とピョンヤンから返電したことを悔やみながら、動乱社説の取り消しないし変更を楊尚昆、鄧小平に執拗に求めるのである。

戒厳の決定——危機の三日間

趙紫陽は、一方で五四運動記念講話（五月三日）、アジア開発銀行総会代表への談話（五月四日）などで学生の要求に同情を示し、必死に運動の過熱化を防ごうとした。他方で、政治局会議や楊尚昆および鄧小平に、社説の変更を申し入れた。五月一〇日ようやく開かれた政治局会議では、趙紫陽と李鵬・姚依林の間で激しい議論となった。書記処作成の「政治局会議議事録」抜粋によれば、五月一〇日政治局会議に出席したのは、常務委員五人のほか、宋平・秦基偉・万里・江沢民・李瑞環・田紀雲・楊汝岱・呉学謙・李鉄映・李錫銘の政治局員、そして楊尚昆・陳希同である。趙紫陽は、『世界経済導報』を停刊に追い込んだ上海市党委員会の決定は「処理を早まり、些細な問題を大騒動にしてしまった」と江沢民を非難、それに対し李鵬・姚依林が激しく反発した。李鵬は「これが文化大革命とどう違うのだ」と迫り、姚依林は「これは純然たる動乱だ」と断言、政治局ははっきり二分された。なお楊尚昆はこの時期はまだ趙紫陽に同情的である（『文書』邦訳、一五二—一五八頁）。

五月一〇日会議は、常務委員の役割分担を決めるとともに、万里・全人代常務委員長の米国・カナダ出張を予定通り行うことを決定した。万里の米国出張が決定されたことは、趙紫陽でさえ事態をそれほど深刻には受け止めていなかったのではないかと思わせる。戒厳令公布後、学生や知識人たちは全国人民代表大会の臨時常務委員会開催を強く求めた。

他方、楊尚昆が趙紫陽のためにセットした鄧小平との三者会談は五月一三日、学生たちがハンストに突入したそ

表7-2　1989年5月16〜18日の重要会議リスト

日　時	会 議 名	出 席 者	内　　容
5月16日夜	緊急政治局常務委員会議	趙紫陽・李鵬・喬石・胡啓立・姚依林 楊尚昆・薄一波	＊趙紫陽は4月26日社説の修正，運動の公式評価の変更を鄧小平に求めると発言 ＊楊尚昆がすでに無政府状態だ，という ＊姚依林が真っ向から趙に反論，直ちに果断なる措置をとるよう主張 ＊鄧小平への報告，趙が学生に書面による説得を決定 （「文書」邦訳，193-198頁）
5月17日朝	政治局常務委員会	趙紫陽・李鵬・喬石・胡啓立・姚依林 楊尚昆・薄一波 鄧小平	＊李鵬がアジア開銀代表への趙談話非難，姚依林はゴルバチョフに機密を漏らしたと趙を非難，鄧小平は解放軍投入・戒厳令発動を決意したと述べる ＊趙紫陽はそれは執行できないと抵抗 ＊夜の常務会議で戒厳令の具体策を決め結果を鄧，「長老」に報告と決定 （「文書」邦訳，199-204頁）
5月17日夜	政治局常務委員会	趙紫陽・李鵬・喬石・胡啓立・姚依林 楊尚昆・薄一波	＊趙紫陽が戒厳令の是非についての議論を提案，李鵬・姚依林が反対 ＊薄一波の提案で採決 賛成：李鵬・姚依林，反対：趙紫陽・胡啓立，棄権：喬石 ＊楊・薄の提案で，鄧小平ら「老同志」の判断に委ねる。趙紫陽辞意表明 （「文書」邦訳，206-207頁）
5月18日朝	「八老」と常務委・軍事委会議	鄧小平・楊尚昆・薄一波・陳雲・李先念・彭真・鄧穎超・王震 李鵬・喬石・胡啓立・姚依林（趙は「病欠」） 洪学智・劉華清・秦基偉	＊鄧小平，戒厳令必要と切り出す，李先念・陳雲・彭真らが支持 ＊胡啓立は慎重にすべきだ，だが決定には従うと表明 ＊5月21日深夜北京の一部で戒厳令実施などを決定 （「文書」邦訳，217-224頁）

の日にもたれた。「身元不詳の楊尚昆の友人」の会談メモでは、学生は憲法支持、民主主義賛成、腐敗反対を主張しており、あらゆる層がこれを支持している、透明化、人民代表大会の機能強化、政協の活発化、人民による監視が必要だという趙紫陽に対して、鄧小平は「常務委員会は今回のような政治危機に直面したときは果敢でなければならない、原則に固執しなければならない」と切り返しており、趙の鄧説得は失敗した（『文書』邦訳、一六六―一七〇頁）。鄧小平が当初から、事態を「政治危機」としてきわめて深刻に受け止めていたことは明らかである。

ハンストが衰える兆しが見えない中、五月一六日から一八日の三日間、指導部は最大の「危機」を迎えた。緊急に開かれた三回の政治局常務委員会議、および一回の「八老会議」の概略を［表7-2］に示しておく。

戒厳令をめぐって五人の常務委員会は真っ二つに割れた。楊尚昆・薄一波は事態を切り開くため鄧小平およびその他の「老同志」にすべてを託すことにした。『文書』では、いわゆる「八老」が一堂に会するのは五月一八日朝が最初、これを含めて「八老会議」は合計四回開かれている。いずれも決定的瞬間である。

趙紫陽解任・江沢民抜擢の決定

情報が漏れたため、戒厳令は決定より一日早く、五月二〇日一〇時に執行された。命じたのは国務院総理・李鵬である。以後、いつ武力行使をするか、後継リーダーを誰にするかが緊急問題となったが、いずれも「八老」が決定的役割を果たした。

鄧小平は、五月一七日朝自分が戒厳令を提起したときの態度、一八日朝の「病欠」、一九日未明、天安門広場のハンスト学生に向けた最後のスピーチなど、趙紫陽の一連の行動に大きな失望を味わったに違いない。一九日朝「趙紫陽はますますとりとめがなくなった」と楊尚昆に語ったとき、鄧は次なるリーダーを「自分たちの世代」、つまり「八老」が決める、と決意したのだろう。

五月二一日、鄧宅で開かれた「八老」だけの会議はもっぱら人事を議論している。中央書記処の「五月二一日重要会議覚書」によれば、李先念が「二つの司令部がある……〔趙紫陽の政治的予定表は〕われわれ年寄りの権限を強引に委譲させ引退させ、彼のブルジョア自由化計画を推進できるようにしたのだ。……趙紫陽は総書記にふさわしくない」と切り出すと、皆が賛同した。李先念・陳雲から『世界経済導報』問題を片づけた江沢民が総書記にふさわしい、との発言が出た。もちろん鄧小平の意を受けてである。胡啓立も「常務委員にふさわしくない」とされた。また新常務委員に、宋平・李瑞環の名前が上がった（「文書」邦訳、二六四—二七一頁）。まさに「八人の長老（だけ）によるこの最初の会議は、趙紫陽総書記と胡啓立常務委員解任へのレールを敷いた。彼らは五月二二日に事実上解任され、六月の四中全会で正式に決定された」のである（「文書」解説、邦訳、二七一頁）。なおこの会議では、万里が帰国してもしばらくは上海に止めおくことにした。万里のリベラルな立場、彼と趙紫陽の親密な関係を危惧してのことである。

　趙紫陽解任は軍の了承を得なければならない。五月二四日午前の中央軍事委員会拡大会議（解放軍総部・軍区などの責任者すべてが出席）では、楊尚昆がトップの交代を告げて次のようにいう。

「党指導者としての趙紫陽の仕事上の欠点ははじめから明らかだった。彼は胡耀邦と同様にブルジョア自由化と精神汚染に対する闘争を遂行しなかったのだ。……このような事情から、党長老は介入せざるを得なかった。自分たちの間には、退却は党と国家の崩壊を意味し、まさしく海外の資本主義国が望んでいる、という明白なコンセンサスがある。党の指導者の交代も、戒厳令の布告もそうせざるを得なかったのだ」（「文書」邦訳、二九四—二九五頁）。

　なお楊尚昆はこの会議で、政治局常務委員会の投票によって趙を解任し、鄧小平は中央軍事委員会主席の資格で委員全員に諮問して戒厳令を命じたから「適正な手続き」を経ている、と釈明しているが、「文書」はそれを裏付けてはいない。

　江沢民の抜擢は五月二七日夜の「八老会議」で鄧小平が、「新しい政治局常務委員会は次の六人の同志——江沢民・李鵬・喬石・姚依林・宋平・李瑞環で構成され、総書記は江沢民とすることを提案する」と切り出すと、それが承認されて決まった（「文書」邦訳、三一五—三二一頁）。

最後が天安門広場およびその周辺から学生・市民を実力排除する決定である。北京市党委員会・市政府の六月一日付政治局宛報告（「動乱の真相について」）は、初めて「反革命動乱」という表現を使い、次のように中央の「断固たる措置」を求めた。「一握りのものは武装反革命暴動を活発に扇動している。……我々は党中央・国務院ならびに中央軍事委員会がただちに断固たる措置を講じて、北京における反革命動乱を鎮圧するよう提案する」。なお、この報告書は李鵬の指示で李錫銘と陳希同が起草したといわれる（「文書」邦訳、三三六―三四二頁）。

戒厳令の発動

さっそく翌二日朝「八老」（陳雲と鄧穎超は欠席）と政治局常務委員（李鵬・喬石・姚依林の三人）が鄧の自宅で会合した。「動乱がこのまま続けば、党と国家の権威はすり切れる。そうなれば内戦だ」という鄧の言葉に続いて、李先念、楊尚昆、喬石などがこもごも実力排除の必要性を主張した。結局、鄧の「戒厳部隊は、今夜排除工作を実行に移し、二日以内に完了することを提案する」という言葉で、実力排除が確認された（「文書」邦訳、三五六―三六三頁）。

六月三日午後四時、楊尚昆と三人の常務委員、中央軍事委員会メンバー、北京の代表が「常務委緊急（拡大）会議」を開いた。まず李鵬が「二日夜遅く、北京で反革命暴乱が発生した」と切り出し、陳希同市長に「反革命暴乱」の状況をくわしく報告させた。その結果楊尚昆が、「明日の夜明けまでに問題を解決する」と指示、午後九時から掃討作戦を開始すると決定した。この間のプロセスで注目されるのは、作戦が平和的に行われると考えられていたこと、「天安門広場では流血があってはならない。広場の中では一人も死んではならない。これは鄧小平同志の意見でもある」と楊が再三再四強調していることである（「文書」邦訳、三六八―三七一頁）。

八老政治

天安門事件の際の決定は、トップ集団が二つに割れ「二つの中央」状況になっていたこと、何より鄧小平らが体制が転覆されると強い危機感をもっていたことで、文字通り「危機の決定」である。この間の四回の決定を概観して少なくとも次の点が指摘できる。

一つは、鄧小平の決定的役割である。「動乱」という評価も、戒厳令も、趙紫陽解任も、江沢民抜擢もすべて鄧小平の決断である。鄧小平は当初から一貫して体制の危機と受け止め、断固たる措置を考えていた。だが、鄧リーダーシップは決して「独裁」ではなく、つねに合意形成を意図していた点が毛沢東との大きな違いである。

もう一つは、肝心なときに政治局常務委員会が分裂して鄧小平・楊尚昆を含む「八老」がすべての鍵を握ったことである。分かっている限りでこの間「八老」会議は四回開かれているが、なかでも戒厳令布告を決めた五月一八日朝、趙解任を決めた五月二一日の会議は決定的である。八〇歳代の老人たちをこの決定に追い込んだのは何だったのだろうか。当初から「通常の学生運動ではなく、動乱」であり、体制転覆の「計画的陰謀だ」と考えた鄧小平はとりわけ「国際的大気候」、つまりポーランドなどで進行中の自由化運動と西側からの民主化圧力を怖れた。四月二五日に鄧小平は、「〔学生たちは〕ポーランド、ユーゴスラビア、ハンガリーやソ連の自由化思想の影響を受けて動乱を起こした。その目的は共産党の指導を転覆し、国家、民族の前途を喪失させることである」と述べ、ポーランドの二の舞にさせないよう「快刀乱麻を断つ」べきだと檄を発した。「ポーランドでは譲歩すればするほど一歩一歩と敗退した。われわれはポーランドとは違う」、「四つの基本原則には人民民主主義独裁があるではないか、この手段を使うべきだ」、「われわれには数百万の軍隊があるではないか、何を恐れることがあろう！」という言葉に、鄧小平の重大な危機意識と断固たる決意が読み取れる（『クライシス①』一二九—一三二頁）。

「八老」に共通していたのは文化大革命再来への恐怖である。誰もが「これは文化大革命とどう違うのか」と感じた。彭真は、戒厳令布告を決めた一八日の「八老」会議で、「文化大革命のような凶暴な無法状態に転落させるわけには行かない。われわれはあれには一度で懲りたではないか。……ここ数日来の百万人デモは文革中の紅衛兵大集会さえも上回る」と危機感に駆られ、戒厳令を強く求めている（『文書』邦訳、二一七—二二四頁）。

三つ目に、ごく少数の常務委員会にすべてを託すシステム自体の問題である。四～六月にかけてなぜか政治局会議はほとんど開かれなかった。当初、すべては趙紫陽以下五人の常務委員会に託された。それが分裂して機能しなくなったとき、「八老」が介入し、最後は鄧小平が決断した、というのが基本スタイルである。なぜ政治局会議を開かなかったのか、全国人民代表大会常務委員会を開かなかったのか。「八老政治」に依存する以外になかったところに、革命の第一世代——鄧小平末期の権力の特質を見てとることができる。

このように異常な「危機の決定」がこれからも続くのだろうか。ネイザンは、「八老政治」のような権力が今後行使される可能性を否定していない（『文書』邦訳、二五頁）。だが、「八老」に匹敵するカリスマの持ち主はすでになく、顧問委員会も一五回党大会でなくなった。今後常時の決定は次節で述べるような官僚主導のものになり、対外的な「危機の決定」は二〇〇〇年秋にできた中共中央安全工作領導小組（外事工作領導小組）のような危機管理組織が主導するのかもしれない。いずれにせよ、中国の体制が暴動や反乱などの大きな危機に対してけっして堅固ではないことだけは確かである。

3　重要文書作成から見た常時の政策形成——趙紫陽時期と江沢民時期

文書政治

一九八〇年代以後の中国の政策形成、あるいは現代中国における政策形成一般を分析する手法として、重要文書の作成過程の検討はかなり有効である。古くは、毛沢東の権威を全党的なものにした四五年中共六期七中全会の決議（「党の若干の歴史問題についての決議」）は、複雑な党内事情を反映して決議採択まで一年以上かかったいわく付きの文書である。その一年間はまた、毛沢東が王明ら反対派を一掃し党内で並ぶ者のない権力を掌握するプロセスでもあった〔〈胡喬木回憶毛沢東〉編写組「駁第三次〝左〟傾路線的九篇文章与〝歴史草案〟」『中共党史研究』一九九四年第一期、同編写組「胡喬木談党的歴史決議」『中共党史研究』一九九四年第二期〕。

また八一年、文化大革命を「毛沢東晩年の誤り」、「毛沢東が発動し、林彪・「四人組」の反革命集団がそれを利用して起こした内乱」だと定義して毛沢東時代に訣別した中共一一期六中全会「建国以来の党の若干の歴史問題についての決議」の作成過程もきわめて政治的だった。決議作成は、鄧小平（当時、中央軍事委員会副主席）が党主席華国鋒を権力の座から引きずり下ろすプロセスとほぼ同じペースで進み、重要会議で鄧小平が講話を行い、決議の基調を決めている。

趙紫陽のブレインの一人だった呉国光（当時、『人民日報』編集部編集主任）は、八〇年代後半の党の重要文書作成に焦点を当てて現代中国の政策決定の構造に迫っている。彼がケースに選んだのは、自身も作業に加わった八七年五月一三日の趙紫陽演説（「ブルジョア思想反対キャンペーン」への巻き返しを意図した演説）、および趙紫陽が一三期二中全会（八八年三月）に宛てた報告である。

呉国光は次の仮説を提示する。①中国の政治体制は、西側民主政とは違って、トップレベルからの文書指示によって動く、寡頭政治である。②中国政治の特徴の一つは「文書政治」（documentary politics）である。寡頭制集団は文書作成を通じて合意を形成し、個人的意思を表明し、イデオロギー的正統性を獲得する。③文書形成（提起、起草グループの組織から文書の最終承認とその散布に到るまで七段階ある）は現代中国における政策形成プロセスの中心部分を占める。

上記二文書の作成過程を分析した結果、呉国光は以下の暫定的結論を得た。①「文書政治」は、民主制でもなく独裁制とも異なる、中国の寡頭制政治を説明する有効な概念である。②文書作成のプロセスで、指導集団がコンセンサス・妥協に到達し、あわせて正統性を強める。③指導集団内に政策対立がある場合、誰が文書形成に携わるか、誰が草案作成に加わるか、どのような形式や言葉が使われるか、などに政策対立が現れる［Wu Guoguang, "〈Documentary politics〉: Hypotheses, Process, and Case Studies," 1995, pp. 3–38］。また呉国光は、趙紫陽時期は、半公的もしくは私的なシンクタンクが政策決定、文書作成にきわめて重要な役割を果たしたことを明らかにしている［呉国光『趙紫陽与政治改革』一九八八年］。なお呉国光は、胡耀邦時期の政策文書の起草機関は、中共中央書記処研究室（主任・鄧力群）、同辦公庁辦公室、同辦公庁調研室（主任・胡啓立）で、趙紫陽時期になると、政府機関として国務院経済研究センター、農村政策研究センター、経済体制改革委員会、非公式機関として経済体制改革研究所（所長・陳一諮）、政治体制改革研究室（主任・鮑彤）のような諮問機関が国務院・党を問わず作られ、改革派の若手が随意に抜擢された、という。趙紫陽時期の政策文書作成の主役はこれら機関のスタッフである。

以上のような呉の分析や指摘は興味深いし説得的である。だが反面、「文書政治」の構造はリーダーシップによって違うのではないか、文書の性格や問題領域によって異なるのではないか、という疑問も湧いてくる。

五つの重要文書

右の問いに答えるために、趙紫陽時期と江沢民時期の重要政策文書の作成過程を比較し、二つのリーダーシップの共通性と違いを明らかにする。対象は次の五つの文書である。

1. 八七年一〇月の一三回党大会で原則採択された「政治体制改革グランドデザイン」（政治体制改革総体設想）（「政治改革デザイン」と略）。
2. 一三回党大会の趙紫陽報告「中国の特色をもつ社会主義の道に沿って前進しよう」（「趙紫陽大会報告」と略）。
3. 九二年一二月の一四回党大会での江沢民報告「改革開放と近代化建設の歩みを加速し中国の特色をもつ社会主義事業の勝利を獲得しよう」（「江沢民大会報告」と略）。
4. 九三年一一月の一四期三中全会決議「社会主義市場経済体制確立の若干の問題についての決定」（「五〇条」と略）。
5. 九五年九月の一四期五中全会決定「二〇一〇年に向けての長期目標についての中共中央の提案」（「二〇一〇年目標提案」と略）。

使用する情報は基本的には『人民日報』など公式メディアのものだが、趙紫陽時期については、呉国光『趙紫陽与政治改革』（太平洋世紀研究所、香港、一九九八年）のほか、厳家祺、陳一諮などが亡命後リークしたもので補強する。また中共中央政治体制改革研究会のメンバーだった呉偉の「中共〝一三大〟前後的政治体制改革」（『領導者』第四三号、二〇一一年一二月）も役に立つ。

中共中央5人小組　1987年1月以降事実上の政治局常務委員会
趙紫陽，万里，胡啓立，薄一波，楊尚昆

中央政治体制改革検討小組　5人　1986年9月発足
趙紫陽，胡啓立，田紀雲，薄一波，彭冲（特別参加：鄧力群，高揚，胡喬木など）

政治体制改革検討小組事務局（辦公室）　6人　1986年10月発足
鮑彤主任，周傑，賀光輝，厳家祺，陳一諮，陳福今

同ワーキング・グループ　15人ほど
李丹鋼，呂長春，周大力，呉国光，遅福林，呉偉，黄海，張占斌，高山など

中央党校総合・テーマ別研究小組
陳維仁，史維国，杜光など

テーマ別研究小組
温家宝，周傑，賀光輝，曹志，閻明復，余孟孝，廖蓋隆

図7-1　政治改革デザイン作成の系列図

出典）呉国光『趙紫陽与政治改革』香港：太平洋世紀研究所，1998年から毛里が作成。毛里和子「中国1986-89——民主化の夭折と国際環境」（『国際政治』第125号，2000年，14-30頁）。

一三回党大会「政治改革デザイン」

政治体制改革論議の高まりの中で開かれた一三回党大会は、二つの重要なことを決めた。一つは、「社会主義初級段階」論を提起して初級段階一〇〇年間は生産力の発展がすべての基準であると確定したこと、もう一つは、党政分離（国家機関や企業にある党グループ、党内にある行政・企業を直接指導する部門——対口部を廃止する）という一党体制の根幹にかかわる改革である。「政治改革デザイン」は、大会直前の一二期七中全会で、次項で述べる趙紫陽大会報告とは別に「原則同意」され、七中全会が「このデザインの主な内容」を大会報告に書き込むことを決めている。したがって一三回党大会の趙紫陽報告の第五部（政治体制改革）は、「政治改革デザイン」を吸収したもので、党政分離、権力の下部への移譲、政府機構改革、政務・業務公務員制度の導入を含む幹部制度の改革、社会協商制度の新設などを論じており、改革の歴史的文書である。

呉国光、陳一諮、厳家祺によれば「政治改革デザイン」は八六年夏からの次のようなプロセスで日の目を見た（各組織のメンバーについては［図7-1］参照）。

1．まず八六年七〜八月にかけて鄧小平が趙紫陽に、グループを作って改革デザインを設計するように指示。

2．九月、趙紫陽が胡啓立・書記処書記、田紀雲・副総理、薄一

波・中央顧問委員会副主任、彭冲・全人代副委員長で中共中央政治体制改革検討小組を組織。
3．九月、検討小組の下に小組辦公室設置。鮑彤が主任、厳家祺、陳一諮などが入る。
4．一一月、政治改革について七つの研究グループを設置。
5．一一月から翌年七月、中共中央政治体制改革検討小組会議は計一〇回に及んだ。
6．その間、八七年四月末に鮑彤の辦公室が「政治改革デザイン」第一次案を作成。
7．八七年八～九月、中央工作会議で討論、書記処会議をへて、政治局会議で原則採択。
8．一〇月の七中全会予備会議で趙紫陽が「党政分離」を報告。本会議で原則採択。

こうして一三回党大会趙紫陽報告に「政治体制改革」部分が入った。大会後八七年一二月には、鮑彤を主任とする中共中央政治体制改革研究室（副主任・周傑、賀光輝）が生まれ、雑誌『中国政治改革』も創刊された（二号で廃刊）。八八年には、政治協商会議や人民代表大会の機関党グループ、国務院各部の党グループの段階的廃止、企業党グループの即時廃止などを党中央が批准した。党と企業の分離も進み、専従の党幹部が整理された。四〇年来の党－国家－企業が癒着した特異な体制が大きく変わるのではないか、と思われた。

だが天安門事件ですべてが水泡に帰した。党グループも党内の対口部も復活し、党政分離は「党の指導性を弱める」と批判され、党政分業、ひいては党政不分が再び肯定されるようになっている。趙紫陽時期につくった半公的機関やシンクタンクもほとんどなくなった。趙紫陽が失脚しただけでなく、関係者の多くが亡命した。政治秘書として活躍した鮑彤は、九二年に国家機密漏洩および反革命扇動の罪名で懲役七年、政治権利剥奪二年の判決を受けた（九六年に釈放後米国に出国した）。

趙紫陽のブレーン政治

以上のようなプロセスから次のことがいえよう。

1．デザインを最初から最後まで準備したのは、鄧小平が認知した政治体制改革検討小組のもとに作られた半公的な実務機構である小組辦公室で、そのスタッフは趙紫陽の政治秘書鮑彤が中心になって選んだ（改革デザイン作成に携わったチームは［図7-1］参照）。

2．デザインを議論した党の会議は、八月中旬の中央工作会議と七中全会予備会議である。九月中旬まで中央政治局（ないし同常務委員会）、書記処などで正式に論議された形跡がなく、もっぱら鮑彤の検討小組辦公室と趙紫陽の間の協議によって進められた。

3．「政治改革デザイン」は一三回党大会の報告草案には入っておらず、七中全会予備会議ではじめて最終案が中央委員の間で審議され、その後大会報告案に書き込まれた。

要するに、一党支配体制の根幹の改革を意図した政治改革デザインは、じつは、趙紫陽の個人的なコネクションを動員した非公式ブレイン集団の手で非制度的に策定され、最終段階に入ってようやく党の中枢機構の審議に移された。このプロセスには趙のリーダーシップの恣意性と非制度性がよく現れている。その意味で政治改革デザインは、趙紫陽－鮑彤－改革派エリートによる「独走」の産物だったといってもよい。趙紫陽のブレインの一人陳一諮は、中国の政策は提起から執行に到るまで、公式の官僚機構ではない、新設の臨時機構やスタッフの役割が大きく、八六～八九年の趙紫陽時期はとくにその傾向が強い、と後に指摘している［Chen Yizi, "The Decision Process Behind the 1986-1989 Political Reforms," 1995］。

趙紫陽報告と江沢民報告

趙紫陽の一三回党大会報告のポイントは、社会主義初級段階論、大胆な政治改革の二点である。五年後の、一四回党大会での江沢民報告のポイントは、改革開放の加速と社会主義市場経済論の提起である。『人民日報』紙上の新華社記者「大会報告誕生記」などから両報告の作成プロセスを比べてみると、多くの共通点といくつかの違いが見てとれる（詳細は、［毛里和子「重要文章作成にみる中国の政策形成――趙紫陽時代と江沢民時代」一九九六年］）。

まず、次の点が共通している。

第一に、党大会報告の作成には、草案起草小組の編成から半年以上の時間がかかっている。大会で提案されたのは趙報告が第七稿、江報告が第一〇稿である。

第二に、どちらも次の四段階をふんでいる。

第一段階：報告の基調についての協議が始まり、起草小組が組織され、「最高実力者」（鄧小平）が基本的に了承する「スケルトン」が固まる段階。

第二段階：草案の第一稿ができ、ごく一部のトップリーダー集団内（中央書記処、中央政治局常務委員会の場合もある）で協議され、起草小組との間で何回も推敲される段階。

第三段階：「意見徴収稿」が印刷され、①党・政府・軍隊・地方の高級幹部三千〜五千人の討議、②専門家の討議、③民主党派や知識人の討議などに回り、修正稿が回収される段階。

第四段階：最終稿直前の草稿が中央書記処・政治局常務委員会・政治局で審議、修正され、中央委員会総会（もしくはその予備会議）に付託、そこで討議される段階。

最後に大会に送られる。討議はグループ討議だけで、激論が交わされることはない。

もっとも肝心なのは、起草小組を作ってトップリーダーの了承のもとで報告のスケルトンを固める第一段階だろう。とくに起草小組の選抜が基調を決めると思われるが、残念ながら、両党大会とも報告起草小組メンバーやその選出方法は分からない。

第三に、実質的にか、権威づけか、どちらも鄧小平の「お墨つき」があってはじめて動き出せた。鄧は八〇年代後半から政治過程をすべて掌握していたわけではないが、党大会報告の基調を支配する程度には「独裁者」だった。

第四に、報告案審議のハイライトはどちらも夏、三千人以上の高級幹部が報告案をそれぞれの部署で議論するときである。その意味では、中国政治を支配しているのは党中央委員、地方党代表、軍の責任者などからなる三千〜五千人の高級幹部集団である。

他方、一三回大会報告と一四回大会報告の間に違いもある。

第一に、趙紫陽は草案審議の過程で、正式チャネルである政治局や同常務委員会ではなく、書記処会議や起草小組との座談会を多用している。他方江沢民は、七カ月間に政治局常務委員会議を四回、政治局会議を二回、起草小組との座談会を二回開いており、比較的制度的である。

第二に、趙報告は、江報告よりも専門家や非党員幹部の間で議論されたようである。起草小組が八月に、中央国家機関の責任者・専門家百人との座談会に一週間の時間を割き、民主党派・党外知識人・少数民族や宗教指導者と座談会を開くなど、党外の意見を広く聴取している。当時ピークにあったゴルバチョフのペレストロイカに影響されたものと思われ、いずれにせよ趙を支えた改革派ブレインの志向を反映していよう。

要するに、趙紫陽と江沢民の間にリーダーシップのスタイルや流儀の違いがあるにせよ、党大会報告というルーティンの文書形成では基本的に同じプロセス、同じやり方がとられた。いずれも、草案作成の半年間は、トップリーダー集団、高級幹部が合意を形成していく重要な政治過程なのである。

江沢民時代の二つの政策文書

次に、経済政策にかかわる実務文書のケースである。江沢民時期に採択された二つの決定——一四期三中全会の「五〇条」（九三年一一月）と「二〇一〇年目標提案」（九五年九月）——を検討してみる。

「五〇条」は鄧小平の「南巡談話」、一四回党大会の「社会主義市場経済体制の樹立」を政策化したもので、「脱社会主義」へと突破する「画期的な行動綱領・ブループリント」だとされる（王夢奎）。文書は、社会主義市場経済体制を作るために六領域での体制改革を提起した。①「親方日の丸」の国有企業を根本的に変えるために財産権を明確にし、行政と企業を分離した現代企業制度（株式制）を作る、②金融・労働力・不動産・技術・情報などを市場化する、③税務・金融を通じた政府のマクロ・コントロールをきかせる（九四年の中央・地方間の分税制はその一つ）、④賃金の自主決定、個人所得税制度、社会保障制度など分配システムを合理化する、⑤郷鎮企業の請負や株式化などを進める、⑥経済分野の法制化を進める、である［『人民日報』九三年一一月七日］。

「五〇条」作成をリードした王忠禹・国家経済貿易委員会主任の説明などから起草プロセスを見てみよう。起草は九三年半ばから始まった。六月に「中央の関係部門の配置と委託にもとづき、国家経済貿易委員会が先頭に立って、国務院の諸部門と協力して、現代企業制度調査研究組を作った」。この調査組は、上海・広東・福建・山東・黒龍江で調査と意見聴取を行い、その結果を「社会主義市場経済体制にマッチした現代企業制度を打ち立てる」研究報告にした。その報告書を各地・各部門の意見を入れて何回も修正、四カ月後にようやく最終報告書を完成した。王忠禹はインタビューで、「われわれの研究報告の基本思想と観点は五〇条の基本内容と一致している」と述べているが、少なくとも「五〇条」の肝心な部分はまちがいなく国家経済貿易委員会などの報告が下地になったと思われる〔『人民日報』九三年七月二二日、九三年一一月二四日〕。

他方、「二〇一〇年目標提案」は、八二年に出された「二〇年間四倍増計画」が予定より五年早く達成できたことをふまえて、①二〇〇〇年の一人当たりGNPを八〇年の四倍に引き上げる、②二〇一〇年のGNPを二〇〇〇年の二倍にする、という野心的プログラムであり、市場経済化と資本集約型経済発展戦略の綱領的文書といわれる〔『人民日報』九五年一〇月五日〕。

官僚機構型の政策形成

「二〇一〇年目標提案誕生記」〔『人民日報』九五年一一月一四日〕などで分かる起草プロセスは次の通りである。

第一段階：〔準備活動〕一四期二中全会（九三年三月）で第九次五カ年計画と二〇一〇年長期目標の作成決定、国家計画委員会など計画編成の作業に入る。

第二段階：〔起草小組と調査組発足〕九五年三月八日、中央政治局常務委員会の批准をへて「二〇一〇年目標提案」起草小組が成立。

第三段階：〔「意見徴収稿」〕四月下旬、起草小組がスケルトンを作成。五月四日、江沢民が起草小組の報告聴取、重要講話。李鵬らも起草小組・専門調査組の報告聴取。七月初めに意見徴収稿完成。

第四段階：〔政治局での確定・大衆討議〕政治局常務委員会（七月二〇日）、中央政治局会議（八月八日）が起草小組の報告聴取、修正意見提出。起草小組が修正。八月中旬、中共中央が草稿を国務院各部・各委員会、省・直轄市・自治区、解放軍の大単位に送って意見を徴収。八月末、民主党派、全国工商業連合会、経済専門家などと座談会、意見聴取。

第五段階：〔最終草案〕政治局常務委員会議（九月一四日）、政治局会議（九月二一日）で原則採択。一四期五中全会（九月二五〜二八日）で修正。最後は全員一致で採択。

このようなプロセスから次の点が指摘できる。

第一に、「二〇一〇年目標提案」は党大会報告と同様の長い、一定の段取りをへて作成された。起草小組、政治局会議、党政軍・地方などの高級幹部による討議、専門家や民主党派との座談会、政治局会議での最終合意など、大会報告作成の場合とほぼ同じである。

第二に、「五〇条」も九五年「二〇一〇年目標提案」も、国務院の経済関係部局による調査・提案が草案作成に重要な役割を果たした。とくに国家経済貿易委員会（主任・王忠禹）が中核的役割を担った。つまり、この二つの文書作成は官僚機構主導でなされたと見てよい。

第三に、趙紫陽は一三回党大会報告作成に当たって臨時の諮問機関やブレインを多用したが、「二〇一〇年目標提案」は政治局会議などで公式に審議されている。江沢民体制下では、文書作成はより制度的に進められたといえそうである。

文書政治——四つの観察　以上、五文書の作成過程から、政策形成プロセスやリーダーシップの特徴について次のような観察が得られる。

1．まず、呉国光が述べているように、重要政策文書作成のプロセスは、党内ないし指導グループ内のコンセンサス作りに不可欠なプロセスであり、執権者やグループはこのプロセスで統治の正統性を確立していく。中国のような、政策対立や意見の違いを抱えているにもかかわらず、議会や党内および多党間の多元的な討議が保証されていない一元的政治体制下では、このような合意形成、正統性確立のプロセスが不可欠なのだろう。「文書政治」の役割はまさにここにある。

2. 趙紫陽時期でも江沢民時期でも、党大会政治報告など重要な政治文書の作成は同様の周到なプロセスをたどっている。基本思想の確定、起草小組の編成に始まるルーティンのプロセスや形式が省略されることはない。

3. 八六～八七年の「政治改革デザイン」の作成プロセスが物語るのは、趙紫陽のリーダーシップが個人的ネットワーク、臨時的な非公式の諮問機関やシンクタンクに依存していたことである。趙紫陽体制の脆さでもあり、天安門事件で政治改革があっけなく潰えてしまった理由でもあった。

4. 市場経済に突入した九二年から、江沢民下で出た重要な経済政策文書二つの作成プロセスでは、明らかに経済官僚機構が調査と起草に重要な役割を担っている。カリスマ性に欠ける江沢民のもとではほとんどの領域で官僚機構の関与が強くなっているのかもしれない。また朱鎔基リーダーシップを感じさせる。

中国の政策形成・決定過程を分析するのは容易なことではない。情報が決定的に欠けているからである。重要文書だけとっても、肝心な起草小組を誰が選ぶのか、誰が選ばれたのかを知ることはできない。

ある中国の研究者は、アメリカにおける中国研究、とくに中国の政策決定についての研究を、静態的叙述方法、理性モデル、権力モデル、構造過程モデルの四つに分類した上で、八〇年代後半に流行ったM・オクセンバーグやK・リバーソールの官僚機構モデル（彼のいい方では「構造過程モデル」）を次のように評している。

「構造過程モデルは、単純すぎる権力モデルや理性モデルよりも合理的だ。……だが欠陥がないわけではない。その顕著な現れは次の点にある。この手法で研究する人は中国の政策策定プロセスを分析する際に、自覚するかしないかを問わず、アメリカの政策策定のモデルの影響を受け、中国の政治権力と利益分化の程度を不適当に誇張する。そのため中国の政策策定における地方や部門の役割を強調しすぎるきらいがある」［呉俊生「美国学者研究中国

政策制定的方法」『中国行政管理』一九九二年第九期〕。

たしかに、本節で分析した文書作成プロセスを見る限り、地方や部門の利害の対立は目立たないし、またそれを反映するチャネルも見出しにくい。上からの合意形成のメカニズムだけが働いているように見える。だが、今後情報の透明化が進めば、政策形成プロセスでの部門間の利益をめぐる抗争や対立も明らかになってくるだろう。

4　ネット時代の政策形成

変わらない構造——領導小組

現代中国政治のアクターは昔も今も、党・政府国家機関・軍・司法、そしてひとびと（民）の五つである。もちろん、憲法の前文にあるように、核心は党であり、党を中心に放射状の関係を作っている。党政関係、党軍関係、党法関係、党民関係である。改革開放から三〇年たっても、インターネットで政治社会が大きく変わっても、一九五〇年代からの中国政治や政策形成の構造は変わらない。とくに三位一体と縦・横の、党による一元的体制は揺るがない。その代表的な例が中央領導小組の制度である。第5章4で述べたように、党中央政治局と直結する、部門を跨いだ機構である各種領導小組は、政策立案・決定・執行の中枢である。五八年にこのシステムができてから多少の変動があるが、基本的には五〇年以上続いている。

領導小組については注意が必要である。恒常的な領導小組と臨時的なもの、中央レベルと地方レベルのもの、などを区別しなければならない。最近設置された安定維持領導小組などは臨時的な、地方レベルのものである。

中央レベルの常設領導小組は、毛沢東時代は中央政治局が直接支配する命令型の組織だったが、九〇年代からは、各部門間の「協議・調整」という機能がより重要になっている（〔Alice Miller, "The CCP Central Committee's Leading Small Groups," *China Leadership Monitor*, No. 26, 2006, 呉暁林「〝小組政治〟研究——内涵、効能与研究展望」『求実』二〇〇九年第三期〕など参照）。

現在、中央外事工作・中央政法（委員会を名乗っている）・中央財経・中央党建工作・中央農村工作などの常設領導小組があるが、比較的露出度が高いのが外交工作領導小組である。八一年に中共中央の決定で六〇年代の中央外事工作領導小組を復活させ、この下に国務院外事辦公室を作った。九八年八月、中共中央・国務院が同辦公室を廃止し、中共中央に直属する中央外事辦公室とした。さらに、二〇〇〇年九月、中共中央が安全保障を統括する中央国家安全領導小組の設置を決定した。実際には、中央外事工作領導小組と合体させたため、一つの組織が二つの看板、名称をもつことになった（国家中央軍事委員会／党中央軍事委員会と同じタイプである）。メンバーも機能もまったく同じである。〇八年四月現在のメンバーは、組長が胡錦濤国家主席、副組長が同副主席の習近平で、正メンバーは、政治局常務委員の他、外交部長・国防部長・国家安全部長・軍の副総参謀長を含む一六名である。

なお、ネット検索エンジン百度の「百科」によれば、この小組は主に次の職責をもつ。＊国際情勢・外交政策執行の際の重大問題、外事工作について調査・研究を行い、提案を出す。＊党中央に代わって外事工作についての全国的規定を制定・修正し、省レベルの重要外事規定を審査確定する。＊中央・国家機関・各部・各省の重要外事問題について中央に指示を求め、状況報告する［百度百科〈http://baike.baidu.com/view/1799376.html?tp=0_11〉一一・一・二二閲覧］。

変わる統治のスタイル

他方、統治のスタイル、政治のスタイルは変わってきている。八〇年八月鄧小平は、「国家の領導体制の改革」、とくに、権力の継承をルール化しようとした。八六年七月万里副総理は、「決定の民主化と科学化」を政治改革の重要な内容として提起した。一三回党大会（八七年八月）では、趙紫陽総書記が党グループの廃止など党政関係にメスを入れ、総工会などの社会集団の自立化に手をつけたが、失敗に終わった（第2章2、本章3参照）。一六回党大会では江沢民が、「決策メカニズム」の改革を主張、一七回党大会では胡錦濤総書記が、透明度と公民の政治参与度の引上げを提案した。第3章で述べたように、毛沢東（第一世代）、鄧小平（第二世代）、江沢民（第三世代）、胡錦濤（第四世代）と、世代によってリーダーシップの統治スタイルは、大衆に対しては、動員、放任、教育、安撫と変わってきている。

とくに、二〇〇〇年代に入ってインターネットの急速な普及にともない、中国の政策形成のスタイルが大きく変わってきたことは否めない。ある分野では中央の政策形成にインターネット世論が直接影響し、それを受けて政策変更をする場合もあるし、なにより、「知る権利」を主張する公民に、これまでのような、「由らしむべし、知らしむべからず」では収まらず、地方政府も中央もある程度情報を公開せざるを得なくなっている。

五億人のネット人口

ＣＮＮＩＣ（中国インターネット情報センター）によれば、一一年六月現在の中国におけるインターネット人口は四・八五億人、普及率は三六・五％で、三分の二が携帯電話を通じた利用者である。また、マイクロ・ブログがあっという間に広まり、ネットユーザーの四〇％が利用しているという［ウェブサイト財経網〈http://www.caijing.com.cn/2011-07-19/110779695.html〉一一・七・一九］。

インターネットの急速な普及は、中国政治に次のようなインパクトを与えつつある。

第一に、とくに世論形成や政策策定に微妙かつ重要な影響を与えている。ネット世論は、汚職腐敗事件の暴露、政府の不正や怠慢な行為に対する監督、不公正な司法過程に対する不満の表現などで政治を左右しつつある。〇五年四月、反日デモが携帯電話とインターネットであっという間に広まったことは記憶に新しい。ある調査では、〇九年までの一〇年間、インターネットを通じて大事になった事件は合計二四件、うち二二件はかかわった役人が処罰され、一九件については更迭・逮捕・有罪判決を受け、四件は、事件のきっかけになった現行制度が廃止されたか、新政策が採用された、という。インターネットの即効的効果を如実に示す数字である［童燕斉・雷少華「互聯網抗議——在中国製造輿論圧力」（シンガポール国立大学東亜研究所の研究ペーパー）、ウェブサイト中国改革網、一一・七・一］。

典型的な例が〇三年の孫志剛事件である。大学卒業後広州市で就職した孫志剛という青年は、たまたま身分証明証を携帯せず外出したところ、職務質問を受けて、警察に連行、収容された。孫は事情聴取の際に協力的ではなかったとして殴る蹴るの暴行を受け、その結果死亡してしまった。はじめ警察は、孫が突発性の病気で死亡したと発表したが、『南方日報』などの取材で真相が発覚した。この事件を報道した記事はたちまちインターネットで転載され、大きな反響を呼んだ。その結果、農民工など流動人口を取り締まる、人権侵害の根拠となってきた「都市浮浪者・物乞いの収容・移送にかんする規定」が批判の的となり、当局はついに当該規定の廃止に追い込まれた。

大連の住民デモ

もう一つ、最近の例を挙げておこう。一一年八月に大連住民が汚染企業を市内から追い出したデモである。そもそも八月始め、ポリエステル繊維などの原料パラキシレンを生産する大連福佳大化石油化工有限公司の工場近くの防波堤が台風で決壊、有毒物質が漏れ出す恐れが強まり、住民らが避難する騒ぎになっていた。八月一四〜一五日、市民は市政府前で抗議集会を開き、工場建設を許可した市の責任を追及した。自由度が高い『経済観察報』や現地メディア、インターネットなどで情報が広がり、事が大きくなった。〇五年反日デモの再来を懸念した市当局は、直ちに工場の操業停止と早期移転を約束した［『チャイナ・ウォッチ』（共同通信）一一年八月一五、一六、一八日］。

上海市でも、一一年内に工業団地外にある化学工場など七六社の移転を進め、三〇〇社余りの化学製品関連企業の市外移転を一二年までに完了させる、と決定した［『チャイナ・ウォッチ』（共同通信）一一年八月一六日］。大連の住民デモは、環境保護を訴え、生活を守りたいという権利意識の高まりを受けた典型的な都市型デモで、こうした動きが今後各都市に波及していこう。都市住民が当局の暴挙を黙って見過ごす時代は終わった、といえそうである。

『南風窗』編集長の更迭

だが、次の事例は、メディアやネットをめぐって中央の情報統制力が依然強いことを示している。〇六年の「氷点」事件は衝撃的だった。義和団事件の後進性を徹底的に暴いた歴史学者・袁偉時の論文「近代化と歴史教科書」を掲載した『中国青年報——氷点』が発禁となり、編集長が罷免されたのである。『氷点』は復刊したが、袁偉時や更迭された編集長（李大同）にとってはすっきりしない幕切れとなった（第3章3参照）。同じような事件が、同じ広州で一一年にも起こっている。ネット時代に入った中国では、一面で自由な言説空間が広がっているが、上からの圧力やコントロールもまた相当に強いのである。

広東のリベラルな週刊新聞『南風窗』が一一年七月末に、台湾大学歴史系の唐啓華教授のインタビュー記事を掲載した。それが当局の忌諱にふれ、八月一五日付で『南風窗』の陳中社長が罷免されてしまった。唐啓華は何を語ったのだろうか。唐啓華は、袁世凱は二一カ条の要求をのんだ売国奴というのが歴史の定説だが、最近明らかになった記録では、日本は結局二一カ条要求を放棄、九カ条和約となり、日本外交史としては失敗のケースだった、他方孫文は、日本に満州・海南島を割譲すると提案、後には内蒙古、平津もいらない、と日本と交渉するなど、袁世凱でもやらなかった売国外交を行った、共産党も国民党も民国初期の歴史を暗黒に描くが、じつはこの時期は社会の自由、学術の自由があり、知識人と教育にとっては黄金の時代だった、と論じたのである〔「南風窗社長陳中因〝政治導向〟被免職」ウェブサイト新聞報道網〈http://focus.news.163.com/11/0804/10/ 7AJT03M700011SM9.html〉一一・八・一七〕。

歴史学が実証的に解明すべき問題について、権力で記事を差し替えたり、社長を解任して片づけるべきではないのはいうまでもない。しかも当事者は台湾の研究者である。中国当局が歴史の解釈権を独占しようと不退転の決意をもっていることに驚かされる。

情報公開　ネット化が与える政治へのインパクトの第二は、当局による情報独占が揺らぎ、地方も中央も、公共にかかわる情報は原則として公開すると認めざるをえなくなったことである。情報公開の先陣を切ったのはもっとも開放的な広州市である。〇二年に市レベルで全国初の「情報公開規定」を決め、同年末には電子政府が動き出した。少なくとも条文を見る限り、情報の非公開はあくまで例外だとする広州の情報公開法（〇一年四月施行）より進んでいる。
八六年のチェルノブイリ原発の大事故がソ連を公開化（グラースノスチ）へと突き動かしたように、〇三年のSARS事件が情報公開への巨大な圧力となった。〇五年八月には中共中央・国務院が「政務公開を進め、政務サービスを強化することについての意見」を発表、サービス型行政、アカウンタビリティの向上などを提示した。〇七年一月には国務院が「情報公開条例」を採択した。その結果、全国レベルで各機関は、＊公民・法人・その他の組織の切実な利益にかかわるもの、＊社会の公衆が広範に知っておくべきもの、＊当該行政機関の設置・職能・手続きにかんするもの、を公開する義務を負うことになった。

情報公開の一つの成果が〇七年三月の全国人民代表大会全体会議で決まった物権法である。〇五年に草案を事前に公表して一年間広範な議論にゆだね、その間に私有化反対論者の異議申し立ても含めて相当激しい論戦もあった。結局採択された物権法の核心は、国家所有、集団所有、私人所有の三者が対等だとした点にある。この審議過程は、ネット時代と情報公開という動きをまさに反映したものだった（詳細は第3章3参照）。

ネット時代に何が変わるか

インターネット時代に入って、確かに中国の政治社会にある種の変化が生じている。情報公開が進み、都市部住民は政府の公共政策に対して素早く、かつ鋭い反応をするようになった。中央や地方政府がネット世論の圧力で政策を引っ込めたり、条例を廃止したり、新たな規定を設けたりするようになった。では政権は世論、民意に従うのだろうか。環境や物価、地域開発など住民に直接かかわる問題では、権力はかつてよりは民意を取り入れることだろう。そうしなければ権力の正統性が危うくなるからだ。だが、こうした動きが政治体制やレジームの変容、党－国家－軍の三位一体の崩壊につながるとは考えにくい。

第一に、ネット化は諸刃の剣である。国民や異論派がネットを武器に政府に要求を突きつけ、異議申し立てをすることはできるし、デモを仕掛けることもできる。だが、権力側もネットという武器を使って統治、より効率のよい統治を工夫できる。二一世紀に入って中国政府は巧みにネットを使いこなしている。一〇年九月には、「直通中南海」というトップリーダーに直通する大衆向けの「掲示板」（留言板）が登場した。人民ネット・共産党新聞ネットが共同で開設したものである（http://baike.baidu.com/view/4301904.htm）。

一一年一〇月の人民ネットのある論考は、五億人のネット人口をかかえて新たな「圧力集団」が生まれ、中国社会は明らかに変容してきているという。＊公共知識人（陳情者と政府の間の紛争処理に活躍している于建嶸〔社会科学院〕など）、＊メディアの記者（一一年七月の温州高速鉄道事故で活躍した）、＊公共事務に熱心に参与し始めた中間層（温州事故は、鉄道利用者が中間層だったことで政府への圧力になった）、＊草の根の大衆や法律家たち（金持ち、役人への彼らの強い反発）などが政府への「圧力」となっている、と分析する。だが、この論考の肝心な論点は、その点ではなく、むしろ地方政府や高級役人もミニ・ブログをつうじた積極的な発信でガバナンスに貢献しているように、ネット化は、中国政府の公共ガバナンスにとってチャンスでもある、という点である〔祝華新「網絡与論倒逼中国改革」ウェブサイト人民網、一一・一〇・四〕。中国政府のネット活用はなかなか巧みである。

第二に、情報公開の情報には肝心な「党」（中央・地方・末端）が含まれていない。政策形成過程を牛耳っている党の会議、党の文書が公開されるなどと考えてはいけない。ソ連が崩壊して、ソ連政府だけでなく、共産党を含む極秘文書のほとんどが公表された。われわれはいま、アフガニスタンへの武力介入を決めた七九年一二月一二日ソ連共産党政治局会議の議事録も読むことができる。だがこれは、まったく特殊なソ連崩壊の事情によるもので、歴史の例外である。中国で、たとえ体制が崩壊しても、このようなことが起こるとは考えられない。

第三に、ネット世論が成熟するには市民社会、都市部における「市民」がいなければならない。中間層が人口のどれくらいを占めるかについては見方が分かれ、社会科学院の最新データでは、中等収入階層は二・三億人、都市人口の三七％を占める、という〔ウェブサイト財経網、一一・八・三〕。だが、楊継縄（『炎黄春秋』副編集長）は、二〇世紀末の中国中間層の割合は一三・三％ときわめて低く、経済人口の五％が財と権力を独占し、八〇％が下層階層を形成している、と見ている（第8章2参照）。中間層の拡大と成熟にはまだまだ時間がかかりそうである。

ネット世論と市民

中国政治についての論客である王紹光（香港中文大学）は、中国の政策アジェンダ設定のタイプを、①閉鎖型、②動員型、③ブレインによる内部参考型、④他力依存型、⑤文書提案型、⑥外圧型、の六つのモデルに分け、ネット時代に入って、世論を含む外圧が政策形成に果たす役割が大きくなっていると分析している。彼は、中国政治は新しい段階に入った、西側からきた権威主義の分析枠組では中国政治を分析できなくなったというが［王紹光「中国公共政策議程設置的模式」『中国社会科学』二〇〇六年第五期］、筆者は、すでに指摘してきたように、政治スタイルには変化があっても、政治構造や「体」の変化には到っていないと考えている。

第III部

変わる中国、変わらない中国

第8章　大変身する共産党――エリートの党へ

1　二〇一〇年末の中国共産党

高学歴化とエリート化

とくに一九九〇年代からの経済成長で中国の政治社会は大きく変わりつつある。五〇年代半ばに作られた共産党－国家（行政・立法・司法の各機関を含む）－軍隊の三位一体の体制は五〇年以上たった今でも揺らいではいない。しかし、政治レジームを担う政治アクターそれ自体には大きな変化が見られる。その最たるものが中国政治の主役である中国共産党である。八、〇〇〇万人の党員を抱える政党は中国以外のどこにもない。またその政党が五〇年来ずっとナショナルな政治を排他的に支配し続けている例も中国以外にない。経済成長と社会変容によってその共産党に重要な内部変化が生まれている。

本章では、中国共産党の変容を量的面から考えてみたい。政治において「量」の問題は問われることがほとんどない。だが、量の増大は質の変化につながるし、また量の変化が質の変化そのものの反映である場合も多い。中国共産党についての公式データは大変少ないし、きわめて選択的にしか公表されない。本章では、二〇一一年七月一日の党の創立記念日前後に発表された党員の年齢・職業構成などをもとに、中国共産党の実像に迫ってみよう。公式データによる実像の解明は中国の変容をニュートラルに表現することを可能にする。

［表8－1］は中共中央組織部の公式データで示す、〇二年六月、〇七年六月、〇八年末、〇九年末、一〇年末

表 8-1　中共党員の職業構成（2002～10 年）

	2002年6月	2007年6月	2008年末	2009年末	2010年末
党員数	7,239.1 万	7,336.3 万	7,593.1 万	7,799.5 万	8,026.9 万人
工　人	* 45.1%	10.8%	9.7%	8.9%	8.7%
農牧漁業		31.5%	31.3%	30.8%	30.4%
機関幹部企業，管理・技術要員	28.0%	29.1%	30.4%	31.2%	31.4%
学　生		2.6%	2.6%	2.9%	3.2%
離退職者	16.4%	18.8%	18.8%	18.6%	18.5%
軍人・武装警察		2.2%			
その他職業	5.6%	5%	7.4%	7.6%	7.8%
学歴その他					
大専以上学歴者		31.1%	34.0%	35.7%	37.1%
女性党員比率		19.9%	21.0%	21.7%	22.5%
少数民族党員比率		6.4%	6.5%	6.6%	6.6%
35 歳以下党員比率		23.7%	23.5%	23.7%	24.3%

注）＊工人・郷鎮企業職工・農牧漁業を合計した数字。
出典）中共中央組織部発表データ（新華社 02 年 9 月 1 日，『人民日報』07 年 7 月 9 日，10 月 9 日，ウェブサイト広播網，09. 7. 1，人民網，10. 6. 28，新華網，11. 6. 24）。

の党の組織状況である。全般的にいえるのは次の諸点である。

1．八、〇〇〇万を越える党員を抱える巨大な組織を、政治学でいう通常の政党といえるのだろうか、という問題を孕んでいる。

2．八、〇〇〇万の党員中、労働者・農民は四〇%を切り、幹部・専門家がそれに拮抗しつつある。

3．大学・専門学校卒が八、〇〇〇万の三七%を超えた（約三千万人）。全人口中の大卒者の割合をきびしく五%と仮定した場合全国で大卒者は六、五〇〇万人となる。つまり大卒・専門学校卒の半分近くを党に吸収していることになる。なお、中央にいけばいくほど党の高学歴化は顕著であり、〇七年一七回党大会で選出された中央委員（候補を含む）三八〇名中、大学・専門学校卒の比率は九八・五%である［ウェブサイト中国新聞網、〇七・一〇・二三］。

4．以上のデータだけからしても、中国共産党が高学歴のエリート集団になりつつあることが分かる。

党の予備軍——共産主義青年団

［表8-2］は中国共産党の党員養成組織である共産主義青年団の組織状況である。中共党とほぼ同じ規模の八、〇〇〇万人の団員を擁し、その半数が大学生であること、全青年の四人に一人が共産主義青年団に入ってい

表 8-2　共青団団員の職業構成（2008 年末）

	人数（万人）	構成比率（%）
団員総数	7,858.8	26.02 [1)]
学　生	4,033.7	51.3
第一次産業従業者	2,117.1	26.9
第二次産業従業者	566.8	7.2
第三次産業従業者	1,141.3	14.5
女　性	3,568.1	45.4
少数民族	641.4	8.2
非公有制経済組織の従業者	446.4	5.7

注 1）共青団メンバーの全国青年に占める比率。
出典）新華社，09 年 5 月 3 日。

ること、などが分かる。少なくともデータ的には中国共産党の予備軍は着実に育ちつつあり、政治的人材の養成のチャネルは機能している、といえよう。

2　進む社会の両極化

以上のような高学歴化・エリート化への党の変身は、改革開放、とくに一九九二年の市場化加速以来の社会の変動を強く受けている。しかし、中国で生じている変化を党がそのまま映し出しているか、といえば、必ずしもそうではない。

楊継縄のデータから

改革開放による中国社会の階層化についてはさまざまな調査・分析がある。中間層が拡大してオリーブの木型社会になりつつあるという見方もあれば、ごく豊かなものと貧困層に二極分化が進んでいるという見方もある。筆者の観察では後者の方が説得力があるようだが、権威ある包括的な調査データが出ない限り、にわかには判定できない。

［表8-3］は、二〇〇〇年代初め、新華社記者だった楊継縄が行った調査と分析にもとづく「二〇世紀末の中国階層化モデル」である。基本的には職業別による、所得・権力・声望の三要素を合わせた階層分析で、上等階層・上中等階層・中等階層・中下等階層・下等階層の五つに分けている。高級官僚・国有銀行や大型国有企業責任者・大企業社長・大型企業家が富、権力、声望すべての面で優位に立って「上等階層」を構成し、全体の一・五％を占めている、という。他方、底辺にいる「下等階層」は、都市失業者・農村貧困戸で全体の一四％とかなりの数字になっている。楊のデータおよび分析によれば、いまの中国は両極分化型だといえる。さきに党の構成員で労働者・

表8-3　中国社会の階層化モデル

社会グループ	財富等級（権数0.36）	権力等級（権数0.38）	声望等級（権数0.26）	加権総合等級	全国経済活動人口中の比重	所属階層
高級官僚	7	10	9	8.66	1.5%	上等階層
国有銀行・大型国有企業責任者	8	9	8	8.38		
大企業社長	9	8	7	8.10		
大型私営企業家	10	7	6	7.82		
高級知職人（科学界，思想界，文芸界の人）	7	6	10	7.40	3.2%	上中等階層
中高層幹部	6	8	7	7.02		
中型企業社長	7	5	7	6.24		
中型私営企業家	8	5	6	6.34		
外資企業ホワイトカラー	9	4	6	6.32		
国有銀行・中型企業管理要員	7	5	7	6.24		
一般技術者・研究者	5	5	7	5.52	13.3%	中等階層
一般弁護士	5	6	7	5.90		
大学･高等･中等学校教師	5	5	7	5.52		
一般文芸工作者	6	5	7	5.88		
一般新聞工作者	6	5	7	5.88		
一般機関幹部	4	6	7	5.54		
一般企業中下層管理要員	4	5	5	4.64		
小型私営企業家	7	4	5	5.34		
自営の工商業者	6	4	5	4.98		
生産第一線現業労働者	4	2	4	3.24	68%	中下等階層
農民工	3	1	3	2.24		
農　民	2	1	4	2.14		
都市のリストラ・失業者	2	1	2	1.62	14%	下等階層
農村貧困戸	1	1	1	1		

出典）楊継縄『中国当代社会階層分析』江西高校出版社，2011年，351頁。

農民が四〇%を切っていると紹介したが、八〇%以上が労働者・農民である楊の階層モデルと関係づけると、中共党の党員構成が社会状況を映し出していないことは明瞭である。党員の三七%、中央委員の九八%以上が大学・専門学校卒という党の高学歴ぶりも、大学・専門学校卒が八・九%とされる一般社会の状況（二〇一〇年人口センサスのデータ）をまったく反映していない。

上層は五%、中間層は一三%、下層は八二%

なお、楊継縄は全国の経済人口を七億九、二三四万人（〇八年）とした上で、各階層を次のように試算している。

＊上等階層：経済人口の一・五%、一、二〇〇万人

政府の中・高級官僚、国家銀行・国有大型事業単位の正副責任者、国有および国有株大型独占企業の正副責任者、大中型私営企業家。

＊上中等階層：経済人口の三・二%、二、五〇〇万人

高級知識人三〇〇万、中高層幹部二〇〇万、国家・省属事業の中高級管理要員一〇〇万、中型企業社長・大型企業高層管理要員五〇〇万、中型私営企業家一五〇万、外資企業のホワイトカラー二〇〇万、国家独占業種のホワイトカラー・熟練ブルーカラー一、〇〇〇万（金融保険・電信・電力・鉄道など）。

＊中等階層：経済人口の一三・三%、一億四九九万人

公有経済事業体の専門技術要員二、五九〇万（高級二八四・六万を除く）、非公有経済体の専門技術要員一、五〇〇万、党政機関公務員九〇〇万（上等・中上層が二〇〇万）、大中型企業の下層管理要員一、〇〇〇万、国有独占企業の普通職工一、〇〇〇万、私営企業家・自営業者など二、五〇〇万、その他中等地位にいる者一、〇〇〇万。

＊中下等階層：経済人口の六八%、五億四、〇〇〇万人

農民階層・肉体労働者二億七、五〇〇万、都市・農村間移動階層（農民工）二億三、五〇〇万——重複分をさしひくと両者の合計は四億六、〇〇〇万、工人階層八、〇〇〇万（要するに、農民・農民工・ブルーカラーは合計五億四、

〇〇〇万人）。

＊下等階層：経済人口の一四％、一億一、〇〇〇万人

都市・農村の貧困人口（農村の無土地・無業、都市のリストラ・失業）一億四、五〇〇万（経済活動人口では一億一、〇〇〇万人。

〔楊継縄『中国当代社会階層分析』二〇一一年、三四六―三五〇頁〕

楊継縄の示すデータをすべて信ずることはできないが、傾向的には次のことがいえる。第一に、全体に一、〇〇〇万人ほどのごく少数者が財・権力・知力を集中してトップ階層を形成している。第二に、中等階層が一三％で、どうやら中間層と呼べるものはまだ形成されていない。第三に、中下層および下層階層が八〇％以上と圧倒的多数を占めている。要するに、楊継縄のデータで見る中国社会は、二極分化が進んだ、不安定な社会といえるのである。

3　新アクター――私営企業家の登場

新階層――私営企業家

中国政治のアクターで第二の大きな変化は、市場化の進展に伴い、私営企業家が登場し、しかも彼らが中国共産党の勢力の一翼を形成しつつあることである。〔表８-４〕は九〇年から二〇一〇年、二〇年間のいわゆる私営企業の発展を示すデータである。ほとんどのデータは、国家工商行政管理総局の統計に依拠している。九〇年に一〇万弱だった私営企業は二〇年後、八〇〇万社を超えた。それら私営企業で働く従業員は一五〇万から七、六〇〇万人に激増した。ちなみに、公式には、〇九年末現在のいわゆる「職員・労働者（職工）」は二億二千万人、農民工総数は二億三千万人と算定されている〔汝信他主編『二〇一一年中国社会形勢分析与予測』二〇一一年、二四七、二四九頁〕。ただしこの「職工」の中に私営企業従業員が含まれているかどうかは定かではない。

表 8-4　中国私営企業家階層の 20 年（1990〜2010 年）

年	1990	1995	2000	2005	2010
企業主人数（万人）	22.4	134.0	365.3	1,109.9	1,794.0
私営企業数（万社）	9.8	65.5	176.2	430.1	845.5
登録資本総額（億元）	95.2	2,621.7	13,307.7	61,331.1	192,000.0
雇用労働者数（万人）	147.8	822.0	2,011.1	4,714.1	7,623.6
工業生産額（億元）	121.8	2,295.2	10,739.8	27,434.1	—
営業額（億元）	51.5	1,499.2	9,884.1	30,373.6	—
納税額（億元）	2.0	35.6	414.4	2,715.9	8,202.1

出典）汝信他主編『2012 年中国社会形勢分析与予測』社会科学文献出版社，2012 年，274 頁。

表 8-5　私営企業の企業形態（2009 年末）

	企業数（万社）	雇用者数（万人）	登録資本額（億元）
全国私営企業	740.15	8,607	146,500
株式有限会社	1.51	44.85*	4,193
有限責任会社	610.25	5,990.1*	133,400
独資企業	115.8	1,019.3*	6,730.9
共同経営（原語は合伙）企業	12.58	188.3*	2,164

注）* の数字は従業者で 2008 年末データ（下記 2010 年版）。
出典）汝信他主編『2010 年中国社会形勢分析与予測』社会科学文献出版社，2010 年，307-308 頁，同『2011 年中国社会形勢分析与予測』同，2011 年，274 頁。

［表 8-5］は、いわゆる私営企業とは何か、を知るために示した、私営企業の企業形態別類型化である。企業数で八二％、従業員数で七五％が有限責任会社である。

私営企業家の政治指向

では彼らはどのような政治指向をもっているだろうか。いくつかのデータを紹介しよう。第一が、雑誌『財経』二〇〇二年のデータである［表 8-6］。私営企業家の八割が中国共産党が認可している唯一の企業家組織である全国工商業連合会に所属して、身の安全を図っている。興味深いのが共産党に身を寄せている企業家が三〇％近いことであり、またほとんどの企業家が何らかの政治（権力）組織とのかかわりをもっていることである。

なお、工商業連合会の統計によれば、私営企業家のなかの党員比率は［表 8-7］のように変化している。

もう一つのデータは米国系中国研究者によるアンケート調査のデータである。B・ディクソンとJ・チェンは、山東・江蘇・浙江・福建・広東の私営企業二、〇〇〇余カ所を〇六年末から〇七年初頭にかけて調査

表 8-6　私営企業家が参加している政治組織（2002 年）

工商業連合会	各種協会組織	政治協商会議	中国共産党	人民代表大会	民主党派	共産主義青年団
79.0%	48.0%	35.1%	29.9%	17.4%	5.7%	2%

出典）ウェブサイト財経網，03. 2. 20，第 5 号。

表 8-8　私営企業家と中国共産党（2007 年）

中共党のメンバーシップ	比率（%）	人数（人）
中共党員　もと役人	7.9	161
中共党員　もと国有企業社長	10.3	211
中共党員　その他のタイプ	21.0	430
中共党に入党申請中	8.4	172
非中共党員	52.4	1,074
合　計	100	2,048

出典）Jie Chen and Bruce J. Dickson, “Allies of the State : Democratic Support and Regime Support among China’s Private Entrepreneurs”, *The China Quarterly,* No. 196, Dec. 2008, pp.780–804.

表 8-7　私営企業家のなかの党員比率
（単位：%）

年	党員比率
1993	13.1
1995	17.1
1997	16.6
2002	29.9
2004	33.9
2006	32.2

出典）汝信他主編『2008 年中国社会形勢分析与予測』社会科学文献出版社，2008 年，298 頁，『人民日報』07 年 6 月 11 日。

し、その興味深い結果を『チャイナ・クォータリー』の第一九六号（二〇〇八年一二月）に発表している。［表 8-8］はこの〇八年論文からのデータである。〇七年時点で、私営企業家の四〇%が官僚・国有企業社長・その他などいろいろな前歴をもつ党員なのである。工商業連合会が発表する数字よりも大きい。また、入党申請中の者も含めれば半数に及ぶ。私営企業家の半分が党員、ないし党員候補なのである。

なお、全国政治協商会議の委員中の企業家は、第八期、二三人、第九期、四六人、第一〇期、六五人、第一一期、一〇〇人以上である。また、全国人民代表大会の代表中の企業家は、第九期、四八人、第一〇期、二〇〇人余、第一一期、三〇〇人前後だという［汝信他主編『二〇一一年中国社会形勢分析与予測』二〇一一年、二八〇頁］。

ディクソンが描く私営企業家像

すでに述べたように、ディクソンは私営企業家について数回の調査をしている。最初は九九年と〇五年に河北・湖南、山東・浙江の八県で行った調査である。その結果が “Integrating Wealth and Power in China : The Communist Party’s Embrace of the Private Sector” として『チャイナ・クォータリー』誌の第

表 8-9　私営企業家の改革評価（1999，2005 年）
（単位：%）

		企業家		幹部	
		1999 年	2005 年	1999 年	2005 年
経済改革	速すぎる	9.7	12.5	8.9	9.4
	大体よし	58.9	70.3	60.6	68.2
	遅すぎる	31.4	17.2	30.5	22.4
政治改革	速すぎる	5.7	4.4	5.6	—
	大体よし	55.1	59.8	37.5	—
	遅すぎる	39.1	35.8	56.9	—
安定より成長		41.7	44.6	60.6	49.1

注）4 省 8 県での調査。1999 年：524 人の私営企業家・230 人の幹部，2005 年：1,058 人の私営企業家・279 人の幹部。
出典）B. J. Dickson, "Integrating Wealth and Power in China: The Communist Party's Embrace of the Private Sector," *The China Quarterly,* No. 192, Dec. 2007, pp. 848-849.

一九二号（二〇〇七年一二月）に発表された。二回目の調査は〇六年末から〇七年初頭にかけて、山東・江蘇・浙江・福建・広東で行ったもので、調査対象は二、三〇〇人の企業家、うち二、〇七一人から回答を得ている。このデータおよび分析結果が、“Allies of the State: Democratic Support and Regime Support among China's Private Entrepreneurs”として『チャイナ・クォータリー』誌の第一九六号（二〇〇八年一二月）に発表されている。

［表8-9］はディクソンの〇七年論文が示す興味深いデータである。一九九年と〇五年、経済改革についての評価、政治改革についての評価を私営企業家・幹部で比較しているのである。その結果、私営企業家も幹部も経済改革のペースに基本的に満足しているが、政治改革については半数がほぼ満足しているものの、かなりの企業家、とくに幹部が不満をもっていることが分かる。指摘できる重大な発見は、現体制の担い手である幹部と新アクターとして登場してきた私営企業家の間に有意の差がないことである。

二つの論文でディクソンは私営企業家についての次のような暫定的評価をしている。

1. 私営企業家は現レジームに対して強い支持を示し、他方民主主義的価値や制度に対する彼らの支持はきわめて弱い。
2. 既成秩序に対する彼らの指向に影響を与えているのは、政府の業績、物質的・社会的獲得物に対する彼らの基本的な満足感である。
3. 私営企業家の意識、政治参加、選好と、「幹部」のそれとの間に有意の違いはほとんどない。

4．中国共産党は私営企業家を党に吸収し、また党員のビジネス界進出を進めることで民間セクターとの統合を強めつつある。
5．富と権力の統合によって、現存の権威主義的政治体制への挑戦ではなく、その維持に向かっている。
6．通常の政治学者の経験則的予測を裏切って、中国では私有化は民主化に向かわせず、私有化アクターは既成の政治システムと統合しつつある。

なお、最新の中国側データでは、企業規模が大きいほど企業家は政治的参与に熱心で、上位にランクインした企業家一、〇〇〇人中一五二人がなんらかの政治的身分をもち、とくに五〇位以内では一五人が政治的身分をもっている。また、「金持ちの企業家が政治を語る」（富商従政）が一一年の流行語になったほど、企業家たちの政治化、階層化が進んでいるという［汝信他主編『二〇一二年中国社会形成分析与予測』二〇一二年、二八二―二八三頁］。

市場化で大変身する共産党

以上のデータと分析から、市場化のなかで変貌する中国共産党や政治的アクターについて、現段階において次のような観察が得られる。

1．江沢民時期、とくに九〇年代後半から党のエリート化が急激に進展した。中共は「三つの代表」（包括政党である自民党のような）というよりも、エリート政党化の状況が顕著であり、その意味では「一つの代表」と評した方が適切かもしれない。
2．中共中央委員会、全国人民代表大会が如実に示しているように、党や機関のヒエラルヒーの上に行けば行くほどエリート化が目立つ。一般社会より中国共産党が、党全体より党の最上層部が富と権力と声望（文化資源といってもよい）をいっそう一手に集中している。
3．楊継縄の表が示すように、五％にも満たない一群のひとびと（上等階層と上の中等階層）が財力・権力・知力を独占中である。
4．今後、新アクターである私営企業家がとくに注目される。中国社会の変容は進展中である。むしろいま始まったばかりといえるかもしれない。新アクターである私営企業家についても、いまは一括りに論じているが、企業の規模、利益の大小によって私営企業家がいくつかの階層に分化していくことは必至である。もっとも注目すべきなのは、どういう条件ができれば彼らが「資本家」になるのか、という点である。資本家・中間層・労働者農民という三者からなる構造ができたときに中国社会の変容が一段落を告げた、といえるのだろう。

5．資本家・中間層・労働者農民という三層化への中国社会の変容は、当然、共産党の構成および政治的機能を根本的に変えることになろう。この三つのアクターを一つの政治組織にいつまでも止めおくことはできない。党内派閥の発生と公認、党の分化、そして多党制への移行を予測することはけっして不可能ではない。ちなみに、昨今の党の変身については、共産党内部からも、「エリート・クラブ化」、「肥満化」、「金持化」として批判が出てきている。王暁光（香港中文大学）は、共産党はいま、精神の弛緩、能力不足、大衆からの遊離、腐敗に加えて、エリート化、肥満化の危険にさらされていると警告を発するのである［王暁光「四大危険外、執政党還面臨哪些危険」ウェブサイト中国改革網、二一・七・二九］。

4　補論——政治的データにかかわる問題

中国の公式データの問題性

ところで、中国政治、とくにそのメインアクターである共産党の分析には正確かつ詳細な基礎的データが不可欠である。しかし、現体制が提供する政治的データはきわめて貧弱であり、とくに、次のような問題を含んでいる。

1．党組織にかんするデータは党中央組織部がデータと情報を独占し、封鎖している。中央組織部のものが発表されることがあっても、決して体系的・網羅的ではなく、歴年比較が可能なデータは出てこない。

2．いずれのデータも定義や概念がきわめて曖昧で、そのままでは学問的使用に耐えない。検証、厳密化が必要である。たとえば、そもそも「私営企業家」とは何か、「従業者」とは何か、などが明確でない。ある調査では、「新経済組織」は次のように説明されている。「私営企業、外資・香港・マカオ・台湾資本の企業、株式合作企業、自営の工商業者、および各種の非公営・独資の経済組織を指す」。だが、このような定義でどれほどのことがはっきりするだろうか。また「新社会組織」は以下のように説明される。「官営のではない社会団体、および民営の、非企業組織の総称」。

3．いま中国はまさに変容のさなかにあり、状況はとても流動的である。そのためデータの流動性が高く、確度が低くなる。しかもこうした傾向は今後数十年は続くと予想される。たとえば、二一世紀に入って中国では中間層の比率はどれくらいかをめぐって、社会学者・政治学者・経済学者の間でさまざまな議論がなされ、いろいろなデータがある。一つは流動期であるために確定しにくいこと、もう一つはナショナルなデータおよびそれを構築するシステムができていないために俯瞰的データが得られないからである。さらに、流動社会をどう分析するか、その方法の開発も必要になっている。

中国における党のデータ批判

中国の公式データ、とくに党にかかわるデータについては中国内部からでさえ、疑義が出ている。たとえばある論者は次のような疑問を提起する。

中共党員の構成要素（党員総数、職業別・大学専門学校卒比率など）が党中央組織部から発表されるが、そのデータについて自分は大きな疑問をもっている。最大の問題は、職業区分が、労働者・農牧漁民・党政機関要員・企業事業体管理要員・専門技術要員・学生・離退職者・その他職業となっているが、どうしてこのように区分するのか、それぞれは明確な定義がされているのか。具体的にはとくに次のような点が問題である。

＊農牧漁民とは何か、農村戸籍人口を指すのか、都市に出ている農民工はこのカテゴリーに入るのか、農民工は農民か、はたまた労働者か。＊郷鎮企業の社長は農民と見なしているのか。＊「その他職業」とは何を指すのか、私営企業の社長を指すのか、そうだとしたらなぜはっきり「私営企業社長」としないのか、恥ずかしいからか。＊

離退職者はいつから「職業」になったのか。離職した省レベル以上の幹部と退職した普通の労働者の経済レベルや政治的地位には大きな差があり、彼らを同じ職業として括れるのか。＊芸術家、医者、学者はどの職業に入っているのか。

その上でこの論者は党そのものの変質について、次のような根本的な疑義を呈している。

「〔データの概念・定義がいずれもとても曖昧だが〕少なくとも、労働者が党員の一〇%を切ったことはたしかで、中共党が労働者階級の政党とはいえなくなったことだけはたしかである。……

政党とはそもそも利益をともにする階層によって組織される団体で、自階層の利益を守るのがその目的だ。もし、完全に利益が相敵対する二つの階級を一つの集団内に強引に閉じ込めてしまうと、それぞれ自己の利益を守ろうと必死の戦いを集団内で繰り広げることになる。……そんな組織は凝集力など無縁である」〔「中共党員成份構成的分析」新浪博客「三言両拍的博客」〈http://blog.sina.com.cn/s/blog_5e815cad0100dj90.html〉〇九・七・二（一〇・一〇・一三閲覧）〕。

中国共産党そのものについて、客観的データにもとづく調査・分析は始まったばかりである。まずは客観的かつ俯瞰的なデータがどうしてもほしい。中国の研究者との共同研究がますます必要になろう。同時に、中国共産党を他の政党、とくに一党支配、もしくは一党優位体制をとってきた経験をもつ政党、たとえば日本の自由民主党、スハルト時代の職能団体政党ゴルカル、シンガポールの人民行動党などと比較検討するのも意味ある作業だろう。

第9章　陳情の政治学——圧力型政治体系論から

1　陳情とは

陳情のデータ

二〇〇〇年代、市場化と大国化で中国が世界に注視され始めたとき、各地から首都北京に陳情者がおしかけて世の注目を浴びた。中国語で信訪とも上訪とも表現される陳情について簡単に説明しておこう。「信訪」、「上訪」という特殊中国的行為を日本語に訳すのはとてもむずかしいが、単純化すると、直接訪れて陳情するのを中国語で上訪といい、書面による陳情を信訪という。本書ではとりあえずまとめて陳情と訳しておく。なお、集団でする陳情、とくに県などから行政のレベルを飛び越して（越級）いきなり北京中央に集団陳情するケースを当局はもっとも恐れ、それが紛争化しやすい。

陳情は量的にどの程度になっているのか。いくつかのデータを紹介しておきたい。筆者が注目し始めたのは、まさに「中国的特色」をもつ政治事象たる陳情、しかも北京への集団陳情が激しくなり、大きな社会問題となって、中国でも激しい論争になった〇三年から〇四年にかけてである。陳情件数の激増をまえに、当局は、中央に「陳情突出問題、集団騒擾事件処理のための合同会議」を作ったり（〇四年八月）、九五年の陳情条例の改正を審議するため于建嶸（社会科学院）ら重要専門家の意見を聴取したりした。于はこのとき、陳情制度そのものの廃止を含めた根本的政策転換が必要だ、と温家宝総理に具申したという［応星「新中国信訪制度的歴史演変」『瞭望東方』二〇〇四年第一期」。

陳情については全体を俯瞰できる権威あるデータがない。イメージを得るためにいくつかの局部的データを紹介する。

1．〇三年七月一日〜八月二〇日、北京市への陳情。

国務院陳情局の責任者が明らかにしたところでは、〇三年夏の四〇日間だけで、次のような陳情ラッシュとなった。

＊北京市党委員会門前での陳情　一・九万人次、集団陳情は三四七回

＊中央紀律検査委員会門前での陳情　一万余人次、集団陳情は四五三回

一日平均一〇〇人余、最大で一五二人。改革開放以来の最高

陳情の内容は、四〇％が公安・検察・法機関の問題を取り上げ、三三％は政府行政工作とかかわりがあるものだという［彭大鵬「従政治発展看上訪問題」『学説連線』〇六年一二月一一日］。

2．次は国家陳情局のデータで、〇三年一月から一一月に受理した陳情（もちろん書面による陳情も含む）である。

＊全国人民代表大会常務委員会辦公庁の陳情局が受理した陳情書状　五二、八五二件

このうち二回目以上の書状　一九、四八三件

＊同接待室が受け付けた陳情件数　一七、〇六三件

国家陳情局の局長周占順は、〇三年のインタビューで初めて陳情が激増していることを認め、とくに重複陳情、集団での北京陳情が大変多いことを明らかにした。それによれば、〇三年一〜一一月までで国家陳情局は合計七〇、一六五件の北京陳情を受け付けたが、河南省、遼寧省からのものがもっとも多かったという［「二〇〇三年河南・遼寧群衆信訪総量最多」『領導決策信息』二〇〇三年第五〇期］。

3．次が〇五年から何回か、陳情者が集まっている北京のテント村（陳情村）に住みこんで調査とインタビュー

をしてきた于建嶸のデータである［于建嶸「信訪制度改革与憲政建設」『二十一世紀』（香港）二〇〇五年七月号、総四〇期（ネット版）、同「中国信訪制度批判――在北京大学的演講」『中国改革』二〇〇五年第二期、同「対五六〇名進京上訪者的調査」『法律与政治』二〇〇七年第一〇期など］。

表 9-1　北京天安門地区の陳情件数（2002～07 年）

年	2002	2003	2004	2005	2006	2007
陳情人数	4,786	6,483	9,497	20,244	25,844	27,358
集団陳情件数	47	92	229	352	283	696
集団陳情人数	1,070	2,836	4,872	5,864	5,378	9,394

出典）武順発「試論天安門地区上訪滋事的深層原因及執法対策」。2009 年 2 月，現代中国地域研究第二回国際シンポジウム（早稲田大学）における于建嶸の報告ペーパーから。

＊ある省会の陳情件数
　九六年六〇〇、〇二年二、九〇〇、〇四年四、六二六、〇五年五、四四七件次
＊各級陳情部門が一年間に受理している陳情案件　一、〇〇〇万件次
＊上記案件中はっきり結論が出たもの　〇・二％
＊北京永定門東庄陳情村　ピーク時住民三万人
＊五六〇名の陳情者中、平均陳情回数は一四・六四回、平均北京滞在日数は二九二日

北京天安門地区の陳情

4．次に、〇二～〇七年、公安部門が調査した北京・天安門地区の陳情者と陳情件数を示しておこう。人数も件数も激増しているのに驚かされる。これは〇九年二月、早稲田大学で開かれたシンポジウムで于建嶸が紹介したものである［表9-1］。

なお、国家行政管理学会がまとめた『大衆的突発事件の調査書』は、二〇〇〇年代に入ってからの陳情の顕著な特徴を次のように整理している。〇五年に陳情条例が改正されて、陳情の制度化、厳格な管理が目論まれたが、どうやらそれも功を奏していない。

①大規模な集団陳情が激増している。九五～二〇〇〇年　陳情全体に占める集団陳情は五六・五％、九八年は五九・八％、九九年六六・三％、二〇〇〇年七一・二％、〇一年七五・六％。

②農村からの陳情よりも、都市部の陳情が増えている。〇〇年東北のある省では、住居

取り壊し、市政管理、失業者の就業、貧困者への社会保障など都市問題を訴える陳情が激増し、全体の八八％を占めた。

③重複陳情が多くなっている。昨今の集団陳情中、重複陳情が三〇％以上、ある地域では五〇％以上を占める。数年間にわたり、数十回、一〇〇回を越えるものもある。

④越級集団陳情、とくに北京陳情が激増している。国家陳情局の統計では、〇三年、国家陳情局が受理した陳情は件数で前年比一四％増加。うち省レベルは〇・一％増、地市レベル〇・三％増、県は二・四％減なのに、国レベルが大幅に増えている。〇四年各級陳情部門が受理した陳情件数は一、三七三・六万件、うち北京への集団陳情は前年比七三・六％増加した。

［中国行政管理学会課題組『中国群体性突発事件』二〇〇九年、九一—九三頁］

2　陳情の問題性

さて、中国語で信訪とは「人民大衆の書信、訪問」の省略形である。〇五年に改正された陳情条例は、次のように信訪・上訪、つまり陳情を定義する。

信訪、上訪とは

「公民、法人もしくはその他の組織が書信、電子メール、ファックス、電話、訪問などの形式で、各レベルの人民政府、県レベル以上の人民政府工作部門に事情を訴え〔「反映」〕、提案・意見を提出しもしくは請求を訴えるもので、それを関係行政機関が法によって処理する活動を指す」（二〇〇五年一月一〇日、国務院令・陳情条例）。

そのうち上訪とは直接ある機関に赴いて陳情するもので、書面による信訪よりも緊急度が高いとされる。応星（中国政法大学）によれば、信訪は、その緊急度に応じて、書面、訪問、しつこい陳情（纏訪、同じ事案で何回も陳情する）、越級陳情（行政のレベルを飛び越えるもの）、北京陳情の五段階に分けられているという［応星『大河移民上訪的故事』二〇〇一年、三七一頁〕。だがこれは、役所の処理上の便宜で分けたものだろう。

陳情でとくに問題になるのは、集団陳情（五人以上が一団となる）と越級陳情である。訴えていい陳情機関は当事者が属する行政レベルないしその一級上までである。それを越えるものは越級陳情で不法とされる。また〇五年の改正陳情条例で、集団で陳情する場合五名を越えてはならない、と制限された。当局は越級と集団陳情を「正常でない陳情」と呼ぶ。また「纏訪」とは何回も何回も纏わりつくような陳情で、日本語には訳せない。

もう一つ面倒なのは「渉法信訪」と呼ばれるもので、本章では、「訴訟関連陳情」と訳しておく。これは法律や司法機関にかかわる、あるいは法律的手段で解決すべき問題の陳情である。一般にもっとも揉めるのはこの「渉法信訪」で、いったん行われた司法決定が取り消し、やり直しになる場合も多く、法の権威をますます貶めることになる。「一事不再理」原則は中国ではまったく通らない。李宏勃（外交学院）は司法訴訟が引き起こしている陳情問題、つまり訴訟関連陳情が激増するのは、司法手続きのコストが高い、司法制度、とくに上申再審制度が不合理になっている、などの事情があるためだとしている〔李宏勃『法制現代化進程中的人民信訪』二〇〇七年、二八頁〕。なお二〇〇〇年代初めのデータでは、陳情全体の六〇・九％が複数回の陳情、五七・九％が集団陳情だったという〔李蓉蓉「信訪与地方政府治理中的問題」『中国行政管理』二〇〇六年第一期〕。

こうした陳情をさまざまな機関が処理するわけだが、地方政府とくに末端の役所は、自分の村や郷から越級陳情や北京陳情が出れば面倒なことになるので、さまざまな策を弄してなんとか陳情させまいとする。それが「截訪」であり「堵訪」である。「陳情狩り」と訳しておく。上級機関の役人に賄賂を送って、陳情件数をできるだけ少なく査定してもらう方法もある（銷号）。

独特な陳情

陳情現象がとくに興味深いのは、前近代的な「目安箱」なのか、それともポスト・モダンの「政治参加」なのか、「権力の監督」や「異議申し立て」なのか、などなど、陳情がさまざまな機能、側面をもつからである。きわめて「中国的」で、中国政治分析の格好のテーマなのである。だが、実際にこの問題を扱ってみるとなかなか厄介で一筋縄ではいかない。問題がきわめて多面的で、断片的情報やデータが多くなればなるほど本質が摑めなくなってしまう。そこでまず、法学者・李宏勃が陳情と法についてコンパクトに分析しているので、それをもとに陳情の「問題性」について整理してみる。李によれば、陳情は次のような特徴をもつ［李宏勃、前掲『法制現代化進程中的人民信訪』二〇〇七年、四―九頁］。

1. 陳情にからむ機構が共産党、人民政府、司法機関、人民代表大会、人民政協、人民団体、新聞メディア、国有企業にあり、多く錯綜している。「ほとんどすべての党・政・司法などの国家機関、すべての国有単位の組織に陳情局などの機構が設けられている」。
2. 陳情の件数・人数が膨大である。〇三年では全国の陳情件数は一、〇〇〇万件を越えた。
3. 一般的には、陳情は、（末端からの）情報伝達、政治参与、紛争解決の三つの機能をもつと考えられてきたが、昨今は紛争解決の主要な形式と見なされている。
4. 陳情をめぐって、中央・地方を含む膨大かつ複雑な制度体系ができている。とくに地方性法規はおびただしい量にのぼる。
5. 陳情は政治・行政と法律が分化しない「政／法現象」、「政／法問題」である。その意味で一種の総合症なのである。
6. 陳情そのものは一九三〇年代中華ソビエト中央政府内にできた「来客接待室」から始まるらしいが、法の観点からすると、次のような難問を抱えている。

イ　司法が独立しておらず、しかも腐敗して頼りにならないため、社会的貧者は陳情を最後のよりどころにする。

ロ　陳情で提起される問題の多くは司法の不公正などにかかわっている。

ハ　陳情の非制度性、人治性、随意性が法の近代化にとって阻害物となる。

陳情が問題になる一つの要因は、コストが高い割には効果がない、社会の安定に寄与するどころか、役人、政府に対する不信を呼び、社会的不安定をもたらし、政府の権威に負の影響を与える点である。

高い陳情コスト

どのレベルの政府も、陳情を少なくし、なくすためにさまざまな手を尽くす。第一は陳情辦公室が要員を送って陳情させないようにする（截訪）、第二は北京に事務所をおいて地元からきた陳情を阻止する、第三が怪しげな警備会社を雇って陳情前に阻止する（北京には、陳情者を地元に帰させるために地方政府が契約した警備会社が一〇〇社を超えるという）、第四が学習班・拘置所・労働矯正所・精神病院に陳情者を送り込む、第五が「陳情保証金」を陳情者に科す、などが行われているという。各レベルの政府が陳情阻止のために払う費用は相当の額にのぼる［「信訪中国」ウェブサイト共識網〈http://new.21ccom.net/articles/fsyl/yulu2011092846169.html〉一一・九・二八］。

陳情の「成果」、つまり陳情で事案が解決するケースがどれくらいあるか、確たるデータはない。于建嶸は、〇四年、諸機関が受け付けた陳情は少なく見積もっても一、〇〇〇万件を越え、うち「はっきりした結論」が出たのはたった〇・二％だとしている［于建嶸、前掲「信訪制度改革与憲政建設」二〇〇五年、同「対信訪制度改革争論的反思」『中国党政幹部論壇』二〇〇五年第五期］。

問題はコストである。コストは政府の権威失墜まで含めればとても測定できないが、ある香港情報は実際のコストを次のように計算している。しかも、これだけのコストをかけながら、中央が直接解決もしくは直接調査した案件は訴えた案件の二・五％にすぎない、という［穆木英「胡錦濤承認信訪制度失敗」『争鳴』二〇〇八年九月号、周永坤「信訪潮与中国紛糾解決機制的路径選択」『曁南学報』（哲学社会科学版）二〇〇六年第一期］。

＊陳情工作要員	中央レベル		省レベル	
	〇二年三月	六二〇人	〇二年一二月	一、八二五人
	〇五年三月	八七〇人	〇五年九月	二、六八〇人

○八年四月　一、一七六人　○八年六月　六、一七二人

＊陳情処理関係の経費（中央レベル）

○二年　一億四、五○○万元

○五年　七億八、六○○万元

○七年　二○億二、二○○万元

＊北京への陳情者接待要員

○八年六月　九万二、四七二人

于建嶸など何人かの研究者が、法にもとづいていない（非規範性）、手続きが決められていない（非手続き性）、非専門性、処理の恣意性などから、陳情制度を廃止するよう強く訴え、○五年の新陳情条例は、「官を縛る」ものではなく、「民をコントロールするものだ」だと非難する［于建嶸、前掲「対信訪制度改革争論的反思」二○○五年、同「中国信訪制度的困境和出路」○九年二月、早稲田大学でのシンポジウムにおけるペーパー］。しかし、○五年の新信訪条例で、陳情はむしろ制度化され、コントロールされるようになった。陳情は減らないどころか、集団的、越級的なものが増えている。

3　陳情の解明――圧力型政治体系論から

陳情現象は、現代中国の政治体制、政治構造、政治文化の特徴を先鋭に示している。その解明にはさまざまなアングルがあり得るし、アングルによって陳情の様相は異なってくる。また、陳情研究は、中国政治体制のトータルな分析のための有効な道具であり、入口となり得る。以下、考えつく六つのアングルを示しておきたい。

六つのアングル

〔①**縦の政治体系から――圧力型政治体系**〕政治学者の栄敬本は、中国の中央－地方関係、縦の体制、とくに政府行政制度は、下にいけばいくほど上からの圧力が加わってくる「圧力型体系」だと明言した。それを踏まえて于建嶸は、たんなる圧力型ではなく、下に行けば行くほど圧力が増えていく「増圧型体系」だとする。陳情の仕組みはまさにそれを裏付ける。それだけでなく、最後には圧力が中央政府に戻ってくることが多く、圧力の循環が見られる。陳情現象は中国政治における圧力型体系の特徴を端的に示してくれる。

〔②**横の政治体系から――三権の関係**〕立法・司法・行政の横の三権関係では、中国ではすべての権力を立法府に集中し、「議行合一」のシステム、もっと正しくは、行政・司法・立法が一体化した、三権未分の体制だといってよい。ところで陳情は、すべての機関が受理できるように設計されており、三権未分の中国の制度的特徴にきわめて適合的である。いいかえれば、陳情を分析すれば、中国における三権未分の実態を解明できるかもしれないのである。

〔③**政治社会構造から――三元構造の検証**〕本書序章で述べたように、九〇年代から中国社会は、各分野で、従来の二元構造から三元構造へと変わりつつある。八〇年代半ばから始まった村民自治は、中国の中央権力が末端を放任したことを意味し、中央・地方・末端の三元構造への移行が始まった。また、八〇年代、離土不離郷方式（農民は農業を離れても農村は離れない）の政策措置で生まれたのは、都市でも農村でもない半農村、農民でも労働者でもない半農民、農民工である。他方、市場化でじつは営利化した国有独占企業が大きくなっているのであり、国家と社会の間に、双方が浸透し合う、国家・社会共棲の領域が拡張してきている。

陳情は、一面では上からの統治のメカニズム、他面では下からの異議申し立て、権力監督のメカニズムでもある。上－下、下－下の紛争を調停する機能も果たす。このような三元的機能をもつメカニズムや制度は現代中国において決して少なくない。

〔④**政治的権利論から**〕陳情は意思表明、異議申し立て、権力の監督など、公民の正当な権利として認められている。また、被害救済のためのメカニズムでもある。陳情をめぐって、制度化してコントロールしようとする研究者グループ（康暁光など）と、制度自体廃止した方がよいとするグループがいる（于建嶸など。于は、当面の策として、陳情受付機関を人民代表大会に限定する、司法権を独立させる、の二つを強く主張している）。前者は、上述の政治的権利を保証する代替メカニズムが中国にはないから陳情は必要だという。だがどう考えても、「目安箱」に等しいものを政治的権利とする感覚は近代のものではない。

〔⑤**中国における「司法」の範囲**〕陳情案件の多くはそもそも司法機関に訴えるべきものだという。司法機関で決着がついたのに、それに不満で陳情を繰り返すケースも多い。六三二名の陳情民に対する于建嶸のアンケート調査（〇四年）では、陳情前に裁判所に行って訴えたものが六三・四％、うち、裁判所が受理しなかったもの四二・九％、裁判では負けると考えたものが五四・九％、裁判で勝っても執行されないと考えたもの二・二％だったという［于建嶸「信訪的制度性缺失及其政治後果」『鳳凰周刊』二〇〇四年第三二期］。

中国では原理的に司法は独立していない。司法府は立法府の下にあるし、審判委員会などで党が裁判過程に堂々と介入する制度もある。陳情が司法機関・法律とどうかかわっているのかを解明すると、法と政治の中国的からくりが見えてくるかもしれない。

〔⑥**政治文化から――清官論、青天願望論**〕現代中国にある陳情は、日本・江戸時代の「目安箱」にも類する制度である。ひとびとが陳情を頼むのは、清廉な役人ならやってくれる、青天は大衆の救世主だと考える中国の伝統的政治文化――臣民文化――のためだとする研究者は中国内外で多い［田先紅「当前農村謀利型上訪凸顕的原因及対策分析」ウェブサイト中国選挙与法治網、一一・二・二一］。

李連江（香港中文大学）が于建嶸と共同で調査したときの結論によると、越級や北京陳情が多いのは、トップであればあるほど農民の信頼は篤いし、都に上って抗議する陳情農民を英雄視する傾向も強いからで、中央や省レベルなどへの信頼度と陳情参加度は相関するのである［李連江「中国農民的政治参与」『農村問題研究』〇六年九月一〇日、Lianjiang Li, "Political Trust and Petitioning in the Chinese Countryside," *Comparative Politics*, Vol. 40, No. 2, Jul. 2007〕。このような政治文化論からの接近はとても興味深いが、本章では第一のアングル、つまり政治の正面からこのテーマに迫ろうと思う。

4　圧力型政治体系

増圧と循環

　圧力型政治体系とは何か。それは大陸の政治学者・栄敬本（中共中央編訳局）が一九九八年、香港・台湾も含めた研究者のシンポジウムで提起した政治の特徴についての新しい視点である。彼は、次のように圧力型体系を説明する。

「いわゆる圧力型体系とは、あるレベルの政治組織〔県、郷〕が経済のキャッチアップを実現し、上級が下達する各種の指標を完成するために採用している数量化した任務配分方式と物質化した評価体系をもつ政治体系である。たとえば、経済の成長率、資本導入額などの経済指標の他、安全事故指標、社会治安指標、陳情人数指標などが〔下級政府の業績評価の基準〕となる」〔栄敬本「変〝零和博弈〟為〝双赢機制〟」『人民論壇』〇九年一月一九日、栄敬本他『従圧力型体制向民主合作体制的転変』一九九八年〕。

　それをふまえて于建嵘は、改革開放以来の中国の政府行政体制は、下に行けば行くほど圧力が増えてくるから「増圧体制」だと、次のようにいう。

「中国の政治体制を単純な圧力体制と表現するのは適切ではない。増圧体制と呼んだ方がよい。〔その場合〕中央は表面上は最高の権威をもっているが、圧力の転移が起こり、圧力の最終的な着地点は中央を目指すことになる。この特徴が陳情や陳情狩り〔截訪〕に突出的に現れるのである」〔于建嵘「中国政治発展的問題和出路」『当代世界社会主義問題』二〇〇八年第四期〕。

中央政府		
地方政府		
省級政府		32
	直轄市	4
	省	23
	自治区	5
地級政府（憲法では規定されず）		333
	地級市	283
県級政府		2,859
	県	1,463
	県級市	368
	市轄区	856
郷鎮政府		40,813
	鎮	19,249
	郷	13,928
	街　道	6,434

図 9-1　中国の政府組織図（2007 年末現在）

出典）吉岡孝昭博士論文「改革開放以降の中国における税財政システム——中央・地方関係の政治経済分析」2010 年。資料は中国統計年鑑，中国情報ハンドブック 2008 年版等。

中国では下に行けば行くほど圧力が増す、圧力は最終的に中央に還ってくる、という于建嶸の指摘は、陳情をめぐる中国の縦の政治体制の特徴をぴたりといい当てている。

［図9-1］は、中央－省レベル－地区レベル－県レベル－郷鎮レベルと、五層になった中国の行政システムである。この下にある六〇万の村組織が最末端である。

一票否決制

上級が下級に指示を出す。下級は上級の指示・指標をなんとか達成しようと、懸命に努める。指示・指標を達成できないと予算の配分が少なくなるし、幹部の昇進や表彰ができない。中国の地方には自治はなく、あくまで上から下への圧力体系だ。しかも、上級が下級に課す重要指標は絶対的である。そのシステムが「一票否決制」と呼ばれるものである。栄敬本は次のように説明する。

「これらの任務と指標に採用される評価方式はよく〝一票否決制〟と呼ばれる。つまり、任務や指標のうち一つでも達成できないと、その年の全成績がゼロと査定され、罰則を受ける」。こうして次のような状況となる。

「このような圧力型体制のもとでは、県・郷政権は、一方では上級に対して「ひたすら任務達成に励み」、他方で下級に対しては、「任務達成せよ」とひたすら「圧力を強める」。こうして各級政権が資金・プロジェクト・優遇政策をめぐって競争する状況が生まれ、虚報、ごまかし報告、インチキ報告がはびこる。この種の圧力の被害を最終的にもっともこうむるのは末端の大衆である」［栄敬本、前掲「変〝零和博弈〟為〝双赢機制〟」］。

栄敬本は、このゼロサム体制では中央－地方の関係はいつまでも変わらない、中央－地方を結ぶ要である県の権限を強化して中央－地方間に双方に利する（双赢）体系を作るべきだ、と提言している。

「一票否決制」とはどういう仕組みになっているのだろうか。九〇年代以来、「一票否決」の対象になっているのは次の四つの指標である。

＊一人っ子政策の指標（八〇年代から）。＊経済発展GDP成長率（九〇年代初頭から）。＊社会治安指標（陳情件数、大衆的騒擾の件数など、九三年から）。＊環境エコロジー指標（CO_2排気ガスの削減量など、〇五年から）。

この四つの指標のうちどれか一つでも目標に達しないと当該地方政府のその年の評定はゼロとなる。浙江省の一人っ子政策における一票否決の実施弁法から具体的仕組みを見てみよう。

第一に、次の項目の一つでも当てはまる場合、その地方の評定はゼロとする。＊上級が出した年度人口・計画生育目標管理責任制基準を達成していないもの。＊人口と計画生育重点地区なのに、状況が変わっていないもの。＊計画生育の法定職責・分業職責を履行せずに深刻な結果を生んだもの。＊部門・単位で人口と計画生育法律法規に違反があったもの。＊人口計画生育工作で、人口データなどに重大な虚偽報告行為があるもの。＊人口と計画生育法律法規を執行する際に、違反、不正手段のインチキで重大な結果を招いたもの。

また、ゼロと査定されたときには下記のような処罰を受ける。

＊当該年および次年の「総合性先進・栄誉称号」への被推薦資格を失う。＊主要責任者などは、当該年度の審査で、優秀賞などの賞金を得られない。＊一年間は先進、栄誉称号の推薦資格なし、抜擢・昇格の資格なし。＊任期

内に二回以上一票否決されると、降格・免職がある［「二〇〇七年四月二五日浙江省人口計画生育一票否決制実施辦法」『浙江政報』二〇〇七年第一六期］。

末端への圧力——権限と義務の非対称

陳情を研究している応星は、ひとびとが陳情に向かうのは、権利や利益からというより、基本的生存権や人間としての誇りが侵されることへの抵抗・異議申し立ての方が多い、と指摘しつつ、陳情が圧力型政治体系の産物であることを検証している。県・郷の末端政府が受ける大きな圧力（一票否決）の第一はＧＤＰ、第二が一人っ子政策と社会安定の指標、つまり陳情件数で、地方役人がもっとも嫌うのが集団陳情だから、ときには暴力団を使ってでも押しとどめようとする。

しかも、末端政府の義務と権限はきわめて非対称で、末端にはいくつもの圧力が上級からかかるのに、彼ら末端が使える資源や能力はほとんどない。末端にできるのは、陳情者への恐喝、やくざへの依存、ついには陳情者を罪人にして牢に放り込む、などだけである［応星「承認的政治」『南風窗』〇七年一〇月三〇日］。

中国の中央－地方関係で宿命的ともいえる不合理は、各級政府間で権限をどう振り分けるか、財政負担を含む義務をどう振り分けるか、その適切な方式・モデルが見つからないことである。陳情は、五〜六層に及ぶ中央－地方の権限・義務の振り分けをめぐる不合理を背景に起こった現象なのだろう。しかも多くの場合、下に行けば行くほど、権限はないのに義務だけが増える。

先に述べた、李連江を囲む座談会で、韓朝華（社会科学院）と盛洪（北京天則経済研究所）は、「改革開放はじつは政府と民間、上級と下級の利益争奪戦だ、結果は、あらゆる資源が上層に集中し、責任だけが下層に押しつけられ」、「地方政府と農民の間に土地をめぐる衝突が多いのは、中央が地方政権に相応の財政収入を提供しないから、地方政府は唯一の資産である土地を売却しようとして農民と衝突するのだ」と、権限と義務の非対称が問題の根源にあることを強調している。［李連江「中国農民的政治参与」ウェブサイト農村問題研究〈http://www.zhinong.dn.datga/detail.php?id-5969〉〇六・九・一〇］。

表 9-2　全国各級政府の「三農支出」負担の割合（2006年）

（単位：%）

項　　目	中央財政	省級財政	地市級財政	県級財政	合　計
“三農” 投入総支出	40.52	16.68	9.04	33.76	100.0
基本建設支出	81.03	4.69	3.53	10.75	100.0
企業の革新改造	0.00	17.46	5.85	76.69	100.0
科技三項費用	9.73	15.89	22.45	51.94	100.0
農業支出	26.65	22.83	14.47	36.04	100.0
林業支出	46.89	18.02	11.00	24.09	100.0
水利・気象支出	16.82	32.75	16.95	33.49	100.0
文化体育放送事業費	0.00	15.60	12.85	71.55	100.0
教育支出	10.36	9.10	7.98	72.56	100.0
科学支出	55.52	17.39	6.66	20.43	100.0
医院衛生支出	21.40	21.05	8.84	48.71	100.0
慰謝和社会福利救済	26.05	14.92	9.42	49.61	100.0
社会保障補助支出	0.00	5.85	14.24	79.90	100.0
政策性補助支出	80.62	14.46	2.23	2.69	100.0
不発達地区支援支出	70.60	17.79	6.55	5.07	100.0
一般預算配給支出	64.89	22.84	4.55	7.71	100.0
教育部門基金支出	0.00	15.32	26.46	58.22	100.0
農業部門基金支出	10.69	42.25	24.66	22.40	100.0
土地有償使用支出	0.00	24.00	32.75	43.25	100.0

出典）陳潔・斎顧波・羅丹『中国村級債務調査』上海遠東出版社，2009年，40頁。

〔表9-2〕は、農業関連の「三農支出」をどのレベルの政府が負担しているかを示す、貴重なデータである（〇六年）。中央・省・地市・県の四レベルの財政負担配分が分かる。県レベルの負担の比率が顕著に高いのが、①文化・体育・放送事業費（七一・五五%）、②教育支出（七二・五六%）、③社会保障補助支出（七九・九〇%）、④教育部門基金支出（五八・二二%）である。とくに②と③という公共サービス性が高いものがほとんど県負担になっているのが注目される。うち教育支出は、そもそも絶対額が大きい上に（三農総支出の二一・九八%）、そのうちのほぼ四分の三が県負担になっている。こうして県・郷鎮レベルの財政赤字が深刻になる。〇二年、全国県・郷鎮の財政収入は三、〇〇〇億元余、支出は六、〇〇〇億元余、赤字が三、〇〇〇億元余にのぼったといわれる〔陳潔・斎顧波・羅丹『中国村級債務調査』二〇〇九年、四一頁〕。

圧力は循環する

以上、陳情現象に代表される中国政治の特徴をめぐって圧力型政治体系論から分析してきたが、次の点を指摘して結論に代えたい。

表 9-3　各級政府に対する農民の信頼感アンケート（2006 年）

（単位：％）

	非常に高い	比較的高い	普　通	比較的低い	非常に低い	不　明	回答なし
党中央・国務院	37.6	11.9	22.6	6.8	8.2	8.5	4.4
省委・省政府	1.8	22.8	15.6	12.8	33.9	7.6	5.5
市委・市政府	0.4	4.1	17.5	12.2	53.2	8.1	4.5
県委・県政府	1.4	0.3	3.3	13.6	66.5	9.3	5.6
郷党委・郷政府	0	0.7	2.1	3.8	76.1	12.1	5.2

注）アンケート対象者 632 名。
出典）于建嶸，前掲「中国信訪制度的困境和出路」早稲田大学シンポジウムでの講演（2009 年 2 月）。

第一に、ひとびとは中央・中間・末端の権力に対してそれぞれ異なる期待やイメージ、批判をもっている。末端にいけばいくほど不満や怒りも大きくなる。末端への不信がレベルを飛び越えた中央への直訴へとひとびとを動かすことが多いようである。先にも紹介した、李連江が〇三〜〇五年にかけて全国二八省からの陳情者にインタビューし、それを数理解析した結果はとても興味深い。李は次の諸点を観察している。

1. 陳情者にとって「上級」とはなにか。中央か、省か、市か、県か、郷鎮か。農民から見て中央と省には強い相関があり、彼らにとって「上級」は中央・省である。県は中間的存在、農民が直接関心をもつのは下級、つまり郷鎮と村である。
2. 陳情者の「上級」に対する信頼は高い。下級に対しては強い不信を抱いている。多分、彼らの上級への信頼と下級への不信の間の距離が陳情の原因だろう。
3. 多くの農村で、陳情は英雄的行為、陳情農民は英雄だ、と見なす傾向が強い。そのため一種の陳情ブームが起こっている

[Lianjiang Li, "Political Trust and Petitioning in the Chinese Countryside," *Comparative Politics*, Vol. 40, No. 2, July 2007, 李連江「信訪制度改革与和諧社会建設」『人民日報』〇六年一〇月三〇日、同、前掲「中国農民的政治参与」ウェブサイト農村問題研究、〇六・九・一〇]。

農民は中央政府なら信頼するという李連江の観察は、于建嶸の調査でも裏付けられる。次の調査［表9-3］は陳情者六三二名を対象にした〇六年データである。党中央・国務院への信頼度は五〇％近いのに、県および末端の郷鎮に到っては八〇％近くが信頼していない、と答えている。

中央への信頼は、しかし、文字通りには受け取れない。「雲の上」で身近ではないことが最大の理由だろう。彼らにとって中央といえば、テレビできれいごとをいう胡錦濤、温家宝であり、中央が下級や末端にかけている姑息な圧力や搾取を彼らは知らない。

第二に、中国における中央－地方関係は、中央から下へ、そのまた下へと幾重にも圧力がかかる「圧力型体系」である。一票否決制が端的に示すように、下級は上級に首根っこを押さえられているし、権限と義務が非対称で、教育負担のように、末端は義務だけを負う場合も多い。この圧力型体系の中で、末端権力と農民の紛争は増え、彼らの陳情行為は増え続けるのである。

第三に、陳情者は北京へ北京へと集団で陳情したがる。末端や身近な権力に対する不信感がそうさせるだけでない。陳情者たちは、必ずしも中央に解決してもらおうと思っているわけではなく、もっぱら地元政府や権力に圧力をかけるために北京への級を飛び越した陳情を敢行する。つまり、中央から末端へ、そして末端から中央へと圧力は循環するのである。

陳情がなくならない理由

制度そのものの非合理さ、かかるコストの大きさにもかかわらず、改革開放の波をかいくぐってこの制度が六〇年間も生き続けるのはなぜか。

第一は、陳情制度がもっている三つの機能（①異議申し立て、②権力への批判・監督、③不利益の救済）を代わって担う代替メカニズムが現代中国にはまったくないし、それを期待することもできないからである。とくに司法の腐敗の深刻さは「陳情文化」をますますはびこらせる。

第二が、陳情を受け付ける機関が党、立法、行政、司法、公安などあらゆる分野にわたっており、制度的に解きほぐしが大変むずかしくなっていることである。

第三が、上にも下にも共通する、官に善政と慈悲を期待する政治文化が依然濃厚だからだろう。そしてしたたかな大衆はそれを逆手に取る。北京への越級陳情は、あきらかに大衆が中央の権威と処罰を使って（虎の威を借りて）

地元役所や役人に圧力をかけるためである。陳情は中国政治のあらゆる歪みの反映なのである。

第四に、改革開放が進めば進むほど伝統的な表現法である陳情が激増するという逆説がなぜ生まれるのだろうか。社会が多元化・多様化しているにもかかわらず、それを反映する制度的および組織的チャネルがまったくないためである。毛沢東時代に国家と民の間を緩衝する機能を果たしてきた「単位」（職場や公社）が改革開放で機能しなくなった。国家は原子状の民と直面せざるを得ない。陳情がふえ複雑化する背景にはこうした社会の原子化という重要な変化があるのである［容志「信訪困境的生成機理与対策思考」『学習時報』一一年一〇月三一日］。

5　集団的騒擾事件

集団的騒擾事件とは

二〇〇三年のＳＡＲＳ事件から、中国では都市・農村を問わず、騒擾の大衆化、突発化が目立つようになっている。とくに〇八年頃からこの種事件を大衆的突発事件（原語は群体性突発事件）と呼ぶようになり、以下の要素をもつものを総称するとともに、公安部門をはじめとした政府当局の統一した対応が求められるようになった。

① 集団的突発事件の主体は共有する利益をもとに訴える大衆団体である。② 表現形式は、平和的な陳情から暴力的な殴りこみに到るまでさまざまである。③ 事件は偶然に起こり、予測ができない。④ その結果はきわめて重大な破壊となる。⑤ 事件は、かなり多数のひとびとの利益が侵害され訴えるすべもない場合、社会分配や政策が不公正で不満が鬱積している場合などに起こる［中国行政管理学会課題組『中国群体性突発事件』二〇〇九年、二—三頁］。

原因はさまざまであるが、土地使用、土地徴用をめぐる民と官ないし企業間の衝突、汚染たれ流し企業や自治体と住民の間の衝突などがもっとも一般的である。

いくつかの例を紹介しよう。民衆が暴徒化するケースは、九三年春、四川省楽山市仁寿県（人口一五〇万人）で国道建設のために法外な費用を負担させられた農民が怒って村政府の建物を一〇時間にわたって包囲し、ついには警察と衝突した事件以来、あとを絶たない。〇一年の中共中央組織部調査では、九〇年代から農村であれ都市であれ、集団間の抗争や暴力が増えている。九九年の四川省の調査では、五〇人以上の集団抗議事件は件数で前年比四割増、人数で六割増となり、農民の負担増が衝突の主要原因だと分析している［清水美和『中国農民の反乱』二〇〇二年］。

〇四年秋には、開発区やダム建設のためわずかな補償金で土地を奪われた農民の抗議行動が頻発した。四川省漢源県では水力発電所建設で農地や自宅を強制的に立ち退かされた数万の農民が政府庁舎周辺をデモし、武装警察と衝突して死者を出した。ある政府系研究機関の調査では、全国で農地をめぐるトラブルは〇四年前半で一三〇件、うち八七件は農地立ち退きをめぐるトラブルが原因で地元政府や警察と武力衝突に発展したケースだったという［『朝日新聞』〇四年一一月七日］。なお、社会科学院の一一年の試算では、九〇年代からの乱開発で土地を手放した「失地農民」はすでに四千万～五千万人にのぼり、三〇年には一億の土地なき農民が生まれるという［「社科院報告指中国失地農民已達四〇〇〇万—五〇〇〇万」ウェブサイト財経網、一一・八・九］。

大衆騒擾のもう一つは、汚染企業に地元民が素手で抵抗するケースである。北京の若者が「反日デモ」をしていた〇五年四月、浙江省東陽市画溪村では三万人の農民が、近くの化学工場の汚水で農地が汚染されてしまったと地元政府に抗議のデモを行った。約六〇〇人の農民は一カ月以上も工場前で抗議行動を続けた［『チャイナ・ウォッチ』（共同通信）〇五年六月七日］。

〇五年六月下旬には、浙江省湖州市の村で電池工場からの鉛のたれ流しに反発した村民六〇〇人が、工場を五日間実力で封鎖した。仲裁した当局は工場を一五日間操業停止にし、汚染状況を調査すると約束、月末にようやく騒ぎは収まったという［『東方日報』〇五年七月一日］。

〇八年瓮安事件

女子高校生の死をめぐって住民が反公安暴動を起こした貴州省瓮安事件は、ある意味で典型的な集団的騒擾事件だ。少女の遺体は〇八年六月二二日に川で発見され、警察当局は、少女の死亡直前まで一緒にいた男女三人の証言などから自殺による水死と断定したが、少女の遺族は捜査結果に反発し、多数の住民が抗議に加わって数万人規模の暴動に発展し、鎮圧に当たった当局側の発砲で一人が死亡した。新華社電によると、貴州省トップの石宗源党委書記は六月三〇日に同県を視察し、暴動の中心人物らを厳しく取り締まる方針を示し、一時は住民二〇〇人以上が当局に拘束されたという［『チャイナ・ウォッチ』（共同通信）〇八年六月三〇日、七月一日］。

この事件は、些細なことが大きな暴動になってしまった点で昨今の暴力的衝突の典型だといってよい。瓮安事件といい、翌年に起こった広州の黒人事件といい、于建嶸（社会科学院）によれば、暴動にかかわる多くの人は改革前の旧体制での功労者であり、改革で負け組となり、深刻な被害者意識と被搾取感をもっている。于はこの種の大衆的騒擾を「社会的憤激排泄型騒擾」と呼ぶ［于建嶸「社会泄憤事件反思」『南風窗』二〇〇八年第一五号］。

〇八年のラサ事件も〇九年のウルムチ事件（本書第4章8参照）も、純粋な宗教的、政治的事件、ましてや分離独立運動とはとてもいえない。圧倒的な漢族の浸透によって周辺に追いやられてしまったチベット人、ウイグル人の鬱屈した不満が爆発したもの、と見る方が事実に近いだろう。当局や中央の原理主義的な対応は過剰反応であり、事態の緩和や解決をますますむずかしくさせている。こうした騒擾をなくすには、格差是正のための資源の再配分、不満や要求を吸い上げる政治的メカニズムが不可欠である。

一一年の大連市民の反汚染デモ

もう一つの典型が一一年夏に起こった汚染企業の移転を求める大連市民の「集団騒擾事件」である。八月一四日、大連市の住民一万余が市政府庁舎前に集まり、化学工場の撤去を求めて抗議を始めた。撤去を求めているのは、市郊外の沿岸部にある大連福佳大化石油化工有限公司の工場で、ポリエステル繊維などの原料パラキシレンを生産している。

この日午前、市政府庁舎前の抗議で住民は「福佳大化は出ていけ」「大連の環境を守れ」とスローガンを連呼、午後に入り、工場建設を許可した当時の市トップの責任追及や官僚の腐敗一掃を求める声も目立つようになった。一時は大連市トップの唐軍・市党委書記が市民らの前で工場移転を約束、デモ解散を求めた。関係者によると、ネットを通じてデモを呼び掛けたのは主に学生たちで、当局はネット上の呼び掛けを削除するなどしたが、携帯電話を通じ広まったという〔『チャイナ・ウォッチ』（共同通信）一一年八月一五日〕。

この事件にはこれまでにない新しさがある。一つは、住民の抗議を受けた大連市当局・市党委員会がいち早く工場の即時操業停止と早期移転を決定したことである。環境保護を訴え、生活を守りたいという権利意識の高まりを受けた典型的な都市型のデモで、〇五年や一〇年の反日デモや農村での大衆的騒擾事件との違いも見える。

市民運動の兆し？

大連事件の翌日上海市は、今年中に工業団地以外の場所にある化学工場など七六社の移転を進めることを明らかにした。団地外で化学製品を生産、貯蔵している企業は現時点で同市内に三〇〇社余りあり、一二年末までにこれらを移転させる方針だという〔『チャイナ・ウォッチ』（共同通信）一一年八月一六日、一八日〕。

もう一つはメディアの対応である。改革的メディアの先端を行く『経済観察報』は、事件発生と同時に、大連PXプロジェクトには、＊着工前に国家環境保護省の審査を経ていない、＊プロジェクト完成後も同省の環境検査を経ていない、＊建設着工から完工・生産に到るまで、「民意の憤懣」を恐れて「安全にかかわる情報」を封鎖した、という三つの罪がある、と暴いた〔『チャイナ・ウォッチ』（共同通信）一一年八月一八日〕。

同じような事件が一一年九月から一一月にかけて広東省陸豊県烏坎村でも起こった。きっかけはここでも土地を勝手に処分した村幹部への村民の怒りである。烏坎事件では、騒動のピークに広東省党委副書記（朱明国）が現地入りし、村民の要求をほぼ全面的に呑んで事態を鎮静化させている（「広東省委副書記談烏坎事件——官員要〝由民作主〟」ウェブサイト中国選挙与治理、一一・一二・二七」など参照）。

閉塞的な陳情の繰り返し、農民などの怒りと不満が爆発した集団的騒擾事件などは伝統的なものといってよいだろう。だが他方で、大連市の事例に顕著なように、権利や安全を求める新しい市民型の住民運動もあり、いま中国社会ではさまざまな要求が、さまざまな形で渦巻いている。

第10章　比較のなかの中国政治

1　リーダーシップとレジーム

全体主義的体制をとった毛沢東時代

一九七〇年代末までの毛沢東時代と八〇年代以降の鄧小平時代を全面的に比較するにはそれぞれの目標、正統性の根拠、国際環境、政治体制、政治文化を比べてみなければならないが、ここでは政治体制を中心に考察してみる。

それぞれの時代の政治プロセス（第1章、第2章、第3章）や構造（第4章、第5章、第6章、第7章）、そして政治社会（第8章、第9章）の分析を通じて、毛沢東時代の政治体制を次のように特徴づけることができる。

第一に、政治、経済、文化、軍事、イデオロギーなどあらゆる領域で共産党による排他的かつ一元的な支配が追求された（党の代行主義、党の国家化、ひいては党による一元化指導）。

第二に、立法−司法−行政の横のレベルでも、中央−地方の縦のレベルでも政治権力が一点に集中した、議行合一と中央集権の体制が貫かれた（強い集権制）。

第三に、大躍進運動や文化大革命で示された、上からの教化と動員の政治。これは「大民主」、つまり「臣従と直接参加の政治文化」（J・タウンゼント）に支えられ、民主政での国民の政治参加とはまさに対極をなす。

第四に、毛沢東という組織を越えたカリスマ的権威（晩年には伝統的な権威に変質した）の存在。

この体制は、一九四〇年代、戦時下の延安の体制をそのまま建国以後も継承し、それにソ連型社会主義政治体制（党－国家体制）がドッキングしたものと理解できる。この体制を囲んだ環境は、（少なくとも中国のリーダーの認識では）外からの戦争の脅威、外（ソ連）と内からの修正主義の脅威である。毛沢東をはじめとする七〇年代末までのリーダーたちは、それらの脅威と危機に対して革命とこの一元的な体制で対抗しようとした。したがって毛沢東時代の体制は、革命と戦争の時期にしばしば見られる「非常時の体制」であり、「革命型、脅威除去型、動員型の政治体制」ということができる。それぞれの政治体制が、あるときは危機管理、あるときは安定の維持、あるときは発展（とくに経済成長）という課題に直面しているとすれば、毛沢東時代は、危機管理を自らにとってのもっとも重要な課題だと認識し、それに見合う体制を作り上げたといえる。

比較政治学の機能主義的なアプローチからこの体制を性格づければ、全体主義政治体制と多くの共通点を見つけることができる。というのも、C・J・フリードリヒが摘出した全体主義体制の諸特徴のほとんどを毛沢東時代の体制に見出すことができるからである。フリードリヒによれば、全体主義体制は、単一のイデオロギー、単一の政党、秘密警察と大量テロル、権力によるコミュニケーションの独占、中央から統制された経済、党－国家の二元主義と党の優位性という共通の特徴をもつ［Carl J. Friedrich and Zbigniew Brzezinski, *Totalitarian Dictatorship and Autocracy*, 1966］。

だが、毛沢東時代の政治に固有のものがなかったわけではない。後で述べるようなカリスマが発動する「大民主」であり、また、第1章で触れたような、平等主義的、道徳主義的な価値意識である。だがこれまでの分析では、これらは必ずしも未来指向的なものではなく、むしろ中国の伝統的な政治構造、政治文化と強い親和性をもっている。したがって、毛沢東時代の政治体制を伝統をひきずった全体主義的な政治体制と呼ぶのが妥当だろう。

鄧小平時代——権威主義体制　ところが、鄧小平リーダーシップが発足し「四つの近代化」、なによりも経済の成長を国是にしはじめてから、右のような政治体制が桎梏となった。革命という課題によって正統性を保持することから、経済発展によって権力の正統性をあらためて確保せざるを得なくなったこと、東西対立が緩和し世界が変わったために、戦争を想定したり、主要敵を設定できる状況ではなくなったことも政治体制の変更を迫ったのである。ましてカリスマ毛沢東はもういない。

したがって八〇年代の政治体制は、危機管理から、安定の維持と経済発展の促進を主要な課題とするようになった。だとすれば、危機管理という機能に見合ったかつての政治体制から、安定と発展のための政治体制へ移行せざるを得ない。

かつて政治学者のJ・リンスは、全体主義体制でもない、さりとて民主主義体制でもないグレーゾーンの政治体制を「権威主義体制」と呼び、次のように定義している。「権威主義体制とは、制限されており、しかも責任の所在が不分明な多元主義をもち、ねり上げられた指導的イデオロギーはなく、内容的にも広がりの面でも高度な政治的動員もなく、指導者（もしくは集団）が、形式的には無制限でも、実際には完全に予測可能な範囲内で権力を行使する政治システムである」［J・リンス『全体主義体制と権威主義体制』一九七五年］。

主に第2章で述べてきたような鄧小平時代は、リンスの指標でとらえるとどうなるだろうか。リンスのいうような「権力にアクセスできる複数の政治集団」はない。党＝国家の関係で分析したように一党独裁の体制、そのネットワークは毛沢東時代と少しも変わっていない。だが八〇年代の一〇余年間には、言論や報道の自由の容認、単一政党（共産党）内部での複数主義的傾向（厳家祺など民主派知識人の多くは体制内のエリートだった）、経済の自由化にともなう（集団化されてはいないが）経済的利益のさまざまな噴出など、まさにリンスのいう「制限された多元主義」の状況を見てとることができる。

次にイデオロギーでない、曖昧なメンタリティによる支配である。すでに紹介した鄧小平の名言（「白猫でも黒猫でも、鼠をとるのがいい猫だ」、「われわれの政策は様子を見ていてもいい。強制しないし、ナントカ運動なんかは起こさない。やりたけりゃ、やりたい者が、やりたいだけやる」）ほどこの時代の脱イデオロギー性、プラグマティズムを示すものはない。八〇年代からおだやかに支配してきた思想は、上も下ももっと豊かになりたいという「曖昧なメンタリティ」である。

さらに政治的動員が極端に減り、アパシー状況が生まれたのも顕著な特徴である。毛沢東時代との大きな違いは、イデオロギーと動員の政治が回避され、近代化という脱イデオロギー的価値に国民を結集しようとした点である。国民が体制を受動的に支持しさえすればそれでよいのである。

また、いくつかの制度改革をつうじて、近代化を目標にしたことにともなう権力の一定の合理性、予測可能性が生まれたことも否定できない。ごく初歩的ではあっても、政治過程の「透明化」が予測可能性をもたらした。密室政治が後退し、多少の制度化で風通しがよくなったのである。これは毛沢東時代にはけっしてなかった点である。

こうしてみると、鄧小平時代を権威主義的な体制、すくなくともそれへの移行過程にある体制ととらえることができる。すでに触れた八八年秋からの「新権威主義」論議は、そうした客観状況を確認する、あるいはもっと促すものとしてあった。鄧自身八九年三月に次のように述べている。

「いま外国では新権威主義という新しいスローガンがある。それは発展途上国で経済発展を進めるには、意志の強い一人の人間が指導しなければならないというものである。私が言っているのはまさにそのことで、別の言い方をしているだけだ」（「鄧小平の趙紫陽への指示」〔矢吹晋編訳『チャイナ・クライシス重要文献 第一巻』一九八九年、八五—八六頁〕）。

この権威主義的体制がこれからも長く続くかどうかは定かでない。この体制自身が伝統的な権威が崩壊する過程で存在し、つねに民主主義もしくは全体主義の吸引力にさらされている不安定な体制だからである。問題はどちらの吸引力が強いかである。たしかに、鄧小平の権威への依存、国民の統合をめぐってしばしば伝統への意識的な回帰が試みられる（王震など保守派イデオローグによるテレビ・ドキュメンタリー『河殤』への批判はその典型である）など、毛沢東時代と共通する面もあり、後者の吸引力は強い。だが、八〇年代以降の経済の成長と実質的自由化で中国の政治社会は大きく変わり、民主主義や政治意識の面で「中国的特色」を見つけることはむずかしくなっている。たとえその道は遥かだとしても、全体主義から権威主義へ、そして複数主義の多元政治に向かっている台湾の状況が一つの示唆を与えてくれる。

ポスト鄧小平――開発体制

九二年からポスト鄧小平時代が始まっている。一〇年間の江沢民・朱鎔基体制、その後一〇年続く胡錦濤・温家宝体制に鄧小平時代との違いや差を見つけることができるだろうか。一党支配がまったく変わらないなかで、大きな変化の一つはカリスマの不在、天安門事件で決定的役割を演じた「八老」のような制度外ファクターの不在である。要するに、トップリーダーは九人の政治局常務委員を中核とする一〇数人のトップグループとの協議なしに重要事項を決定することはできない。また第7章3で分析したように、政策形成における官僚主導も顕著になっている。この点で朱鎔基が果たした役割は大きい。また、胡錦濤・温家宝時代には、第8章で分析したように、党自身がエリート党へと大変身し、権威の所在は、トップリーダーからエリート集団である共産党に移った。また第7章4で指摘してように、ネット世論に脆弱な権力の統治スタイルも変わってきている。

序章で述べたように、藤原帰一は、七〇年代から八〇年代、東南アジアの経済成長と安定を支えた権威主義体制の内実は、「官僚機構と地続きになった政府党」、「組織・人員・財政支出において、行政機構のリソースを排他的に利用し、行政機構との区別がつかなくなった政府党」による、「政党間の競合から政治権力の掌握が事実上脱落した政治体制」だとし、それを「政府党体制」と名付けた［藤原帰一「政府党と在野党――東南アジアにおける政府党体制」一九九四年］。

また東南アジア研究者である岩崎育夫は、インドネシアのスハルト政権、シンガポールのリー・クアンユー政権、マレーシアのマハティール政権などを「開発指向型の権威主義体制」と特徴付け、開発期の東南アジアに共通する「開発体制」と呼んだ。岩崎によれば、開発体制の特徴は政権党と政府の結合、非経済的要素と経済的要素の一体化であり、この種の開発体制下では国家主導型・外資依存型の開発政策が共通して採られたのである［岩崎育夫編『開発と政治――ASEAN諸国の開発体制』一九九四年］。

七〇～八〇年代の東南アジアの歴史的経験から導かれた政府党体制論、開発体制論からポスト鄧小平時代、およびそれ以後の中国を考えると多くの共通点に思い当たる。鄧小平時代は権威の所在はいまだ階級政党たる共産党であり、また鄧小平自身であった。だがポスト鄧小平期に入ると権威は党自身にしかない。その党もその巨大さ、別のチャネルの欠如などからしてそれ自身の多元化は免れ難い。たしかなのは、「政府党」と官僚制に依拠した、脱イデオロギーの、つまりもっぱら開発だけをめざす通常の「開発体制」としてポスト鄧小平時代を特徴づけることができるということである。

リーダーは第一世代（毛沢東ら）から第四世代（胡錦濤ら）へ、そして第五世代（習近平）に移りつつある。権威の源泉はカリスマ的リーダーからエリート集団たる党に移った。

正統性もナショナリズム、革命から近代化、経済発展へと大きく変わってきた。だが変わらないものがあることを忘れてはならない。党を中核とした党－国家－軍の三位一体のトリアーデは、多くの欠陥をかかえてはいても、依然として強靱性と柔軟さを失ってはいないのである。現代中国の「体」は変わっていない。

2　民主主義パラダイム

自由のはかり方

一九七〇年代から九〇年代にかけて南欧・南米・東欧ソ連、そして東アジア・東南アジア諸国がそれぞれの権威主義体制から民主化の道に入った。S・ハンチントンがいう「民主化の第三の波」、P・シュミッターのいう「第四の波」である。中国政治の将来を展望するに当たって、東アジア・東南アジア諸国の政治変容――権威主義体制から脱権威主義へ――との比較を通じて中国政治を考えることは一定の有効性をもつだろう。

フリーダム・ハウスの『世界の自由　二〇一一年』では政治的権利と市民的自由で東アジア一〇国（地域）は［表10-1］のように評価されている。スコアは1がもっとも高く、7がもっとも低い。

政治的権利は、自由・公正な選挙、結党・結社の権利、選挙による権力の交代、軍隊・外国勢力・全体主義政党・宗教的階層などの支配や経済寡頭集団からの自由、少数者の保護などでチェックされ、市民的自由は、表現と信条の自由、集会・結社などの自由、法の支配と人権保障、移動・職業などの自由、などでチェックされている。北朝鮮が政治的権利も市民的自由も7と7で最悪、注目されるのは、中国が北朝鮮とほぼ同じ、ビルマと同じ6と7ときわめて低く評価されていることである。

表10-1　アジア諸国の「自由度」（2011年）

国　名	政治的権利	市民的自由	評　価
日　本	1	2	自　由
北朝鮮	7	7	不自由
中華人民共和国	7	6	不自由
韓　国	1	2	自　由
台　湾	1	2	自　由
マレーシア	4	4	部分的自由
シンガポール	4	4	部分的自由
インドネシア	2	3	自　由
フィリピン	3	3	部分的自由
タ　イ	4	4	部分的自由
ビルマ	7	6	不自由
アフガニスタン	6	6	部分的自由
バングラデシュ	3	4	部分的自由
インド	2	3	自　由
パキスタン	4	5	部分的自由

出典）Freedom House, *Freedom in the World 2012, Subscores*, Freedomhouse website, 〈http://www.freedomhouse.org/〉.

中国の変化を縦に、つまり時間軸で観察し、改革開放による変化の大きさに注目する中国研究者としては、旧態依然の一元的体制と政治的閉塞の中にいながら、日常的な実質的自由を謳歌しはじめているいまの中国が北朝鮮や軍政下のビルマとほぼ並んでいることに強い違和感を覚える。中国は、毛沢東時代でさえ、末端では北朝鮮より遥かに緩みのある社会だった。

確かに政治的結社の自由は（憲法で認められているにもかかわらず）今も与えられていない。一党独裁体制を変える気配はない。ストライキ権を労働者はもっていない。選挙は定期的に行われるが、形式にすぎず、やる前から結果は分かっている。だが本書で見てきたように、二一世紀の中国政治社会は、政治的組織にかかわらない限り、あるいは組織的活動をしない限り、政治的言論はかなり自由である。二〇〇三年の憲法論議にそれは顕著に現れている。メディアも一定の限度内で多元的になった（第3章3、第7章4参照）。経済活動や職業選択も、出国もかなり自由である。農民が大都市への移動を制限され、戸籍制度によって農民「身分」に止めおかれているのを除けば、ひとびとは非政治生活については決定的な不自由を感じていないに違いない。

では、なぜフリーダム・ハウスのような評価が出てくるのだろうか。民主主義と自由の「はかり方」に問題があるのではないか、という疑問が湧く。あるいは、中国では多党制ではなく、選挙も自由・公正とはいえないから民主主義はない、だが自由化状況はある、ということができるのかもしれない。その観点からすれば、民主化なき自由化がいま進行中なのである。市場化、情報化、グローバリゼーションがこうした状況を加速している。問題は、自由化が民主化につながるのか、あるいは両者は別のことなのか、民主化なき自由化はあり得るのか、あるいはその逆もあるのか。つまりはこの両者の関係である。

民主化と自由化

民主主義ほど多義的で定義しにくいものはない。昨今の比較政治学界では、旧ソ連・東欧、東アジアの体制変容を分析する「移行理論」が盛んである。移行期を、民主的移行、移行の完成、民主主義の定着の三つの段階に分け、移行のための条件は何か、民主化後に「民主主義の定着」を保障する条件は何か、などを解明してきた。かつてJ・シュムペーターは、民主主義を政治的手続き、政治的リーダーシップを選ぶためのメカニズムだとし、競争的選挙を第一の要件にあげた［J・シュムペーター『資本主義・社会主義・民主主義（上・中・下）』一九六二年、二六〇頁］。

それに対してR・ダールの著名な定義——「公的な意義申し立てと最大限包括的な参加」がある。そのためには八つの制度的保障が必要とされる。

①組織を形成し参加する自由、②表現の自由、③投票の権利、④公職への被選出権、⑤政治的リーダーが民衆の支持を求めて競争する権利、⑥多元的情報、⑦自由かつ公正な選挙、⑧政府の政策を、投票あるいはその他の

選好の表出にもとづかせる制度［R・A・ダール『ポリアーキー』一九八一年、一―五頁］。

　ダールをふまえてG・ソレンセンは、政府（government）のシステムとしての政治的民主主義について、競争、参加、市民的および政治的自由の三つを不可欠の要件とした。ソレンセンは自由と参加（政治的権利）を［図10-1］のように概念化した［Georg Sørensen, *Democracy and Democratization : Processes and Prospects in a Changing World*, 2nd ed., 1998, pp. 12-13］。敢えていえば、二〇〇〇年の中国は上図のように位置づけられるだろう。

　問題は自由と民主主義の関係である。民主化への移行国を比較分析したJ・リンスとA・ステパンは、メディア統制の緩和、労働者の自主組織の活動、政治犯の釈放、反対派への寛容度などの自由化措置は民主化とは区別され、民主化なき自由化もあり得る、と次のようにいう。「民主化は自由化を伴う。だが民主化はもっと広く、優れて政治的概念である。民主化には政府のコントロールを得るための権利をめぐる公開的な競争が必要であり、その結果、誰が統治するかを決する競争的選挙が必要である。この定義からすると、民主化なき自由化もあり得ることは明白である」［Juan J. Linz and Alfred Stepan eds., *Problems of Democratic Transition and Consolidation*, 1996, pp. 3-6］。

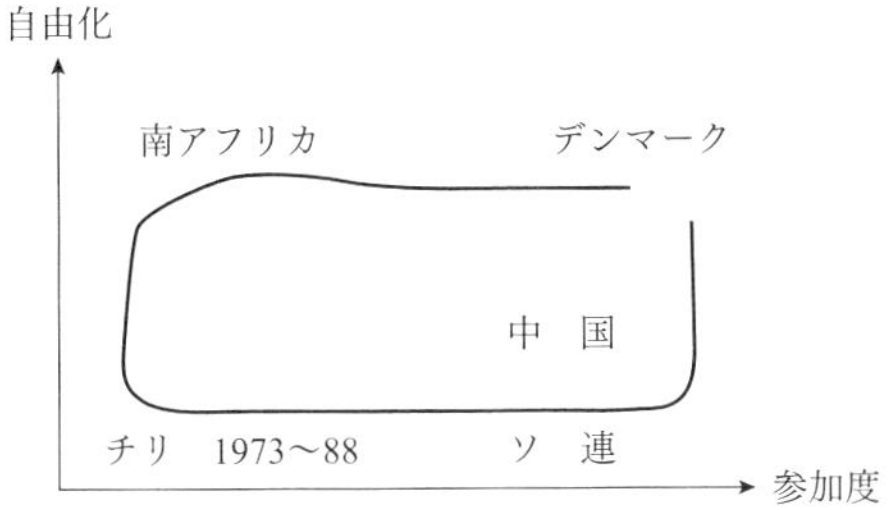

図 10-1　民主政概念図

出典）Georg Sørensen, *Democracy and Democratization : Processes and Prospects in a Changing World*, 2nd ed., Westview Press, 1998, pp. 12-13 から毛里が作成。

　またステパンは、「自由化の程度や範囲は統治エリートの裁量に委ねられており、寛容コストが高くなれば自由化は撤回される可能性がある。自由化と民主化が連動する保障はない。だが、自由化による批判的政治勢力の公然たる登場は民主化移行の開始を知らせる」という［A・ステパン『ポスト権威主義――ラテンアメリカ・スペインの民主化と軍部』一九八九年］。

　以上のような議論をふまえると中国の現状はどう捉えられるか。少なくとも次のことはいえそうである。

1．市民的世界で広がっている自由化状況が政治的民主化につながるとは限らない。
2．だが、自由化による異論派や批判派の登場は、ある状況が生まれれば、あるいはある力が働けば、民主化移行の開始へとつながるかもしれない。
3．「ある状況」や「ある力」とは、中間階層の成熟、社会的亀裂の拡大、経済の下降による寛容から抑圧へのドラスティックな変更、抑圧コストの上昇などが考えられる。

民主主義パラダイムのおとし穴　さきのフリーダム・ハウスの評価は、中国を北朝鮮と同質・同等と見なすことで現代中国に生じている本質的な変化を見落としており、将来の方向を見失いかねない。中国政治（あるいは途上国の政治一般）の現状評価および将来展望を試みる際に注意しなければならないのは、すべてを民主化、自由化、つまり「これまで定義された民主主義」のものさしではかることの危うさを認識することである。市場化と民主化はグローバルな価値や目標ではあっても、中国にとっても自明なのか、またその道筋は他の国と一様なのか、初期条件や環境、発展タイプに規定されてさまざまな道筋と形式があるのではないか、などを改めて検討する必要がある。

さらに中国を含む東アジアの政治比較で不満を覚えるのは、欧米民主主義がどうしても比較の絶対的なメルクマールとなり、「自由なき民主主義」（illiberal democracy）、「準民主主義」（semi-democracy）、はなはだしきは「欠損民主主義」（democracy of default）などのレッテルを貼れば東アジアの政治が分析できたとする傾向に陥りやすい点である［F. Zakaria,“The Rise of Illiberal Democracy,” *Foreign Affairs*, Vol. 76, No. 6, Nov., Dec. 1997］。こうした傾向は欧米の研究者に強い。いわば「民主主義パラダイム」のおとし穴である。

理念としての民主主義は普遍的だとしても、民主主義の体制や制度、具体的な形式はさまざまである。またL・ダイヤモンドがいうように、「民主主義はもっとも広く賞賛されている政治制度だが、たぶん維持するのがもっともむずかしい政治制度」でもある。民主主義はそれ自身のなかに、①紛争と合意、②代表性と統治能力、③同意形成と効率という対立的矛盾を内包しているのである〔L. Diamond, "Three Paradoxes of Democracy," 1996, pp. 111–123〕。民主主義を手続きや制度だけで、しかも静態的に捉えることを慎まなければならない。

マレーシア出身の政治学者M・アラガッパ（ホノルル東西センター）の次の指摘は傾聴に値する。彼は、「民主主義は〔東アジアの〕政治発展をはかる尺度の一つに過ぎない。民主主義だけでアジアを切ると、この十数年来アジアで現実化している、被統治者の目からはとても意味ある実質的な政治変化を見落とすことになる」、と警告を発している。「民主主義というパラダイムはたしかにアジアにとって重要だが、それが物語のすべてではない」という彼の指摘を、東アジアの政治分析を志す人はすべて心にとめる必要があろう〔M. Alagappa, "The Asian Spectrum," pp. 342–349〕。

形式民主の軽視

民主主義は多義的である。本書では民主主義の最低の要件として、①政治体系において公民の政治参加が保障されるシステム、②政治的選択が保障される複数主義のシステム、③権力を監督しチェックするシステムの三つを考える。現代中国でこのような民主主義をどう考えてきたか。そのシステムが作り上げられているのか。

少なくとも七〇年代末まで、毛沢東時代においては、一般的にわれわれが考える制度、組織、手続きを重んずる民主主義は「小民主」と呼ばれ、形式にすぎないと軽視され、「ブルジョア的」だと非難されてきた。

中国の選挙システムや実際が民主主義の最低の条件である普通選挙とは程遠いことはすでに第4章で述べた。競争選挙でないこと、都市と農村の間の代表権格差が、かつては一対八、二一世紀のいまも完全にはなくなっていないこと、全国人民代表大会など多くのレベルの選挙が直接選挙ではないなど、中国の選挙制度は公民の平等な政治参加という面で重大な欠陥がある。

また、権力のコントロールについても、人民代表大会は無条件に人民の権力だという前提のもとに三権分立が否定され、しかも実際面では、「人民の権力」は形式だけとなり、共産党がさまざまなネットワークで政策決定と執行のプロセスを排他的に独占してきた（第4章、第5章）。「党委員会が手を揮い、政府が手を動かし、人民代表大会が手を挙げる」、あるいは「党委員会がシナリオを書き、政府が演じ、人民代表大会が評論し、政治協商会議が見物し、規律検査委員会が検査する」政治体制のなかで、右のような民主主義を見つけるのはむずかしい。

「小民主」の代わりに賞揚されてきたのが「大民主」である。大衆が壁新聞やデモなどの運動で直接に政治過程にかかわる「大民主」の典型は、「四大」（大鳴・大放・大弁論・大字報）の自由を謳歌した文化大革命期の紅衛兵運動である。

大民主の提起

「大民主」を提起したのは毛沢東自身、五六年秋である。それまでも大衆動員がときに直接政治過程を動かしてきた。五〇年からの土地改革では土地改革条例が公布されてはいるが、法や行政を通じて農民の手に土地が渡ったのではない。すさまじい反地主闘争で農民は土地を奪ったし、華中・華南の農村社会がそれによって激しく震動した。また五一年の「三反五反運動」では、都市の職員労働者の九割以上が大衆集会を開き役人の汚職や資本家の不正行為をあばき立てた。建国後もじつは革命は続いていたのである。こうした延長線上に「大民主」が出てくる。

五六年半ば百花斉放・百家争鳴が提起された。「上からの自由化」である。そのプロセスで毛沢東は、次のように逆説的に「大民主」論を披瀝した。

「何人かの局長クラスの知識人幹部が、大民主をやるべきだと主張し、小民主ではもの足りないといっている。彼らがやろうという〝大民主〟とは、西側のブルジョア議会制度を採用し、西側の〝議会制民主主義〟、〝報道の自由〟、〝言論の自由〟といったものに学ぶことなのだ。彼らのこうした主張は、マルクス主義の観点、階級的観点に欠けており、間違っている。だが大民主、小民主というのは大変形象化されたいい方なので、その言葉を借りよう。……

民主は方法であり、それが誰に対して使われ、何をやるかを見なければならない。われわれが好むのは、プロレタリア階級の指導のもとでの大民主である。〔蔣介石との戦い、土地改革、「三反五反」は〕みな、嵐のような大衆運動であり、大民主である。……」（五六年一一月、八期二中全会での毛沢東の講話）。

その後ハンガリー動乱など東欧社会主義の体制的危機を見た毛沢東は、五七年二月に「人民内部の矛盾を正しく処理する問題について」と題して最高国務会議で演説した。そのなかで毛沢東は次のようにいう（この演説は、反右派闘争が始まると大幅に書き改められた）。

「実際には、世界には具体的な自由、具体的な民主があるだけで、抽象的な自由、抽象的な民主などない。……抽象的な民主を要求するひとびとは、民主を目的と考え、手段とは認めない。民主というものは、ときには目的のように見えるが、実際には一つの手段にすぎない。マルクス主義は、民主が上部構造に属し、政治という範疇に属することをわれわれに教えている。要するに、民主とは経済的土台に奉仕するものだということだ。自由も同じだ。……」。

つまり毛沢東によれば、民主も自由も革命や大衆的な変革運動を達成するための手段なのである。毛沢東はあくまで破壊者であり革命家であった。この「上からの自由化」は五七年半ばから反右派闘争に劇的に反転し、この反右派闘争こそ「大民主」の実験場だった。五七年一〇月の八期三中全会で、毛沢東は反右派闘争を「社会主義の階級闘争」と位置づけ、「大民主」をもっとも望ましい形式としてあらためて提起した。

「この一年、大衆は革命的な形式を創造した。大衆闘争の形式とはつまり大鳴・大放・大弁論・大字報である。……この大鳴・大放・大弁論・大字報の形式は、大衆の主動性を発揚し、大衆の責任感を高めるのにもっとも相応しい。……われわれの民主の伝統は今年非常に大きな発展を見た。今後は大鳴・大放・大弁論・大字報という形式で続ける。この形式で社会主義民主を十分発揮させることができる。……」（八期三中全会での毛沢東の講話）。

臣従と衆愚の大民主

その後一年ほど各地で次々に反右派の大衆集会が開かれた。明確な基準なしに興奮した大衆は「右派」をどんどん摘発した。江蘇省では一二日間の「鳴放」中に一万四千枚の壁新聞が貼り出され、専区以上で七九回の反右派座談会が開かれたという。こうして反右派闘争は際限なく広がっていった。「右派は全体の五％だ」と毛沢東がいえば、五％になるまで右派摘発が続いた。

この「大民主」の威力は文化大革命期の紅衛兵運動でいかんなく発揮された。毛沢東は「たった一人の革命」をなしとげようと「大民主」を思う存分使った。「君たち若者は東に昇る太陽だ」、「謀叛には理がある」という毛の檄で数百万の若者が天安門広場を埋め、各地に散っていった。だがこうした「大民主」は自発的民主とは違う。紅衛兵に明確な政治的目標があったわけではないし、「父よりも母よりも親しい毛主席」の「鶴の一声」ではじめて許され、「君たちは私の期待を裏切った」という毛の一言で潰え去ったからである。上からの動員と操作に大衆が下から応えた、「臣従」と「衆愚」の民主だといってもよい（第1章6参照）。

この「大民主」が憲法に入った。「大いに見解を述べ、大胆に意見を発表し、大弁論を行い、大字報を貼ることは、人民大衆が創造した社会主義革命の新しい形式である」（七五年憲法第一三条）、「公民は言論、通信、出版、集会、結社、行進、示威、ストライキの自由をもち、大鳴・大放・大弁論・大字報を運用する権利を有する」（七八年憲法第四五条）というのである。

だが、大民主が統治者にとっていつも都合がよいとは限らない。反体制の武器になりかねない。七九年春、青年たちの民主化運動が高まり、北京市西単の壁が党や指導者を批判する壁新聞で埋まったとき、党の指導を中心とする「四つの基本原則」を鄧小平が提起した。改めていっていいことの枠がはめられたのである。

「大民主」の命脈も尽きた。八〇年二月の一一期五中全会は、憲法から「大鳴・大放・大弁論・大字報」の権利を削除することを決めた。「大鳴・大放・大弁論・大字報が〔社会主義民主という〕目標を実現するためのよい方法でないことはこれまでの経験が証明している。〝四大〟は一体をなしており、人民の民主的権利の保障に積極的役割を果たさず、人民が自らの民主的権利を正常に行使するのを妨げてきた」と、全国人民代表大会に憲法から「四大」を削除するよう求めたのである（一一期五中全会公報）。

八〇年代から動員と操作、臣従と衆愚の「大民主」はなくなった。では「小民主」はあるだろうか。政治参加や権力間のチェック・アンド・バランス、権力への監督、多数決原則など、政治参加や監督を保障する制度的、手続き的な民主主義の欠如は五〇年代から少しも変わっていない。「大民主」に代わって「小民主」が保障されたわけではない。「大民主」が毛沢東時期に称揚された理由は何か。

なぜ大民主なのか

一つは、毛沢東が建国後もなお革命社会を想定していたことである。革命後社会のさまざまな矛盾を、毛沢東は民主主義の未成熟、経済発展の遅れによるとは考えず、革命の未熟さにあると考えた。ハンガリーやポーランドの動乱で危機意識を抱いた毛は「政治分野での社会主義革命」が必要だと痛感し、反右派闘争を発動した。また文化大革命は、社会主義とは階級闘争と二つの路線の闘いがずっと続く段階だと見なした毛によって、継続革命として引き起こされた。毛の革命のために大衆は動員され、民主主義は手段となった。

もう一つは社会主義における民主主義理論の問題である。J・ブライスは民主主義を、「国家権力の行使に当たって、できるだけ多数の人民の意思をその過程に参加させることを意図する政治構造」だと論じ、民主には、①形式的・政治的民主と②実質的・社会的（経済的）民主の二つが欠かせない要件だと見なした［ブライス『近代民主政治』一九二九年］。比較政治の観点からすると、いわゆる西側では①が通常いうところの民主主義である。ところが旧ソ連、中国などいわゆる東側では、②を重視し革命による富の再配分で「平等」が実現されたとし、①は形式にすぎず、ときには実質的、社会的民主を実現しないための偽善にすぎないと見なしてきた。

東のデモクラシー

しかも東側では、国民の意思は一元化され、執政の党と人民の権力（旧ソ連ではソビエト、中国では人民代表大会）をつうじてア・プリオリに実現されていると考えてきた。「絶対的権力は絶対的に腐敗する」（ジョン・アクトン卿）のだから監督とコントロールが不可欠だという西側の考え方を受け入れない。いってみれば、東側では本来国民の意思は一体化され実現されている以上「信頼と帰依の体系」さえあればよく、西側のような、国民と権力機構を切り離すところの「猜疑の体系」は必要ない、と考えるのである。性悪説をとるか性善説をとるかの違いといってもよい。これこそ、ひとびとの政治参加、複数主義、権力の監督とコントロール、多数決原理などの民主主義制度が、社会主義社会で基本的に無視されてきた理論的な基礎なのである（東のデモクラシーと西のデモクラシーの興味深い対比については、［佐藤功『比較政治制度』一九六七年］参照）。

だが、中ソなど「現実にあった社会主義」は、右のような形式的民主主義が社会主義社会でも不可欠なことを示した。党もしくは毛沢東個人による権力の独占が政策の決定的誤りや腐敗をもたらし、国家と国民を悲劇に追いやったのは誰の目にもはっきりしている。

第三には中国社会の前近代性から来ている。文化大革命ははなばなしい「大民主」の裏に暗い後進性を内包していた。たとえば、「紅五類」（労働者、貧農・下層中農、革命幹部、革命軍人、革命烈士の子弟）は紅衛兵になれても、「黒五類」（地主、富農、反革命分子、悪質分子、右派分子の子弟）はどんなに政治的に急進的でも紅衛兵にはなれないという、「出身血統主義」である。「親が英雄なら子は好人物、親が反動なら子は大馬鹿者」という当時の対句は、革命後中国にも世襲制、身分制が居座っていたことを示した。また、中共中央・国務院の通達「プロレタリア文化大革命の中で公安工作を強化することについての若干の規定」（公安六条、六七年一月一三日）はもっと衝撃的である。通達は、文化大革命が大民主運動だとするかたわらで次のようにいう（第1章6参照）。

「……およそ反革命の匿名の手紙を出し、反革命のビラを密かにないし公然と貼ったり撒いたり、反動スローガンを書いたり叫んだりして、偉大な領袖毛主席と彼の親密な戦友林彪同志を攻撃し侮辱する者は、すべて現行の反革命行為であり、法によって処罰される」。

要するに、「大民主」は後進性、封建性、そして情報の統制や権利の抑圧と表裏一体のものだった。動員と操作のために手段化された民主が行き着いたのは、臣従と衆愚、前近代への逆行だった。ある中国の文献でさえ次のように厳しい。「大民主の虚名のもとに実際にあったのはそのものずばりのファシスト独裁だった。……大民主は民主ではない。人民民主独裁の国家権力に対する侮辱であり、人民の民主的権利への侵犯である」［廖蓋隆他『当代中

国政治大事典 一九四九―一九九〇』一九九一年、六九四―六九五頁」。

3 民主主義者たち

現代中国政治を別の角度から見ると、民主主義を模索する長いプロセスでもあった。一九五七年に右派とされた民主党派の知識人たちは、「共産党の天下」に異議をとなえることで民主主義を模索した。文化大革命期に毛沢東の「謀叛には理がある」に唆されて「政治化」した青年たちに主観的には民主主義を求める契機がなかったわけではない。また七八年冬から翌年春、「北京の春」運動で青年たちをつき動かしたのは、毛沢東時代の専制の愚を繰り返してはならないというやむにやまれぬ気持だった。

李一哲の場合

文化大革命末期、「林彪体系」を封建ファシズムと糾弾した「李一哲の大字報」は若い知識人に大きなショックを与えた。李一哲は広州の造反派の若者三人（李正天、陳一陽、王希哲）を一緒にしたペンネームである。彼らは、七四年一一月に「社会主義の民主と法制について」と題して毛沢東と第四回全国人民代表大会に宛てて「献上」する長大な壁新聞を出した。

「林彪体系」をやり玉にあげているものの、その真意は、毛の支配を秦の始皇帝になぞらえた毛沢東批判だった。彼らは、「礼」ではなく法制、人民の民主的権利の法的保障、高級幹部の特権の廃止、党および国家に対する人民の監督権の保障、労働に応じた分配などを求めた。文化大革命イデオロギーの影響を受けてはいるが、李一哲の根底にあるのは、「わが国は半封建、半植民地の社会から社会主義に進んだため、数千年来の封建専制によって作られた伝統は、思想、文化、教育および法律などの上部構造の各領域に根強く残っている」とする現状認識と、「われわれの権力は誰から与えられたのか、人民が与えたものだ」、「人民の民主的権利や権力に対する監督は保障されなければならない」と考える普通の権利意識である［チイ・ハオ／ルネ・ビニネ『李一哲の大字報』一九七七年］。

李一哲の大字報は、結局、「偉大な毛主席、党、政府指導者に対して狂暴な攻撃を行ったばかげた妄想」と一蹴されてしまった。だが七六年春の「四五運動」（周恩来追悼の運動）のとき、天安門広場に現れた一枚の壁新聞——「中国は過ぎし中国にあらず、人民も愚かきわまるものにあらず。始皇帝の封建社会はふたたび返らず……四つの近代化が実現したそのあかつき、われらは酒をそなえて祝う」——にその理念は引き継がれた。ちなみに、李一哲の一人王希哲は八一年から一〇年間懲役刑に処せられ、その後米国に追放され、いまは海外で「民主党」の組織活動などをしている。

民主の壁と魏京生

毛が世を去り、「四人組」が追放され、若者たちが街に帰ってきたとき、現代中国で初めての自然発生的な民主化運動が起こった。七八年冬から翌年三月の「北京の春」には、西単の壁に自由なビラが張られ、さまざまな自主組織ができ、ガリ版のアングラ雑誌が生まれた。その中の一つ、『探索』の編集長が二九歳の紅衛兵上がりの魏京生である。文化大革命イデオロギーに訣別した彼は、人権とは何か、平等とは何か、民主主義とは何かを正面から問い、「五つ目の近代化」、つまり民主化を呼びかける。

「民主主義は社会制度であり、まず第一に政治制度であり、第二に経済制度だ」という彼の主張は、「この国ではマルクス主義と毛沢東主義の専制政治が長く行われた結果、労働者、農民、兵士大衆は政治的自由が何もなく、自分たちが生活している社会機構と自分たちの生活を決める権利を何ももたず、自己の願いをこめて政府に影響を与えるチャンスがきわめて少なかった」と現状を認識する。そこで魏は、敢然と鄧小平にこう問いかける。

「あなたが理解している民主主義はどんな内容ですか。もし人民が自由に見解を表明する権利、つまり言論の自由が含まれないなら、どんな民主主義が問題になるのですか」〔魏京生「人権・平等および民主主義——五番目の近代化」一九八〇年〕。

だが、鄧小平の「四つの基本原則」が魏京生の願いを砕いた。七九年三月末に逮捕された魏は一〇月に反革命処罰条例により、一五年の懲役、三年間の政治権利剥奪に処せられたのである（罪名は、外国人に中越戦争の軍事機密を洩らし、反革命活動を行ったとするもの）。裁判はみせしめのため公開された。

同じころ中国人権同盟が非合法につくられたが、彼らの「一九カ条の人権宣言」には、思想・言論の自由、指導者を批判し評価する権利、直接・平等・秘密の普通選挙、知る権利、職業選択の自由、秘密警察の廃止、出国の自由などが盛りこまれている〔尾崎庄太郎編訳『中国民主活動家の証言——魏京生裁判の記録』一九八〇年〕。

政治学者・厳家祺

民主主義について理論面でも実践面でももっとも真摯に考え、政治に翻弄された政治学者が厳家祺である。厳家祺は中国科学技術大学で物理学を学んだ。六四年に中国科学院哲学研究所に入り、改革派の理論家于光遠の研究生として社会科学の道に入っていく。文化大革命にも参加し河南農村にも下放した。北京に戻ってから、七六年の周恩来追悼の四五運動に加わり、七八年からは政治学の理論家としての活動を始める。

厳は、八〇年代に政治改革論議をリードし、趙紫陽の有力なブレーンとして政治体制の改革プランをつくった人物である（第2章2、第7章3参照）。だが八九年春の民主化運動に積極的にコミットし五月中旬からは鄧小平、李鵬ら中国のリーダーを公然と批判、現体制と対決したことで国外に脱出する。いわば、社会主義者から民主主義者に転身した典型的な例である。

最初彼が求めたのは「体制内改革」だった。厳は、四五運動のときは天安門広場に通い、「北京の春」ではペンネームで雑誌『北京之春』に執筆もした。だが七八年一〇月入党した厳は、魏京生らに共鳴しながら「それでもやはり共産党内で中国の民主化を推進する〝体制内改革〟の道を選んだ」〔厳家其『亡命までの日々』一九九一年〕。

八〇年代初めの厳は、どうしたら権力の過度の集中を防げるかの追求に腐心した。スターリン時代の大粛清、文化大革命の恐怖、毛の個人専制こそ社会主義権力システムに共通する病理だと考えてのことである。八〇年一二月に開かれた中国政治学会創立大会でのペーパー「社会主義と〝三権分立〟」で、個人集権を防ぐには三権分立が有効だと世界史の経験は語っているが、「社会主義でも三権分立は実行できるか」を問い、議論を呼びかけた。個人専制を防ぐための具体策である指導者の終身ポストの廃止は、八〇年全国人民代表大会で実行され、八二年憲法で制度化された。

なお当時「体制内改革」でもっともラディカルだったのは廖蓋隆（中共中央党史研究室）である。彼によれば、民主主義は（毛沢東がいうような）手段ではなく、それ自体が「重要な最終目標」である。彼は、「社会の多種、多様なものを協調、統一させるもの」、社会内部の矛盾を処理するための「自動調節系統」として民主主義を考える。具体的には議会の代表性を強めること（地域だけではなく職能代表も入れる）、党と国家の分業、大衆組織の党からの自立などを主張した（廖蓋隆「庚申改革案」、第2章2参照）。

天安門事件　八〇年代半ばになると、厳は政治学研究所の設立に奔走し、中国ではじめて政治学を学問とすることに成功した。八六年九月に、趙紫陽が鄧小平の命を受けて党中央政治体制改革検討小組を作ったとき（組長は趙紫陽）、趙自らの提案で鮑彤（趙紫陽の秘書）とともにその辦公室に入って政治改革プランの作成にたずさわった（第7章3参照）。

彼は政治改革の核心は権力の過度の集中を防ぐことだと考え、①共産党の一元的な指導をやめ（党政分離）、立法・司法・行政の権力を分割する（横の分権）、②党も政府も下部や地方に権力を委譲する（縦の分権）、③人権は権力の侵犯すべからざる領域であり、政府権力と社会を分離する、④公民の政治参与を拡大するなどが改革の基本だと提起した［厳家其「談中国政治体制改革」『光明日報』八六年六月三〇日］。一三回党大会の改革プランに党グループや党の対口部の廃止が盛りこまれたのは、党政分離こそ改革の鍵だという厳家祺らの観点が受け入れられた結果である（第2章2、第7章3参照）。

だが、天安門事件は民主主義者たちを打ちのめした。蘇紹智、陳一諮など多くの民主主義者が米国やヨーロッパに逃れた。その後、二一世紀の民主化運動のシンボルは劉暁波だろう。彼が起草した「零八憲章」（二〇〇八年一二月）は幻と消えた百年前の「臨時約法」の再現である（零八憲章と劉暁波については第3章3参照）。

4　人権と法

改革開放前まで人権、自由を抑圧してきた法的根拠は「反革命罪」である。この反革命罪が一九九七年の刑法改正で消えた。だが反革命処罰条例（五一年二月二六日公布施行）と新刑法の条文を比べれば分かるように、「反革命罪」が「国家安全危害罪」に名称が変わっただけで、政治的言論や行為に対する厳しい状況は変わっていない。人権をめぐる中国の法制度については、法体系そのもの、法以外の行政処罰、法の運用という三つの面から考える必要がある。

中国刑事法の特徴

中国で刑事法典ができあがるのは七九年だが、その後九六年五月に刑事訴訟法、九七年三月に刑法が改正されるまで、人権法では中国的色彩がきわめて強かった。社会主義中国は政治や外交の領域と同様、法の領域でも二重の否定から出発した。法家的刑罰主義の伝統法とブルジョア近代法が否定された。その結果中国的特色がつきまとうことになった。法自体が否定された反右派闘争から文化大革命時期は論外として、現代中国の刑事法は近代市民法と比べて次のような特徴をもっていた。

第一に罪刑法定主義をとっていない。第二に、刑事手続きでは基本的に検察主体で、被疑者・被告人は常に客体である。第三に、裁判プロセスでも検察優位で、公判の空洞化や裁判官個人の独立性に対する侵犯が生ずる。第四に、最大の問題は「刑事法の担い手が誰か」という点である。とくに「重大案件、重大で疑わしい案件」については、じつは法院の院長や党組織の責任者などで組織する審判委員会、ひいては党組織が最終的判断を下す場合が多い。第五に、刑法典に規定されていない処罰が公安部門の手で行政処罰として行われ、ある場合には刑事罰よりも重くなる。後に紹介する「収容審査」が行政処罰の典型で、多くの民主活動家たちはこれで処罰されてきた［王雲海「人権保障と刑事法」一九九六年、二六八—三一〇頁］。

反革命罪

中国の自由や権利にかかわる法律で問題になるのは第一に反革命罪である。反革命罪とは何か。その法的根拠は五一年の反革命処罰条例である。七九年刑法もこの処罰条例をほとんどそのまま踏襲している。つまり、「プロレタリア独裁の権力および社会主義制度の転覆を目的とし中華人民共和国に危害を与える行為」、「外国と通謀して祖国の主権・領土保全および安全に危害を及ぼそうと図ること」、「裏切って敵に投降させるか、または叛乱を起こさせる目的で公務員、武装部隊、人民警察、民兵に働きかけ、勧誘、買収する」ことをすべて反革命罪で裁くのである。

近い事例を示そう。九五年一一月に再逮捕され、翌月「政府転覆を図った罪」で懲役一四年・政治権利剥奪三年の判決を受けた魏京生（九八年に国外追放）、九六年一一月に同じ罪名で懲役一一年、政治権利剥奪二年に処せられた王丹（同じく九八年に国外追放）の場合、罪状になった「政府転覆の陰謀」は刑法の反革命罪の一つで、無期ないし一〇年以上の懲役、情状が重ければ死刑もあり得る。

反革命罪で問題になるのは、範囲がきわめて広く曖昧で、恣意的解釈や認定が容易にできること、具体的行為だけでなく、それを意図する言論活動すべてが対象で、しかも判断はすべて当局にゆだねられていること、外国の敵、外からの侵略活動や侵略者の存在を前提としており、五〇年代の革命と戦争の時代をそのまま引きずっていることなどである。すでに述べたように、九七年に反革命罪は法律から消えたが、実質は「国家安全危害罪」などで厳然と残っている。

行政処罰と党の介入

第二に、「収容審査」など、法以外の行政処罰が広範に行われ、これが人権侵害を生みやすい。九五年末に収容審査にかけられたあるモンゴル人は、内蒙古で「南蒙古民主連盟」を作り、中国・モンゴル・（ロシアの）ブリヤート共和国に分散するモンゴル民族の統一（三蒙統一）などを要求したという。反革命・分裂活動をしたという理由で逮捕、収監されたが、公安庁は「収容審査」だという。

「収容審査」は六一年からあるが、八〇年には強制労働とともに「労働矯正」に統合された。だが、その労働矯正措置は、正業につかない浮浪者、軽犯罪者、「罪が軽く、刑事責任を追及されない反革命・反社会主義の反動分子」に科せられる行政罰で、最長で三年、その後一年の延長ができる。あくまで軽微な犯罪に対する臨時的な行政措置なのである。

だがそれが濫用され、期間も五年、七年のケースもあるという。法による裁定なしに拘禁するため重大な人権侵害になりうる。八〇年代後半からも事態は変わっていないようである。八六年七月の公安部の通達は、「何回も通達を出しているのに、収容審査措置を濫用する現象が非常に深刻である。この二カ月で収容審査されたのは全国で××《〔ママ〕》万人いるが、うち所定要件に当てはまるのは三六％だけだ」という（収容審査にかんする国務院・公安部などの文書は「『中華人民共和国公安法律全書』一九九五年」参照）。アムネスティ・インターナショナルの九六年レポートによれば、収容審査で拘禁されているのは八九年が九三万人、九〇年が九〇万二千人にのぼる。

第三が「刑法典の担い手」は誰か、である。つまり党が司法、裁判のプロセスに介入する問題である。裁判過程での党の指導と介入は、①裁判機関の上にある党の政法委員会ないし政法小組（第5章4参照）、②重大案件での党の審査承認制度、③裁判機関内に設けられた審判委員会、などを通じて行われる。

司法を担当するのは県レベルまである党の政法部門である。党中央政法小組は、反右派闘争を契機に五八年六月一〇日に成立、政法工作指導小組をへて八〇年一月には党中央政法委員会に衣替えした。解放軍の中にも八二年四月「重大な案件、疑義のある案件を審議する」ため総政治部に政法小組が設けられた（中央政法小組については第5章4、第7章4参照）。

重大な案件は当該機関の党組織、もしくは上級の党組織が最終的に審査・承認するという制度は建国当初からあった。当時は司法制度が不備で、大衆が地主や悪徳資本家に過酷な復讐をするという状況があり、重大人物の逮捕、裁判、とくに死刑判決には党委員会の承認が必要だったのである。だが反右派闘争後はこれが制度化し、七九年に一部見直されたが、実質的にはなくなっていない。八一年一一月、最高人民法院院長の江華自身、「法院は案件の審理の際、それが重大な方針・政策にかかわる問題に及ぶ場合、または重大で疑義のある案件を処理する場合、常に自発的に党委員会に報告して指示を仰ぐべきである」という［小口彦太「現代中国における裁判の性格」一九八八年、四〇二—四〇五ページ］。

さらに「刑事法の担い手」にかかわるのが法院の院長・党グループメンバー・党の裁判部門の責任者で作られる審判委員会である。七九年刑法では、審判委員会は裁判業務の最終的意思決定機関だとされており、審理で意見が分かれたとき、幹部・著名人などの死刑案件、重大な傷害案件、最高法院の判決の再審理のケースなどが審判委員会に回される。だが「ある法院では、いっさいの案件はまず審判委員会が審議・決定し、その後合議廷を開き裁判を行う」現象さえあるという。こうなると法や裁判官の独立性は脅かされ、裁判機関は党の行政機関になってしまう。ソ連にもなかった「中国的な特色」である（審判委員会については、［田中信行「中国刑事訴訟法の改正と裁判の独立」『中国研究月報』第五八五号、一九九六年、小口彦太、前掲「現代中国における裁判の性格」一九八八年］など参照）。

法をめぐる二つの伝統

「中国の特色をもつ法制度」、ひいては人権状況を形づくっているのは「二つの伝統」である。一つは、「権力が権利を付与する」と考える通念、刑罰主義、行政主義などに代表される旧中国から引き継いだ伝統（第一の伝統）、もう一つは法や処罰の階級性、法領域での党の指導、キャンペーンとしての法など、革命期の法、法観念、裁判が五〇年以上も続いているという意味で革命から引き継いでいるもの（第二の伝統）である。前者を貫いているのは国権主義であり、後者は特有の危機意識を引きずっている。現代中国の人権、刑事法制度はその「二つの伝統」の奇妙なアマルガムなのである（この点については［毛里和子「現代中国の人権——二つの伝統・二つの国権主義」一九九七年］）。

そもそも、中国の政治体制改革でもっともむずかしいのは司法の独立で、もっとも汚染しているのは司法部門だといわれる。司法権の独立も、法院の独立も、また裁判官の独立も至難である。リベラルな法学者・郭道暉（『中国法学』の前編集長）は、司法独立を阻害するものとして、①反右派闘争で司法独立論が「反党」の論拠とされ全面的に否定されて以来、司法の独立は三権分立とともに禁句になっている、その「古い観念と習慣の惰性」、②財政面でも人事面でも司法機関が行政に従属している、③県レベル以上の党委員会に設置された政法委員会が法を牛耳り、党書記のほか、公安・検察・法院のトップによる「連合辦公」になってしまっている、などの事情をあげている［郭道暉「実行司法独立与遏制司法腐敗」一九九九年、二二三―二四六頁］。

人権白書　八九年天安門事件後、欧米諸国からの強い人権圧力の中で中国は九一年一一月に第一次人権白書「中国の人権状況」を発表した。以後人権にかかわる多数の「白書」が出ている。「中国には政治犯はいない」、「中国婦人の社会的地位はアメリカより高い」などが示すように、これら白書の内容には問題が多い。だがこの種の文書が出るようになったこと自体意味がある。中国政府が人権概念や人権が国際的普遍性をもつことを認めたといえるからである。

第一次人権白書から中国の公式的立場を次の四点に整理できる。

1．「人権はまず人民の生存権である。生存権なしにその他のすべての人権は語れない。生存権を勝ち取るためにはまず国家が独立権を獲得しなければならない」というように、独立権、つまり主権が人権の前提であり、人権のうちでは生存権が第一だと考える。

2．「発展途上国からすれば、もっとも緊迫した人権問題は依然として生存の権利、経済・社会・文化発展の権利である」と発展権を強調する。

3．人権は個人の権利であるとともに集団の権利でもあるとし、国連の発展権宣言が伝統的な人権概念を突破していると高く評価する一方、個の人権についてはきわめて冷たい。「生存権は集団の権利でもある。……この集団的人権こそ広い意味での集団的生存権である」。

4．いわゆる第一世代の人権（自由権、政治的権利）が「歴史と発展段階の制約を受けて」不十分だと認めながら、だからこそ生存権、発展権の確保が前提的な第一課題だと考える。当時の党の機関誌『求是』によれば、

「発展権は公民・政治・経済・社会・文化の諸権利の総合であり、民族集団の権利であって、たんなる個人の人権ではない。……国家の発展と個人の発展は相補いあうもので、国家・民族の発展なしに個人の発展など問題にもならない」のであり、個人の自由権に消極的である［郭済思「発展権是一項不可剥的人権」『求是』一九九一年第一四号］。その後の人権白書でもこの立場は変わっていない（第一次人権白書は［『人民日報』九一年一一月二日］）。

以上のような人権論は、序章でふれた、中国がもつ三つの内実からきている。まず、社会主義的価値を掲げ、固い一元的政治体制をとり、経済的社会的平等、集団主義をめざすべき主要な価値と考える。第二に、発展途上国であるという事実がシンガポールなどアジア諸国の人権意識と共通する観点を中国にもたせている。そして第三が伝統の重みである。権力は絶対である、法は統治と刑罰のためにあるとする通念は現代中国でなお強い正当性をもつ。

刑法の改正

九七年の刑法改正は法の世界では画期的な意味がある。王漢斌（全国人民代表大会常務副委員長）によれば、原則にかかわる改正点は、①「法律に明文の規定がない犯罪行為は処罰されない」など罪刑法定原則を明確にし、類推条項をなくした、②法律の前での平等原則を確定した、③犯罪の軽重に応じて量刑を決め、罪刑相当原則をはっきりさせた、などである（［『人民日報』一九九七年三月七日］。新刑法は同九七年三月一八日）。

前述したように、反革命罪を「国家安全危害罪」に名称変更したことの意味も大きい。「わが国が革命の時期から社会主義近代化に力を集中する新時期に入った点を考慮した。法律的には、中華人民共和国に危害を与える犯罪行為は反革命罪より国家安全危害罪を適用する方が合理的だ。反革命罪を国家安全危害罪に改めることで国家安全に危害を与える犯罪がよりはっきりし、打撃を与えるのに有利になった」というのが公式の説明である［評論員「完善我国刑事法律和司法制度的重大挙措」『人民日報』九七年三月一八日］。

だが、条文を吟味すると、人権の改善という面からは大きな前進とはいえない。しかも刑法改正で「国防利益危害罪」を新たに導入している。軍人の公務執行や軍隊の軍事行動を妨害する者、故意に規格に合わない武器装備を部隊に供給する者、軍事施設の秩序を乱す者、徴兵を忌避する者、戦時に軍事徴用を拒む者などがこの条項で処罰され、最高刑は死刑である。もちろん「国防利益」についての明確な説明はない。国家安全危害罪や国防利益危害罪などは国権の強化にはつながっても、人権の前進に寄与しないことはもちろんである。

強まる治安立法　九〇年代は「法制化の一〇年」である。身障者保護法（九一年五月）、未成年者保護法（九一年九月）、婦人の権益保護法（九二年一〇月）などの少数者保護、あるいは国家賠償法など公民の権利保護などの法が整備された。反面、治安立法も強化された。国家機密保護法（八八年八月）、国家安全法（九三年二月）、戒厳法（九六年三月）、国防法（九七年三月——第6章1参照）、社会団体登記条例（九八年一〇月）などである。むしろ次のような厳罰主義、国権主義的傾向が出てきている。

1. 天安門事件以後、政府は治安立法に精力的に取り組んでいる。集会・デモに対する規制を強め、九六年三月の戒厳法で非常時の解放軍の出動の法的根拠を作った。

2. 国家の安全の破壊、国家機密の漏洩に対する厳罰を制度化した。国家機密保護法第三一条は「国家の安全と利益にかかわるもので法定手続きによって確定され、一定期間、一定範囲の人にしか知られない事項」を国家機密とし、「故意もしくは誤って国家機密を漏洩したもので情状が重大なものは、刑法八六条の規定により刑事責任に問われる」とした。国家機密とは何か、機密の漏洩とは何か、機密が機密たる期間は正当か、どこが機密と判定するのかなどさまざまな問題があり、しかも国家機密の範囲はきわめて広い。

また、国家安全法がいう「国家の安全に危害を与える行為」も、政府転覆、国家分裂、社会主義制度打倒の陰謀、敵対組織、スパイ組織への参加、国家機密の窃取など、これまた非常に広範である。

要するに、九〇年代以降、治安強化、国家の安全第一が強調され、国権主義および厳罰主義が強まっている。どうやら中国政府は個人の権利の拡大よりも、国家の安全、国権の強化の方に強い関心をもっているようである。自由権の抑圧、第一世代の人権の侵害が懸念される。

なお、二〇一一年一〇月、全国人民代表大会常務委員会は公民に指紋情報登録を義務づけるべく、住民身分証法を改正した。テロ対策が理由になっているが、ネット世論はそれに猛反発、リベラルな週刊紙『経済観察報』は、中国が警察国家に堕してしまう、と警鐘を鳴らしている［『チャイナ・ウォッチ』（共同通信）一一年一〇月三一日］。だが、中国の経済大国化と国際社会への参入、そしてグローバリゼーション（その内実は市場経済と自由民主主義である）の波が押し寄せる中で新しい状況も見られる。

国際人権圧力

非経済領域でグローバリゼーションの影響を深刻に受けるのが法律界である。とくにWTO加盟は経済にかかわる国内制度、法律を直撃する。また、人権、民主主義の国際圧力も一党支配下の中国の体制を直撃する。

中国は九七年一〇月と九八年一〇月に人権にかんする国際規約A（社会および文化的権利について）、および同規約B（公民の権利と政治的権利について）に調印した。国際人権規約Aについては〇一年二月に全国人民代表大会常務委員会で批准している。

法曹界のほとんどすべてが、WTO加盟が中国の法律・法規・政策調整、法制改革の推進力になると考え、西側の法体系の学習に取り組んできた。だが実行は容易ではない。というのも、すでに述べたように、中国の法には旧中国と革命という「二つの伝統」の残滓が濃厚で、また法を執行する部門の権利意識の欠如も深刻だからである。ある法律学者は、権力に対する制限、権利としての法の観念という二つの面で「重大な突破」がなければだめだという［朱毓朝・呉江梅「従相関立法看中国人権保障的法律框架」『二十一世紀』（電子版）、第三号、二〇〇二年］。

国際人権レジームに中国はなぜ加わるのか。国内法との摩擦や衝突をどう克服していくのか。人権規約A批准の際中国政府は、労働組合の結成や加入の権利をうたった第八条第一款甲については、「憲法および労働組合法、労働法の関連規定にもとづいて処理する」という留保宣言を付けた。中国では、全国総工会とその下部組織しか労働組合として認められず、自主的な組織は禁じられている。国内法とのギャップが大きいので、「人権規約Aの批准は理論面では時期尚早だった。……関連法規の改正を急ぐべきだ」という法学者もいる［莫紀宏「両個国際人権公約下締約国的義務与中国」『世界経済与政治』二〇〇二年第八期］。

自由権規約の批准はいつ？

他方、自由権を定めた人権規約Bを批准せよという動きもある。中国法学会などは〇二年四月、「人権規約Bの批准と実施にかんする意見書」を提出、第一九条（表現の自由）については「憲法の範囲内で実施する」、第二二条（結社の自由）については「憲法および労働組合法に照らして実施する」という保留、もしくは解釈宣言を付けて批准するよう提案している［石塚迅『中国における言論の自由——その法思想、法理論および法制度』二〇〇四年、二二二—二三〇頁］。

もっとラディカルな意見もある。憲法学者・杜鋼建（当時、国家行政学院。現在湖南大学）は、「国連人権規約は国際憲法の構成部分であり、グローバル化時代に一国の憲法や法律に優位する」という立場から、国際人権規約に加入する以上、中国の法体系の全面的見直しが必要だと訴える。とくに、マルクス・レーニン主義、毛沢東思想など特定の思想を国民に義務づける「四つの基本原則」自体憲法前文から削除すべきだと説く。また、人権訴訟の保障メカニズムも中国憲法では規定されておらず、違憲司法審査制度もまだないから、国際人権規約への参入後、こうした制度を至急作るべきだ、と主張する［杜鋼建「国際人権公約与中国憲法修改」ウェブサイト南風窗、〇二・八・二］。

〇四年三月、全国人民代表大会（第一〇期第二回会議）は憲法第三三条に、「中華人民共和国の公民は法律の前で一律に平等である」に続いて、「国家は人権を尊重し保障する」の一行を挿入した。辛亥革命で生まれた「臨時約法」以来の画期的な一行である。だが、一党支配が続き、表現・結社の自由が侵害されている現在の中国では、厳しい国内法のもとで国際的原理がないがしろにされることが多い（〇四年憲法改正については第3章2参照）。

終章　「中国モデル」をめぐって

1　グローバル中国

グローバルな中国

中国がＧＤＰで世界の上位に踊り出てから、とくに二〇〇八年の世界経済危機を乗り切ってから、中国の発展方式は、発展途上国や旧ソ連・東欧のような移行諸国の発展モデルになるのではないかとする「中国モデル」（中国模式）論議がさかんになった。格差が拡大し、社会保障や義務教育が貧困で、腐敗が蔓延するなどのマイナス現象は多々あっても、中国は、三〇年間年一〇％の経済成長を持続させ、一〇年にはついに日本を抜いてＧＤＰで世界第二位に浮上した。〇八年末には北京大学で「人民共和国六〇年と中国モデルシンポジウム」が開かれ、モデル賛成派、反対派を含めて激しい議論が行われた〔支振鋒・蔵励「〃中国模式〃与〃中国学派〃――人民共和国六〇年与中国模式学術研討会総述」『開放時代』二〇〇九年第四期〕。

〔表終-1〕は、ＩＭＦによるＧＤＰ総額の世界ランキング・トップテンである。中国が日本を抜き、先進資本主義の不振を横目にＢＲＩＣＳ（新興経済発展国）が揃って入っているのが目立つ。〔表終-2〕は『フォーチュン』誌がランク付けした一〇年のグローバル大企業一〇傑である。中国の石油関連の国有企業が二つ（Sinopec, China National Petroleum）が一〇傑に入り、一〇〇位以内に移動電話、中国工商銀行の二つが入った。四社すべて国有もしくは完全な独占企業である。一〇年前、中国企業が世界の一〇傑に入るなどいったい誰が予想しただろうか。

表終-1　GDP 総額世界ランキング（2010 年）

順位	国　名	GDP 総額（10 億 US＄）	世界での％	購買力平価での順位
1	米　国	14,657	23.2	1
2	中　国	5,878	9.3	2
3	日　本	5,458	8.6	3
4	ドイツ	3,315	5.2	5
5	フランス	2,582	4.0	9
6	英　国	2,247	3.5	7
7	ブラジル	2,090	3.3	8
8	イタリア	2,055	3.2	10
9	カナダ	1,574	2.5	14
10	インド	1,538	2.4	4
11	ロシア	1,465	2.3	6

注）GDP 総額と購買力平価による GDP 評価。
出典）2010 年 IMF データから。

表終-2　グローバル大企業の順位（2010 年）

順位	企業名	総収入（100 万 US＄）	利　益（100 万 US＄）
1	Wal-Mart Stores	408,214	14,335
2	Royal Dutch Shell	285,129	12,518
3	Exxon Mobil	284,650	19,280
4	BP	246,138	16,578
5	Toyota Motor	204,106	2,256
6	Japan Post Holdings	202,196	4,849
7	Sinopec	187,518	5,756
8	State Grid	184,496	−343
9	AXA	175,257	5,012
10	China National Petroleum	165,496	10,272
77	China Mobile Communications	71,749	11,656
87	Industrial & Commercial Bank of China	69,295	18,832

出典）〈http://money.cnn.com/magazines/fortune/global500/2010/full_list〉.

中国モデルとは

さて、「中国モデル」の源流は九六年に出てきた「ワシントン・コンセンサス」である。旧ソ連・東欧の市場化を推進するためにＩＭＦなど国際機関が移行のためのさまざまな処方箋を出した。Ｊ・ウィリアムソンによれば、次の九条件が市場化のために必要だとされた。①金融規律の強化、政府予算赤字の厳しいコントロール、②長期経済発展に影響する公共衛生、教育、インフラなどを投資の主要方向とする、③税制改革、④金融の自由化、⑤地域で統一した為替率、⑥国際貿易の自由化、⑦外国からの投資制限の撤廃、⑧政府の産業に対する制限の緩和、⑨法による財産権の保護、などである［John Williamson, "Lowest Common Denominator or Neoliberal Manifesto ? : The Polemics of the Washington Consensus," 1996］。

ワシントン・コンセンサスは市場経済への移行を援助する際の「コンディショナリティ」となり、ロシアも東欧もモンゴルもこの処方箋で急激な市場化・民主化を行い（ショック療法）、いずれも失敗した。そこで世界のエコノミストが注目したのが、九〇年代以後、急激な経済成長・市場化を進めながら安定を保っている中国の「改革開放」である。〇四年にJ・C・ラモ（元『タイム』編集者、現在清華大学）が「北京コンセンサス」と呼んで「中国の経験」を世界に宣揚してから、中国でも「中国モデル」議論が大流行する。ラモは、中国経験を、第一に刷新価値の再評価、第二にGDPだけでなく国民生活の質向上を目的にする、第三に自国の発展についての自決の権利保持、と定理化した［Joshua Cooper Ramo, *The Beijing Consensus*, 2004］。一方丁学良（香港科技大学）は北京コンセンサスを次のように整理する。

①全面的な企業私有化はやらない、②金融業の急速な自由化はやらない、③自由な国際貿易はしない、④西側先進国の提案に従わず、自身の政治経済発展の道を進む、⑤発展途上国としての強烈な刷新意識をもつ、⑥生活の質向上を重要目標とする、⑦実験的な改革を進める、⑧持続的成長や平等を重要な指標とする、⑨先進国の財政金融面での強権に抵抗する［丁学良『弁論〝中国模式〟』二〇一一年］。

三派に分かれる中国思想界

中国で「北京コンセンサス」にすぐに反応したのは兪可平（中共中央編訳局）である。彼は〇八年に「民主はよいものだ」という論文を書き一躍有名になったが、中国の経験は途上国の発展とガバナンスのモデルだから「中国モデル」と呼ぶべきだとし、その基本的特徴を、①改革・発展・安定の三者が共存する、②強力な政府による経済・政治のマクロ・コントロールが効いている、③大多数の人の利益を反映した戦略である、と整理した［兪可平「関于〝中国模式〟的思考」『紅旗文稿』二〇〇五年第九期］。〇五年八月には「北

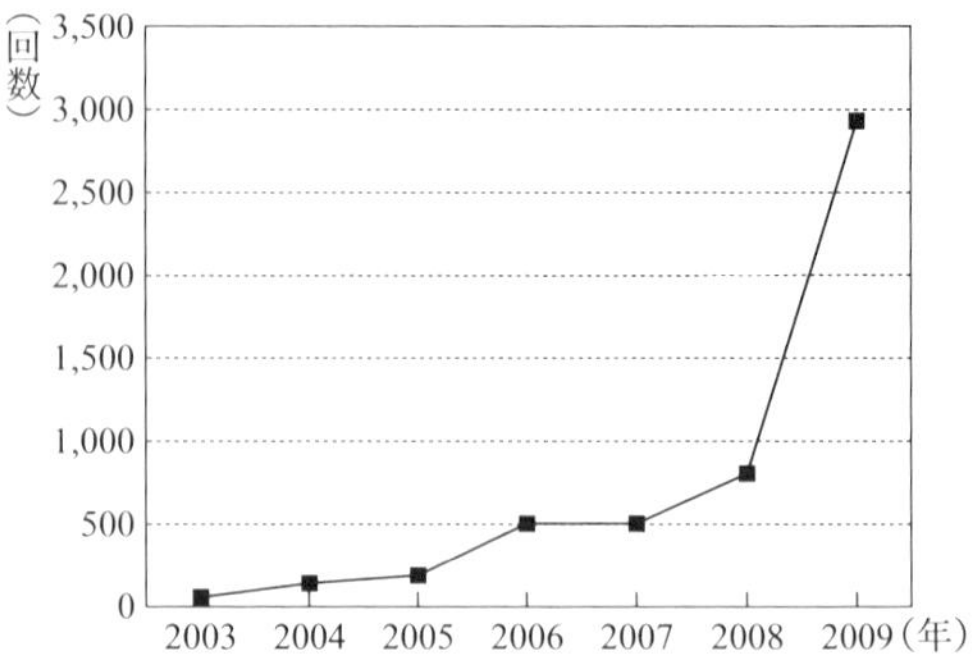

図終-1　検索エンジン「百度」に現れた「中国模式」の回数（2003〜09年）

出典）銭鋼「盛世話語之騰湧――以“中国模式”為例」ウェブサイト中国改革網，10. 3. 4。

京コンセンサスと中国モデル」、改革開放三〇周年の〇八年一二月には「中華人民共和国六〇年と中国モデル」国内シンポジウムが開かれた。後者を仕掛けたのは、後に述べるように、中国モデルを熱心に提唱している潘維（北京大学）である［潘維『中国模式――解読人民共和国的六〇年』二〇一〇年］。

［図終-1］で示すように、〇九年は中国内で「中国モデル」論議がピークに達したが、その背景には、＊念願のオリンピック開催、＊改革開放三〇周年と建国六〇周年、そして＊世界経済危機を乗り切ったことがある。とくに、リーマン・ショックを乗り切った中国の研究者や政策当局者が、改革開放三〇年は成功した、世界に誇れる、と強い自信をもつようになる。

じつは底流には、中国の思想界、理論界が「自由化」している状況がある。杜光（中央党校）は、いま理論界は新左派（保守派）・市場派（中間派）・民主自由派（リベラル）の三派に分かれていると見る。他方歴史学者の袁偉時（広州中山大学）は、新左派・自由主義派に分かれているが、昨今伝統・儒学に回帰する国学派が台頭し、国学派と新左派が結託しつつあると見ている［杜光「我看中国改革的目標模式」『炎黄春秋』二〇一〇年第八期、袁偉時「盲目歌頌〝中国模式〟是很危険的」ウェブサイト中国選挙与治理網、一〇・二・五］。

2 改革開放三〇年間で実現したもの

自由主義派の見方

二〇〇八年末、中国は「改革開放」三〇年を迎え、翌年には建国六〇年を迎えた。平均一〇%を越える経済成長で、一人当たりGDPは三〇年前の三〇〇ドルから三、〇〇〇ドルを超えた。もっとも高い上海の一人当たりGDPは一万ドルを凌駕する。工業総生産に占める国有企業のシェアは三〇年前の八〇%から五〇%を切るに到った（〇九年）。対外開放によって、対外貿易額は三〇年前の五八倍に増え、経済の対外依存度は八%から四四%へと飛躍的に増大した。

「中国モデル」をどう考えるかは、改革開放三〇年、ひいては現代中国六〇年をどう見るかにかかわる。本章では、①改革開放三〇年の現状についてのさまざまな評価を紹介し、②中国モデルをめぐる議論について、反対派、慎重派を中心に紹介する。③最後に、「中国モデル」論を称揚し、理論化しようとしている潘維（北京大学）の議論を紹介・分析する。ちなみに著者は、中国モデルをめぐる議論から、むしろ現代中国研究の方法開発にとって有用な視点や仮説を探し出そうと考えている。

とくに〇六年以後の状況について、市場化・民主化を支持するリベラル派の評価は厳しい。「官製資本主義」が進んでいるという呉軍華（日本総合研究所）などの見方が主流である。呉は、三〇年間を八八年までの第一段階、八九～九一年の過渡期、九二年から現在までの第二段階の三つに分けて考える。第一段階は、国民全体に利益が均霑されたが、九二年の市場化加速（鄧小平「南巡談話」）を経て、九七年以後は「社会主義でもなければ純粋な市場経済でもない」ものが生まれたという。呉はこれを「官製資本主義」と呼ぶ。

官製資本主義

［終表-3］は、呉が紹介した官製資本主義の一端である［呉軍華『中国 静かなる革命――官製資本主義の終焉と民主化へのグランドデザイン』二〇〇八年］。

表終-3　中国の「官製資本主義」状況

(1) 2007 年末現在，国有控股企業[1] の資産総額 GDP の 37.4%（前年比 22.2%増加）
(2) 2007 年度中国トップ企業 500 社のうち 企業数では 69.8%，売上高では 85.2%が国有企業 （中国企業連合会・中国企業家協会データ）
(3) 2008 年 6 月　世界の上位上場企業トップテンに 3 つの中国国有企業 中国石油天然ガス（ペトロ・チャイナ） 中国移動電話（チャイナ・モバイル） 中国工商銀行
(4) 2008 年世界金融危機対応策（4 兆元の基本建設投資，放漫融資）など 09 年以後の “国進民退” で「権貴資産階級」が肥大している

注 1）国有および政府が株式の過半をもっている企業。
出典）(1)〜(3) 呉軍華『中国 静かなる革命——官製資本主義の終焉と民主化へのグランドデザイン』日本経済新聞社，2008 年，177 頁。(4) 杜光「“国進民退” 的危害和根源」（『炎黄春秋』2010 年第 3 期）。

官製資本主義化のきっかけになったのは、中央に財を集中した九四年の税制改革、大規模国有企業を助けた九五年からの国有企業改革である。「野球でいえば、ルール策定、選手の選定、結果の判定にいたるまですべてのことは党と政府という官によって決められてきた」市場化、つまり国有資産の私有化が進んだという呉は、高級幹部とその子弟への財と権力の集中が急激に進んでいることに警鐘を鳴らす。金融、対外貿易、不動産開発、大型プラント、保険など利益率が高い企業中枢にいる九割は高級幹部の子弟だという［呉軍華、前掲『中国 静かなる革命』二〇〇八年］。

独占的国有企業

なお、一一年米国議会の米中経済・安全保障検討委員会が、国有企業のシェアから中国資本主義の現段階を捉える報告を出した。次のような論点が示されている。

第一に、国有企業・国家が株をコントロールしている国家企業のシェアは基幹産業ではきわめて高い。情報・ＩＴ産業で九六・二％、石油化学工業で七六・六％、自動車産業で七四・六％である。

第二に、次のような状況が観察できる。国有企業を狭義に解釈した場合、一一年時点で、国有企業の工業総生産額は中国の全生産額の四〇％を占める。広義の概念、つまり国家が株の過半をもつ企業や地方の集団企業なども含めれば、公的所有の企業の生産額は五〇％を超える。

それを踏まえて、報告書は以下のように中国経済の質を診断する。第一に、国有セクターは国家の政策と経済インセンティブの双方に反応する。中国でいま進んでいるのは「国家がガイドする資本主義」である。第二に、この国有指向の傾向はとくに天安門事件以後顕著になった［US-China Economic and Security Review Commission, *An Analysis of State-owned Enterprises and State Capitalism in China*, October 2011］。

この報告書は呉軍華の観察を裏付けている。また楊継縄の調査で示された、五％以下の高級官僚や大企業の社長などが経済的財・権力・文化資産すべてを独占している階層状況（第8章2参照）も考え合わせれば、中国の官製資本主義の状況をはっきり示すものといえよう。

低賃金・低福祉・低人権のモデル

呉の立場に近いのが杜光（中央党校）・楊継縄（『炎黄春秋』）、秦暉（清華大学）などである。オールド・リベラルの杜光は〇九年からの「国有企業の躍進・民間企業の後退」（国進民退）によって国有企業の独占が進み、政治権力が市場に介入して公正な競争、健全な市場は大きく阻害されている、という。杜がもっとも憂慮するのが、権力と財を独占した少数の「権貴資産階級」の誕生である。彼は、問題の根っこは「公有制を主体とする」という「誤った理論」だとして、タブーの所有制問題にも大胆に踏み込んでいる。杜によれば、資本主義国の国有企業と違って中国のそれは、「前資本主義の専制型の経済形態、専制権力の産物、政治権力に依存した奇形的なもの」なのである［杜光、前掲「我看中国改革的目標模式」『炎黄春秋』二〇一〇年第八期］。

秦暉（清華大学）の見解はラディカルだ。改革開放は七八～九一年の第一段階（脱文化大革命が目標）、九二～二〇〇〇年までの第二段階（脱社会主義）、それ以後の第三段階（資本主義化）と変わってきたことを強調する。第二段階で低いコストで改革を成功させ「中国の奇跡」が起こったが、それには次のような特徴があるという。①（ロシアや東欧と違って）中国では、所有権改革の前に、まず国家権力が労働者を取引から排除して（レイオフ）、企業が労働者を削減した場合の混乱を防いだ（低いコスト）、②農村改革が先行し、九六～九八年に郷鎮企業の制度転換を完了させ、土地の「分配」が不分明ながら進んだ、③九四年の分税制で中央集権が進み、強い中央の権限のもとで市場化と成長を進めた［秦暉「〝中国奇跡〟的形成与未来――改革三〇年之我見」『南方周末』〇八年二月二一日］。

秦暉の現段階に対する評価はきわめて厳しい。不平等な一次分配、不公正な二次分配によって格差が拡大、社会の不公正が生じ、「悪貨が良貨を駆逐する」状況が顕著だという。秦暉は、「中国モデルだ、北京コンセンサスだ」と舞い上がっているが、官僚と外資が結託して勤労者を圧迫し、「低人権、低福利、低賃金の中国モデル」がグローバル化するのではないか、と懸念する［秦暉、前掲「〝中国奇跡〟的形成与未来」］。

もと新華社記者の楊継縄は、「権貴資産階級」をデータによって量的に把握する作業をしている。彼は現代中国（九〇年代末）の階層構造の特徴を次のように述べている（第8章2参照）。

1. 上等階層（一・五％）・中等の上階層（三・二％）、つまり五％以下の上層が財と権力を独占している。
2. 中間層が一三・三％ときわめて少ない。全体にピラミッド型の階層構造となっている。
3. 上等階層の多くの人の財富・権力の来歴が不透明である。
4. 階層の間で、財富・声望・権力の逆転現象がある。

［楊継縄『中国当代社会階層分析』二〇一一年］

中間派・慎重派

日本の代表的な中国研究者である加藤弘之は改革開放三〇年で「中国の資本主義は深化」しており、その資本主義は三つの特徴をもつと指摘する。

＊政府が強大な権限を保持して、直接、間接に市場に介入している、＊地域間・企業間・個人間での激しい競争が成長を促した、＊政府の強大な権限と激しい競争という矛盾現象をつなぐものとして、政府の市場介入が経済の効率性を大きく損なうことなく実現できた［加藤弘之（久保亨との共著）『進化する中国の資本主義』二〇〇九年］。

加藤は、政府が支配する資源絶対量は増えてはいると評価するが、呉軍華などの「官製資本主義」論には慎重である。国有企業が政府を支配しているのか、あるいはその逆なのかなどを明らかにする必要がある、と考えるからである［加藤弘之「〝国進民退〟論」二〇一一年］。

姚洋（北京大学）の分析と評価は興味深い。まず彼は、三〇年来中国経済が成長できたのは、ワシントン・コンセンサス（ＩＭＦの処方箋）どおりに中国が経済戦略を展開したからで、中国がＩＭＦに従わなかったのは九項目のうちのたった一つだとする（競争力のある為替レート設定）。姚洋の議論のポイントは成長の立役者が「中性政府」だったという点である。中央政府は、①特定集団や個人の間の利益の葛藤から独立して政策決定した、②局部利益ではなく社会の全体利益に着目した、③短期利益でなく長期利益に着目した。彼は「中国モデル」（中国の発展方式）がもつ一定の普遍的意味も評価する。第一が経済発展における政府の役割の大きさ、第二が手続きではなく「業績」を重んずるガバナンス方式、第三がインドともフィリピンとも違う「民主化」の方式である〔姚洋「中国高速経済増長的由来」『南方周末』二〇〇八年九〜一〇月〕。

だが、最近になって彼は、こうした発展戦略はもう限界で、「中国モデルは終わった」という。経済発展で「中等収入国家の落とし穴」に入った中国では、ひとびとは福利の改善や政治的権利を求め始め、発展と安定を同時に進めようとすれば民主主義をやる以外に第三の道はない、とはっきり指摘する〔姚洋「終結北京共識」ウェブサイト財経網、二〇・二・二三〕。

中国モデル論への批判

秦暉などの観点からも分かるように、現状批判派および慎重派のほとんどは、中国の経験をモデル化することに批判的である。杜光は次のようにいう。

「ここ一〜二年、いわゆる〝中国モデル〟議論が騒がしい。〝中国モデル〟とは、経済では市場経済を進め、政治では高度の集権制を維持することを指す。……われわれが〝中国モデル〟を誇りに思う何の理由もない。逆に、表面の繁栄の裏にある重大な危機を見てとり、改革のもっともよい目標モデルを真剣に探究すべきである」。目標モデルとして彼が提示しているのは、市場化、政治民主化、文化自由化、社会平等化などの価値である〔杜光「〝国進民退〟的危害和根源」『炎黄春秋』二〇一〇年第三期〕。

秦暁（招商局集団）や袁偉時（中山大学）は、「中国モデル」論が驕ったナショナリズムと親和的だと強く警戒する。秦は、中国の成長モデルは明らかにアングロ・サクソンモデルとは異なるが、先行した東アジアモデルの中に位置づけられるとし、むしろその背後にある文化的排外主義を警戒する［秦暁「有中国模式麽？ 是制度欠陥、還是制度刷新？」ウェブサイト愛思想網、一〇・五・二八］。袁は、中国モデルを称揚するナショナリストと伝統に帰れと強調するひとびとが「国学派」（北京大学の康暁光など）を作り、毛沢東思想を支持する「新左派」と結託して危険な傾向だ、と指摘する［袁偉時、前掲「盲目歌頌〝中国模式〟是很危険的」ウェブサイト中国選挙与治理網、一〇・二・五］。陳子明（評論家）や劉瑞（中国人民大学）のように、中国モデルは東アジアモデルから派生した「亜種」だとする研究者も多い。環境汚染、社会不安、体制腐敗など、中国が経済発展で払ったコストの大きさから「中国モデル」は推奨するに値しないとするのが丁学良である。「中国モデルがこの二〇年間に得た成果はたしかにあるが、そのプロセスで払ったコストを低く見積もるわけにはいかない」と彼はいう［丁学良「中国発展与中国模式的未来」『南方都市報』一〇年九月五日］。

中共中央党校は中国イデオロギーの総本山だが、その副校長・李君如は、中国の発展経験は他国にも広めることができるが、理論的な「モデル」というよりも、「中国の道」、「中国の特色をもつ発展」と考えるべきだ、という［李君如「従科学研究的角度、我主張提〝中国特色〟」『学習時報』〇九年一二月一八日］。いわばこのあたりが公式ラインだろう。

3　潘維の「中国モデル」論

ホワイトハウスを建てても米国にはなれない

「中国モデル」論に強い親近感と共感をもつのが、兪可平、韋森（復旦大学）、張維為（ジュネーブ・アジア研究センター）などである。張は、中国模式は「もっとも悪くないモデル」だという。「欠陥は多々あるが、世銀のロシア・アルゼンチンなどへの救済策などに比べれば悪くない。……〝東アジアモデル〟を凌駕するもので、世界へのインパクトはきわめて大きい」と評価するが、その背景には、世界のさまざまな難問は西側理論だけでは解決できない、とする既成の理論やモデルへの不信感がある［張維為「中国模式〝最不壊〟模式」ウェブサイト財経網、二〇一〇・四・一二］。

もっとも積極的なのは潘維（北京大学）である。潘は「中国モデル」論を称揚するだけでなく、その理論化、精緻化に挑戦している。〇八年の「中国モデル」シンポジウムは、中国モデルをもはや西側のディスコースで語ることはできないと、徹底的に「中国的なるもの」を解剖するという野心のもとに潘が主宰したものである。彼によれば、中国の三〇年は西方モデルや欧米の近代化理論では説明できない、あくまで中国固有の道、中国固有のモデルなのである。彼は、中国の変革を二項対立では説明できないとして、他から区別される中国モデルはたしかにあるとする。彼は、欧米の「普遍価値」論を脱構築せよ、中国の経験や未来を中国の概念、ディスコースで語れ、と主張する。「故宮を壊してホワイトハウスを建てても中国は米国にはなれない」という言葉が「中国モデル」を提起する彼の意図を端的に語っている［潘維主編『中国模式——解読人民共和国的六〇年』二〇〇九年］。

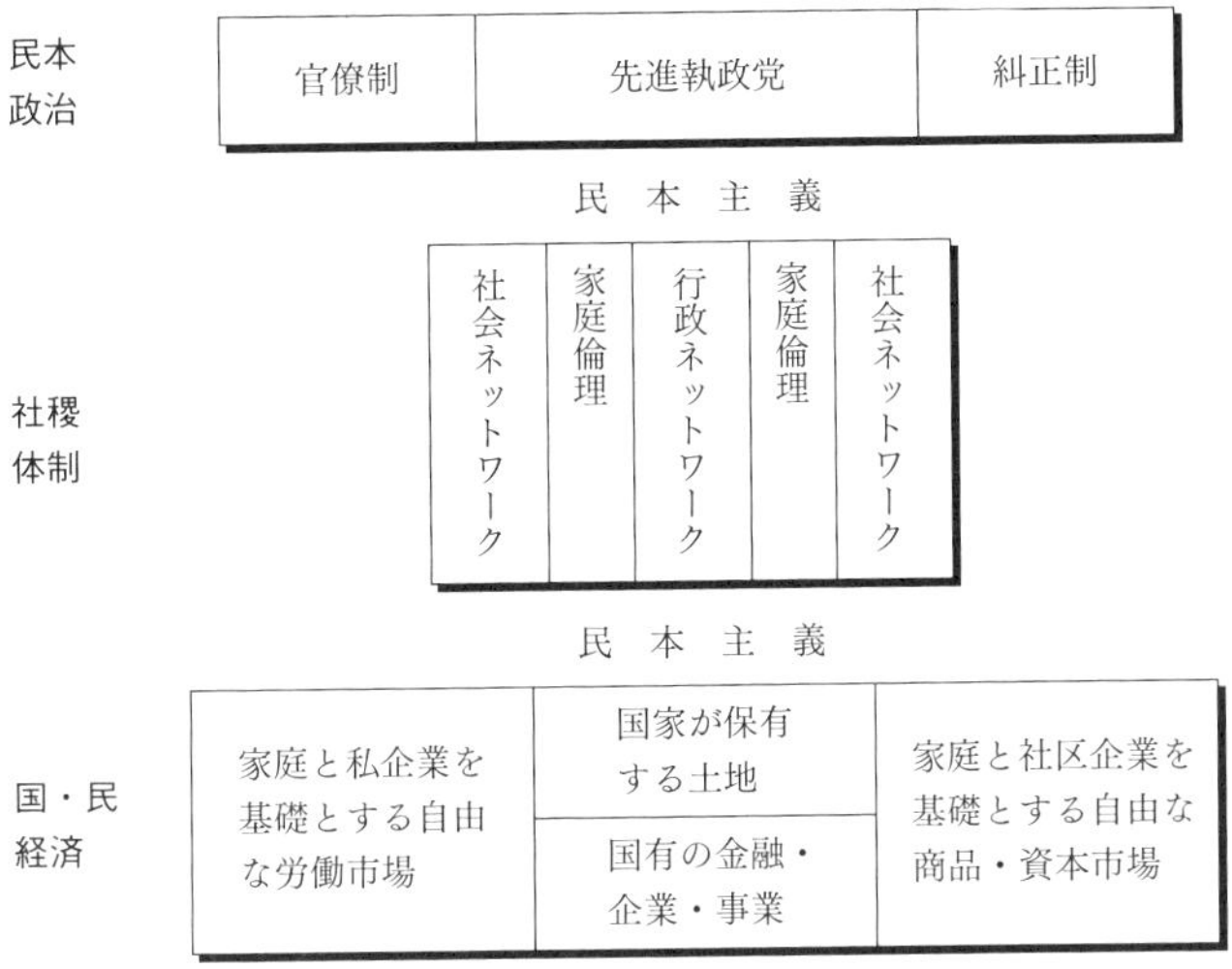

図終–2 潘維の中国モデルの概念図

出典）潘維主編『中国模式——解読人民共和国的 60 年』中央編訳出版社，2009 年，85 頁。

三つのサブモデル

まず彼は、「中国モデル」を三つのサブモデルに切り分ける。＊一つ目が独特の社会モデルで、彼はこれを「社稷体制」と名付ける。＊二つ目は独特の政治モデルで、「民本政治」

と名付けられる。＊三つ目は独特の経済モデルで、国家と民間が融合した国・民経済と名付けられる。

彼は中国では社会・政治・経済のいずれもが独特の四つの支柱によって構築されている、と考える。社会は家庭を単位としたコミュニティ、社区・コミュニティをつなぐネットワーク、家庭倫理観念、官民の相互依存であり、政治は民本主義的民主、独特の考査選抜の官僚制、先進・無私・団結の執政集団、政府内分業によるチェック・アンド・バランス（糾正制という言葉を使っている）の四つが支柱となっているという。独特な国・民経済を構築するのが、土地に対する国家のコントロール権、国有の金融・大型企業、家庭と社区中小企業を基礎とする労働力市場と商品・資本市場の四つの支柱である（［図終-2］概念図参照）。

潘維の「中国モデル」論は、伝統派の現状把握と新左派的現状把握をミックスさせたものといえるが、彼は次の二点を強調する。一つは、中国モデルは、米欧モデル、ソ連モデル、日本モデルと比べてずっと低いコストで近代化を成功させた、もう一つは、西側が強調する「普遍的価値」とは一種のイデオロギーであり、中国もそれに対抗した中国のディスコース、中国の価値を普遍的なものとして提示すべきだという点である［潘維主編、前掲『中国模式』二〇〇九年］。

このような「中国モデル」論に大国化しつつある中国の強いナショナリズムが感じとれるが、と同時に、彼らもまたじつは強固なる「中国的なるもの」と懸命に格闘している、という思いを新たにする。

4　むすび——展望に代えて

エリート内分岐と権力闘争

「中国モデル」論の登場は何を物語るだろうか。確かなことは、それが改革開放三〇年、現代中国六〇年をどう評価するかに対する回答の一つだという点である。同時に、開発経済論や政治発展論では説明できないこの三〇年来中国で起きている激変を解きほぐすための試みの一つであることも確かである。

もう一つ確かなことは、中国思想界が「自由主義派」、「新左派」、「国学派」と三派に分かれていることが物語るのが、トップエリートの考え方、政策もそれに相応して分岐が生じており、党内に原理的および政策面での一致を見ることはもはやできなくなっているという点である。市場化を優先する「広東モデル」（汪洋・省委書記が先導している）と格差是正・社会主義的配分の方を選ぶ「重慶モデル」（薄熙来・省委書記が提唱していた）の対立は、二〇一二年の一八回党大会をめざす権力闘争の氷山の一角だと見ることも可能である（重慶モデル・広東モデルの対抗については、［蕭功秦「超越左右両翼、重新審視重慶模式」ウェブサイト共識網、一二・一・三、同「広東模式与重慶模式的〝蛋糕之辯〟」ウェブサイト中国選挙与治理網、一一・一〇・一六］など参照）。だが、トップエリート内分岐と抗争が赤裸々になっているのを見ると、それが党内の分派を生み出し、政治的複数主義につながっていく可能性も考えられる。

ところで、中国を研究する著者は「中国モデル」論が中国研究の新しい視座、新パラダイムの探索のきっかけとなることを期待している。中国のある社会学者は、「中国モデル」については賛否両論があるが、中国社会学の立脚点、切り口の一つとしては提起されてよいとしている［鄭杭生「中国模式与当代中国社会学再研究」『江蘇社会科学』二〇一一年第六期］。現に著者も、序章で提起したように、方向が定かでない変容の真っ只中にいる現代中国を解明するため、①三元構造論、②アジア比較研究、③制度主義、という三つの切り口で挑戦しているのである。

高度成長をもたらしたもの

三〇年来の改革開放について、「中国の発展の道」とはいえても、普遍的「中国モデル」として提起するのは妥当ではないだろう。この三〇年間で中国は、①経済成長による「官製資本主義」の出現と権威主義体制の持続、②成長・安定・平和の保持、③歴史的にもまれに見る低コストの近代化を実現した。もちろん、コストについては、阿片戦争以後一五〇年の長いプロセスを考えれば低コストだとはいえないかもしれない。だが少なくとも、英国も米国も近代化のために海外植民地に巨大なコストを払わせたし、日本も、中国・東南アジア侵略で近代化コストはきわめて高くついた。ソ連社会主義が払った代価も膨大だった。それらから比べれば、という相対的な話である。

では、この持続的成長と近代化は何によって実現したのか。第一は、市場化の策定者でありプレーヤーでもある中央政府および党が、この三〇年間ずっと基本政策において「ブレなかった」ことだと考える。ほとんどのリーダーが市場化と開放をつうじた経済成長をずっと第一義的に追求した。第二に、市場経済を引っ張ったのは、行政体である以上に経済体である地方政府であり、とくに地方政府間の激しい競争が成長を牽引した。第三が、成長を支えた文字通りの主役は二億人を越える農民工だろう。地域的・身分的な移動に耐え、低賃金に耐えてきた農民工なしに、経済の持続成長はなかっただろう。最大の貢献者かもしれない。そしてもし第四があるとすれば、八〇年代から九〇年代に中国を囲んだ「快適な」国際経済環境である。

「中国の道」が何を意味するか、中国はどこまで中国であり続けるのか、「官製資本主義」がこのまま深化していくのか、それとも、その可能性はわずかだとしても、「公正」、「公平」の観念が浸透していくのか。いずれにしても、さまざまな理論やモデル、経験則を駆使した分析が必要になるだろう。

5　補論――重慶事件の意味するもの

本書を書き終えてから、中共の第一八期政治局常務委員の有力候補になっていた薄煕来（重慶市党書記）が突如解任されるという事件が起きた。これまでの数年、競争と効率を重んずる広東モデル（党書記は汪洋）と、平等や共同を強調する重慶モデルの対立は、政策対立でもあり、汪洋と薄煕来、ひいてはその背後の中央リーダー間の激しい権力闘争でもある、という観察が一般的だっただけに、この事件が波及するところは広い。しかも、薄煕来の右腕として「打黒」（暴力団摘発）を差配した王立軍・重慶市公安局長の米国総領事館かけこみ、薄煕来夫人の知人である英国人の不審死と夫人の関与など、ミステリーなみのスキャンダルとなっている。トップリーダーを巻き込む権力闘争が起こっているのか、真実は闇の中にあるが、中国政治の文脈で考えると、熾烈な権力闘争が（隠微ではなく）公然と行われるようになったこと、対立する政策・路線が公衆にも明示的に示されるようになったこと、インターネットで自由派のウェブサイトも（中国選挙与治理）、左派のそれも（烏有之郷など）閉鎖されるなど、中央が過敏に反応していること、などが注目される。

中国政治でもっとも大事なイベントたる党大会を目前に、こうした分化や党内権力抗争が表面化するのは稀有なことで、中国の党および中央リーダーシップが衰退に向かいつつあることの象徴だろう。また別の見方をすれば、中国が改革の方向をめぐって決定的な分岐点にきており、政治社会の多元化が誰にも止められなくなっていることが明らかになった。九人の常務委員会がすべてを取り仕切る寡頭体制は終焉を迎えつつある。

あとがき

本書は、『現代中国政治』（一九九三年）の改訂第三版である。初版は、日本で初めて刊行された現代中国政治にかんする、政治学を用いた本格的研究であり、幸いに好評だった。研究者や一般の知識人が読んで下さっただけでなく、多くの大学や大学院でテキストに使って下さった。

初版から一〇年の歳月が流れ、中国も大きく変わったため、二〇〇四年に大幅に改訂して『〔新版〕現代中国政治』として第二版を刊行した。かなりの部分を書き換え、書き下ろした。初版の骨格は残したが、内容的には三分の一を改訂した。大きく変えたのは中国の政治社会にかんする第Ⅲ部で、政治レジーム、中国の民主主義、比較の中の中国政治という三つの章に組み換えた。その第二版も幸い好評だった。

再版から八年たった本書は、したがって第三版となる。中国はあっという間にＧＤＰで世界第二位の経済大国になってしまった。中国政治の主役——共産党も大企業家などがどんどん入党し大変身してしまった。こうなったら、一〇〇％書き換え、新しい本にした方がよいのではないか、とずいぶん悩んだが、考えてみれば、初版からの基調である「党・国家・軍の三位一体のレジーム」は六〇年来変わっていないし、政策決定の構造も、無力な議会（人民代表大会）も含めて、中国の「体」は六〇年間少しも変わっていない。「用」、つまり政策の目まぐるしい変化に誑かされてはいけないと自戒し、初版の構造・基調はそのままにして、重大な変化を新たに書き込むことにした。

それにしても、グローバル大国になり、資本主義の道を驀進する中国の新状況を受けて、今回も三分の一以上を書き改めた。とくに、中国研究への「三つの学問的挑戦」を含めた序章を新たに書き下ろし、さらに第Ⅱ部の最後には「ネット時代の政策決定」を加え、第Ⅲ部を「変わる中国、変わらない中国」に全面改訂して、中国共産党やエリートの大変身、他方、六〇年来変わらない陳情制度の解明などを加えた。終章では「中国モデル」議論の内容やその意味について新たに書き下ろした。二〇一二年秋、グローバル中国は第五世代のリーダーのもとで新しい歩みを始めるが、本書では、その前夜について分析したわけである。もちろん、本書全体の事実やデータは二〇一二年時点にアップデートしてある。

なお本書の次の部分は、それぞれ以下の拙稿を原型にして、大幅に修正して本書に収録したものである。

・序章　現代中国への新たなアプローチ
　原型：「現代中国——三つの挑戦」園田茂人・毛里和子編『キーワードで読み解く中国の近未来』（仮題）所収、東京大学出版会、近刊予定。
・第８章　大変身する共産党——エリートの党へ
　原型：「データから解析する中国共産党の変身」菱田雅晴編『中国共産党のサバイバル戦略』所収、三和書籍、二〇一二年。
・第９章　陳情の政治学——圧力型政治体系論から
　原型：「陳情政治——圧力型政治体系論から」毛里和子・松戸庸子編『陳情——中国社会の底辺から』（仮題）所収、東方書店、近刊予定。
・終章　「中国モデル」をめぐって
　原型：「世紀の実験——〝中国モデル〟をどう考えるか？」『ワセダ　アジアレビュー』第一〇号、二〇一一年。

中国はいまさまざまな顔を見せてくれる。米国、日本、ＥＵの経済や社会が低迷し、政治が混迷しているなかで、中国の成長は止まるところを知らない。しかし、他方では、格差が拡大し、「負け組」、貧困層の動向が懸念される。いま中国は「官製資本主義」の道を驀進していると本書は判断しているが、その社会にはひずみも大きく、緊張度も高い。思うに、「不安、不満、不和、不信」という「四つの不」がいまの中国をもっともよく表す言葉ではないだろうか。[†]とくに、人の安全が軽んぜられ、無視されているのを見ると、人の安全こそ普遍的価値だと思う筆者としては、中国が相当に深刻な本質的危機に直面していると考えざるを得ない。

† 「四つの不」については、市場経済の英米、計画経済のソ連、自主管理のユーゴという三つの社会を「不安、不満、不和」の「三つの不」で比較した岩田昌征氏の業績を借用している［岩田昌征編『現代社会主義の新地平』日本評論社、一九八三年、四三頁］。

対象にしがみついて中国研究を四〇年余り続けてきたが、幸いなことに昨年一一月、「文化功労者」に顕彰される栄誉に浴した。これまでの筆者の研究が、また本書がその栄誉に応えられるかどうか。正直いってとても自信がない。無知と蒙昧を恥じるばかりである。本書にあるだろう多くの誤りについては読者の叱正を待ちたいと思う。ただ、本書に示された分析や評価はすべてが筆者が苦しんで生み出したものだという点だけは自負できると思う。それにしても、万華鏡のように、見るたびに面を変える中国は、まことに苦しみ甲斐のある研究対象である。

最後に、足かけ一八年にわたって、三つの版の出版を激励し支えて下さった名古屋大学出版会、編集担当の橘宗吾さん、三木信吾さんには心からお礼を申し上げたい。本書は三木さんの熱意と執念でできたといっても過言ではない。また、ここ数年、わがままな私を研究面でいろいろ支えてくれた早稲田大学現代中国研究所の若いスタッフ（徐顕芬さん、弓野正宏さん、田中周さん）にも、改めて深く感謝したい。とくに徐顕芬さんには、シンガポールでの出版を予定している本書中国語版の翻訳をお願いしている。とても面倒な仕事に真正面から立ち向かっている彼女にはただ頭が下がる思いである。

二〇一二年四月　武蔵野の桜の下で

毛　里　和　子

《著者紹介》

毛《もう》里《り》和《かず》子《こ》

早稲田大学栄誉フェロー・名誉教授（政治学博士）。著訳書に『中国とソ連』（岩波書店），『周縁からの中国』（東京大学出版会），『現代中国政治を読む』（山川出版社），『日中関係』（岩波書店），『現代中国 内政と外交』（名古屋大学出版会），『グローバル中国への道程』（共著，岩波書店），『現代中国の構造変動』I，VII（編，東京大学出版会），『ニクソン訪中機密会談録』（共訳，名古屋大学出版会），『周恩来・キッシンジャー機密会談録』（共監訳，岩波書店）他多数。2010 年，福岡アジア文化賞，国際中国学研究賞（中国），2011 年，文化功労者。

現代中国政治［第 3 版］――グローバル・パワーの肖像

2012 年 5 月 30 日　初版第 1 刷発行
2021 年 11 月 30 日　初版第 2 刷発行

定価はカバーに
表示しています

著　者　毛　里　和　子

発行者　西　澤　泰　彦

発行所　一般財団法人　名古屋大学出版会
〒464-0814　名古屋市千種区不老町 1 名古屋大学構内
電話（052）781-5027/FAX（052）781-0697

Printed in Japan
印刷／製本 ㈱太洋社
ISBN978-4-8158-0700-9

人名索引

ア 行

カ 行

サ　行

タ　行

ナ　行

ハ　行

事項索引

ア　行

カ　行

サ　行

タ　行

ナ　行

ラ・ワ行

図表一覧

参考文献・使用文献リスト

1）基本的に，日本語文献・英語文献・中国語文献の順に配列してある。
2）各国語ごとに，基本的には発行年順（昇順）に配列してある。
3）雑誌論文・新聞記事・ウェブ記事については，重要なものに限って掲載した。
4）本リスト内のカテゴリー分類は以下のとおりである。

〔I．概説書・概論〕

◆ 中嶋嶺雄『現代中国論〔増補版〕』青木書店，1971年。
◆ ジョン・K・フェアバンク『中国』（上・下），市古宙三訳，東京大学出版会，1972年。
◆ 宇野重昭・小林弘二・矢吹晋『現代中国の歴史 1949-1985』有斐閣選書，1986年。
◆ 金観涛・劉青峰『中国社会の超安定システム——“大一統”のメカニズム』若林正丈・村田雄二郎訳，研文出版，1987年。
◆ 天児慧『中華人民共和国史』岩波新書，1999年。
◆ 国分良成『中華人民共和国』ちくま新書，1999年。
◆ 小島朋之『中国現代史——建国50年 検証と展望』中公新書，1999年。
◆『岩波叢書・中国的問題群』岩波書店，2008年～。

†最新の啓蒙書。全12冊となっているが，とくに次のものがメッセージも明確で，かつ読みやすい。①西村成雄・国分良成『党と国家』，⑤加藤弘之・久保亨『進化する中国の資本主義』，⑦厳善平『農村から都市へ——1億3000万人の農民大移動』，⑫川島真・毛里和子『グローバル中国への道程』。

◆ リチャード・マグレガー『中国共産党——支配者たちの秘密の世界』小谷まさ代訳，草思社，2011年。

†この2冊は党を分析した「中南海」ものとしては最新のもの。データは信頼できる。

◆ 菱田雅晴編『中国共産党のサバイバル戦略』三和書籍，2012年。
◆ Roderick MacFarquhar ed., *The Politics of China, 1949-1989*, Cambridge : Cambridge University

Press, 1993.

◆ Kenneth Lieberthal, *Governing China : From Revolution Through Reform*, New York : W. W. Norton & Company, 1995.

◆ June Teufel Dreyer, *China's Political System : Modernization and Tradition*, 4th ed., New York : Pearson Education, 2004.

◆ 林蘊暉・范守信・張弓『凱歌行進的時期 1949-1989 年的中国(1)』河南人民出版社，1989 年。

◆ 叢進『曲折発展的歳月 1949-1989 年的中国(2)』河南人民出版社，1989 年。

◆ 王年一『大動乱的時代 1949-1989 年的中国(3)』河南人民出版社，1988 年。

◆ 王洪模・張占斌他『改革開放的歴程 1949-1989 年的中国(4)』河南人民出版社，1989 年。

† 上の 4 書は 80 年代末の改革期に出されたせいか，これまででもっとも「面白く」，また比較的客観的な概説書である。とくに第 1 冊と第 2 冊が優れている。

◆ 郭徳宏・王海光・韓鋼主編『中華人民共和国専題史稿』(全 5 冊)，四川人民出版社，2009 年。

† 建国 60 周年記念事業だが，いまの中国で第一線のリベラルな研究者を総動員して 60 年間の現代史 5 巻本を出した。80 年代末の河南人民出版社 4 巻本を継承しているが，このシリーズは対外関係が強い。
I：1949-1956 年，II：1956-1966 年，III：1966-1976 年，IV：1976-1990 年，V：1990-2009 年。

◆ 香港中文大学中国文化研究所編『中華人民共和国史』(全 10 巻)，香港中文大学刊，2008〜12 年。I：楊奎松『断裂与延続』，II：林蘊暉・辛石『向社会主義過渡』，III：沈志華『思考与選択』，IV：林蘊暉『烏托邦運動』，V：銭庠理『歴史的変局』，VI：卜偉華『文化大革命的動乱与浩劫』，VII：高華『新秩序和新衝突』，VIII：史雲・李丹慧『難以継続的 "継続革命"』，IX：韓鋼『革命的終結』，X：蕭冬連『歴史的転機』。

† 高いレベルの本格的概説。一部未刊である。

[II. 中国についての日本語の一般書]

◆ エチアヌ・バラーシュ『中国文明と官僚制』村松祐次訳，みすず書房，1971 年。

◆ 坂野正高『近代中国政治外交史』東京大学出版会，1973 年。

◆ 村松祐次『中国経済の社会態制』(復刊版)，東洋経済新報社，1975 年。

◆ 岩田昌征編『経済体制論 IV 現代社会主義』東洋経済新報社，1979 年。

◆ 船橋洋一『内部——ある中国報告』朝日新聞社，1983 年。

◆ 李沢厚『中国の文化心理構造』坂元ひろ子他訳，平凡社，1987 年。

◆ 溝口雄三『方法としての中国』東京大学出版会，1989 年。

◆ 丸山昇『中国社会主義を検証する』大月書店，1991 年。

◆ シリーズ『現代中国の構造変動』(全 8 巻)，東京大学出版会，2000〜01 年。

† 科学研究費特定領域研究 "現代中国の構造変動"（代表：毛里和子）の成果。
I：毛里和子編『大国中国への視座』，II：中兼和津次編『経済——構造変動と市場化』，III：西村成雄編『ナショナリズム——歴史からの接近』，IV：天児慧編『政治——中央と地方の構図』，V：菱田雅晴編『社会——国家との共棲関係』，VI：小島麗逸編『環境——成長への制約となるか』，VII：毛里和子編『中華世界——アイデンティティの再編』，VIII：田中恭子編『国際関係——アジア太平洋の地域

秩序』
◆ 何清漣『中国——現代化の落とし穴』坂井臣之助・中川友訳，草思社，2002 年。
◆ 溝口雄三『中国の衝撃』東京大学出版会，2004 年。

［III. 資料集・法律集・法規集］

〈中国語資料集〉

◆ 中国社会科学院新聞研究所編『中国共産党新聞工作文件匯編』（上・中・下），新華出版社，1980 年。
◆ 中国人民解放軍国防大学党史党建政工教研室編『中共党史教学参考資料』（第 19 冊～第 23 冊），国防大学出版社，1986 年。
◆『党的文献』編集部『共和国走過的路——建国以来重要文献専題選集』中央文献出版社，1991 年。
◆ 中共中央文献研究室編『建国以来重要文献選編』（第 1 冊～第 20 冊），中央文献出版社，1992～98 年。

† これまで公表されていなかった中央発出の重要文献・決議・通達などが収録されている。文化大革命前の 1965 年で編集・出版が中断されているようである。

◆ 中共中央文献研究室編『十二大以来——重要文献選編』（上・中・下），人民出版社，1986 年。
◆ 中共中央文献研究室編『十三大以来——重要文献選編』（上・中・下），人民出版社，1991 年。
◆ 中共中央文献研究室編『十四大以来——重要文献選編』（上・中・下），人民出版社，1996，1997，1999 年。
◆ 中共中央文献研究室編『十五大以来——重要文献選編』（上・中・下），人民出版社，2000，2003 年。
◆『中国共産党組織史資料』付巻 3（中国人民政治協商会議組織），中共党史出版社，2000 年。
◆ 全国人民代表大会辦公庁研究室編『中華人民共和国人民代表大会文献資料匯編 1949-1990』中国民主法制出版社，1990 年。
◆ 全国人民代表大会辦公庁秘書局編『人民代表大会及其常委会議事規則匯編』中国民主法制出版社，1993 年。
◆ 全国人民代表大会常委会法制工作委員会審定『中華人民共和国公安法律全書』吉林人民出版社，1995 年。
◆ 全国人民代表大会常委会法制工作委員会審定『中華人民共和国公安法律全書 (2) 1995. 4-1997. 3』吉林人民出版社，1997 年。

† 1978～97 年までの司法や公安に関する法律，法規，内規，通達，細則のほとんどすべてが分野別に収録され，また巻末に法律・法規ごとの索引もあり，大変貴重である。

◆ 国家人事局他編『人事工作文件選編』（第 1 巻～第 20 巻），労働人民出版社，中国人事出版社，1986～98 年。

† 党・国家機関の幹部人事についての重要文献を集めた内部文献。ほぼ編年体で編集されている。本書では 1990 年の第 13 巻（国家人事部政策法規司編，中国人民出版社，1991 年）を使用した。

◆ 雷淵深他編『中華人民共和国国防法律知識全書』国防工業出版社，1997 年。
◆ 中国社会主義学院・馬克思列寧毛沢東思想研究所・中国特色社会主義理論研究室編『中国共産党党内法規制度手冊』紅旗出版社，1997 年。

† 全文 1300 頁を超える大部の資料集。

◆ 中共中央辦公庁法規室・中共中央規律検査委員会法規室・中共中央組織部辦公庁編『中国共産党党内法規選編（1978–1996）』法律出版社，1996 年。
◆ 中共中央辦公庁法規室・中共中央規律検査委員会法規室・中共中央組織部辦公庁編『中国共産党党内法規選編（1996–2000）』法律出版社，2001 年。
◆『1978–2000 中国共産党党内法規選編』（CD/ROM），法律出版社，2005 年。
◆ 法律出版社法規中心編『中国共産党党内法規新編』法律出版社，2006 年。
◆ 中共中央辦公庁法規室・中共中央規律検査委員会法規室・中共中央組織部辦公庁編『中国共産党党内法規選編（2001–2007）』法律出版社，2009 年。

† 以上 4 種の資料集は中国政治の核心である共産党そのものの規則，内規，通達などを網羅しており，必読文献である。外部者に公開されることはほとんどないが，じつは共産党はきわめてシステマティックな組織であり，党－国家関係は制度的である。

◆ 法律出版社法規中心編『中国共産党常用党内法規新編』法律出版社，2011 年。

〈日本語資料集〉

◆ 日本国際問題研究所中国部会編『新中国資料集成』（全 5 巻），日本国際問題研究所，1963〜71 年。
◆ 日本国際問題研究所現代中国部会編『中国大躍進政策の展開――資料と解説』（全 2 巻），日本国際問題研究所，1973〜74 年。

† この 2 つの資料集で，1945 年から 1960 年までの中国共産党・中国政府の基本資料のほとんどを全文日本語で見ることができる。詳細な文献目録も大変役立つ。

◆ 東方書店出版部編『中国プロレタリア文化大革命資料集成』（全 5 巻・別巻 1），1970〜71 年。
◆ 大東文化大学東洋研究所編『現代中国革命重要資料集』（全 10 巻），大東文化大学東洋研究所，1980〜84 年。
◆ 太田勝洪・小島晋治・高橋満・毛里和子編『中国共産党最新資料集』（全 2 巻），勁草書房，1985〜86 年。

† 1978〜84 年までの中国政府・中国共産党の重要資料の全文邦訳。

◆ 中国研究所編『中国基本法令集』日本評論社，1988 年。
◆ 竹内實編訳『中華人民共和国憲法集〈中国を知るテキスト I〉』蒼蒼社，1991 年。
◆『原典・中国現代史』（全 8 巻，別巻 1），岩波書店，1994〜95 年。

† 分野別の資料紹介と解説を付したドキュメンタリー・ヒストリー。入門書として大変役に立つ。
［I：毛里和子・国分良成編『政治（上）』，II：岡部達味・天児慧編『政治（下）』，III：小島麗逸・石原享一編『経済』，IV：辻康吾・加藤千洋編『社会』，V：吉田富夫・萩野脩二編『思想・文学』，VI：太田勝洪・朱建栄編『外交』，VII：若林正丈・谷垣真理子・田中恭子編『台湾・香港・華僑華人』，VIII：

安藤正士・小竹一彰編『日中関係』，別巻：『中国研究ハンドブック』。

［IV．年鑑・事典・辞典・年表・統計類］

◆ 天児慧・石原享一他編『岩波現代中国事典』岩波書店，1999年。
◆ 国家統計局『中国統計年鑑』（各年版），中国統計出版社。
◆ 中国社会科学院新聞研究所・中国新聞学会連合会編『中国新聞年鑑』（各年版），中国社会科学出版社。
◆ 劉雨樵主編『党政幹部大詞典』陝西人民教育出版社，1987年。
◆ 范恒山主編『政治体制改革辞典』中国物資出版社，1988年。
◆ 張天栄他編『中国改革大辞典』海南出版社，1989年。
◆ 中国社会調査所（盛斌他）編『中国国情報告』遼寧人民出版社，1990年。
◆ 馬斉彬・陳文斌主編『中国共産党執政40年〔増訂本〕』中共党史出版社，1991年。
◆ 廖蓋隆・趙宝煦・杜青林主編『当代中国政治大事典 1949-1990』吉林文史出版社，1991年。

† 党の内部組織，主要会議，主要政治事件，主要法規などについて詳細かつ客観的に叙述されている。89年天安門事件を「政治風波」としているように全体に改革的立場に立っている。

◆ 銭輝・畢建林主編『中華人民共和国法制大事記 1949-1990』吉林人民出版社，1992年。

† 本書も年表という形式を借りて，公開されていない法と司法に関わる党・政の規定や通知，決定を詳細に解説しており，第一級文献である。

◆ 王建英編『中国共産党組織史資料匯編——領導機構沿革和成員名録：一大至十四大〔増訂本〕』中共中央党校出版社，1994年。
◆ 全国人民代表大会常務委員会辦公庁研究室編『中華人民共和国全国人民代表大会及其常務委員会大事記 1949-1993』法律出版社，1994年。
◆ 陳文斌・林蘊暉・叢進他編『中国共産党執政50年（1949-1999）』中共党史出版社，1999年。

† この2冊の年表は党・政にかかわる公式文書がほとんど公開されていない中国では第一級の文献である。年表という形式をとって既知および未知の事実をもっとも詳しく伝え，内容も面白く，なにより信憑性が高い。

［V．全集・選集・年譜・伝記類］

〈毛沢東〉

◆『毛沢東思想万歳』1969年8月出版，出版社・出版地ともに不詳（邦訳，東京大学近代中国史研究会訳『毛沢東思想万歳』（上・下），三一書房，1974，1975年）。

† 1949〜68年10月までの毛沢東の論文・講話・発言（選集などにはほとんど収録されていなかった）を紅衛兵グループが文化大革命中に編集した貴重な資料。その信憑性はきわめて高い。

◆ 中共中央毛沢東主席著作編輯出版委員会編『毛沢東選集（第5巻）』人民出版社，1977

年。
◆ 中国人民解放軍軍事科学院編『毛沢東軍事文選』（内部本），中国人民解放軍戦士出版社，1981 年（復刻：蒼蒼社，1985 年）。
◆ 中共中央文献研究室・新華通訊社編『毛沢東新聞工作文選』新華出版社，1983 年。
◆ 中共中央文献研究室編『建国以来毛沢東文稿』（第 1 冊〜第 13 冊），中央文献出版社，1987〜98 年。

† 『毛沢東選集（第 5 巻）』には入っていない，1949 年以来の毛沢東の手稿，講話，談話，批示など，毛沢東名義で出されたものを集めた貴重なものである。ただし，60 年代以降は不十分で，その時代がまだ「歴史」になっていないことを示している。

◆ エドガー・スノー『革命，そして革命……』松岡洋子訳，朝日新聞社，1972 年。
◆ エドガー・スノー『中国の赤い星』松岡洋子訳，増補改訂版，筑摩書房，1972 年。
◆ 竹内実『毛沢東と中国共産党』中公新書，1972 年。
◆ ロデリック・マックファーカー他編『毛沢東の秘められた講話』（上・下），徳田教之他訳，岩波書店，1992，1993 年。

† 1957〜58 年の毛沢東講話など 21 編をオリジナルから翻訳したもの。反右派闘争研究には欠かせない文献である。

◆ 産経新聞「毛沢東秘録」取材班『毛沢東秘録』（上・下），産経新聞ニュースサービス，1999 年。
◆ J・ベッカー『餓鬼——秘密にされた毛沢東中国の飢饉』川勝貴美訳，中央公論新社，1999 年。
◆ 中共中央文献研究室編，逄先知・金冲及主編『毛沢東伝 1949-1976』（上・下），中央文献出版社，2003 年。
◆ フィリップ・ショート『毛沢東——ある人生』（上・下），山形浩生他訳，白水社，2010 年。
◆ フランク・ディケーター『毛沢東の大飢饉』中川治子訳，中央公論新社，2011 年。
◆ 辛子陵『紅太陽的隕落——千秋功罪毛沢東』（上・下）香港：書作坊，2011 年。

† はじめての体系的な毛沢東批判。作者は解放軍所属の作家・歴史家。

〈周恩来〉

◆ 中共中央文献編輯委員会編『周恩来選集』（上・下），人民出版社，1980，1984 年。
◆ 中共中央文献研究室編『周恩来年譜 1949-1976』（上・下），中央文献出版社，1997 年。
◆ 中共中央文献研究室編・金冲及主編『周恩来伝』（上・下），中央文献出版社，1998 年（邦訳，劉俊南・譚佐強訳『周恩来伝 1949-1976』（上・下），岩波書店，2000 年）。

† 公式文書や会議議事録が公表されない中国では，リーダーの年譜（個人の詳細な年代記）・伝記や大事記がきわめて大事な第二次資料となる。とくに『周恩来伝』や『周恩来年譜』には新しい事実が詳細に記録されている。また公的歴史を記録する部門が編集しているため信憑性もきわめて高い。「文稿」の出方が遅いので，伝記・年譜に依拠せざるをえない。

◆ 中共中央文献研究室・中央档案館編『建国以来周恩来文稿』（第 1 冊〜第 3 冊，1949 年 6 月〜1950 年 12 月），中央文献出版社，2008 年。

〈劉少奇〉
◆ 中共中央文献編輯委員会編『劉少奇選集』(上・下)，人民出版社，1981，1985年。
◆ 中共中央文献研究室編『劉少奇年譜 1898-1969』(上・下)，中央文献出版社，1996年。
◆ 中共中央文献研究室『建国以来劉少奇文稿』(第1冊～第6冊，1949年7月～1954年12月) 中央文献出版社，1998～2008年。

〈鄧小平〉
◆ 中共中央文献編輯委員会編『鄧小平文選 (1975～1982年)』第2巻，人民出版社，1983年。
◆ 中共中央文献編輯委員会編『鄧小平文選 (1938～1965年)』第1巻，人民出版社，1989年。
◆ 中共中央文献編輯委員会編『鄧小平文選 (1982～1992年)』第3巻，人民出版社，1993年。

〈彭徳懐〉
◆〈彭徳懐自述〉編輯組編『彭徳懐自述』人民出版社，1981年 (邦訳，田島淳訳『彭徳懐自述』サイマル出版会，1984年)。
◆ 彭徳懐伝記編写組編『彭徳懐軍事文選』中央文献出版社，1988年。

〈その他〉
◆『聶栄臻回憶録』(上・下)，解放軍出版社，1983，1984年。

†軍人・聶栄臻は50年代末から科学技術，核開発の最高責任者だっただけにトップシークレットの情報が入っている。核開発，60年代の三線建設，文革期の林彪についての記述がとくに貴重である。

◆ 李維漢『回憶与研究』(上・下)，中共党史資料出版社，1986年。
◆〈李維漢選集〉編輯組『李維漢選集』人民出版社，1987年。
◆『劉賓雁自伝』台北：時報文化出版企業有限公司，1990年 (邦訳，鈴木博訳『劉賓雁自伝――中国人ジャーナリストの軌跡』みすず書房，1991年)。
◆ 薄一波『若干重大決策与事件的回顧』(上・下)，中共中央党校出版社，1991年。

†回想録ではあるけれども，リーダーシップ内の対立や抗争をこれまでになく詳細かつ客観的に描いており，貴重な文献である。

◆ 中共中央文献編輯委員会編『彭真文選 1941-1990』人民出版社，1991年。
◆ 中共中央文献編輯委員会編『薄一波文選 1937-1992』人民出版社，1992年。
◆ 薄一波『七十年奮闘与思考』(上)，中共党史出版社，1996年。
◆〈鄧子恢文集〉編輯委員会編『鄧子恢文集』人民出版社，1996年。

[VI. 研究方法，中国研究論]

◆ オクセンバーグ「現代中国政治に関する英語文献について」(池井優訳)『アジア経済』第11巻第12号，1970年。
◆ 中兼和津次「中国――社会主義経済制度の構造と展開」岩田昌征編『経済体制論 IV 現

代社会主義』東洋経済新報社，1979 年。
◆ アレク・ノーヴ『スターリンからブレジネフまで――ソヴェト現代史』和田春樹・中井和夫訳，刀水書房，1983 年。
◆ 小林正弥「現代政党理論再考」村嶋英治・萩原宜之・岩崎育夫編『ASEAN 諸国の政党政治』アジア経済研究所，1993 年。
◆ 首藤もと子「インドネシアの政党政治」村嶋英治・萩原宜之・岩崎育夫編『ASEAN 諸国の政党政治』アジア経済研究所，1993 年。
◆ 藤原帰一「政府党と在野党――東南アジアにおける政府党体制」萩原宜之編『講座現代アジア 3 民主化と経済発展』東京大学出版会，1994 年。
◆ 毛里和子「社会主義の変容――中国とロシア」萩原宜之編『講座現代アジア 3 民主化と経済発展』東京大学出版会，1994 年。
◆ フィリップ・ホアン（黄宗智）「中国研究におけるパラダイムの危機――社会経済史におけるパラドクス」（唐澤靖彦訳）『中国――社会と文化』第 9 号，1994 年。
◆ 大形利之「ゴルカル――スハルトと国軍のはざまで」安中章夫・三平則夫編『現代インドネシアの政治と経済――スハルト政権の 30 年』アジア経済研究所，1995 年。
◆ S. P. ハンチントン『第三の波――20 世紀後半の民主化』坪郷實・中道寿一・薮野祐三訳，三嶺書房，1995 年。
◆ 毛里和子「中国の構造変動と体制変容をめぐって」，同「中国はどこへ行く」毛里和子編『現代中国の構造変動 1 大国中国への視座』東京大学出版会，2000 年。
◆ 武田康裕『民主化の比較政治』ミネルヴァ書房，2002 年。
◆ 日本比較政治学会編『比較のなかの中国政治』早稲田大学出版部，2004 年。
◆ 毛里和子「“東アジア共同体” を設計する――現代アジア学へのチャレンジ」山本武彦・天児慧編『〈東アジア共同体の構築 1〉新たな地域形成』岩波書店，2007 年。
◆ 毛里和子「“動く中国” と “変わらない中国”――現代中国研究のパラダイム・シフトを考える」『アジア研究』第 55 巻第 2 号，2009 年。
◆ 中兼和津次『体制移行の政治経済学――なぜ社会主義国は資本主義に向かって脱走するのか』名古屋大学出版会，2010 年。
◆ 増原綾子『スハルト体制のインドネシア――個人支配の変容と 1998 政変』東京大学出版会，2010 年。
◆ David Shambaugh ed., *American Studies of Contemporary China*, Armonk, NY : M. E. Sharpe, 1993.
◆ Harry Harding, “The Evolution of American Scholarship on Contemporary China,” in David Shambaugh ed., *American Studies of Contemporary China*, Armonk, NY : M. E. Sharpe, 1993.
◆ Andrew G. Walder, “The Transformation of Contemporary China Studies, 1977-2002,” in USIAS Edited Volume 3, *The Politics of Knowledge : Area Studies and the Disciplines*, Year 2002, Article 8. University of California International and Area Studies Digital Collection 〈http://repositories.cdlib.org/usiaspubs/editedvolumes/3/8〉.
◆ 包遵信「儒家伝統与当代中国」『批判与啓蒙』1989 年。
◆ 王景倫『走進東方的夢――美国的中国観』時事出版社，1994 年。
◆ 林尚立『当代中国政治形態研究』天津人民出版社，2000 年。
◆ 張英紅「戸籍制度的歴史回遡与改革前瞻」『寧夏社会科学』2002 年第 5 期。

◆ 黄宗智「中国的“公共領域”与“市民社会”――国家与社会間的第三領域」黄宗智主編『中国研究的範式問題討論』社会科学文献出版社，2003 年。原文は，“Public Sphere / Civil Society in China : The Third Realm between State and Society,” *Modern China*, Vol. 19, No. 2, April 1994.
◆ 黄宗智主編『中国研究的範式問題討論』社会科学文献出版社，2003 年。
◆ 陸益龍『戸籍制度――控制与社会差別』商務印書館，2004 年。
◆ 揚子雲「人大立法這 5 年――変与不変」『南方周末』2008 年 3 月 19 日。

［VII．中国政治一般書］

〈政治一般・政治体制〉

◆ エクトゥール・マンダレ他編『毛沢東を批判した紅衛兵』山下佑一訳，日中出版，1976 年。
◆ 徳田教之『毛沢東主義の政治力学』慶應通信，1977 年。
◆ ヤープ・ファン・ヒネケン『中国の左翼』山田侑平・戸張東夫訳，日中出版，1978 年。
◆ 衛藤瀋吉編『現代中国政治の構造』日本国際問題研究所，1982 年。
◆ 岡部達味・佐藤経明・毛里和子編『中国社会主義の再検討』日本国際問題研究所，1986 年。
◆ 徳田教之「中国社会主義における毛沢東の映像と残像」『岩波講座現代中国 4　歴史と近代化』岩波書店，1989 年。
◆ 毛里和子編『〈現代中国論 I〉毛沢東時代の中国』日本国際問題研究所，1990 年。
◆ 岡部達味・毛里和子編『〈現代中国論 II〉改革開放時代の中国』日本国際問題研究所，1991 年。
◆ 天児慧『中国――溶変する社会主義大国』東京大学出版会，1992 年。
◆ 張承志『紅衛兵の時代』小島晋治・田所竹彦訳，岩波新書，1992 年。
◆ 阮銘『鄧小平帝国の末日』鈴木博訳，三一書房，1992 年。
◆ 毛里和子編『〈現代中国論 III〉市場経済化の中の中国』日本国際問題研究所，1995 年。
◆ 唐亮『現代中国の党政関係』慶應義塾大学出版会，1997 年。
◆ 趙宏偉『中国の重層集権体制と経済発展』東京大学出版会，1998 年。
◆ 唐亮「省指導体制と人事による中央統制」天児慧編『現代中国の構造変動 IV 政治――中央と地方の構図』東京大学出版会，2000 年。
◆ 唐亮『変貌する中国政治――漸進路線と民主化』東京大学出版会，2001 年。
◆ 小林弘二『ポスト社会主義の中国政治――構造と変容』東信堂，2002 年。
◆ 国分良成『現代中国の政治と官僚制』慶應義塾大学出版会，2004 年。
◆ 李大同『『氷点』停刊の舞台裏――問われる中国の言論の自由』而立会訳，日本僑報社，2006 年。
◆ 袁偉時『中国の歴史教科書問題――“氷点”事件の記録と反省』武吉次朗訳，日本僑報社，2006 年。
◆ 加藤弘之「中国――改革開放 30 年の回顧と展望」『国民経済雑誌』第 199 巻第 1 号，2009 年。

◆ リンダ・ヤーコブソン／ディーン・ノックス『中国の新しい対外政策——誰がどのように決定しているのか』岡部達味監修・辻康吾訳，岩波現代文庫，2011 年。
◆ Doak A. Barnett ed., *Cadres, Bureaucracy, and Political Power in Communist China*, New York : Columbia University Press, 1967.
◆ Franz Schurmannn, *Ideology and Organization in Communist China*, 2nd enlarged ed., Berkeley : University of California Press, 1968.
◆ Doak A. Barnett ed., *Chinese Communist Politics in Action*, Seattle : University of Washington Press, 1969.
◆ John M. H. Lindbeck ed., *China : Management of a Revolutionary Society*, Seattle : University of Washington Press, 1971.

† 権威と大衆，政治秩序のなかの政治，社会再構築の戦略とジレンマ，中国と世界など。70〜80 年代に活躍する中国研究者（ルシアン・パイ，チャルマース・ジョンソン，マイケル・オクセンバーグなど），比較政治学のガブリエル・アーモンドなどが執筆。この名著が著者の中国政治研究の蒙を啓いてくれた。

◆ Lucian Pye, *Mao Tse-tung : the Man in the Leader*, New York : Basic Books, 1976.
◆ James R. Townsend, *Politics in China*, Second edition, Boston : Little Brown and Company, 1980 (邦訳，J. R. タウンゼント『現代中国——政治体制の比較分析』小島朋之訳，慶應通信，1980 年).
◆ Parris H. Chang, *Power and Policy in China*, Second enlarged edition, University Park : The Pennsylvania State University Press, 1978.
◆ Harry Harding, *Organizing China : The Problem of Bureaucracy, 1949-1976*, Stanford : Stanford University Press, 1981.
◆ Anita Chan, Richard Madsen and Jonathan Unger, *Chen Village : The Recent History of a Peasant Community in Mao's China*, Berkeley : University of California Press, 1984.
◆ Lucian Pye, *The Dynamics of Chinese Politics*, Cambridge, MA : Delgeschlager, Gunn & Hain, 1981.
◆ Andrew G. Walder, *Communist Neotraditionalism : Work and Authority in Chinese Industry*, Berkeley : University of California Press, 1986.
◆ Alan P. L. Liu, *The Phoenix and the Lame Lion : Modernization in Taiwan and Mainland China, 1950-1980*, Palo Alto, CA : Hoover Institution Press, 1987.
◆ Kenneth Lieberthal and Michel Oksenberg, *Policy Making in China : Leaders, Structures, and Processes*, Princeton : Princeton University Press, 1988.

† 1980 年代に中国政治がかつてより透明になった中で，三峡プロジェクト策定をケースに，政策決定の構造とプロセスを解明したもの。「截断された権威」が構造的特質だと結論する。

◆ Jean C. Oi, *State and Peasant in Contemporary China : The Political Economy of Village Government*, Berkeley : University of California Press, 1991.
◆ David Shambaugh ed., *American Studies of Contemporary China*, Armonk, NY : M. E. Sharpe, 1993.
◆ Andrew G. Walder ed., *The Waning of the Communist State : Economic Origins of Political Decline in China and Hungary*, Berkeley : University of California Press, 1995.
◆ Shiping Zheng, *Party vs. State, in Post 1949 China : the Institutional Dilemma*, Cambridge : Cambridge University Press, 1997.

◆ Timothy Brook and B. Michael Frolic eds., *Civil Society in China*, Armonk, NY : M. E. Sharpe, 1997.
◆ Tony Saich, *Governance and Politics of China*, New York : Palgrave, 2001.
◆ Jonathan Unger ed., *The Nature of Chinese Politics : From Mao to Jiang*, Armonk, NY : M. E. Sharpe, 2002.

† M. オクセンバーグ，T. ツォウの追悼記念論集。故人 2 人の遺稿も収録されている。

◆ 譚健編『政府機構和幹部制度改革問題論文選』人民出版社，1984 年。
◆ 王克章・曹沛霖「現在資産階級国家“地方自治”制度初探」譚健編『政府機構和幹部制度改革問題論文選』人民出版社，1984 年。
◆ 洪承華・郭秀芝他編『中華人民共和国政治体制沿革大事記 1949-1978』春秋出版社，1987 年。
◆ 譚健『中国政治体制改革論』光明日報出版社，1988 年。
◆ 鄭謙・龐松・韓鋼・張占斌『当代中国的政治体制改革之発展概要 1949-1988』中共党史資料出版社，1988 年。
◆ 劉軍・李林編『新権威主義——対改革理論綱領的論争』北京経済学院出版社，1989 年。
◆ 呉佩綸主編『我国的政府機構改革』経済日報社，1990 年。
◆ 中共中央党校中共党史教研室編『四十年的回顧与思考』中共中央党校出版社，1991 年。
◆ 王敬松『中華人民共和国政府与政治 1949. 10-1992』中共中央党校出版社，1995 年。
◆ 汪東興（回想）『毛沢東与林彪反革命集団』当代中国出版社，1997 年。
◆ 朱光磊『当代中国政府過程』天津人民出版社，1997 年。
◆ 本書編集委員会『現代化進程中的政治与行政』（上・下），北京大学出版社，1998 年。
◆ 栄敬本他『従圧力型体制向民主合作体制的転変——県郷両級政治体制改革』中央編訳出版社，1998 年。
◆ 曹思源著・暁冲主編『中国政改方略』香港：夏菲爾国際出版公司，1999 年。
◆ 劉智峰主編『中国政治体制改革問題報告 1978-1999』中国電影出版社，1999 年。
◆ 郭道暉「実行司法独立与遏制司法腐敗」劉智峰主編『中国政治体制改革問題報告 1978-1999』中国電影出版社，1999 年。
◆ 張湛彬『中国漸進改革与高層政要治国方略詳述——改革発動時期的複雑局勢与中央高層決策』（内部徴求意見稿）（上・下），中国管理科学研究院編輯出版研究所，2003 年。
◆ 察今「《中国憲政論壇——保護私有財産与修改憲法》青島研討会総述」ウェブサイト大参考，2003. 6. 18。
◆ 何雲峰「七千人大会上党内領導層的意見分岐」『史学月刊』2005 年第 9 期。
◆ 張素華『変局——七千人大会始末 1962 年 1 月 11 日～2 月 7 日』中国青年出版社，2009 年。
◆ 李暁蓉・張祖樺主編『零八憲章』開放出版社，2009 年。
◆ 周望『中国“小組機制”研究』天津人民出版社，2010 年。
◆ 崔敏「1958 年司法部党組被打成“反党集団”之原委」『炎黄春秋』2011 年第 8 期。
◆ 茅于軾「把毛沢東還原成人」〈http://maoyushi.qzone.qq.com/〉，2011 年 4 月 26 日発表。
◆ 茅于軾「50-60 年餓死人数的估算方法」ウェブサイト財経網，2011. 6. 15,〈http://blog.caijing.com.cn/expert_article-151258-20669.shtml〉.
◆ 唐正芒「七千人大会糧食部検討——徴糧過多導致大飢荒」ウェブサイト人民網，2011.

10. 14, 〈http://business.nikkeibp.co.jp/article/world/20081217/180548/〉.

〈人民代表大会・選挙〉

◆ 蔡定剣・王晨光主編『人民代表大会二十年発展与改革』中国検察出版社，2001 年。
◆ 蔡定剣主編『中国選挙状況的報告』法律出版社，2002 年。
◆ 蔡定剣『中国人民代表大会制度〔第四版〕』法律出版社，2003 年。
◆ 尹世洪・朱開楊主編『人民代表大会制度発展史』江西人民出版社，2002 年。

〈党機構・幹部〉

◆ John P. Burns ed., *The Chinese Communist Party's Nomenklatura System : A Documentary Study of Party Control of Leadership Selection, 1979-1984*, Armonk, NY : M. E. Sharpe, 1989.
◆ Wei Li, *The Chinese Staff System : A Mechanism for Bureaucratic Control and Integration*, China Research Monograph 44, Institute of East Asian Studies, University of California, Berkeley, 1994.
◆ 陳野苹他『安子文伝略』山西人民出版社，1985 年。
◆ 趙生暉『中国共産党組織史綱要』安徽人民出版社，1987 年。
◆ 劉継増・毛磊主編『中国共産党領導工作史稿』河南人民出版社，1988 年。
◆ 韓勁草主編『安子文組織工作文選』中共中央党校出版社，1988 年。
◆ 樊天順・趙博主編『中国共産党組織工作大事記』中国国際広播出版社，1991 年。
◆ 鄒錫明編『中共中央機構沿革実録』中国档案出版社，1998 年。
◆ 陳明通・鄭永年主編『両岸基層選挙与政治社会変遷——哈仏大学東西方学者的対話』台北：月旦出版社股分公司，1998 年。
◆ 中共中央組織部研究室編『党的組織工作大事記（1993-1997）』党建読物出版社，1999 年。
◆ 黄大熹『中国共産党組織結構発展路径的歴史考察』天津人民出版社，2004 年。

〈中央・地方関係〉

◆ 毛里和子編『中国の中央・地方関係』日本国際問題研究所〈調査報告書〉，1999 年。
◆ Jia Hao, Lin Zhimin eds., *Changing Central-Local Relations in China : Reform and State Capacity*, Boulder : Westview Press, 1994.
◆ Peter T. Y. Cheung, Jae Ho Chung, Zhimin Lin eds., *Provincial Strategies of Economic Reform in Post-Mao China : Leadership, Politics, and Implementation*, Armonk, NY : M. E. Sharpe, 1998.
◆ 北京市人民代表大会常務委員会法制工作室編『北京市地方性法規匯編 1980-1985』中国政法大学出版社，1986 年。
◆ 上海市編制委員会辦公室『1949～1986 上海党政機構沿革』上海人民出版社，1988 年。
◆ 費孝通『中華民族多元一体格局』中央民族学院出版社，1989 年。
◆ 陳連開「怎様理解中華民族及其多元一体」費孝通主編『中華民族研究新探索』中国社会科学出版社，1991 年。
◆ 薄貴利『中央与地方関係研究』吉林大学出版社，1991 年。
◆ 黄光学主編『当代中国的民族工作』上，当代中国出版社，1993 年。
◆ 王紹光・胡鞍鋼『中国国家能力報告』香港：牛津大学出版社，1994 年。
◆ 呉国光・鄭永年『論中央－地方関係——中国制度転換型中的一個軸心問題』香港：牛津大学出版社，1995 年。

◆ 辛向陽撰『大国諸侯——中国中央与地方関係之結』中国社会科学出版社，1995 年。
◆ 謝慶奎他『中国政府体制分析』中国広播電視出版社，1995 年。
◆ 謝慶奎他『中国地方政府体制概論』中国広播電視出版社，1998 年。
◆ 栄敬本他『従圧力型体制向民主合作体制的転変』中央編訳出版社，1998 年。
◆ 辛向陽『百年博弈——中国中央与地方関係 100 年』山東人民出版社，2000 年。
◆ 薄貴利『集権分権与国家興衰』経済科学出版社，2001 年。
◆ 楊小雲『新中国国家結構形式研究』中国社会科学出版社，2004 年。

〈中国政治と法〉
◆ 小口彦太『現代中国の裁判と法』成文堂，2003 年。
◆ 小口彦太・田中信行編著『現代中国法』成文堂，2004 年。
◆ 石塚迅『中国における言論の自由——その法思想，法理論および法制度』明石書店，2004 年。
◆ 鈴木賢他『中国物権法』成文堂，2007 年。
◆ 田中信行「中国物権法の曖昧な到達点」星野英一他監修『中国物権法を考える』商事法務，2008 年。

〈中国社会〉
◆ 園田茂人編著『現代中国の階層変動』中央大学出版部，2001 年。
◆ 李培林他編『我国目前社会階級階層結構調研報告』社会科学文献出版社，2002 年。
◆ 中国社会科学院社会学研究所（陸学芸主編）『当代中国社会階層研究報告』社会科学出版社，2002 年。
◆ 陸学芸・龔維斌・陳光金『鄧小平理論与当代中国社会階層結構変遷』経済管理出版社，2002 年。
◆ 李強『当代中国社会分層与流動』中国経済出版社，1993 年。
◆ 朱光磊他『当代中国社会各階層分析』天津人民出版社，2007 年。
◆ 楊継縄『墓碑——中国 60 年代大飢荒紀実』（上・下），天地図書有限公司，2008 年。

† もと新華社高級記者が最近になって足で集めた 60 年代大飢饉の実録。

◆ 楊継縄『中国当代社会階層分析』江西高校出版社，2011 年。
◆ 汝信・陸学芸・李培林主編『2012 年 中国社会形勢分析与予測』社会科学文献出版社，2012 年。

〈政治と軍〉
◆ 平松茂雄『中国人民解放軍』岩波新書，1987 年。
◆ 川島弘三『中国党軍関係の研究』（上・中・下），慶應通信，1988，1989 年。
◆ 矢吹晋『中国人民解放軍』中公新書，1996 年。
◆ 呉暁林『毛沢東時代の工業化戦略——三線建設の政治経済学』御茶の水書房，2002 年。
◆ Ellis Joffe, *Party and Army : Professionalism and Political Control in the Chinese Officer Corps, 1949–1964*, East Asian Reserach Center, Cambridge, MA : Harvard University Press, 1965.
◆ John Gittings, *The Role of the Chinese Army*, London : Oxford University Press, 1967（邦訳，前田寿夫訳『中共軍の役割』（上・下），時事通信社，1969 年）.

◆ Michael D. Swaine, *The Role of the Chinese Military in National Security Policymaking*, National Defense Research Institute, Santa Monica : RAND, 1996.
◆ Frederick C. Teiwes, Warren Sun, *The Tragedy of Lin Biao : Riding the Tiger during The Cultural Revolution, 1966–1971*, Honolulu : University of Hawaii Press, 1996.
◆ David Shambaugh and Richard H. Yang eds., *China's Military in Transition*, Oxford : Clarendon Press, 1997.
◆ Muthiah Alagappa ed., *Military Professionalism in Asia : Conceptual and Empirical Perspectives*, Honolulu : East-West Center, 2001.
◆ Nan Li ed., *Chinese Civil-Military Relations : The Transformation of the People's Liberation Army*, London : Routledge, 2006.
◆ 人民解放軍軍事科学院編『中国人民解放軍大事記』軍事科学出版社，1984 年。
◆ 韓懐智他主編〈当代中国叢書編輯部〉『当代中国軍隊的軍事工作』（上・下），中国社会科学出版社，1989 年。
◆ 鄧礼峰編『新中国軍事活動紀実 1949–1959』中共党史資料出版社，1989 年。
◆ 李可・郝生章『“文化大革命”中的人民解放軍』中共党史資料出版社，1989 年。
◆ 国防大学党史党建政工教研室編『中国人民解放軍政治工作史（社会主義時期)』国防大学出版社，1989 年。
◆ 李俊亭・楊金河主編『中国武装力量通覧 1949–1989』人民出版社，1990 年。
◆ 秦耀祁主編『鄧小平新時期軍隊建設思想概論』解放軍出版社，1991 年。
◆ 李澄他主編『建国以来軍史百椿大事』知識出版社，1992 年。
◆ 張愛萍主編〈当代中国叢書編輯部〉『中国人民解放軍』（上・下），当代中国出版社，1994 年。

〈1989 年天安門事件〉
◆ 矢吹晋編訳『チャイナ・クライシス重要文献（第 1 巻)』蒼蒼社，1989 年。
◆ 矢吹晋編訳『チャイナ・クライシス重要文献（第 2 巻)』蒼蒼社，1989 年。
◆ 矢吹晋編訳『チャイナ・クライシス重要文献（第 3 巻)』蒼蒼社，1989 年。
◆ 毛里和子編『中国の政策決定』日本国際問題研究所，調査研究報告，1996 年。
◆ 中居良文編『中国の政策決定過程』日本貿易振興会アジア経済研究所，調査研究報告書，2000 年。
◆『趙紫陽極秘回想録』河野純治訳，光文社，2010 年。
◆ Andrew J. Nathan, *Chinese Democracy*, New York : Alfred A. Knopf, 1985.
◆ Carol Lee Hamrin and Suisheng Zhao eds., *Decision-Making in Deng's China : Perspectives from Insiders*, Armonk : NY : M. E. Sharpe, 1995.
◆ Wu Guoguang, "〈Documentary politics〉: Hypotheses, Process, and Case Studies," in Carol Lee Hamrin and Suisheng Zhao eds., *Decision-Making in Deng's China : Perspectives from Insiders*, Armonk : NY : M. E. Sharpe, 1995.
◆ Chen Yizi, "The Decision Process Behind the 1986–1989 Political Reforms," in Carol Lee Hamrin and Suisheng Zhao eds., *Decision-Making in Deng's China : Perspectives from Insiders*, Armonk : NY : M. E. Sharpe, 1995.
◆ *The Tiananmen Papers : The Chinese Leadership's Decision to Use Force Against their Own*

People——in Their own Words, Compliled by Chang Liang, edited by Andrew J. Nathan and Perry Link, New York : Public Affairs, 2001.（天安門文書，邦訳）張良編，アンドリュー・J・ネイザン／ペリー・リンク監修，山田耕介・高岡正展訳『天安門文書』文藝春秋，2001年。（天安門文書，中文版）張良編著『中国“六四”真相』（上・下），香港：明鏡出版社，2001年。

†張良なる匿名の人物が天安門事件前後のトップシークレット資料（とくに重要会議記録）を持ち出し，ネイザンなど米国の研究者が編集したもの。信憑性についての議論は決着が付かないが，もし本物だとすれば超一級のドキュメントである。これについては本書第7章2を参照されたい。

◆ 呉国光『趙紫陽与政治改革』香港：太平洋世紀研究所，1998年。

［VIII. メディア・人権・民主主義・農民問題など］

◆ チイ・ハオ／ルネ・ビニネ『李一哲の大字報』山田侑平・小林幹夫訳，日中出版，1977年。
◆ 尾崎庄太郎編訳『中国民主活動家の証言——魏京生裁判の記録』日中出版，1980年。
◆ 魏京生「人権・平等および民主主義——五番目の近代化」尾崎庄太郎編訳『中国民主活動家の証言——魏京生裁判の記録』日中出版，1980年。
◆ 藤田勇編『権威的秩序と国家』東京大学出版会，1988年。
◆ 小口彦太「現代中国における裁判の性格」藤田勇編『権威的秩序と国家』東京大学出版会，1988年。
◆ 方励之『中国よ変われ——民主は賜わるものではない』末吉作訳，学生社，1989年。
◆ 戴晴『毛沢東と中国知識人——延安整風から反右派闘争へ』田畑佐和子訳，東方書店，1990年。
◆ 厳家其『中国への公開状』末吉作訳，学生社，1990年。
◆ 厳家其『亡命までの日々』末吉作訳，学生社，1991年。
◆ 閔琦『中国の政治文化——なぜ民主主義が育たないのか』丸山昇監訳，田畑書店，1991年。
◆ 土屋英雄編『現代中国の人権——研究と資料』信山社，1996年。
◆ 王雲海「人権保障と刑事法」土屋英雄編『現代中国の人権——研究と資料』信山社，1996年。
◆ 清水美和『中国農民の反乱——昇竜のアキレス腱』講談社，2002年。
◆ 山本秀也『本当の中国を知っていますか？——農村，エイズ，環境，司法』草思社，2004年。
◆ 焦国標『中央宣伝部を討伐せよ——中国のメディアの闇を暴く』坂井臣之助訳，草思社，2004年。
◆ 祁景瀅『インターネットから見た中国の対外言論——対日米言論分析を焦点に』桜美林大学北東アジア総合研究所，2007年。
◆ 西茹『中国の経済体制改革とメディア』集広舎，2008年。
◆ 厳善平『中国農民工の調査研究』晃洋書房，2010年。
◆ 渡辺浩平編『中国ネット最前線——“情報統制”と“民主化”』蒼蒼社，2011年。

◆ Translated and Edited by David Bachman and Dali L. Yang, *Yan Jiaqi and China's Struggle for Democracy*, Armonk, NY : M. E. Sharpe, 1991.
◆ Dorothy J. Solinger, *Contesting Citizenship in Urban China : Peasant Migrants, the State, and the Logic of the Market*, Berkeley : University of California Press, 1999.
◆ Anita Chan et al., *Transforming Asian Socialism : China and Vietnam Compared*, Lanham, MD : Rowman & Littlefield, 1999.
◆ Anita Chan, *China's Workers Under Assault : The Exploitation of Labor in a Globalizing Economy*, Armonk, NY : M. E. Sharpe, 2001.
◆ Jonathan Unger, *The Transformation of Rural China*, Armonk, NY : M. E. Sharpe, 2002.
◆ 劉建明『当代中国与論形態』中国人民大学出版社，1989 年。
◆ 艾豊『中国新聞伝播媒介発展大趨勢』重慶出版社，1989 年。
◆〈光明日報四十年〉編輯小組編『光明日報四十年』光明日報社，1989 年。
◆ 張濤『中華人民共和国新聞史』経済日報社，1992 年。
◆ 厳家祺（楊大利編）『走向民主政治——厳家祺中国政治論文集』台北：八方文化企業公司，1990 年。
◆ 社会科学院法学研究所編『当代人権』中国社会科学出版社，1992 年。
◆ 厳家其『民主——怎様才能来到中国』台北：遠流出版公司，1996 年。
◆ 林佳龍・邱澤奇主編『両岸党国体制与民主発展——哈佛大学西方学者的対話』台北：月旦出版社股分公司，1999 年。
◆ 張厚安・徐勇・項継権他『中国農村村級治理——22 個村的調査与比較』華中師範大学出版社，2000 年。
◆ 王振耀・白鋼・王仲田主編『中国村民自治前沿』中国社会科学出版社，2000 年。
◆ 民政部基層政権和社区建設司編『中華人民共和国村民委員会選挙規程』中国社会科学出版社，2001 年。
◆ 蘇紹智『中国大陸政治体制改革研究』台北：中国文化大学出版部，2001 年。
◆ 応星『大河移民上訪的故事』生活・読書・新知三聯書店，2001 年。
◆『減軽農民負担政策法規選編』中国法制出版社，2003 年。
◆『減軽農民負担政策法規選編〔2003 年修訂版〕』中国法制出版社，2003 年。
◆ 陳桂棣・春桃『中国農民調査』人民文学出版社，2004 年。
◆ 国務院研究室課題組『中国農民工調研報告』中国言実出版社，2006 年。
◆ 李宏勃『法制現代化進程中的人民信訪』清華大学出版社，2007 年。
◆ 陳潔・斎顧波・羅丹『中国村級債務調査』上海遠東出版社，2009 年。
◆ 中国行政管理学会課題組『中国群体性突発事件』国家行政学院出版社，2009 年。
◆ 于建嶸『抗争性政治——中国政治社会学基本問題』人民出版社，2010 年。

［IX．比較政治・政治学・民主化］

◆ ブライス『近代民主政治』（1〜4）松山武訳，岩波文庫，1929 年。
◆ 佐藤功『比較政治制度』東京大学出版会，1967 年。
◆ マックス・ウェーバー『権力と支配——政治社会学入門』浜島朗訳，有斐閣，1967 年。

◆ 西川知一編『比較政治の分析枠組』ミネルヴァ書房，1986 年。
◆『レヴァイアサン〔特集〕比較政治体制論――東アジアと日本』木鐸社，1988 年。
◆ 山口定『現代政治学叢書 3 政治体制』東京大学出版会，1989 年。
◆ 矢野暢編集責任『講座東南アジア学 7 東南アジアの政治』弘文堂，1992 年。
◆ 岩崎育夫編『開発と政治――ASEAN 諸国の開発体制』アジア経済研究所，1994 年。
◆ 青木昌彦「"東アジアの奇跡" を越えて――市場拡張的見解序説」青木昌彦・金瀅基・奥野正寛編（白鳥正喜監訳）『東アジアの経済発展と政府の役割――比較制度分析アプローチ』日本経済新聞社，1997 年。
◆ 恒川恵市「開発経済学から開発政治学へ」川田順造他編『岩波講座開発と文化 6 開発と政治』岩波書店，1998 年。
◆ ジョヴァンニ・サルトーリ「政治学における概念形成上の誤謬」（1969 年）同（岡沢憲芙・川野秀之訳）『現代政党学――政党システム論の分析枠組み』早稲田大学出版部，2000 年。
◆ 武田康裕『民主化の比較政治』ミネルヴァ書房，2002 年。
◆ 日本比較政治学会編『比較のなかの中国政治』早稲田大学出版部，2004 年。
◆ 松田康博『台湾における一党独裁体制の成立』慶應義塾大学出版会，2006 年。
◆ J. A. Schumpeter, *Capitalism, Socialism and Democracy*, London : Allen and Unwin, 1976（シュムペーター，中山伊知郎他訳『資本主義・社会主義・民主主義』（上・中・下），東洋経済新報社，1962 年）.
◆ Carl J. Friedrich and Zbigniew Brzezinski, *Totalitarian Dictatorship and Autocracy*, New York : Praeger Publishers, 1966.
◆ David Easton, *The Political System : An Inquiry into the State of Political Science*, New York : Alfred A. Knopf, 1953, 1971（イーストン『政治体系――政治学の状態への探求』山川雄巳訳，ぺりかん社，1976 年）.
◆ Robert A. Dahl, *Polyarchy : Participation and Opposition*, New Haven : Yale University Press, 1971（R. A. ダール『ポリアーキー』高畠通敏・前田脩訳，三一書房，1981 年）.
◆ Juan J. Linz, "Totalitarian and Authoritarian Regimes," in G. Greenstein and N. Polsby eds., *Handbook of Political Science*, Reading, MA : Addison-Wesley, 1975（リンス『全体主義体制と権威主義体制』高橋進監訳，法律文化社，1995 年）.
◆ Giovanni Sartori, *Parties and Party System*, Vol. 1, Cambridge : Cambridge University Press, 1976（サルトーリ『現代政党学〔普及版〕』岡沢憲芙他訳，早稲田大学出版部，2000 年）.
◆ Gabriel Almond and G. Bingham Powell, Jr., *Comparative Politics : System, Process and Policy*, 2nd ed., Boston : Little, Brown and Company, 1978.
◆ Guillermo O'Donnel and Philippe C. Schmitter, *Political Life after Authoritarian Rule : Tentative Conclusions about Uncertain Transition*, Baltimore : Johns Hopkins University Press, 1986（オドンネル／シュミッター『民主化の比較政治学――権威主義支配以後の政治世界』真柄秀子他訳，未来社，1991 年）.
◆ Alfred C. Stepan, *Rethinking Military Politics : Brazil and the Southern Cone*, Princeton : Princeton University Press, 1988（ステパン『ポスト権威主義――ラテンアメリカ・スペインの民主化と軍部』堀坂浩太郎訳，同文舘，1989 年）.

◆ Samuel P. Huntington, *The Third Wave : Democratization in the Late Twentieth Century*, Norman : University of Oklahoma Press, 1991（ハンチントン『第三の波――20 世紀後半の民主化』坪郷實・中道寿一・薮野祐三訳，三嶺書房，1995 年）.
◆ Juan J. Linz and Alfred Stepan eds., *Problems of Democratic Transiton and Consolidation*, Baltimore : Johns Hopkins University Press, 1996.
◆ Jonathan Unger, "Corporatism in China : Developmental State in an East Asian Context," in Barrett L. McCormick and Jonathan Unger eds., *China After Socialism : In the Footsteps of Eastern Europe or East Asia ?*, Armonk, NY : M. E. Sharpe, 1996.
◆ Larry Diamond and Marc F. Plattner eds., *The Global Resurgence of Democracy*, 2nd ed., Baltimore : Johns Hopkins University Press, 1996.
◆ Muthiah Alagappa, "The Asian Spectrum," in Larry Diamond and Marc F. Plattner eds., *The Global Resurgence of Democracy*, 2nd ed., Baltimore : Johns Hopkins University Press, 1996.
◆ Larry Diamond, Marc F. Plattner, Yun-han Chu and Hung-mao Tien eds., *Consolidating the Third Wave Democracies : Regional Challenges*, Baltimore : Johns Hopkins University Press, 1997.
◆ Juan J. Linz and H. E. Chehabi eds., *Sultanistic Regimes*, Baltimore : Johns Hopkins University Press, 1998.
◆ Georg Sørensen, *Democracy and Democratization : Processes and Prospects in a Changing World*, Boulder : Westview Press, 1993, 2nd ed., 1998.
◆ Bruce J. Dickson, *Red Capitalists in China : The Party, Private Entrepreneurs and prospects for Political Change*, Cambridge : Cambridge University Press, 2003.
◆ Ethan J. Leiab and Baogang He eds., *The Search for Deliberative Democracy in China*, New York : Palgrave Macmillan, 2006.
◆ Bruce J. Dickson, *Wealth into Power : The Communist Party's Embrace of China's Private Sector*, Cambridge : Cambridge University Press, 2008.
◆ 栄敬本他『従圧力型体制向民主合作体制的転変――県郷両級政治体制改革』中央編訳出版社，1998 年。
◆ 劉軍寧主編『民主与民主化 Democracy and Democratization』商務印書館，1999 年。
†カール・シュミット，マーク・プラットナー，ラリー・ダイヤモンド，サミュエル・ハンチントンなどの最新の論考を編集，中国語訳にしたもの。劉軍寧は現代中国でリベラルな論客の代表。
◆ 中国行政管理学会課題組『中国群体性突発事件――成因及対策』国家行政学院出版社，2009 年。
◆ 李暁蓉・張祖樺主編『零八憲章』香港：開放出版社，2009 年。

［X．中国モデルをめぐって］

◆ 呉軍華『中国 静かなる革命――官製資本主義の終焉と民主化へのグランドデザイン』日本経済新聞出版社，2008 年。
◆ 加藤弘之・久保亨『叢書中国的問題群 5 進化する中国の資本主義』岩波書店，2009 年。
◆ 加藤弘之「"国進民退" 論」2011 年 5 月 26 日，キャノン・グローバル戦略研究所での報告。

◆ 毛里和子「中国研究 三つの挑戦」園田茂人・毛里和子編『キーワードで読み解く中国の近未来』東京大学出版会，近刊予定。
◆ Joshua Cooper Ramo, *The Beijing Consensus*, London : The Foreign Policy Center, 2004.
◆ John Williamson, "Lowest Common Denominator or Neoliberal Manifesto ? The Polemics of the Washington Consensus," in Richard M. Auty and John Toye eds., *Challenging the Orthodoxies*, London : Macmillan, 1996.
◆ Stefan Halper, *The Beijing Consensus*, New York : Basic Books, 2010.
◆ 兪可平「関于 "中国模式" 的思考」『紅旗文稿』2005 年第 9 期。
◆ 秦暉「"中国奇跡" 的形成与未来——改革 30 年之我見」ウェブサイト南方周末，2008. 2. 21.
◆ 姚洋「中国高速経済増長的由来」(之一～之四)，結束編『南方周末』2008 年 9 月 11 日，17 日，10 月 2 日，10 月 9 日，10 月 22 日。
◆ 李君如「従科学研究的角度，我主張提 "中国特色" 」『学習時報』2009 年 12 月 18 日。
◆ 支振鋒・藏励「"中国模式" 与 "中国学派" ——人民共和国 60 年与中国模式学術研討会総述」『開放時代』2009 年第 4 期。
◆ 潘維主編『中国模式——解読人民共和国的 60 年』中央編訳出版社，2009 年。

† 基本的には「中国モデル」支持もしくは共鳴派の論文集で，面白い。

◆ 潘維「当代中華体制——中国模式的経済・政治・社会解析」潘維主編『中国模式——解読人民共和国的 60 年』中央編訳出版社，2009 年。
◆ 丁学良「中国発展与中国模式的未来」『南方都市報』2010 年 9 月 5 日。
◆ 張維為「中国模式 "最不壊" 模式」ウェブサイト財経網，2010. 4. 12。
◆ 杜光「我看中国改革的目標模式」『炎黄春秋』(電子版) 2010 年第 8 期。
◆ 杜光「"国進民退" 的危害和根源『炎黄春秋』2010 年第 3 期。
◆ 袁偉時「盲目歌頌 "中国模式" 是很危険的」ウェブサイト中国選挙与治理網，2010. 2. 5。
◆ 呉敬璉「中国改革进入深水区——挑戦権貴資本主義」『緑葉』第 Z1 期，2010 年。
◆ 姚洋「終結北京共識」ウェブサイト財経網，2010. 2. 23, "The End of the Beijing Consensus : Can China's Model of Authoritarian Growth Survive ?", *Foreign Affairs*, 2010. 2. 2.
◆ 秦暁「有中国模式麼？ 是制度欠陥，還是制度刷新？」ウェブサイト愛思想網，2010. 5. 28。
◆ 鄭杭生「中国模式与当代中国社会学再研究」『江蘇社会科学』2010 年第 6 期。
◆ 楊継縄「我看 "中国模式" 」『炎黄春秋』2011 年第 1 期。
◆ 丁学良『中国模式——賛成与反対』香港：Oxford University Press, HK，2011 年。
◆ 丁学良『弁論 "中国模式" 』社会科学文献出版社，2011 年。
◆ 張維為『中国震撼——一個 "文明型国家" 的崛起』世紀出版，2011 年。

[XI. 逐次刊行物]

〈中国語〉

◆『人民日報』(北京)，◆『求是』(北京)，◆『中国改革 (総合版)』(北京)，◆『中国改革 (農村版)』(北京)，◆『南方周末』(広州)，◆『南風窗』(広州)，◆中国人民大学

複印報刊『中国政治』(北京), ◆同『中国現代史』(北京), ◆当代中国研究所『当代中国史研究』(北京), ◆中共中央党史研究室『中共党史研究』(北京), ◆中共中央文献研究室・中央档案館『党的文献』(北京), ◆中共中央党史研究室・中央档案館編『中共党史資料』(北京), ◆中共中央党校編『中共中央党校学報』(北京), ◆中華炎黄文化研究会『炎黄春秋』(北京), ◆中国中共党史学会『百年潮』(北京) ◆当代中国研究中心『当代中国研究』(米国プリンストン), など。

◆ 華東師範大学中国当代史研究中心編『中国当代史研究』㈠, ㈡, ㈢, 九州出版社, 2011年。

† 2011年に創刊した, 年2号刊行を予定する, 中国現代史に関する大型雑誌。華東師範大学を中心にしているが, 編集陣には, 主編の韓鋼 (中央党校党史研究室) をはじめリベラルな現代史研究者, 米国のE. J. ペリー, W. C. カービーなども入っていて, レベルは高い。ただ当面は1950年代が中心になるようである。

〈英語〉

◆ *The China Quarterly*, University of London, School of Oriental and African Studies, Cambridge University Press.

◆ *Comparative Politics*, Ph. D program in Political Science of the City University of New York.

◆ Freedom House, *Freedom in the World 2012 : The Annual Survey of Political Rights and Civil Liberties, 2012*, Rowman & Littlefield Publishers, 2012.

◆ *Journal of Contemporary China*, Carfax Publishing, Taylao & Francis Ltd.

◆ *Journal of Democracy*, Johns Hopkins University Press.

［XII. 現代中国政治関係の主なウェブサイト］

百度（検索エンジン）〈http://www.baidu.com/〉.
人民網〈http://www.peopledaily.com.cn/〉.
人民網　中国人大新聞〈http://www.peopledaily.com.cn/GB/14576/index.html〉.
人民網　環球時報〈http://www.peopledaily.com.cn/GB/paper68/〉.
新華網〈http://www.bignews.org/〉.
新華網　国際先駆導報〈http://www.xinhuanet.com/world/herald.htm〉.
中国網〈http://www.china.org.cn/chinese/index.htm〉.
新浪網〈http://news.sina.com.cn/〉.
南方周末〈http://www.nanfangdaily.com.cn/zm/〉.
南風窗〈http://www.nfcmag.com/〉.
北京青年報　中青在線〈http://www.cyol.net/〉.
中国改革（総合版, 農村版）HP〈http://www.cat898.com/cnreform/〉.
財経網〈http://www.caijing.com.cn〉.
期刊網〈http://www.qikan.com/〉.
中国選挙与治理網〈http://www.chinaelections.org/〉.
中国改革網〈http://www.chinareform.net/〉.

同舟共進網〈http://www.tongzhougongjin.com/〉.
中国報道周刊〈http://cn.mlcool.com/~mlcool/〉.
烏有之郷〈http://www.wyzxsx.com/〉.
北京大学人民代表大会与議会研究中心　人大与議会網〈http://www.yihuiyanjiu.org/〉.
民政部基層政権与社区建設司　中国農村村民自治信息網〈http://www.chinarural.org/〉.
社会科学院政治学研究所 HP〈http://www.cass.net.cn/chinese/s08_zzx/indexnew.asp〉.
社会科学院法学研究所 HP　中国法学網〈http://www.iolaw.org.cn/index.asp〉.

〈中国国外もしくは反対派のウェブサイト〉
多維新聞網〈http://www7.chinesenewsnet.com/gb/index.html〉.
中国僑報網〈http://www.hsm.com.cn/〉.
雑誌　当代中国研究（香港）〈http://www.chinayj.net/〉.
民主亜州基金会　民主論壇〈http://www.asiademo.org/gb/document/bydate.htm〉.
在米中国人民主派　大参考〈http://www.bignews.org/〉.
在米　『北京之春』HP〈http://bjzc.org/index-0.html〉.
在米　中国人権 HP〈http://iso.hrichina.org/iso/〉.
在米　中国民主党 HP〈http://www.dpweb.org/_vti_bin/〉.

［XIII. 毛里和子　中国政治関連の主要著作リスト］

◆「中国共産党中央委員会の史的分析」『国際問題』第 169 号，1974 年 4 月。
◆「中国人民解放軍の幹部養成」『外務省調査月報』第 17 巻第 3 号，1977 年 3 月。
◆「新中国成立前夜の少数民族問題——内蒙古・新疆の場合」野澤豊・田中正俊編『講座中国近現代史 7 中国革命の勝利』東京大学出版会，1978 年。
◆「オウエン・ラティモア考⑴」『お茶の水史学』第 22 号，1979 年 4 月。
◆「新疆の“地方民族主義”をめぐる問題」市古教授退官記念論集編集委員会編『論集　中国近代研究』山川出版社，1981 年。
◆「中国の全国人民代表大会制度について」『共産主義と国際政治』第 19 号，1981 年 3 月。
◆「中国政治における“幹部”問題」衛藤瀋吉編『現代中国政治の構造』日本国際問題研究所，1982 年。
◆「中国から見たソ連・東欧の経済改革」『共産主義と国際政治』第 29 号，1983 年 8 月。
◆「中国都市部の雇用問題——中国社会主義論への一つの視角」高木誠一郎・石井明編『中国の政治と国際関係——国際関係論のフロンティア』東京大学出版会，1984 年。
◆「中国の経済体制改革——ハンガリーとの比較から」岡部達味・佐藤経明・毛里和子編『中国社会主義の再検討』日本国際問題研究所，1986 年。
◆「文化大革命期経済の諸特徴——経済の軍事化を中心に」加々美光行編『現代中国のゆくえ——文化大革命省察 II』アジア経済研究所，1986 年。
◆「財政体制から見た中国の中央と地方」徳田教之編『中国政治の中長期展望』総合研究開発機構，1986 年。
◆「中国——国家統合と上からの近代化のなかのマイノリティ」江口朴郎編『現代世界と

民族』〈民族の世界史 15〉山川出版社，1987 年。
◆『中国の議会制度と地方自治』東京都議会議会局，1988 年。
◆「中国における政治体制改革」高橋徹・西村文夫編『変動期の国際社会』北樹出版，1988 年。
◆「政治体制の特徴とその改革」野村浩一編『岩波講座現代中国 1 現代中国の政治世界』岩波書店，1989 年。
◆『中国とソ連』岩波新書，1989 年。
◆「知識人と政治——厳家其の場合」『東亜』1989 年 10 月。
◆「社会主義諸国の変容と中国——天安門事件とその後」野村浩一他編『岩波講座現代中国別巻 1 民主化運動と中国社会主義』岩波書店，1990 年。
◆「毛沢東時期の中国政治」毛里和子編『〈現代中国論 I〉毛沢東時代の中国』日本国際問題研究所，1990 年。
◆「1970 年代末までの中央と地方——上海市のケース」毛里和子編『〈現代中国論 I〉毛沢東時代の中国』日本国際問題研究所，1990 年。
◆「中国の“改革”とシステム変容」現代中国学会編『現代中国』第 64 号，1990 年 8 月。
◆「中国の政治体制の変容——鄧小平時代の意味」岡部達味・毛里和子編『〈現代中国論 II〉改革開放時代の中国』日本国際問題研究所，1991 年。
◆「毛沢東政治の起点——百花斉放・百家争鳴から反右派へ」藤井昇三・横山宏章編『孫文と毛沢東の遺産』研文出版，1992 年。
◆「中国にとっての“社会主義”——ある中間的評価」『国際政治』（日本国際政治学会）第 99 号，1992 年 3 月。
◆「中国の社会主義選択と国際環境——1953 年の“過渡期の総路線”について」山極晃編『東アジアと冷戦』三嶺書房，1993 年。
◆『現代中国政治』名古屋大学出版会，1993 年。
◆「社会主義の変容——中国とロシア」萩原宜之編『講座現代アジア 3 民主化と経済発展』東京大学出版会，1994 年。
◆「中国のアイデンティティ・クライシス」毛里和子編『〈現代中国論 III〉市場経済化の中の中国』日本国際問題研究所，1995 年。
◆「中国の人権議論と自己認識」『アジア諸国における人権概念と人権状況』外務省国際情報局，1995 年 3 月。
◆「中国の人権状況——わずかな前進・重い課題」『アジア諸国における人権の総合的研究』外務省国際情報局，1996 年 3 月。
◆「重要文書作成にみる中国の政策形成——趙紫陽時代と江沢民時代」毛里和子編『中国の政策決定』〈研究調査報告書〉日本国際問題研究所，1996 年。
◆「“中国人”とは誰か——民族・台湾・香港問題へのアプローチ」『シリーズ中国領域研究〈特定領域研究 現代中国の構造変動〉1』1996 年 8 月。
◆「現代中国の人権——二つの伝統・二つの国権主義」『シリーズ中国領域研究〈特定領域研究 現代中国の構造変動〉3』1997 年 2 月。
◆「中国の人権——強まる国権主義のなかで」『国際問題』第 449 号，1998 年 8 月。
◆『周縁からの中国——民族問題と国家』東京大学出版会，1998 年。
◆『〈世界史リブレット〉現代中国政治を読む』山川出版社，1999 年。

◆「改革開放期の中央・地方関係分析のために」毛里和子編『中国の中央・地方関係』〈研究調査報告書〉日本国際問題研究所，1999 年。
◆「中国の構造変動と体制変容をめぐって」「中国はどこへ行く」毛里和子編『現代中国の構造変動 1 大国中国への視座』2000 年。
◆「中国 1986-1989　民主化の夭折と国際環境」『国際政治』（日本国際政治学会）第 125 号，2000 年 10 月。
◆「中華世界のアイデンティティの変容と再鋳造」毛里和子編『現代中国の構造変動 7 中華世界——アイデンティティの再編』2001 年。
◆「中国辺境学のすすめ」大阪外国語大学言語社会学会『EX ORIENTE』第 6 号，2002 年 3 月。
◆「辺境学から見た地域・民族・国家」中見立夫編『境界を越えて——交錯する民族，地域，文化』山川出版社，2002 年。
◆ “Integrative and Disruptive Forces in Contemporary China,” *China Report*, Center for the Study of Developing Societies, Delhi, Vol. 38, No. 3, March 2002.
◆「一六回党大会と中国政治の今後」『国際問題』第 514 号，2003 年 1 月。
◆『〔新版〕現代中国政治』名古屋大学出版会，2004 年。
◆「グローバリゼイションと中国——移行期の観察」『早稲田政治経済学雑誌』第 354 号，2004 年。
◆「グローバリゼイションと中国——“帝国論”の視角から」『現代中国研究』（中国現代史研究会）第 16 号，2005 年 3 月。
◆「“東アジア共同体”を設計する——現代アジア学へのチャレンジ」山本武彦・天児慧編『〈東アジア共同体の構築 1〉新たな地域形成』岩波書店，2007 年。
◆「“動く中国”と“変わらない中国”——現代中国研究のパラダイム・シフトを考える」『アジア研究』（アジア政経学会）第 55 巻第 2 号，2009 年 7 月。
◆「中国の改革開放 30 年を評価する——制度化の視点から」『ロシア・ユーラシア経済——研究と資料』（ユーラシア経済研究所）第 928 号，2009 年 11〜12 月号。
◆「現代中国研究 40 年——三つの挑戦」『ワセダ・アジアレビュー』（早稲田大学アジア研究機構）第 7 号，2010 年 1 月。
◆「現代中国 60 年をどう見るか——パラダイム・シフトを考える」『中国研究月報』第 64 巻第 1 号 (No. 743)，2010 年 1 月。
◆「世紀の実験——“中国モデル”をどう考えるか」『ワセダ・アジアレビュー』（早稲田大学アジア研究機構）第 10 号，2011 年 8 月。
◆「データから解析する中国共産党の変身」菱田雅晴編『中国共産党のサバイバル戦略』三和書籍，2012 年。
◆「陳情政治——圧力型政治体系論から」毛里和子・松戸庸子編『陳情——中国社会の底辺から』東方書店，近刊予定。
◆「中国研究 三つの挑戦」園田茂人・毛里和子編『キーワードで読み解く中国の近未来』東京大学出版会，近刊予定。

中国政治略年表 1949〜2011年

年 月 日	事　　　項
49. 10. 1	中華人民共和国成立
10. 2	ソ連，中国を承認
50. 2. 14	中ソ友好同盟相互援助条約調印（モスクワ）
6	中共7期3中全会，土地改革推進，財政経済の統一決定
6. 25	朝鮮戦争勃発（〜53. 7）
7	反革命鎮圧運動始まる
10. 19	中国志願軍，朝鮮戦争に参戦
51. 5. 23	「チベットの平和解放協議」調印
12. 1	「三反運動」始まる
52. 1	「五反運動」始まる
4. 28	台湾と日華平和条約締結
53. 3	全人代・地方人代組織法公布，第1回の選挙始まる
6. 15	毛沢東，社会主義への即時移行を提起
54. 2	中共7期4中全会，過渡期の総路線決議
4〜7	ジュネーブ会議（朝鮮問題，インドシナ問題），中国外交のスタート
6	省・直轄市・自治区制度の発足
9	全人代1期1回会議，憲法など採択，社会主義中国のスタート
55. 5	中共全国代表会議，第一次五カ年計画採択，高崗・饒漱石を除名
7. 31	毛沢東，急進的農業集団化を提起，12月の中共七期六中全会で農業集団化決議
56. 2	ソ共20回党大会，スターリン批判
4. 25	毛沢東，「十大関係論」講話
4. 28	毛沢東，百家争鳴・百花斉放を提起
9	中共8全大会，劉少奇が政治報告
6〜10	東欧で反ソ連・反社会主義暴動
57. 6. 8	『人民日報』社説で反右派闘争始まる
9	中共8期3中全会，反右派・整風を指示
58. 5	中共8全大会2回会議。大躍進，社会主義の総路線など提起
8	政治局会議（北戴河），人民公社・鉄鋼増産運動を決定

59. 3	チベット反乱，ダライ・ラマ，インド亡命
6. 20	ソ連，対中核技術援助協定実施を中止
8	中共8期8中全会，「彭徳懐反党グループ」除名，彭が国防相罷免，林彪後継
60. 4. 16	「レーニン主義万歳」でソ連批判
11. 3	「農業12条」で自留地・副業を許容
61. 1	中共8期9中全会，経済調整政策を策定，5月に「三自一包」政策提起
62. 1〜2	中共中央工作会議（7千人大会）で毛沢東・劉少奇ら大躍進について自己批判
9	中共8期10中全会，毛沢東，社会主義での継続革命を提起
63. 6	9評論文開始，中ソ論争が全面化
9	「農村での社会主義教育運動」スタート
64. 8. 2	米軍の北爆，トンキン湾事件
10. 16	第1回原爆実験
65. 4. 12	中共中央「戦争準備工作強化の指示」
11. 10	姚文元，「海瑞免官を評す」発表
66. 5	政治局会議，彭真・羅瑞卿など罷免
5. 16	「516通達」で文革スタート
8	中共8期11中全会，文革16条の決定
67. 1	張春橋・王洪文ら，上海で奪権
1. 23	中共中央など，解放軍の文革介入を指示
68. 7. 27	労働者毛沢東思想宣伝隊が紅衛兵を鎮圧
8. 20	ソ連軍などプラハ侵入（チェコ事件）
10	中共8期12中全会，劉少奇を解任・除名
69. 3. 2	珍宝島で中ソが軍事衝突
4	中共9全大会，林彪が「唯一の後継者」に
70. 8	中共9期2中全会，国家主席をめぐって紛糾
12	文革で壊れた各地の党組織が復旧開始
12. 18	毛沢東，ニクソンの訪中を歓迎すると表明
71. 3. 22	林彪グループ，「571紀要」作成
7	キッシンジャー補佐官，極秘訪中
9. 13	林彪，モンゴル上空で墜死（林彪事件）
10. 25	中国，国連代表権取得，台湾追放
72. 2	ニクソン米大統領訪中，上海コミュニケ
9	田中総理訪中，日中国交正常化
73. 6	鄧小平，副総理に復帰

8	中共10全大会，林彪・陳伯達などを除名
74. 1. 1	『人民日報』など批林批孔運動呼びかけ
4. 10	鄧小平，国連で「三つの世界論」提起
11. 10	「李一哲の大字報」民主と法制を主張
75. 1	中共10期2中全会，鄧小平を党副主席に
1	全人代4期1回会議「四つの近代化」提起
8	毛沢東，水滸伝批判に借り周・鄧批判を示唆
76. 4	1月に死去した周恩来を追悼するデモ（四五運動）
4	華国鋒第一副主席・総理へ。鄧小平解任
9. 9	毛沢東死去
10	江青ら「四人組」逮捕，華国鋒が主席就任
77. 1	チェコで自由化求める「憲章77」発表
7	中共10期3中全会，鄧小平の復帰，「四人組」罷免，除名を決定
11	安徽農村で農業の生産請負制を導入
78. 2	全人代5期1回会議，経済「洋躍進」採択
5. 11	「真理基準論争」始まる
11～12	中共中央工作会議，思想解放・近代化政策への転換決定
12	中共11期3中全会，「四つの近代化」決定
79. 1. 1	全人代常務委，「台湾同胞に告げる書」
1. 1	中米国交正常化
1. 17	非合法の中国人権同盟が「中国人権宣言」
2. 17	中越戦争（～3. 17）
3. 29	民主化を主張した魏京生，逮捕
3. 30	鄧小平，「四つの基本原則」強調
6	全人代5期2回会議，選挙法，刑法採択
12. 30	ソ連軍，アフガニスタンに侵攻
80. 2	中共11期5中全会，胡耀邦総書記就任
4. 10	中ソ同盟条約，30年期限がきて失効
5. 16	中共中央・国務院，深圳などに経済特区設置を決定
8. 18	政治局会議で鄧小平，指導制度改革提起
8. 30	華国鋒に代わって趙紫陽が総理就任
9. 14	各省党委書記会議，農業請負制を容認
12	中共中央工作会議が経済調整決定，プラント契約解除へ
81. 1	特別法廷で林彪「四人組」主犯10人に判決
6	中共11期6中全会，文革全面否定の決議，華国鋒主席を解任，胡耀邦後継
9. 30	葉剣英，台湾統一の9項目提案
82. 3. 24	ブレジネフ，対中関係改善を提起

9	中共 12 全大会。四倍増計画，独立自主方針を決定。中央顧問委員会設置
11〜12	全人代 5 期 5 回会議。憲法大幅改正，人代組織法改正
83. 10	「精神汚染一掃」キャンペーン始まる
84. 1	中共中央 1 号文書，土地請負 15 年以上に
10	中共 12 期 3 中全会。「経済体制改革についての決定」採択
12	香港返還の中英声明に調印
85. 5	党中央軍委拡大会議，兵員 100 万人削減と軍区の統合決定
86. 4〜7	社会科学院・中央党校などで政治体制改革座談会
7. 26	ゴルバチョフ，対中関係改善を提起
9. 28	台湾で民主進歩党結成
12	合肥・北京・上海などで学生民主化デモ
87. 1. 16	政治局会議で胡耀邦総書記辞任。代行に趙紫陽
9. 21	ダライ・ラマ，米国議会で 5 項目提案
9. 27	チベット・ラサで独立要求デモ（〜89. 3）
10〜11	中共 13 全大会。趙紫陽，政治体制改革案と社会主義初級段階論を提起
88. 1. 13	蒋経国台湾総統死去。李登輝が後継
1. 23	趙紫陽，沿海開発戦略を提起
3〜4	全人代 7 期 1 回会議で憲法改正，土地使用権転売・私営経済など許容
9	村民委員会組織法試行開始，村レベルの直接選挙へ
89. 3. 5	ラサで衝突，3. 7 戒厳令（〜90. 5）
4. 15	胡耀邦総書記死去。追悼運動各地に波及
4. 26	『人民日報』社説で学生デモを「動乱」と規定，民主化運動拡大
5. 15	ゴルバチョフ訪中，中ソ関係が正常化
5. 20	北京に戒厳令。学生ら鄧小平・李鵬退陣を要求
6. 4	戒厳部隊が天安門広場周辺を鎮圧，死者 300 人（公表。天安門事件）
6	中共 13 期 4 中全会が趙紫陽解任，江沢民後継
11	中共 13 期 5 中全会，鄧小平中央軍委主席退任，江沢民後継
11. 9	ベルリンの壁崩壊
12. 3	米ソ首脳会談（マルタ）。冷戦の終結
90. 2. 5	ソ共新綱領，一党独裁を放棄
3. 9	中共 13 期 6 中全会，「党と人民の関係強化の決議」採択
91. 3	全人代 7 期 4 回会議，国民経済 10 年規画，新 5 カ年計画を採択
5. 1	台湾，国共内戦終結を宣言
5	中ソ東部国境協定に調印
11. 1	欧米の人権圧力に抗して第一次人権白書を発表
12. 25	ソ連邦解体，ロシア連邦と CIS へ

92. 1～2	鄧小平，武昌・深圳・広州などで改革開放の継続を指示（南巡談話）
8. 24	中韓国交正常化
10	中共 14 全大会。江沢民「社会主義市場経済論」を提起，中央顧問委員会廃止
93. 3	全人代 8 期 1 回会議，江沢民国家主席就任
4	初の中―台民間トップ会談，実務交流促進
6	四川省楽山市仁寿で負担金に抗議した農民の暴動
11	江沢民訪米，APEC 非公式首脳会談出席
11	中共中央 14 期 3 中全会，「社会主義市場経済に関する決定」
94. 1	新税制―分税制を導入
5	クリントン米大統領，対中で人権と MFN 切り離し
9	中印国境協定調印
95. 1	江沢民，対台湾「8 項目提案」
6	李登輝総統訪米，中国は駐米大使を召還
9	中共 14 期 5 中全会で江沢民が「十二大関係論」
96. 3	台湾初の総統公選で中国がミサイル演習，米が空母 2 隻派遣（台湾海峡の危機）
9	中共 14 期 6 中全会，「社会主義精神文明についての決議」
97. 2	鄧小平死去
3	全人代 8 期 5 回会議，国防法採択
7	香港，中国に返還
9	中共 15 全大会，「鄧小平理論」を党是に。「依法治国」方針を確定
10	江沢民訪米，中米戦略パートナーシップ提案
10	国際人権 A 規約に調印，98. 10 同 B 規約調印
98. 2	中共 15 期 2 中全会，国務院機構改革
3	全人代 9 期 1 回会議，江沢民・李鵬・朱鎔基体制成立，国務院大幅な機構改革
6	「中国民主党」結成，すぐ弾圧
7	クリントン訪中，台湾問題で「3 つのノー」発言
8	長江流域で大洪水
10	第 2 回中台民間トップ会談
11	江沢民訪日，日中歴史問題で不協和音
99. 4	朱鎔基総理訪米，WTO 問題協議
5	NATO 軍，在ユーゴ中国大使館を「誤爆」
7	李登輝総統，「中台は特殊な国と国の関係」発言
7	気功集団法輪功に解散命令
11	中国の WTO 加盟に関して米中合意
12	マカオ，中国に返還

00. 3	農民課徴金を税に統合する税費改革開始
3	全人代 9 期 3 回会議，西部大開発計画策定
01. 3	全人代 9 期 4 回会議，10 年間 GDP 倍増計画
6	上海協力機構（SCO）成立
7	中共創立 50 周年で江沢民，「三つの代表論」提起
9	9. 11 同時多発テロ事件
12	中国の WTO 加盟発効
02. 2	ブッシュ米大統領訪中
11	中共 16 全大会，胡錦濤党総書記就任。「三つの代表論」で私営企業主の入党承認。党規約改正
11	中国—ASEAN，経済協力枠組み取決め調印
03. 3	全人代 10 期 1 回会議，国務院機構改革，江沢民が国家軍事委員会主席留任。胡錦濤・温家宝体制スタート
04. 3	憲法改正（人権の保障，私有財産権の不可侵など）
9	中共 16 期 4 中全会，中央軍事委主席が江沢民から胡錦濤へ
05. 3	このころ，農村からの集団陳情が北京に殺到，新陳情条例でそれに対応
3	全人代 10 期 3 回会議で反国家分裂法を採択
4	成都・北京・上海・広州などで大規模反日デモ
06. 1	中国青年報「氷点」の袁偉時論文が批判され，編集長解任
3	全人代 10 期 4 回会議，第 11 次五カ年計画採択
3	国務院経済体制改革研究会の会議で市場化，政治改革をめぐって激論（新西山会議派）
9	陳良宇上海党書記，汚職で解任
10	中共 16 期 6 中全会，和諧社会構築を提起
07. 3	物権法，全人代で採択
10	中共 17 回党大会，和諧社会，科学的発展観がキーワード
08. 3	ラサでチベット人と漢族の衝突
5	四川省汶川地区で M8. 0 の大地震
8	第 29 回オリンピック，北京で開催
12	劉暁波ら，「零八憲章」を発表
09. 9	中共 17 期 4 中全会，党組織強化についての決定採択
7	ウルムチでウイグル人と漢族の衝突
10. 2	劉暁波，懲役 11 年，政治権利剥奪 3 年確定
5〜10	上海万国博覧会
9	尖閣諸島周辺で中国漁船と日本の巡視船が衝突
10	中共 17 期 5 中全会，12 次 5 カ年計画の規画を採択。習近平，中央軍事委副主席に
10	劉暁波にノーベル平和賞

11. 7	広州の週刊新聞『南風窗』，袁世凱評価などで論文が批判され，編集長解任
8	大連市民，汚染企業の市からの移転を求めて大規模なデモ，市当局撤去を表明
9〜12	広州の烏坎村で土地の無断売却に抗議する農民のデモ
11〜12	重慶モデル（党書記薄熙来），広東モデル（党書記汪洋）をめぐる党内抗争激化（→ 2012. 3 薄熙来解任）